COMMENTAIRE APPROFONDI

DU

TARIF LÉGAL

DES

NOTAIRES

DE FRANCE ET D'ALGÉRIE

SUIVI DU NOUVEAU

TARIF DES AVOUÉS

ET DE CELUI DES

ADMINISTRATEURS JUDICIAIRES A PARIS

EXTRAITS LITTÉRALEMENT DU TOME IX DU

RÉPERTOIRE RAISONNÉ

DE LA

PRATIQUE DES AFFAIRES

PAR

Hippolyte BERTHEAU

DOCTEUR EN DROIT

PARIS

A L'ADMINISTRATION DU RÉPERTOIRE RAISONNÉ

BOULEVARD SAINT-MICHEL, 88 (VIᵉ ARRONDᵗ)

1904

Tous droits réservés.

DICTIONNAIRE GÉNÉRAL
DE DROIT
ET DE JURISPRUDENCE

RÉPERTOIRE RAISONNÉ
DE LA
PRATIQUE DES AFFAIRES

A L'USAGE DES

NOTAIRES DE FRANCE, D'ALGÉRIE ET DES COLONIES

DES AVOCATS, AVOUÉS, AGRÉÉS, HUISSIERS, AGENTS DE L'ENREGISTREMENT, MAGISTRATS,

DES JUGES DE PAIX, GREFFIERS,

DES MAIRES, CONSEILLERS DE PRÉFECTURE, CONSULS, ETC., ETC.

TRAITANT SOUS CHAQUE MOT, DANS UN ORDRE MÉTHODIQUE

LE DROIT CIVIL

L'ENREGISTREMENT, LE TIMBRE, LE DROIT ÉTRANGER

LA PROCÉDURE, LE DROIT COMMERCIAL, LE DROIT ADMINISTRATIF, LE DROIT PÉNAL

LE DROIT INTERNATIONAL PRIVÉ, LE DROIT DES GENS, Etc.

PAR

HIPPOLYTE BERTHEAU

DOCTEUR EN DROIT

Environ 14 volumes grand in-8 jésus à deux colonnes

Accompagnés respectivement d'une table générale des mots qui y sont traités

ET QUI SERONT SUIVIS D'UN

FORMULAIRE GÉNÉRAL

PARIS

ADMINISTRATION & RÉDACTION

8, BOULEVARD SAINT-MICHEL, 88

AVIS IMPORTANT

ENVOI EN COMMUNICATION SANS AUCUNS FRAIS

DU

RÉPERTOIRE RAISONNÉ

DE LA

PRATIQUE DES AFFAIRES

Afin de permettre de l'examiner à fond et de s'en rendre pleinement compte, — contrairement à tous les usages de librairie, car peu de livres pourraient impunément subir un tel contrôle, — nous adressons **franco**, à domicile, **en communication** *pendant une semaine, tous les volumes parus (reliés), envoi, et retour (si l'on ne souscrit pas)*, **à nos frais exclusifs.**

C'est l'ouvrage type du Notariat dans sa nouvelle phase. En sus des mots professionnels, traités toujours plus complètement que partout ailleurs, ainsi qu'il est facile de s'en assurer par une simple comparaison, le Répertoire renferme toutes les matières qui, loin de leur être étrangères comme autrefois, s'imposent et s'imposeront de plus en plus aux notaires, pour qu'ils se mettent ou se tiennent à la hauteur de leur rôle, et ne soient pas victimes des incessantes transformations qui s'opèrent ; et, non seulement aux notaires de grandes villes, mais aussi, et surtout peut-être, à ceux des petites localités qui, éloignés des autres gens de loi, consultés par cela même à chaque instant sur toutes choses, sont pour ainsi dire condamnés à un savoir universel.

Notice sur le Répertoire

Il n'y a qu'une voix, parmi les milliers de souscripteurs au **Répertoire raisonné de la pratique des affaires**, pour proclamer le haut mérite de cet ouvrage, en louer l'ordonnance parfaite et en constater la supériorité si marquée sur toutes les encyclopédies similaires, à tous les points de vue, et notamment en ce qui concerne l'universalité des renseignements, leur exactitude et la facilité des recherches.

Aussi le considère-t-on de plus en plus, à la manière des Codes, comme l'auxiliaire obligé de toutes les personnes dont la profession a pour base la connaissance du *Droit*.

Voici, d'ailleurs, en quelques lignes, dans quel but le Répertoire a été conçu et comment il a été exécuté, d'où résulte son caractère absolument original.

V. la suite à la fin du volume.

BIBLIOTHÈQUE NATIONALE — R F — IMPRIMÉS

COMMENTAIRE APPROFONDI

DU

TARIF LÉGAL

DES

NOTAIRES

DE FRANCE ET D'ALGÉRIE

SUIVI DU NOUVEAU

TARIF DES AVOUÉS

ET DE CELUI DES

ADMINISTRATEURS JUDICIAIRES A PARIS

EXTRAITS LITTÉRALEMENT DU TOME IX DU

RÉPERTOIRE RAISONNÉ

DE LA

PRATIQUE DES AFFAIRES

PAR

Hippolyte BERTHEAU

DOCTEUR EN DROIT

———— ✳ ————

PARIS

A L'ADMINISTRATION DU RÉPERTOIRE RAISONNÉ

BOULEVARD SAINT-MICHEL, 88 (VIᶜ ARROND')

—

1904

Tous droits réservés.

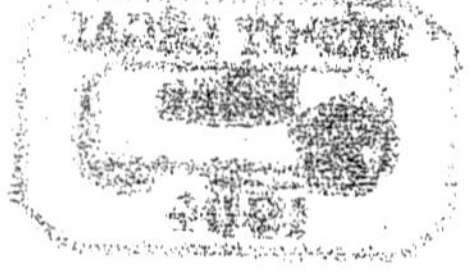

FRAIS ET HONORAIRES

DES

NOTAIRES

SECTION PREMIÈRE

FRANCE

Législation usuelle. — LL. 20 juin 1896 ; 24 déc. 1897 ; DD. 25 août 1898.

PRÉLIMINAIRES

52001. « Il sera dressé, dit l'art. 1er, L. 20 juin 1896, au moyen de règlements d'administration publique, par ressort de cour d'appel, le département de la Seine excepté, un tarif des honoraires, vacations, frais de rôles et de voyages, et autres droits qui peuvent être dus aux notaires à l'occasion des actes de leur ministère. — Il sera dressé, en la forme indiquée au paragraphe 1er, un tarif spécial pour les notaires du département de la Seine. — Ces divers tarifs pourront faire l'objet de décrets successifs. »

Ainsi, le tarif n'a pas seulement pour objet les actes notariés, au sens technique du mot, mais, en outre, tout ce que les notaires peuvent faire à leur occasion. — V. Amiaud et Voland, *Honoraires des notaires*, nos 1 et s.

52002. « Pour les actes qui n'auraient pas été compris dans le tarif, les frais seront, à défaut de règlement amiable entre les notaires et les parties, taxés par le président du tribunal de la résidence du notaire (art. 2). »

52003. « Toutes dispositions contraires aux décrets qui seront rendus en exécution de la présente loi seront abrogées à partir de la promulgation de ces décrets (art. 3). »

Parmi les dispositions ainsi abrogées, on verra (no 52022) qu'il convient de comprendre l'art. 2 qui précède, en tant qu'à défaut de règlement amiable, il attribue la taxe au président du tribunal.

52004. En conséquence, le ministre de la justice institua une commission spéciale chargée de préparer ces décrets, dont les projets furent ensuite soumis au Conseil d'État, qui ne donna son avis qu'après s'être édifié par deux enquêtes et une consultation des cours d'appel.

52005. Vingt-sept décrets, tous à la même date du 25 août 1898, promulgués au *Journal officiel* des 1er au 5 septembre suivant, un par cour d'appel de la France métropolitaine, plus un pour la Ville de Paris et la Seine, réalisèrent enfin la réforme.

52006. Ils n'ont pas eu d'effet rétroactif, sauf à pouvoir être invoqués pour leur autorité morale, — V. Amiaud et Volant, *op. cit.* n° 6; Ch. Defrénois, *Tarif légal des notaires*, n° 6; Cpr. Trib. Seine, 10 fév. 1899, (*Rép. gén. prat. du not.* n° 10957; Bourges, 7 juin 1899 (*Ibid.* n° 10957); Trib. Sidi-Bel-Abbès, 20 nov. 1900 (*J. du not.* 1901, p. 116).

52007. Une difficulté s'ensuit relativement aux actes de disposition à cause de mort : donations entre époux ou futurs époux, institutions contractuelles, testaments mystiques et par acte public, qui donnent lieu à deux honoraires : l'un, pour leur confection matérielle, lequel est fixe et immédiatement dû ; l'autre, corrélatif à leur contenu, par conséquent proportionnel, et exigible seulement lorsque la transmission s'opère, c'est-à-dire au décès du disposant.

Supposant l'acte fait avant le nouveau régime et le décès survenu depuis, selon quel tarif cet honoraire proportionnel doit-il être perçu ?

D'après celui de l'époque du décès, répondons-nous sans hésiter.

52008. On dit, contre cette opinion, que si l'honoraire proportionnel n'est payable qu'après la réalisation de la libéralité, il n'en a pas moins son principe dans la réception même de l'acte, et qu'il est logique, par conséquent, de se reporter à l'époque de cette réception pour déterminer le tarif applicable. — V. Trib., Saint-Omer, 27 juin 1901 (*Rép. gén. prat. du Not.* n° 12016); Louviers, 29 nov. 1901 (*Ibid.* n° 12233).

52009. Par un jugement, bien connu en France, du 17 mars 1893, rendu sur une difficulté semblable du tarif belge, le juge de paix de Tamise, (Belgique) avait pourtant déjà répondu victorieusement d'avance, à l'occasion d'un testament : « Attendu qu'il importe de faire une distinction radicale entre les deux espèces d'honoraires dus à raison d'un testament public : 1° les honoraires fixes ; 2° les honoraires proportionnels à percevoir sur chaque legs ; — qu'en effet, ces honoraires, déjà distincts par leur nature même, les uns étant fixes et les autres proportionnels, diffèrent en outre quant à la personne qui les doit, l'honoraire fixe étant dû par le testateur et les honoraires proportionnels étant au contraire à la charge des légataires, et quant à leur cause, l'honoraire fixe étant dû à raison uniquement de la réception du testament, les honoraires proportionnels, au contraire, étant dus à raison de la responsabilité supportée par le notaire vis-à-vis des légataires ; — qu'en fixant un chiffre relativement bas pour les honoraires fixes dus pour la réception, et un chiffre relati-

vement élevé pour les honoraires proportionnels dus au moment de l'exécution du testament, les auteurs du tarif se sont inspirés de cette considération éminemment juste, que lors de sa réception, le testament constitue un acte simple qui, à cause de la faculté avec laquelle il peut être révoqué, a plutôt le caractère d'un simple projet ; mais que la situation est tout autre quand ce testament vient à exécution ; qu'il devient alors un titre définitif et donne ouverture à une grave responsabilité pour le notaire ; qu'il est juste et équitable que les légataires rémunèrent proportionnellement aux avantages qui leur échoient, les soins que le notaire a apportés à la réception et à la conservation du titre constitutif de ces avantages ; — qu'on peut dire que les honoraires proportionnels sont dus, non à raison de la confection du testament, mais à raison du testament exécuté ; que la cause pour laquelle ils sont dus n'existe qu'au moment de l'exécution, que ce n'est qu'alors que sont connus les débiteurs de ces honoraires, et que puisqu'une obligation ne peut exister sans cause ni sans débiteur, c'est par erreur que les défenderesses prétendent que le droit aux honoraires proportionnels naît au moment de la réception du testament, que ce droit est tenu en suspens par la condition de l'exécution, et que la condition, en se réalisant, a un effet rétroactif au jour où l'obligation est née (art. 1179, C. civ.); qu'en réalité, aussi longtemps que le testament ne vient pas en exécution, l'obligation de payer les honoraires proportionnels n'existe pas. » — V. *Rev. de Not. belge*, 94 p. 651.

52010. Aussi bien, nous ne sommes pas en Belgique, mais en France, et ici nous trouvons : d'une part, l'art. 17 des Dispositions générales des décrets, impliquant que l'honoraire proportionnel a sa cause dans la transmission plutôt que dans l'acte, ce qui écarte toute objection d'effet rétroactif ; d'autre part, la jurisprudence, tant de la Chancellerie que des tribunaux, d'après laquelle cet honoraire appartient au notaire en exercice lors du décès et non à son prédécesseur rédacteur de l'acte, au point que celui-ci ne saurait se le réserver valablement, ce qui suppose le même principe. — V. Ch. Defrénois, *op. cit.* n° 7 et 127 *bis* ; Didio, *Revue du Not.* n° 10151-44 ; Tours, 20 juin 1899 ; Cass. 13 nov. 1900 (S. 1900.1.182); Trib. Angers, 18 fév. 1901 (*J. N.* 27337); Trib. Rouen, 25 nov. 1902 (*Rev. du Not.*, n° 11101); *Contrà* Amiaud et Volant, *op. cit.* n° 156 et 327 ; Arras, 9 mars 1899 (*J. du Not.*, 99, p. 257); Chambéry, 30 juill. 1900 (*J. du Not.* 1901, p. 10); Jonzac, 4 déc. 1900 (*J. du Not.* 1901, p. 105).

52011 Il en résulterait encore que le nouveau tarif s'applique, pour le droit à percevoir lors du décès, aux donations éventuelles contenues dans des contrats de mariage antérieurs à sa promulgation et ne se réalisant qu'ensuite, même dans les localités où, avant les décrets, aucun honoraire de cette sorte n'était pourtant alloué. — V. Ch. Defrénois, *Rép. gén. prat. du Not.*, nᵒˢ 12016 et 12233 ; Cpr. Tours, 20 juin 1899 ; Angers, 18 fév. 1901 ; Nice, 22 juill. 1903 (*Ibid.*, nᵒ 13320).

Oui ! mais trop subtilement ; or, *summum jus, summa injuria*. Le principe de la non rétroactivité du tarif n'est pas seul à considérer ; il faut encore, équitablement et juridiquement, tenir compte d'un autre élément essentiel : le fait que, par le paiement de leur contrat dans ces conditions, aucun honoraire ne restant alors dû, même éventuellement, les parties se sont légitimement crues à jamais libérées. — V. Amiaud et Voland, *op. cit.*, nᵒ 327.

Aussi, était-il à prévoir qu'au cas où la question lui serait soumise, la Cour suprême, — par une contradiction, si l'on veut, avec sa propre doctrine que nous allons indiquer, mais la vraie justice l'exigeait ! — statuerait négativement. C'est précisément ce qu'elle vient de faire, le 26 oct. 1903, dans un arrêt dont le texte n'a pas encore paru au moment où nous mettons sous presse.

52012. Deux jugements rendus, l'un par le tribunal de Pontarlier, le 1ᵉʳ mai 1902 (*Gaz. Pal.*, 4 juill. 1902), l'autre par le tribunal de Baugé, le 17 mars 1903 (*Rev. du not.*, nᵒ 11364) vont encore plus loin. A les en croire, jamais il n'y aurait d'honoraire proportionnel pour les donations faites dans les contrats de mariage antérieurs aux décrets, et l'étrange motif qu'ils en donnent, est que les tarifs d'auparavant n'avaient aucune force légale. Comment confondre ainsi le taux d'un honoraire avec son principe ?

Au surplus, le point n'est pas là. Comme le dit très bien la Cour de cassation dans son arrêt précité du 13 nov. 1900, « la donation que, dans son contrat de mariage, l'un des époux fait à l'autre, des biens qu'il laissera à sa mort, ne reçoit effet qu'au cas et à la date de son prédécès ; par suite, le droit à l'honoraire attaché à cette disposition ne prend naissance qu'à cette date. » C'est donc pour un fait accompli sous l'empire même des décrets et dès lors sans donner à ceux-ci aucune rétroactivité, que l'honoraire proportionnel, tel que le fixent ces décrets, est exigible sur les libéralités par contrat de mariage. — V. aussi Falaise, 19 juin 1901 (*Rép. gén. prat. du not.*, nᵒ 11975) ; Péronne, 28 mai 1902 (*Ibid.*, nᵒ 12563) ; Trib. Rouen, 25 nov. 1902 précité ; Cpr. Moulins, 16 juill. 1902.

52013. Les décrets de 1898 ne constituent pas de simples actes réglementaires ; rendus en vertu d'une délégation formelle du pouvoir législatif par la loi du 20 juin 1896, ils s'incorporent avec celle-ci, et ne pourraient plus être modifiés que par une loi nouvelle. — V. Amiaud et Voland, *op. cit.*, nᵒ 7 ; Ch. Defrénois, *op. cit.*, nᵒ 4.

52014. Chaque décret comprend deux parties : la première, la même en principe dans tous les décrets, pose les dispositions générales ; la deuxième fixe le tarif de la Cour dont il s'agit.

Nous allons d'abord reproduire et commenter ces dispositions générales, pour donner ensuite le tarif détaillé, avec les explications qu'il comporte.

Dans nos appréciations, nous nous abstiendrons ordinairement de citer la jurisprudence antérieure, parce qu'il ne peut guère en résulter que des confusions et de l'obscurité, les décrets ayant entendu organiser un nouvel état de choses, tout à fait distinct du passé, de sorte qu'il ne saurait dès lors s'expliquer par lui.

Dispositions générales

des décrets.

« Art. 1ᵉʳ. — Les honoraires, vacations, frais de rôles et de voyages et autres droits qui peuvent être dus aux notaires à l'occasion des actes de leur ministère sont fixés (*pour le ressort de la Cour d'appel de...*, ou, *pour le département de la Seine*), conformément au tarif ci-annexé.

« Art. 2. — L'honoraire tarifé d'un acte comprend l'émolument de tous les soins, conseils, consultations, conférences, examens de pièces, projets et autres travaux relatifs à la rédaction de l'acte.

« Art. 3. — Les dispositions du présent tarif ne sont point exclusives des émoluments qui peuvent être réclamés par les notaires, soit pour des travaux autres que la rédaction des actes, soit pour des missions dont ils seraient chargés à titre exceptionnel, et qui n'auraient rien d'incompatible avec la nature et la dignité (*certains décrets ne contiennent pas les mots* « *et la dignité* ») de leur ministère.

« Ces émoluments sont réglés à l'amiable sous le contrôle de la chambre de discipline.

« Les notaires ne peuvent percevoir aucun droit de recette et de comptabilité pour l'encaissement et la garde des fonds et des valeurs déposés en conséquence ou pour l'exécution directe d'un acte de vente ou d'emprunt passé dans leur étude.

« Art. 4. — Il est interdit aux notaires, sous peine de restitution et de poursuites disciplinaires, s'il y a lieu, d'exiger des droits et honoraires plus élevés que ceux portés au tarif.

« Les notaires peuvent faire remise de la totalité des honoraires d'un acte ; ils ne peuvent en accorder la remise partielle qu'avec l'autorisation de la chambre de discipline.

« Art. 5. — Aucun honoraire n'est dû pour l'acte, la copie ou l'extrait déclarés nuls par la faute du notaire.

« Art. 6. — Lorsqu'un acte contient plusieurs conventions dérivant ou dépendant les unes des autres, il n'est perçu d'honoraires que sur la convention principale.

« Si les conventions sont indépendantes et donnent lieu à des droits distincts d'enregistrement, l'honoraire est dû pour chacune d'elles.

« Art. 7. — Les actes dressés sur projets présentés par les parties donnent droit aux mêmes honoraires que s'ils sont rédigés par le notaire lui-même.

« Art. 8. — Les notaires doivent réclamer la consignation des frais qu'ils auront à débourser pour les actes qu'ils sont chargés de dresser.

« Art. 9. — Avant tout règlement, le client peut réclamer le compte détaillé des sommes dont il est débiteur (*quelques décrets offrent cette variante : « Avant tout règlement, les parties peuvent réclamer le compte détaillé des sommes dont elles sont redevables. »*).

« Ce compte est établi sur deux colonnes : l'une destinée aux déboursés et l'autre aux honoraires ; il n'est délivré qu'une fois.

« Art. 10. — Le concours d'un second notaire à un même acte n'en augmente pas l'honoraire. Toutefois, si l'acte est rétribué par vacations, il est dû des vacations à chaque notaire instrumentant.

« Art. 11. — Il est interdit aux notaires de partager leurs honoraires avec un tiers.

« Entre notaires, si le règlement intérieur de la compagnie n'en dispose autrement, le partage se fait de la manière suivante : le notaire qui garde la minute a droit à la moitié de l'honoraire et le notaire en second à l'autre moitié ; les droits de rôles appartiennent exclusivement au notaire détenteur de la minute.

« Art. 12. — Le notaire constitué dépositaire des minutes d'une étude vacante par décès a droit à la moitié de tous les honoraires d'actes ou d'expéditions. L'autre moitié revient aux représentants du notaire décédé, qui sont tenus de supporter les frais d'étude.

« En cas de démission, suspension ou destitution, le notaire commis a droit à tous les produits nets de l'office.

« Art. 13. — Il est alloué aux notaires, suivant la nature des actes compris dans le tarif, des honoraires fixes ou gradués, des honoraires proportionnels, des vacations ou des honoraires par rôles de minute.

« En outre, il leur est alloué des droits de rôles pour les expéditions qui leur sont réclamées.

« Toutefois (*restriction particulière, d'ailleurs au département de la Seine exclusivement*), pour les actes rémunérés par un honoraire proportionnel, le droit de rôle n'est pas dû sur la première expédition requise. »

« Art. 14. — L'honoraire proportionnel est perçu sur le capital exprimé (*ou « énoncé »*) dans les actes. Lorsqu'il porte sur des sommes excédant 100 francs, le calcul se fait sans fraction et par somme ronde de 20 francs en 20 francs.

« Art. 15. — Dans les contrats ayant pour objet des prestations en nature, l'honoraire est calculé d'après l'évaluation faite pour la perception du droit d'enregistrement.

« Lorsque la valeur de l'immeuble n'est pas exprimée dans l'acte, elle est obtenue en multipliant le revenu annuel par 25 pour les immeubles ruraux, et par 20 pour les immeubles urbains.

« Art. 16. — L'usufruit et la nue propriété sont respectivement (*ce dernier mot n'est pas dans tous les décrets*) évalués à la moitié de la valeur de la toute propriété.

« Toutefois, la donation avec réserve d'usufruit au profit du donateur donne droit à la perception du même honoraire (*ou simplement : au même honoraire, dans plusieurs décrets*) que celle qui porte sur la toute propriété.

« Art. 17. — L'honoraire alloué en matière de testament ou de dispositions dont l'exécution est subordonnée au décès se calcule sur l'actif net que reçoit le bénéficiaire.

« Si celui-ci a droit à une réserve, il n'est rien dû sur ce qu'il recueille à ce titre.

« Art. 18. — L'honoraire n'est perçu qu'une fois sur les valeurs qui figurent dans plusieurs opérations successives comprises dans un même acte de liquidation.

« Art. 19. — Pour les actes relatifs à des biens ou droits dont la valeur n'excède pas 500 francs, quelle que soit la longueur de l'expédition, le notaire ne peut avoir droit qu'à l'émolument de deux rôles.

« Art. 20. — Il est alloué aux notaires, par vacation de trois heures, 8 francs au chef-lieu de la Cour d'appel et dans les villes dont la population excède 30,000 âmes ; 6 francs partout ailleurs.

« La première vacation commencée est due en entier. Les autres se payent en proportion du temps écoulé.

« Les actes rétribués par vacations constatent l'heure du commencement et celle de la fin des opérations, ainsi que les interruptions. Dans le cas où il est dû des frais de voyages, le temps employé au voyage ne compte pas dans le calcul des vacations.

« Art. 21. — L'honoraire par rôle de minute est de 5 francs par rôle de trente-cinq lignes à la page et de vingt syllabes à la ligne.

« Toutefois, pour les cahiers des charges de vente judiciaire, il est seulement de 3 francs par rôle.

« Les honoraires par rôle de copie, de vingt-cinq lignes à la page et de quinze syllabes à la ligne, sont fixés :

« A 3 francs pour les expéditions et les grosses au chef-lieu de la Cour d'appel et dans les villes dont la population excède 30.000 âmes ; à 2 francs partout ailleurs ;

« A 3 francs pour les extraits analytiques ;

« A 75 centimes pour les expéditions dont le coût est à la charge de l'Etat, des établissements de bienfaisance et d'assistance et des bénéficiaires de la loi sur les habitations à bon marché ;

« Et à 50 centimes pour les expéditions dont le coût est à la charge de l'Administration de l'enregistrement.

« Les copies collationnées donnent lieu à un droit fixe de 5 francs en sus des droits de rôles.

« Le rôle commencé est dû en entier, s'il est seul ; par fraction non inférieure à la moitié, s'il y a plusieurs rôles.

« Art. 22. — Lorsque le notaire est obligé de se transporter dans une localité éloignée de plus de 2 kilomètres de sa résidence, il perçoit pour frais de voyages, par kilomètre parcouru, en allant et en revenant :

« 1º 20 centimes si le transport a été effectué en chemin de fer ;

« 2º 40 centimes si le transport a eu lieu autrement.

« Si le déplacement exige plus d'une journée, il est alloué, en outre, 10 francs par journée.

« Tout voyage requis la nuit est payé double.

« Il n'est alloué qu'un seul droit de transport pour la totalité des actes que le notaire aura faits dans un même déplacement.

« Art. 23. — Tous actes, quelle que soit leur nature, ayant pour objet le mariage des indigents, le retrait de leurs enfants des hospices et la reconnaissance de leurs enfants naturels, sont reçus gratuitement par les notaires, sur la production par les parties intéressées du certificat prévu par l'art. 6 de la loi du 10 décembre 1850.

« La gratuité s'applique même aux frais de voyages.

« Il en est de même des actes reçus dans l'intérêt des personnes qui ont obtenu le bénéfice de l'assistance judiciaire, lorsqu'ils sont passés à l'occasion ou en exécution des instances dans lesquelles elles ont figuré, mais seulement dans le cas où ils doivent être visés pour timbre et enregistrés en débet.

« Lorsqu'il s'agit des actes compris au paragraphe précédent, les honoraires des notaires peuvent être recouvrés ultérieurement, dans les conditions et les formes prévues par la loi du 22 janvier 1851.

« Art. 24. — Les notaires doivent tenir dans leur étude, à la disposition de toute personne qui en fera la demande, un exemplaire du tarif fixant leurs honoraires. »

En voici maintenant le commentaire approfondi :

« *Art. 1er. — Les honoraires, vacations, frais de rôles et de voyages, et autres droits* *qui peuvent être dus aux notaires à l'occasion des actes de leur ministère sont fixés, pour le ressort de la Cour d'appel de..... ou pour le département de la Seine, conformément au tarif ci-annexé.* »

52015. A peine est-il besoin de définir les expressions employées par ce texte.

Les *honoraires* sont la rémunération attachée à un acte, abstraction faite du temps, court ou long, qu'a demandé sa rédaction ;

Vacation, signifie le nombre d'heures consacrées par des gens de loi à une affaire juridique, et, par extension, on appelle *vacations* la rétribution qui leur est allouée sur la base du temps passé par eux à s'en occuper, abstraction faite de son importance ;

Les *frais de rôles* forment un autre mode d'honoraires, qui le plus souvent, du reste, se cumule avec les précédents.

Appliqués aux originaux des actes, ils constituent un honoraire proprement dit ou un supplément d'honoraire ; spéciaux aux expéditions, aux grosses et aux extraits, ils sont un salaire de copie ;

Les *frais de voyage* s'entendent des déboursés faits par le notaire, afin d'aller instrumenter hors du lieu de sa résidence ;

Enfin, les mots *autres droits* se rapportent au salaire qu'il est juste d'allouer aux notaires, en sus de leurs honoraires, vacations, frais de rôles et de voyages, pour accomplissement par eux des formalités accessoires ou complémentaires des actes : déclarations de succession, dépôt de contrats de mariage, légalisations, publications de sociétés, inscriptions, mentions, réquisitions, transcriptions aux hypothèques, transferts, etc. — V. Amiaud et Voland, *op. cit.*, nos 22, 418 et 469 ; Ch. Defrénois, *op. cit.*, no 22 ;

A l'exclusion toutefois des formalités dont l'obligation incombe aux notaires comme absolument inséparables de l'acte reçu : inscription au répertoire, apposition du sceau notarial, enregistrement, mention de grosse, garde de la minute, etc.

52016. Avant le nouveau tarif, l'usage général, justifiable par la dépense de papier timbré qu'elle entraîne, était de percevoir 0,25 ou 0,50 centimes, suivant les localités, pour l'inscription des actes au répertoire, prescrite par l'art. 29, L. 25 vent. an XI. Mais la Cour suprême l'ayant condamné (V. Cass., 10 avril 1894 ; S., 94. 1. 232 ; D., 94. 1, 387) et le nouveau tarif n'en parlant pas, malgré la proposition formelle, par la Commission, d'allouer à cet égard un modique honoraire, il faut en conclure que le Conseil d'Etat a entendu s'y refuser et que toute perception de ce chef serait illégale. (Arg., art. 3, L. 20 juin 1896). — V. Ch. Defrénois, *op. cit.*, no 20 ; V. toutefois Amiaud et Voland, *op. cit.*, nos 19 et 20 ;

Jamais, au contraire, l'application du sceau, exigée à l'appui de la signature du notaire sur les brevets, les expéditions, les grosses et les extraits, n'avait fait surgir la prétention à une rémunération spéciale ; aucune n'est donc due. — V. Amiaud et Voland, *op. cit.*, n° 19 ; Ch. Defrénois, *op. cit.*, n° 21.

A plus forte raison en est-il de même de la formalité de l'enregistrement, d'après la tradition et dans le silence du tarif ; bien qu'un doute fût sérieusement possible, à raison des frais de déplacement que le notaire peut avoir à faire, lorsque le bureau du receveur est situé ailleurs qu'au lieu même de sa résidence ; néanmoins, l'opinion générale est que ces frais restent toujours à sa charge personnelle. — V. Amiaud et Voland, *op. cit.*, n° 19 ; Ch. Defrénois, *o . cit.*, n° 22.

52017. Il n'est rien dû non plus, l'art. 3 le déclare formellement, à titre de droit de recette et de comptabilité, pour l'encaissement et la garde des fonds et des valeurs déposés aux notaires, — que rien n'oblige d'ailleurs à les accepter, — en conséquence ou pour l'exécution directe d'un acte de vente ou d'emprunt passé dans leur étude, autrement dit pendant l'accomplissement des formalités hypothécaires ou autres, suivant le résultat desquelles ces fonds et valeurs pourront être ou non délivrés librement. — V. Amiaud et Voland, *op. cit.*, n°s 19, 48 et 469 ; Ch. Defrénois, *op. cit.*, n° 24 ; Didio, *Rev. du Not.*, n° 10571 ;

A quoi il est logique d'assimiler le dépôt de fonds au notaire à la veille d'un paiement dont il prépare la quittance ; c'est-à-dire à l'exclusion notamment du cas où, même en vue d'une quittance, mais seulement lors du paiement pour solde, le notaire serait chargé d'encaisser le prix de vente à ses diverses échéances partielles. — V. Amiaud et Voland, *op. cit.*, n°s 48 et 469 ; Ch. Defrénois, *Rép. gén. prat. du Not.*, n° 11387 ; V. cepend. Circul. min, just., 3 mai 1900 ;

Ou en vue d'un acte de compte, liquidation et partage à dresser. — V. Didio, *Rev. du Not.*, n° 10571.

52018. C'est, par contre, admettre implicitement, mais d'autant plus certainement que la jurisprudence antérieure était déjà fixée en ce sens, la légitimité d'un droit de recette et de comptabilité sur les sommes que le notaire encaisserait pour toute autre cause : fermages, loyers, intérêts (sous la restriction que nous allons indiquer), prix de vente payable à terme ou même comptant, mais destiné soit à une contribution de deniers, soit à un ordre consensuel, ultérieurs, ou encore encaissement de prix de vente sur morcellement, remboursement de prêt, même lorsqu'il est la conséquence d'une élection de domicile en l'étude, etc, parce qu'alors c'est comme mandataire du créancier plutôt qu'en sa qualité de notaire instrumentaire qu'il agit ; à moins que le versement entre ses mains n'ait lieu, comme il vient d'être dit pour la quittance, qu'en vue d'un acte notarié à recevoir incessamment par lui. — V. Amiaud et Voland, *op. cit.*, n°s 48, 50 et 469 ; Ch. Defrénois, *op. cit.*, n°s 24 et 33 ; Cpr. Paris, 4 mai

1899 (*Rép. gén. prat. du Not.*, n° 10790).

Pour le taux, — V. ci-après au tarif alphabétique, v° *Droit de recette et de comptabilité*.

52019. A l'égard des intérêts, — non pas, qu'on le remarque, tous les intérêts quelconques, — mais seulement ceux dont le notaire effectue l'encaissement par suite d'élection de domicile faite en son étude dans un acte passé devant lui ou l'un de ses prédécesseurs, une circulaire du ministre de la justice, en date du 3 mai 1900, ci-après relatée (n° 52214), dénie absolument tout droit à un honoraire de recette. Nous n'en voyons pas la raison, et, à la réflexion, on n'en trouve vraiment aucune.

La circulaire allègue bien un usage contraire plus ou moins général ; mais est-ce que les décrets n'ont pas eu précisément pour but d'établir un nouvel état de choses ? Ce faible argument écarté, il reste que l'art. 3, disposition *législative*, encore une fois, et dont il n'appartient point dès lors à un ministre d'amoindrir la portée, autorise formellement les notaires à réclamer un émolument pour tout service extra-notarial qu'ils rendent, et si ce n'en est pas un que de recevoir, chaque trimestre ou chaque semestre, les intérêts qu'un débiteur paye, de lui en donner quittance, d'en tenir comptabilité, de les transmettre au créancier, et cela pendant des années ! nous avouons ne plus savoir à quel signe reconnaître ce qui justifiera suffisamment une rémunération particulière.

Quant à prétendre que c'est la conséquence et l'exécution de l'acte déjà passé dans l'étude, on ne le pourrait qu'en travestissant le sens certain du texte, car il ne vise pas une exécution quelconque, mais exclusivement l'exécution *directe* ; or, ici, de l'aveu des commentateurs les plus disposés à conseiller la soumission à l'arbitraire ministériel, « le paiement des intérêts est un fait étranger à l'objet principal de l'acte d'obligation, et aux responsabilités qu'il entraîne en principe. » — Cpr. Amiaud et Voland, *op. cit.*, n° 49.

Aussi, ces auteurs finissent-ils par reconnaître nettement dans ce cas (n° 469) la légitimité d'un droit de recette et de comptabilité. — V. aussi, en ce sens, Ch. Defrénois, *Rép. gén, prat. du Not.*, n° 11387.

52020. A plus forte raison, conclurons-nous de même au profit du notaire par les mains duquel se fait le service périodique d'une rente viagère constituée dans un testament olographe à lui déposé judiciairement. — V. Amiaud, *Journ. du Not.*, 1902, p. 6 ; Courault, *La Basoche*, 1901, p. 279 ; Ch. Defrénois, *Rép. gén. prat. du Not.*, n° 11603 ; *Contrà* Gannat, 27 juill. 1900 (*eod. op.*, 1900, p. 673) ; Cpr. Cass., 18 nov. 1902 (*Journ. du Not.*, 1903, p. 68).

52021. Depuis les décrets du 30 janv. et du 2 fév. 1890, les notaires 'sont tenus en principe de verser à la Caisse des dépôts et consignations toute somme qu'ils détiennent pour le compte de tiers depuis au moins six mois.

Ce versement s'accomplit gratis, car le tarif n'alloue d'honoraire pour consignations à la Caisse, que si elles ne sont pas effectuées en vertu de ces décrets. Et pourquoi ? parce que dans ce dernier cas, à notre avis du moins, dont il n'a été fait aucune réfutation vraiment sérieuse (V. *v° Comptabilité notariale* t. III, n° 20192 et s.), les intérêts des sommes déposées appartiennent au notaire.

Dans l'opinion contraire, comme alors l'opération ne serait motivée que par l'avantage unique du client, c'est bien le moins qu'il supporte les frais de voyage du notaire si, pour effectuer le versement, celui-ci est obligé de se rendre au chef-lieu de l'arrondissement, ainsi que le coût des récépissés et des timbres occasionnés par la consignation et le retrait. — V. Ch. Defrénois, *op. cit.*, n° 23.

52022. On voit combien le texte est général; il en résulte qu'il s'étend à tout ce qu'un notaire peut réclamer, lors même que le cas n'aurait pas été expressément ou implicitement visé par le tarif.

Cependant l'art. 2 susrelaté de la loi du 20 juin 1896 dispose que, pour les actes non « compris dans le tarif, les frais seront, à défaut de règlement amiable entre les notaires et les parties, taxés par le président du tribunal de la résidence du notaire » ; et, aux termes de l'art. 3, L. 24 déc. 1897, la taxe est arrêtée « conformément au tarif, s'il s'agit d'actes qui y figurent, et, s'il s'agit d'actes non tarifés, suivant la nature et l'importance de ces actes, les difficultés que leur rédaction a présentées, et la responsabilité qu'ils peuvent entraîner. »

Mais, conformément aux principes généraux du droit, nous considérons ces dispositions comme ayant été abrogées par les décrets *législatifs* qui les ont suivies, dont l'un des buts, d'ailleurs, et, selon nous, le résultat essentiel — à défendre jalousement par la corporation ! — ont été, par un tarif ferme, opposable à tous, de faire cesser la position fausse et absolument intolérable du notariat devant la magistrature, en le soustrayant désormais au triste régime du bon plaisir, à l'arbitraire, souvent trop fantaisiste et parfois même envieux, du juge. Ce qui prouve, à n'en pas douter, que telle a bien été l'idée inspiratrice de la réforme et la volonté du Conseil d'Etat, c'est, d'abord, l'art. 2, L. 20 juin 1896, qui n'admet la taxe qu'à défaut de règlement amiable, puis l'art. 3 des décrets, qui, organisant ce règlement alors qu'on n'était plus dans le vague, comme à l'époque desdites lois, mais en présence d'un tarif précis et très complet, ne parle plus du tout de taxe. Autrement, et puisqu'on faisait un tarif légal, il serait inexplicable, contradictoire, qu'on n'y ait pas compris sinon tous, du moins les plus importants des services accessoires dont les notaires sont si fréquemment chargés; d'autant plus que l'art. 1er, L. 20 juin 1896, l'avait ordonné, disposition qui a été exécutée, pour la plupart des cas, par le

tarif, et, pour les autres, par l'admission du règlement amiable sous le contrôle, mais sous le seul contrôle, de la Chambre de discipline, — V. Cass., 18 nov. 1902 (*Rép. gén. prat. du Not.* n° 12778; *Contrà* Amiaud et Voland, *op. cit.*, n°s 3 et s., 46; Ch. Defrénois, *op. cit.*, n°s 9, 43 et 393 ; Vesoul, 9 août 1899 (*Journ. du Not.*, 1900, p. 86); V. cepend. Ch. Defrénois, n° 46.

52023. Toutefois, il subsiste nécessairement une certaine taxe : celle qu'il faut pour assurer l'exécution du tarif même. Le juge taxateur a donc conservé, mais exclusivement ! c'est notre ferme conviction, la vérification matérielle de ce qui est tarifé.

———— ❧ ————

« *Art. 2. — L'honoraire tarifé d'un acte comprend l'émolument de tous les soins, conseils, consultations, conférences, examens de pièces, projets et autres travaux relatifs à la rédaction de l'acte.* »

52024. Si l'article précédent suppose que certains droits peuvent être dus aux notaires à l'occasion des actes de leur ministère, indépendamment des honoraires proprement dits, celui-ci, au contraire, leur interdit de rien réclamer en sus; il importe donc de bien déterminer l'étendue d'application de l'un et de l'autre. Or, l'art. 1er vise exclusivement des faits postérieurs à l'acte tarifé, et l'art. 2 exclusivement les faits antérieurs : tous ces derniers, quels qu'ils soient, caractérisés par cela qu'ils ont eu pour but d'arriver à la rédaction de l'acte tarifé, sont considérés comme ne faisant avec lui qu'une seule et même chose, de sorte que l'émolument attaché à cet acte rémunère à la fois et indivisiblement tous les préparatifs quelconques de sa confection. — Cpr. Amiaud et Voland, *op. cit.*, n°s 14 et 15; Ch. Defrénois, *op. cit.*, n° 14.

52025. Ceci réglé, il n'est peut-être pas inutile de reprendre les expressions du texte, pour les préciser et limiter à ce qui est convenable la gratuité prescrite.

Rien à dire à l'égard des soins; il est évident qu'un notaire doit tous les siens à l'acte dont il se charge. — V. Amiaud et Voland, *op. cit.*, n° 16; Ch. Defrénois, *op. cit.*, n° 15.

Les conseils sont déjà plus discutables; certes, on peut dire que le notaire est le conseil naturel de ses clients; mais la jurisprudence a vraiment dépassé toute justice dans l'extension qu'elle a donnée, de ce chef, à la responsabilité notariale; quoi qu'il en soit, pas plus que pour les soins, point d'honoraire distinct pour les conseils relatifs à la rédaction d'un acte. — V. Amiaud et Voland, *Ibid.*; Ch. Defrénois, *Ibid*.

Il en est de même des consultations, mais, bien entendu, exclusivement de celles émanant du notaire lui-même; on conçoit que si, à raison des difficultés exceptionnelles, des complications d'une affaire, ou parce qu'elle exige la connaissance de législations étrangères, le notaire a dû, d'accord avec ses clients, demander l'avis de jurisconsultes ou se faire délivrer des certificats de coutume, ce qu'il a payé afin de les obtenir constitue de sa part une véritable avance remboursable. — V. Ch. Defrénois, *op. cit.*, n° 16.

Mais pas d'émolument spécial pour les conférences, les rendez-vous, même très multipliés, que le notaire a pu avoir, soit avec les parties, soit avec ses confrères, des avoués, des avocats, des agents d'affaires. — V. Ch. Defrénois, *op. cit.*, n° 17; Cpr. Amiaud et Voland, *op. cit.*, n° 17;

Ni pour l'examen des pièces, le dossier fût-il considérable. — V. Amiaud et Voland, *op. cit.*, n° 18; Ch. Detrénois, *op. cit.*, n° 18;

Ni pour avoir d'abord dressé l'acte en projet, sur papier libre, soit à raison des difficultés qu'il présentait et qui nécessitaient un brouillon, soit parce qu'il y avait utilité à le communiquer aux parties ou à leurs conseils avant de le régulariser; le projet eût-il été remanié et même refait plusieurs fois. — V. Amiaud et Voland, *op. cit.*, n°s 17 et 215; Ch. Defrénois, *op. cit.*, n° 19;

Ni enfin pour tous autres travaux quelconques relatifs à la rédaction de l'acte.

V. toutefois *Transaction*, au tarif alphabétique ci-après.

52026. Du reste, l'art. 2 implique que l'acte a abouti; dans le cas contraire, l'émolument y afférent n'ayant plus lieu, les soins, conseils, consultations, conférences, examens de pièces, projets et autres travaux occasionnés par l'acte avorté, devraient être équitablement rémunérés par règlement amiable. (V., plus loin, n° 52051). — V. Amiaud et Voland, *op. cit.*, n° 46; Ch. Defrénois, *op. cit.*, n° 35.

52027. En ce qui concerne plus particulièrement le projet d'un acte qui n'a pas été réalisé, un honoraire nous semble certainement dû pour sa rédaction, soit que les parties n'y aient pas donné suite, soit surtout parce qu'elles se sont, après, adressées, sans motifs sérieux, à un autre notaire (n° 52034, ci-après).

Le point était autrefois très discuté; mais les termes de l'art. 2 et son esprit, ainsi que celui de l'art 3, ont, suivant nous, du moins, définitivement résolu la question au profit du notaire. — Cpr. Amiaud et Voland, *Ibid.*; Ch. Defrénois, *Ibid.*; Trib. Bône, 11 avril 1899 (*J. du Not.*, 1900, p. 214).

Sur les projets d'actes, — V. encore ce que nous disons, n° 52042, relativement au testament olographe.

« Art. 3. — *Les dispositions du présent tarif ne sont point exclusives des émoluments qui peuvent être réclamés par les notaires, soit pour des travaux autres que la rédaction des actes, soit pour des missions dont ils seraient chargés à titre exceptionnel, et qui n'auraient rien d'incompatible avec la nature et la dignité de leur ministère.*

« *Ces émoluments sont réglés à l'amiable sous le contrôle de la chambre de discipline.*

« *Les notaires ne peuvent percevoir aucun droit de recette et de comptabilité pour l'encaissement et la garde des fonds et des valeurs déposés en conséquence ou pour l'exécution directe d'un acte de vente ou d'emprunt passé dans leur étude.* »

52028. Ainsi, large liberté pour les notaires de sortir de leurs fonctions officielles, car nous pensons que MM. Amiaud et Voland (*op. cit.*, n°s 32 et s.; Cpr. n°s 22 et 55) faussent, grammaticalement et logiquement, le sens des mots du texte : *à titre exceptionnel*, en les appliquant, comme s'il y avait une virgule après *chargés*, à la faculté qu'ont les notaires de ne pas se borner à la rédaction des actes, mais d'accepter tout ce qui rentre raisonnablement dans la sphère de leur profession; formule pourtant qui réserve, et cela suffit bien, les nombreuses incompatibilités résultant contre eux, soit de la loi du 25 vent. an XI, soit des principes généraux du droit, soit de dispositions spéciales; autrement, on se risque en plein arbitraire. — V. Didio, *Rev. du Not.* n°, 10571.

Nous trouvons donc encore erronée sur ce point la circulaire précitée du 3 mai 1900, dont s'inspirent ces auteurs, à moins que ce ne soient eux qui l'aient inspirée, quand, dans un style qui n'a rien de très juridique, et après avoir commis la même inexactitude d'attribution des mots *à titre exceptionnel*, elle dit : « La vraie mission du notaire... est de conseiller les parties et de formuler impartialement leurs volontés dans les actes authentiques, et non pas d'être ou de se faire, à propos de tout, les mandataires ou les gérants d'affaires de leurs clients. »

Comme a si bien répondu le regretté M. Didio, avec un sentiment infiniment supérieur des besoins et des réalités : « A côté des obligations qui leur sont imposées par la loi de leur institution, les notaires ont des devoirs dont l'appréciation peut échapper aux esprits superficiels ou dominés par des idées préconçues, mais dont il est aisé de se rendre compte en réfléchissant aux nécessités pratiques de la vie. Par la nature même de sa profession, par la situation qu'il occupe, par sa connaissance des lois et son expérience des affaires, le notaire est, par excellence, l'homme de confiance des familles, le dépositaire de leurs secrets, leur conseil et leur guide dans une foule de circonstances. L'intérêt de ses clients exige donc qu'il puisse, en dehors de l'exercice de ses fonctions officielles, se charger de certaines missions et de certains travaux qu'ils ne peuvent eux-mêmes accomplir et pour lesquels ils ne sauraient trouver d'intermédiaire plus honorable, plus sûr et plus éprouvé.

« Parmi ces opérations, il en est pour lesquelles l'intervention du notaire est en quelque sorte indispensable, telles, par exemple, les négociations préalables à la conclusion d'une vente ou d'un prêt à réaliser ultérieurement devant lui, le recouvrement de créances ou le paiement de dettes dépendant d'une succession qu'il est appelé à liquider; il en est d'autres, pour lesquels son concours semble tout au moins indiqué, telles que l'administration des successions, la gérance de propriétés, la perception de loyers, de fermages ou d'intérêts, etc., etc. » (*Rev. du Not.*, *loc. cit.*). »

C'est donc doublement à tort, tort en fait et tort en droit, que, s'emparant de l'expression *à titre exceptionnel*, la Chancellerie en conclut que les honoraires prévus par l'art. 3, comme les mandats dont ils sont la rémunération, *ne doivent être admis qu'à titre exceptionnel*.

« Nous considérons, ajoute le même auteur, comme d'autant plus nécessaire de mettre en évidence l'erreur commise par M. le Garde des sceaux, que les missions et travaux en question sont, pour beaucoup d'études, à la campagne surtout, une source de produits accessoires auxquels les notaires ont légitimement droit, et que, s'ils devaient, pour obéir aux injonctions de la Chancellerie, renoncer à ces missions, ils verraient bientôt leurs clients déserter l'étude pour recourir à d'autres intermédiaires, chèrement rétribués, souvent d'une moralité douteuse. Les intérêts que nous défendons sont donc à la fois les intérêts des notaires et de leurs clients, de la corporation et du public. »

Mais autant le notariat doit déférer respectueusement à des exhortations fondées, autant il n'a pas à se soumettre servilement aux injonctions qui portent atteinte au tarif; en les émettant, le ministre n'a oublié qu'une chose : le tarif est maintenant la loi, à laquelle le Garde des sceaux, tout le premier, doit donner l'exemple d'une sincère obéissance. Or, ici, la loi, c'est la liberté reconnue aux notaires par notre art. 4, texte législatif! d'agir en dehors de leurs fonctions officielles, même habituellement.

Sous la réserve, est-il besoin de le dire ? qu'ils ne se permettent rien qui répugne à la nature et à la dignité de leur ministère, seule restriction du texte; tout manquement à cet impérieux devoir les rendrait passibles de peines disciplinaires, sans parler du refus d'action en justice pour obtenir alors un émolument quelconque. — V. Amiaud et Voland, *op. cit.*, nos 10 et s.; Ch. Defrénois, *op. cit.*, no 42.

52029. Le dernier alinéa fait une exclusion, non pour cause d'incompatibilité, mais comme le service rendu ayant été déjà suffisamment rémunéré par l'honoraire de l'acte; nous nous sommes expliqué plus haut sur ce point, et nous avons vu qu'un droit de recette et de comptabilité est, au contraire, légitime pour

tous autres encaissements et gardes de fonds et de valeurs.

52030. Les cas les plus fréquents qui justifient encore des honoraires spéciaux sont ceux de : actes sous seing privé, administration, arbitrage, assistance comme conseil ou devant la Chambre, certification de signature, conseil judiciaire, conseils et consultations, curatelle, exécution testamentaire, expertise, garde de scellés, gérance, mission, négociation, séquestre, transfert de valeurs, tutelle d'interdit ou de mineur.

52031. La plupart se ramènent à une idée de mandat, ou, peut-être plus exactement, selon nous, de louage d'ouvrage. Or, à s'en tenir au caractère de mandat, s'il est gratuit de sa nature, il ne l'est pas essentiellement. Confié à une personne qui fait sa profession de rendre les services qu'on lui demande, il implique même une convention tacite de rémunération. — V. Aubry et Rau, IV, § 410, p. 635, note 8 ; Baudry-Lacantinerie et Wahl, *Mandat*, nos 729 et s. ; Boulet, *Code du notariat*, no 895 ; Guillouard, *Mandat*, nos 11 et s. ; Labbé, *Note* (S., 93. 1. 497 et s.) ; Pont, *Petits contrats*, I, no 386 ; et de nombreux jugements et arrêts.

52032. L'application aux notaires de cette solution a été très controversée. — V., en sens divers, Babinet, *Rapport* sous Cass., 1er déc. 1891 (S., 93. 1. 497; D., 92. 1. 209); Cass., 23 juill. 1832 (S., 32. 1. 621); Angers, 23 mars 1833 (S., 33. 2. 179); Bordeaux, 5 août 1890 ; Cass., 1er déc. 1891 (S., 93. 1. 497; D., 92. 1. 209) ; 4 janv. 1892 (*Rev. du Not.*, no 8654) ; Alger, 9 avril 1894 (*Ibid.*, no 9221); Cass., 2 et (en sens contraire, favorable aux notaires) 21 mai 1900 (*Rev. du Not.*, no 10580 ; S., 1901. 1. 186). Cpr. Cohendy, *Note* sous Cass., 1er déc. 1881, précité.

Il nous semble qu'elle se trouve désormais certaine en présence de l'art. 3 des décrets. — V. Amiaud et Voland, *op. cit.*, nos 23 et s. ; Ch. Defrénois, *op. cit.*, no 31; Cpr. Cass., 21 mai 1900, précité.

Néanmoins, conformément à la circulaire du ministre de la justice en date du 3 mai 1900, les notaires agiront prudemment, toutes les fois qu'ils sont chargés, par leurs clients, de travaux particuliers ou de négociations et gestions pouvant donner lieu à des honoraires exceptionnels, de se faire, autant que possible, autoriser par écrit, avec indication même de la rémunération convenue, de manière à pouvoir, en cas de difficulté, justifier de la mission qui leur aura été confiée et de ses conditions, car la preuve en est à leur charge. — V. Didio, *Rev. du Not.*, 1902, no 10883.

52033. Insistons maintenant davantage sur les divers cas énumérés.

52034. *Actes sous seing privé.* — Il se peut que les parties ne veuillent réaliser leurs conventions que de cette manière, afin, par exemple, de ne laisser savoir à personne des secrets de famille, ou même de réduire leurs frais et, plus spécialement, d'éviter ceux d'enregistrement, but très légitime lorsque la formalité n'est pas obligatoire.

Rien ne s'oppose à ce qu'un notaire accepte de les rédiger, et il est tout naturel qu'il s'en fasse payer ; d'après l'usage, il lui revient alors la moitié seulement de ce que lui eussent procuré des actes authentiques, sauf à percevoir le complément si, plus tard, les sousseings privés lui sont déposés pour minutes avec reconnaissance d'écriture et de signatures, ou bien se trouvent refaits en la forme notariée. — V. Ch. Defrénois, *op. cit.*, n° 27 ;

Mais le notaire contreviendrait évidemment à la défense de l'art. 3, s'il se prêtait par ce moyen à une fraude à la loi. — Cpr. Amiaud et Voland, *op. cit.*, n°s 10 et s., 35.

Quant aux sous-seings privés provisoires, faits seulement afin de lier aussitôt les parties, mais avec convention de les convertir prochainement en actes authentiques, ils ne sont que les préliminaires de ceux-ci, et, par conséquent, se trouvent compris dans l'émolument y attaché, conformément à l'art. 2 ci-dessus, sauf remboursement du papier timbré. — V. Amiaud et Voland, *op. cit.*, n° 35.

Mais, sont-ils ensuite résiliés ou bien authentiqués devant un autre notaire ? ils donnent lieu, au profit du rédacteur : dans le premier cas, celui de résiliation, à des rôles de minute ou à des vacations ; et, dans le second, à la moitié au maximum de l'honoraire alloué par le tarif pour l'acte authentique. — Cpr. Amiaud et Voland, *op. cit.*, n° 35.

52035. *Administration provisoire d'une succession.* — La rémunération de cette fonction, souvent confiée à un notaire, peut être fixée par la décision qui le nomme ; à défaut, il a droit à une remise sur les capitaux et les revenus encaissés par lui en sa qualité d'administrateur. — V. Amiaud et Voland. *op. cit.*, n° 36 ; Ch. Defrénois, *op. cit.*, n° 36.

V. aussi Frais et honoraires des administrateurs judiciaires (n° 51987), et ci-après, n°s 52057 et s.

52036. *Arbitrage.* — Qui est mieux désigné qu'un notaire, par son caractère professionnel, tout de conciliation, pour remplir le rôle d'arbitre ? Et le choix fait de lui se trouve un hommage rendu à sa valeur et à sa droiture. L'honoraire généralement reconnu pour cette mission est de 1 pour cent sur l'importance du litige, avec faculté, pour le notaire que ce tantième ne rétribuerait pas suffisamment, de se faire payer par vacations en raison du temps consacré à l'affaire. — V. Ch. Defrénois, *op. cit.*, n° 40 ; Cpr. Amiaud et Voland, *op. cit.*, n° 37.

52037. *Arpentage.* — Au contraire, l'arpentage semble être et devoir rester tout à fait étranger aux fonctions notariales ; aussi, n'admettons-nous pas qu'un notaire puisse s'y livrer et surtout s'en faire payer, à moins

d'une extrême urgence, auquel cas il lui serait dû des vacations. — Cpr. Amiaud et Voland, *op. cit.*, n° 38.

52038. *Assistance comme conseil.* — Il arrive parfois que des clients, obligés par les circonstances à passer un acte dans une étude située en dehors du ressort de leur notaire et où, par conséquent, celui-ci est dans l'impossibilité d'instrumenter même en second, ce qui l'exclut de tout partage dans l'honoraire de l'acte, ne veuillent néanmoins rien faire sans lui et le prient d'aller les y assister ; un émolument lui est naturellement dû pour cela, en sus du remboursement de ses frais de déplacement. — V. Ch. Defrénois, *op. cit.*, n° 29 ; V. toutefois Amiaud et Voland. *op. cit.*, n° 41.

V. aussi *Vente* (par adjudication).

52039. *Assistance devant la Chambre.* — L'art. 20, Ord. 4 janv. 1843, autorise les personnes qui font une plainte ou une réclamation contre un notaire devant la Chambre, à s'y faire représenter ou assister par un notaire.

Nous estimons que le service ainsi rendu, l'étant contre un confrère, doit toujours rester absolument gratuit, car un honoraire quelconque serait alors odieux. — Cpr. Amiaud et Voland, *op. cit.*, n° 39.

52040. *Certification de signature.* — Pour opérer la conversion, la mutation ou le transfert de leurs titres, beaucoup de compagnies et de sociétés demandent, comme garantie de l'identité des aliénateurs, que la signature de ceux-ci soit certifiée par un notaire ou par un agent de change.

La compétence des notaires à cet égard est contestée, alors du moins qu'il ne s'agit pas de l'exécution des actes passés devant eux. Supposons-la pourtant admise dans tous les cas.

Formalité complémentaire d'un acte, on verra plus loin que le transfert de valeurs entraîne une rémunération particulière, rémunération qui comprend, d'ailleurs, la certification de signature s'il y a lieu. — V. cependant Amiaud et Voland, *op. cit.*, n° 40 ;

Donnée dans d'autres conditions, cette certification opère à plus forte raison l'exigibilité d'un honoraire, qu'il convient de fixer, par analogie du courtage des agents de change, à 1/10 de la valeur réalisable des titres certifiés. — V. mêmes auteurs, *Ibid.* ; Cpr. Ch. Defrénois, *op. cit.*, n° 34.

52041. *Conseil judiciaire.* — V. ci-après *Curatelle.*

52042. *Conseils et consultations.* — Il s'agit, bien entendu, de consultations de droit ou de conseils étrangers à un acte projeté, puisqu'autrement tout honoraire spécial serait expressément interdit par l'art. 2.

Mais, par exemple, le notaire est consulté sur un procès. Évidemment, cela mérite récompense, surtout s'il a dû se livrer à des recherches, à un examen sérieux de l'affaire, en un mot à un véritable travail pour se faire une opinion et la formuler.

Quant aux petits conseils que des clients ou même d'autres personnes lui auraient demandés dans le cours ordinaire de la vie, c'est à lui de les refuser s'il n'entend point en donner gratis ; autrement, on doit les considérer comme de pure obligeance, ne justifiant aucunement une réclamation ultérieure d'honoraires, parce que les clients n'ont pas dû s'attendre à devoir quelque chose en retour. — V. Amiaud et Voland, *op. cit.*, n° 41 ; Ch. Defrénois, *op. cit.*, n° 28.

Le cas le plus fréquent, dans la pratique, d'une consultation incontestablement payante, est celui de la rédaction par le notaire d'un projet de testament olographe. — V. Ch. Defrénois, *Ibid.*; Cpr. Amiaud et Voland, *op. cit.*, n° 52 ;

Mais, comme la garde du testament, fait sur ses conseils, lui est habituellement confiée et lui ménage ainsi l'éventualité d'honoraires ultérieurs, le notaire s'abstient presque toujours de rien réclamer actuellement.

C'est dire que si ce testament était ensuite annulé par un autre dont il ne bénéficierait pas, le notaire qui ne se serait fait payer ni sa consultation, ni surtout la rédaction d'un projet, aurait parfaitement le droit d'en demander la rémunération, plus un honoraire de garde proportionné à la durée de celle-ci. — Cpr. Amiaud et Volant, *op. cit.*, n° 52.

V. aussi, plus loin, au tarif alphabétique, v° *Testament olographe.*

52043. *Curatelle à succession vacante.* — Mêmes observations que pour l'administration provisoire d'une succession. — V. Instr. Adm. de l'enreg., 15 juin 1878.

52044. *Curatelle d'individu pourvu d'un conseil judiciaire ou de mineur émancipé.* — V. ce qui en est dit plus loin, à la suite de la *Tutelle d'interdit ou de mineur.*

52045. *Exécution testamentaire.* — Suivant nous, pas de doute à cet égard, surtout depuis l'article 3 : un honoraire raisonnable est dû au notaire qui accepte cette mission, attendu que c'est moins comme ami qu'en sa qualité de notaire qu'elle lui est ordinairement conférée (n°s 52030 et s., ci-dessus). — V. Ch. Defrénois, *op, cit.*, n° 41 ; Lyon, 7 mai 1890 (D., 91. 5. 337) ; Amiens, 26 janv. 1899 (*Rép. gén. prat. du Not.*); *Contrà* Amiaud et Voland, *op. cit.*, n° 42.

Mais souvent le testateur lui-même y aura pourvu par un legs, un *diamant!* exclusif alors de toute autre rémunération.

52046. *Expertise.* — Comme pour tout autre expert, la rémunération du notaire nommé à cette fonction se règle par vacations, conformément aux art. 159 et s., D. 16 fév. 1807. — V. Amiaud et Voland, *op. cit.*, n° 43 ; Ch Defrénois, *op. cit.*, n° 37.

52047. *Garde de scellés.* — Pas de différence non plus entre un notaire nommé gardien de scellés et toute autre personne ; donc, frais de garde à son profit, suivant la durée, en vertu de l'art. 26 du même décret. — V. Ch.

Defrénois, *op. cit.*, n° 38 ; Tournai, 3 avril 1858 ;

A moins que cette garde de scellés ne se terminât par un inventaire, auquel cas elle en aurait été le simple préliminaire, dont, dès lors, l'émolument se trouverait compris dans celui alloué pour l'inventaire même, par application de l'art. 2 ci-dessus.

Le cas, d'ailleurs, se présentera rarement : on ne conçoit guère que celui de scellés apposés sur des objets ou des titres déposés à un notaire.

52048. *Gérance d'affaires, de biens.* — Si les tarifs de la métropole n'ont pas prévu l'hypothèse, le tarif pour l'Algérie a fixé les honoraires auxquels elle peut donner lieu. Leur extension à la France est d'autant plus admissible qu'ils sont inférieurs, comme on le verra, à ceux ordinairement reconnus aux gérants de profession : en moyenne 2 0/0 sur les revenus, 1 0/0 sur les capitaux, sans décroissance.

52049. *Mandat.* — V. les mots ci-contre.

52050. *Mission.* — Cette expression est très vague ; elle comprend plusieurs des cas ci-contre, et en ceci elle ferait double emploi avec eux ; mais, par sa généralité, elle a l'avantage d'étendre la légitimité d'un honoraire à tous ceux analogues, bien qu'imprévus.

52051. *Négociation.* — Il faut entendre par là les démarches auxquelles un notaire se livre, afin, par exemple, de procurer à son client des fonds, un acquéreur, un fermier, etc., et, dans ce but, débat les conditions de l'emprunt, de la vente, du bail ou de toute autre affaire.

Ici, le notaire n'est plus le fonctionnaire public de l'art. 1er, L. 25 vent. an XI, se bornant à recevoir les actes et contrats auxquels les parties doivent ou veulent faire donner le caractère d'authenticité attaché aux actes de l'autorité publique ; il redevient en quelque sorte un particulier, qui se fait volontairement intermédiaire, courtier.

Aussi, à l'inverse de la disposition de l'art. 2 pour tout ce qu'il accomplit notarialement en vue de la rédaction seulement de l'acte, l'art. 3 lui permet-il de réclamer une commission pour cette entremise, en sus de l'honoraire afférent à l'acte même ; il ne serait pas équitable, en effet, que le notaire par l'intermédiaire de qui une affaire a été traitée et conclue, ne fût pas mieux rémunéré que le simple rédacteur de l'acte qui ne fait que la constater. — V. Amiaud et Voland, *op. cit.*, n° 45 ; Ch. Defrénois, *op. cit.*, n°s 32 et 318 ; Didio, *Rev. du Not.*, n°s 10571, 10883.

Avant les décrets, la jurisprudence refusait de reconnaître la légitimité d'une rémunération supplémentaire, à moins que le notaire n'établît avoir reçu et accompli un mandat dépassant celui qui résulte légalement de sa qualité d'officier public.

En présence de l'article 3, il était permis de croire qu'elle ne persisterait plus dans les mêmes errements. Néanmoins, la question s'étant représentée sur une affaire postérieure, le tribunal de Lille, par un jugement du 16 déc. 1902 (*Rép. gén. prat. du Not.*, n° 12840) vient encore de dénier au notaire négociateur d'une vente, une rémunération spéciale.

Il est vrai que les attendus paraissent plutôt contester, dans l'espèce, la réalité même d'une négociation véritable; ce qui diminue la portée du dispositif et réserverait le principe; or, c'est là l'important; du reste, qu'on ne l'oublie point, le refus d'un honoraire, non pas faute de base en fait, mais comme n'étant pas alloué par les décrets, constitue maintenant, vu leur caractère, un point de droit donnant ouverture à pourvoi en cassation pour violation de la loi.

C'est la protection du Notariat; mais il ne serait pas pratique d'y recourir souvent; aussi les notaires feront toujours bien de se mettre d'abord à l'abri d'une rigueur excessive encore à craindre, en se couvrant d'avance, par un écrit du client, conformément à la circulaire précitée du 3 mai 1900, *in fine*. — V. n° 52032 ci-dessus.

En tout cas, et quoi qu'il en soit du principe des anciennes décisions judiciaires, elles ont donné au mandat des notaires, en tant que notaires, une étendue qu'il n'a certainement pas, ce qui n'est même plus discutable depuis que les art. 2 et 3 des décrets l'ont très justement caractérisé par ce qui est relatif à la *rédaction* des actes : rien de moins, rien de plus; l'affaire supposée convenue par les parties directement entre elles.

Reste à reproduire une observation semblable à celle que nous avons déjà faite pour les projets d'actes et les sous-seings privés provisoires, auxquels les parties ne donnent pas suite ou qu'elles vont, sans motifs légitimes, réaliser dans une autre étude.

Sauf convention contraire, le notaire négociateur a droit : dans le premier cas, à une rémunération proportionnelle au temps passé par lui à s'occuper de l'affaire, c'est-à-dire à des vacations; et, dans le second cas, à la totalité de la somme promise ou accordée par l'usage (V. ci-après , au tarif alphabétique, v° *Négociations*). — Cpr. Amiaud et Voland, n° 45 ; Trib. Bône, 11 avril 1899.

52052. *Séquestre.* — Il convient, par identité de motifs, d'appliquer spécialement au séquestre le raisonnement fait préliminairement sur le mandat en général; donc toujours un émolument au profit du notaire; et même, si ce dernier a opéré en conséquence des encaissements, il lui revient en sus un droit de recette et de comptabilité sur leur montant. — V. Ch. Defrénois, *op. cit.*, n° 39.

Si c'est par justice que le notaire a été nommé séquestre, sa rémunération en cette qualité se règle encore conformément à l'art. 34 du tarif de 1807, par assimilation au gardien de scellés, lorsqu'il s'agit d'effets mobiliers, et il lui est généralement alloué un droit de recette. — Cpr. Amiaud et Voland, *op. cit.*, n° 36 ; Ch. Defrénois, *Ibid.*

52053. *Société.* — V. Frais et honoraires des administrateurs judiciaires (n° 51987) et, ci-après, n°s 52057 et s.

52054. *Succession.* — V., plus haut, *Administration* (n° 52035).

52055. *Transfert de valeurs.* — Aux cas qui précèdent, il faut ajouter celui-ci, non qu'il s'y rattache logiquement (car le transfert constitue une formalité complémentaire d'actes et non une opération plus ou moins étrangère au ministère propre des notaires, qu'autorise néanmoins ledit art. 3), mais parce que, n'étant point prévue au tarif et ne devant pas la retrouver, il convient d'en parler ici plutôt encore qu'ailleurs.

A ce titre de formalité complémentaire, les transferts de valeurs qu'il y a lieu d'effectuer à la suite, soit d'un contrat de mariage, soit d'une donation, soit d'une succession, soit d'un nantissement, etc., justifient un honoraire spécial, dont l'importance est généralement fixée, suivant ce que nous avons dit plus haut à l'occasion de la Certification de signature, à 1/10 pour cent du capital réalisable de ces valeurs. — V. Ch. Defrénois, *op. cit.*, n° 34 ; *Contrà* Amiaud et Voland, *op. cit.*, n° 40.

Toutefois, on excepte les rentes sur l'Etat transférées en exécution d'un certificat de propriété, sur lequel seul alors il est d'usage de percevoir un honoraire. — V. Ch. Defrénois, *Ibid.*

52056. *Tutelle d'interdit ou de mineur.* — D'après les art. 454, 471 et 1986, C. civ., il n'est point dû d'honoraires à un tuteur pour sa gestion. — V. Aubry, Rau et Falcimaigne, I, § 121, p. 754 ; Demolombe, VII, n° 610, et VIII, n° 115 ; de Fréminville, *Minorité*, I, n° 25, Zachariæ, § 122, texte et note 9 ; V. cepend. Magnin, *Minorité*, I, n° 684.

En concédant que ce principe est juste, ou plutôt strictement légal, lorsqu'il s'agit d'une tutelle confiée à un parent, à un ami, à une personne quelconque, en vertu de notre devoir collectif de protection à l'égard des incapables, on comprend qu'il n'en soit plus ainsi quand le choix porte sur un notaire à raison de sa profession, qu'il n'exerce que pour en vivre.

Or, même pour tout autre tuteur, la tendance de la doctrine, par besoin d'équité, est de permettre, à son profit, suivant les circonstances, l'allocation sinon d'honoraires proprement dits, du moins d'une certaine indemnité rentrant dans les frais de gestion;

Et la jurisprudence se montre en général favorable à cette opinion. — V. Cass., 18 avril 1854 (S., 55. 1. 120); Dijon, 14 mai 1862 (S., 62, 2. 449 ; D., 62. 2. 121); Cass., 14 déc. 1863 (S., 64. 1. 21 ; D. 64. 1. 63); Douai, 5 avril 1865 (S., 66. 2. 301); Grenoble, 8 fév. 1866 (S., 66., 2. 184; D. 67. 2. 71) ; Nancy, 17 déc. 1892 (*Rec.* de cette Cour, 93. 39) ; *Contrà*, Orléans, 26 juill. 1894 (*Fr. jud.*, 94. 2. 330).

A plus forte raison donc, un notaire, choisi en cette qualité, pour le savoir et l'expérience que ses fonctions impliquent, a-t-il droit, suivant nous, à une rémunération spéciale, sans différence avec les autres services qu'il peut rendre ; ici comme ailleurs, son cas rentre dans le mandat salarié et ne relève aucunement du mandat gratuit.

Telle est, au surplus, la pratique du tribunal de la Seine envers ses commis-greffiers, nommés par lui tuteurs ou curateurs. — *V. Administrateurs judiciaires à Paris* (n° 51987).

Ce que nous venons de dire pour la tutelle s'applique, en effet, bien qu'avec des raisons moindres, à la curatelle d'un individu pourvu de conseil judiciaire ou d'un mineur émancipé.

52057. L'art. 3 déclare que les émoluments ainsi admis en principe, à raison des services rendus par les notaires en dehors de leur qualité même de notaire, sont réglés à l'amiable sous le contrôle de la Chambre de discipline.

On se rappelle que nous avons déjà conclu de cette disposition, en indiquant nos motifs (n° 52022), l'exclusion désormais du juge taxateur, sauf la vérification de tout ce qui est tarifé ; pour le surplus, c'est à la sagesse de la Chambre de discipline que la loi s'en remet exclusivement. — *V. Contrà*, Amiaud et Voland, *op. cit.*, n°s 3 et s.; Ch. Defrénois, *op. cit.*, n°s 9, 43 et 393 ; Vesoul, 9 août 1899 (*Journ. du Not.*, 1900, p. 86); V. cepend. Ch. Defrénois, n° 46.

52058. Celle-ci doit certes, comme auparavant le magistrat, apprécier l'affaire qui lui est soumise, suivant sa nature et son importance, les difficultés qu'elle a présentées et la responsabilité qu'elle peut entraîner, conformément à la recommandation de l'art. 3, L. 24 déc. 1897, mais aussi et surtout par analogie du tarif qui, sans répudier ces données, a entendu tenir compte en même temps de la condition et des habitudes particulières de la région ; et, en vérité, le tarif est trop détaillé pour qu'il ne soit pas toujours possible et même facile d'y rattacher toutes les formes d'actes et négociations imprévues, ou plutôt qui viendraient à se manifester dans l'avenir avec de nouveaux besoins. — Cpr. Ch. Defrénois, *op. cit.*, n°s 388 et s.

52059. C'est à la Chambre en corps qu'appartient l'exercice de ce contrôle; son président n'a donc pas qualité pour se substituer à elle et agir seul. Elle décide par voie de délibération. — V. Ch, Defrénois, *op. cit.*, n° 44.

52060. Le plus souvent la Chambre aura d'avance et une fois pour toutes en quelque sorte établi le tarif de ces travaux et missions extrinsèques, si l'on peut ainsi dire; mais ce tarif n'est qu'officieux, il n'a rien d'obligatoire, même pour les membres de la Compagnie, et il ne saurait le devenir par approbation de la Chancellerie. Le cas échéant, la Chambre devra donc rendre une décision spéciale sur l'affaire à elle soumise. — V. Ch. Defrénois, *op. cit.*, n°s 44 et 45; Cpr. Amiaud et Voland, *op. cit.*, n°s 28 et s.

V. aussi Lettre min. just., 10 juill. 1899, et Circul. min. just. 3 mai 1900, ci-après relatées (n°s 52213 et s.).

52061. Quelle est l'autorité de cette décision ?

Le notaire ne saurait évidemment prétendre s'y soustraire, c'est-à-dire refuser d'accepter une diminution ordonnée sur ce qu'il réclame, que par un manque de déférence envers sa Chambre, ce qui le rendrait passible d'une peine disciplinaire. — V. Ch. Defrénois, *Ibid.*

Quant au client, il n'est aucunement soumis à la juridiction de la Chambre des notaires, et malgré même une forte réduction imposée par celle-ci, il peut se croire encore surchargé.

Mais alors, et puisque ce n'est plus matière à taxe par le juge, comment se résoudra la contestation ?

Tout simplement, en appliquant à la circonstance les règles du mandat salarié, d'après lesquelles, à défaut de convention, les tribunaux fixent le salaire suivant l'usage des lieux. Ainsi, c'est le tribunal (juge de paix ou tribunal de première instance, suivant l'importance de la somme réclamée), et non un juge taxateur, qui statuera sur la poursuite en paiement intentée par le notaire réclamant. — V. Amiaud et Voland, *op. cit.*, n° 793; *Contrà* Ch. Defrénois, *op. cit.*, n° 393 ; V. cepend., même auteur, n° 46.

Et d'après quel principe ? Le même que celui susénoncé dont doit s'inspirer la Chambre de discipline, c'est-à-dire combinaison sincère de la loi du 24 déc. 1897 avec le tarif ; d'autant plus que c'est évidemment la meilleure manière de se référer à l'usage des lieux. L'avantage et les garanties que le Notariat peut trouver à l'adoption de cette doctrine sont évidents.

52062. Par cela seul que, dans ces circonstances, les émoluments doivent être réglés sous le contrôle de la Chambre, le notaire ne nous paraît pas recevable à introduire son action en justice, sans s'être muni préalablement d'une délibération spéciale donnant son avis sur la réclamation, sinon l'approuvant ; et ce, par la raison susexprimée, même au cas d'existence d'un tarif officieux auquel il se serait conformé. — V. Ch. Defrénois, *op. cit.*, n° 46;

Et, d'autre part, comme le mandat salarié se rétribue suivant l'usage des lieux, il est naturel que le tribunal veuille, sans en être lié, s'éclairer par cet avis de la Chambre. — Cpr. Amiaud et Voland, *op. cit.*, n° 31.

52063. Par exception, les travaux et missions dont il s'agit : administration, expertise, séquestre, etc., ne sont pas soumis au contrôle de la Chambre, lorsque c'est le tribunal civil ou de commerce qui les a directement confiés au notaire; du reste, ils sont généralement tarifés par des règlements spéciaux ; (Cpr. n° 51987, *Administrateurs judiciaires à Paris.*) — V. Amiaud et Voland, *op. cit.*, n°s 30, 36, 43.

La Chambre n'a pas à connaître non plus des conventions ou règlements à forfait; le texte suppose, en effet, qu'il s'agit d'émoluments encore à débattre.

A plus forte raison, n'acceptons-nous pas que les tribunaux, toujours enclins à traiter les justiciables en éternels mineurs, persistent à s'arroger le droit de réduire des émoluments convenus ou réglés. Comme déjà l'art. 1134, C. civ., notre art. 3 s'y oppose; autrement, il deviendrait aisément lettre morte. Ne serait-il pas étrange, au surplus, que les décrets dont l'un des buts a été de soustraire les notaires à l'arbitraire du juge, les y eût laissés soumis pour l'accessoire de leurs fonctions, alors qu'ils les en affranchissaient pour le principal?

Donc, en résumé :

Taxe possible, par le président du tribunal, à l'égard des actes et services tarifés;

Quant aux autres, règlement direct entre les parties; à défaut, règlement amiable sous le contrôle de la Chambre, c'est-à-dire arbitrage de celle-ci, avec faculté pour le client de ne pas se soumettre à sa décision et, en s'exposant aux frais et conséquences d'un procès, de faire juger son cas par le tribunal.

Telle nous paraît être l'économie des décrets.

------ o≈≥≈o ------

« *Art. 4. — Il est interdit aux notaires, sous peine de restitution et de poursuites disciplinaires, s'il y a lieu, d'exiger des droits et honoraires plus élevés que ceux portés au tarif.*

Les notaires peuvent faire remise de la totalité des honoraires d'un acte; ils ne peuvent en accorder la remise partielle qu'avec l'autorisation de la chambre de discipline.

52064. Le tarif que les décrets établissent est absolu; ils veulent à la fois que le notaire ne perçoive pas davantage et aussi ne perçoive pas moins que ce qu'ils lui ont alloué. Et cela se comprend très bien. Prendre plus constituerait une exaction, puisque la loi a considéré comme juste et suffisante la rémunération qu'elle accorde; à l'inverse, permettre de se contenter d'un honoraire moindre eût été ouvrir la porte au marchandage des clients, ainsi qu'à une concurrence déloyale entre confrères, par la possibilité d'instrumenter au rabais. Tous les notaires étant obligés de se faire payer d'une manière identique, le public, pour choisir entre eux, n'a plus à s'inspirer que de considérations d'honorabilité, de savoir et d'expérience. — V. Amiaud et Voland, *op. cit.*, n⁰ˢ 56 et 59; Ch. Defrénois, *op. cit.*, n⁰ˢ 47, 49 et 54.

52065. Aussi, la tarification actuelle est-elle d'ordre public, de sorte que toute convention contraire serait nulle; tout règlement s'en écartant, revisable. — V. Amiaud et Voland, *op. cit.*, n⁰ 57; Ch. Defrénois, *op. cit.*, n⁰ 48;

A moins qu'il ne s'agisse pas d'honoraires d'actes, au sens de l'art. 2, mais d'émoluments extra-notariaux, puisque, pour ceux-ci, l'art. 3 admet le règlement amiable. — V. Didio, *Rev. du Not.*, n⁰ 10571.

Quant aux honoraires proprement dits, le notaire conserverait donc le droit de réclamer la différence qui lui revient,

Et le client pourrait se faire rembourser l'excédent de ce qu'il devait réellement.

Mais pendant combien de temps?

Dans les délais de prescription qui résultent à leur profit respectif de la loi du 24 déc. 1897 sur les recouvrements de frais. — V. Amiaud et Voland, *op. cit.*, n⁰ 812; Ch. Defrénois, *op. cit.*, n⁰ 52.

52066. La sanction de l'interdiction consiste, d'après le texte lui-même, dans l'application d'une peine disciplinaire au notaire contrevenant.

Et ce, dirons-nous, dans les deux éventualités, c'est-à-dire en cas de réduction comme en cas de perception excessive, bien qu'il ne soit question de pénalités que dans le premier alinéa du texte, attendu que l'amoindrissement des honoraires dus implique un manquement à la Chambre, en même temps qu'une faute professionnelle, ce qui suffit pour baser également des poursuites; notarialement, ce fait est peut-être même plus coupable que l'autre. — V. Ch. Defrénois, *op. cit.*, n⁰ 56.

La peine encourue n'étant pas spécifiée, elle variera suivant la gravité de l'infraction commise. — V. Ch. Defrénois, *op. cit.*, n⁰ 53.

52067. Mais, selon le proverbe, erreur n'est pas compte. Si donc un notaire se trouvait, de bonne foi, soit par erreur matérielle, soit par une interprétation inexacte du tarif, avoir demandé trop ou trop peu, il y aurait simplement lieu à redressement; c'est pourquoi, après avoir porté des peines disciplinaires, l'art. 4 ajoute ce restrictif: *s'il y a lieu*; ce qui rend toujours la poursuite facultative pour la Chambre et pour le Parquet. — V. Ch. Defrénois, *op. cit.*, n⁰ˢ 50 et 53; Cpr. Gand, 2 mars 1895 (*Revue de Not. belge*, 96, p. 110).

52068. Après avoir défendu les réductions d'honoraires, l'art. 4 lui-même apporte à sa prohibition une double restriction.

52069. D'abord, il est loisible au notaire, à son pur gré, sans avoir à consulter personne, de faire la remise de la totalité des honoraires d'un acte. Il faut bien, en effet, qu'un notaire puisse instrumenter à titre gracieux, si bon lui semble, pour des proches, des amis, des confrères, pour ses clercs; au surplus, cette faculté s'exercera, en fait, si rarement, qu'elle ne présente certes aucun danger. — V. Amiaud et Voland, *op. cit.*, n⁰ 60; Ch. Defrénois, *op. cit.*, n⁰ 57;

Pourvu, bien entendu, que le désintéressement soit sincère, et ne masque pas l'intention de s'attirer indûment, par ce moyen, une clientèle convoitée; un pareil calcul, qui ne résisterait guère d'ailleurs à l'examen des circonstances, rendrait son trop habile auteur passible d'une peine disciplinaire. — V. Ch. Defrénois, *Ibid.*

52070. Mais les remises partielles étaient bien autrement à craindre, pour les deux raisons déjà données : concurrence et marchandage possibles; aussi le texte les interdit-il formellement;

Et, par identité de motifs, sans qu'il soit licite de prétendre distinguer entre l'honoraire proprement dit d'un acte et ses émoluments accessoires de formalités ou autres, ce qui serait une pure subtilité. — V. Amiaud et Voland, *op. cit.*, nº 61.

52071. Toutefois, comme une diminution peut s'expliquer : par exemple, le notaire désire modérer ses honoraires à l'égard d'un parent, d'un ami, sans aller jusqu'à la gratuité complète, ou bien c'est une véritable charité à faire, alors l'art. 4 permet à la Chambre d'apprécier les motifs qu'a le notaire pour agir ainsi, et de l'y autoriser, si elle les approuve.

Mais la Chambre elle-même, et non, par délégation, son président, car le texte est absolu. — V. Amiaud et Voland, *op. cit.*, nº 59;

Et en appréciant chaque cas individuellement, c'est-à-dire à l'exclusion de tout règlement plus ou moins général, établi d'avance, par exemple au profit de certaines catégories de clients, ou pour telle ou telle sorte d'affaires, parce que ce serait refaire partiellement le tarif, la loi. — V. mêmes auteurs, *Ibid.*

52072. Remarquons, au surplus, pour terminer sur cet article, que rien n'empêche un notaire d'accepter, en sus de ses honoraires légaux, ce que son client, voulant reconnaître des soins, une habileté, un dévouement exceptionnels, lui offrirait spontanément, c'est-à-dire sans aucune sollicitation, à titre de gratification supplémentaire. — V. Amiaud et Voland, *op. cit.*, nº 58.

————o✵✵c————

« *Art. 5.* — *Aucun honoraire n'est dû, pour l'acte, la copie ou l'extrait déclarés nuls par la faute du notaire.* »

52073. Cette décision est de toute justice. — V. Amiaud et Voland, *op. cit.*, nº 64 ; Ch. Defrénois, *op. cit.*, nº 58.

Mais à la condition, formellement exprimée, du reste, par le texte, que la nullité soit bien le fait et, ajouterons-nous, le fait exclusif du notaire, judiciairement constaté. — V. Amiaud et Voland, *op. cit.*, nº 64.

En annulant l'acte, la copie ou l'extrait, le tribunal aura donc à déclarer si la nullité qu'il prononce est en tout ou en partie imputable au notaire. — V. Ch. Defrénois, *op. cit.*, nº 59.

52074. Par conséquent, si les honoraires sont encore dus, le notaire ne pourra les réclamer, et s'ils ont été déjà encaissés par lui, il devra les rembourser, en exécution de l'art. 1235, C. civ. — V. Amiaud et Voland, *op. cit.*, nº 64 ; Ch. Defrénois, *op. cit.*, nº 61.

52075. La prescription biennale de l'art. 2, L. 24 déc. 1897, leur est applicable ; elle ne court naturellement qu'à partir de l'annulation de l'acte, de la copie ou de l'extrait. — V. Ch. Defrénois, *ibid.*

52076. Quant aux autres frais, auxquels l'acte ou la pièce annulé aurait donné lieu : timbre, enregistrement, etc., ils doivent, quoique le texte n'en parle pas, être supportés par le notaire en faute, conformément au principe général de l'art. 1382, C. civ., corroboré dans la circonstance par l'art. 68, L. 25 vent. an XI. — V. Ch. Defrénois, *op. cit.*, nº 60.

52077. Donc, refus d'action ou obligation de rembourser, suivant qu'ils ont ou non été touchés par le notaire.

Comme celui des honoraires, ce remboursement est soumis à la prescription de l'art. 2, L. 24 déc. 1897, qui ne fait aucune distinction.

52078. Supposons encore que, sans être nul, l'acte soit insuffisant à remplir son but, toujours par la faute du notaire qui l'a rédigé ; celui-ci devra la réparer en assurant à ses propres frais le complément de l'acte ; si cela était impossible, le cas serait assimilable à la nullité. — V. Amiaud et Voland, *op. cit.*, nº 66 ; Ch. Defrénois, *op. cit.*, nº 62.

52079. Il en est de même enfin, lorsque, sans être nul ni insuffisant en soi, l'acte reste inutile par le fait du notaire ; celui-ci, par exemple, après avoir négocié un prêt, ne veut pas, au dernier moment, en délivrer les fonds à l'emprunteur, parce que, sans avoir été d'ailleurs trompé par celui-ci, il ne considère plus les sûretés comme assez fortes ; c'était à lui d'y réfléchir plus tôt. — V. Amiaud, *J. du Not.*, 1902, p. 6 ; *Revue du Not.*, nº 10654 ; Cass., 31 oct. 1900 (*Eod. op.*, 1901, p. 23).

Pourtant, il ne faudrait pas aller jusqu'à généraliser un jugement de Cambrai du 30 janv. 1902 (*J. du Not.*, 1902, p. 228) qui a cru pouvoir appliquer la sanction de l'art. 5 au cas d'une vente d'immeubles saisis ; la décision s'explique sans doute par les circonstances particulières de la cause, mais, en principe, les notaires ne répondent que de leurs actes, en soi ; du reste, dans ce cas d'une saisie, à moins de supposer que le notaire ne se trouve l'avoir apprise par hasard et en temps utile, il ne peut ordinairement la connaître qu'à la transcription du contrat, donc trop tard pour déconseiller celui-ci, ce qui, en principe, l'exonère de toute faute et de toute responsabilité.

————✵✵c————

« *Art. 6.* — *Lorsqu'un acte contient plusieurs conventions dérivant ou dépendant les unes des autres, il n'est perçu d'honoraires que sur la convention principale.*

Si les conventions sont indépendantes et

donnent lieu à des droits distincts d'enregistrement, l'honoraire est dû pour chacune d'elles. »

52080. Ainsi, tout acte étant généralement plus ou moins complexe, c'est la distinction consacrée par l'art. 11, L. 22 frim. an VII, pour l'exigibilité des droits d'enregistrement sur un acte, suivant que les diverses dispositions de cet acte sont dépendantes ou indépendantes, c'est-à-dire dérivent nécessairement ou non les unes des autres, que le texte étend à la dette par le client envers le notaire, d'un seul ou de plusieurs honoraires, relativement à un même acte.

Il faut distinguer si ses diverses clauses ne sont que les éléments essentiels ou vraiment accessoires du but qu'il se propose, ou s'il englobe, au contraire des conventions distinctes, accidentellement réunies, et qui, malgré une certaine idée commune, auraient pu tout aussi bien se scinder et faire l'objet d'autant d'actes séparés. Dans le premier cas unité, dans le second pluralité d'honoraires. — Cpr. Amiaud et Voland, *op. cit.*, nos 67 et s. ; Ch. Defrénois, *op. cit.*, no 63 ; Nancy, 6 juill. 1901 (*Gaz. Pal.*, 4 sept. 1901) ; Trib. Sidi-Bel-Abbès, 20 nov. 1900 (*J. du Not.*, 1901, p. 116) ;

Et comme la chose fait souvent doute, les décrets n'ont rien trouvé de mieux, afin de couper court aux difficultés d'appréciation, que d'imposer, tant aux notaires qu'aux parties, l'enregistrement de l'acte, pour criterium. — V. Ch. Defrénois, *op. cit.*, no 66 ; *Contrà*, Amiaud et Volant, *op. cit.*, p. 122, note 1, *in fine*, et p. 124, note 1.

52081. Faute d'avoir compris cette théorie, l'arrêt précité de Nancy, tout en rendant une décision peut-être exacte au fond, l'a mal motivée.

52082. MM. Amiaud et Voland (*op. cit.*, nos 70 et s.) essayent, mais en vain, d'échapper à ce système, en faisant de l'indépendance des conventions, civilement appréciées, une condition différente de la pluralité de droits d'enregistrement exigibles.

A cette fin, ils ajoutent les mots *en outre* au second alinéa de l'art. 6, et voici dès lors comment ils le lisent : « Si les conventions sont indépendantes et, en outre, donnent lieu à des droits distincts d'enregistrement, l'honoraire est dû pour chacune d'elles. »

Mais cela, c'est refaire la loi, sous couleur de l'expliquer. N'est-il pas, en effet, évident, à sa seule lecture, qu'elle se réfère formellement aux règles fiscales sur les dispositions dépendantes ou indépendantes ? Or, si elle signifiait ce qu'on prétend, *jamais, au grand jamais*, ces règles ne trouveraient ici la moindre application, car il n'existe point, il est même impossible d'imaginer une seule disposition indépendante civilement, qui n'entraînât pas *ipso facto* un droit particulier d'enregistrement !

Puisque le texte exprimerait ainsi une pure absurdité, n'est-ce pas la preuve sans réplique que l'addition que s'y permettent trop librement ces commentateurs est inadmissible et leur interprétation fausse ?

A moins d'accuser le Conseil d'Etat de n'avoir pas su ce qu'il voulait dire, force est donc bien de reconnaître qu'à tort ou à raison, il a vu et pris dans le fait matériel de la pluralité des droits d'enregistrement sur un acte, le criterium pratique des dispositions qui sont légalement tenues pour indépendantes, à l'égard de la perception des honoraires.

52083. Quoi qu'il en soit, en cas de dispositions dépendantes, un seul honoraire est dû ; et ce, sur la principale de ces dispositions dépendantes ;

Quand même il serait inférieur à celui alloué par le tarif pour telle disposition contenue en l'acte, mais dépendante ; procédé qui a le double tort d'être contraire à l'équité et d'inciter le notaire à rédiger son acte d'après des préoccupations personnelles ; aussi le tarif belge, mieux inspiré sur ce point, accorde-t-il au notaire l'honoraire afférent à la clause qui lui donne le taux le plus avantageux, sans distinguer si elle est principale ou non. — V. Ch. Defrénois, *op. cit.*, no 64.

52084. Mais qu'est-ce que la disposition principale d'un acte ? Celle que les parties avaient surtout en vue d'obtenir ; question de fait, on le voit, à déterminer d'après les circonstances et la nature de l'affaire. — Cpr. Amiaud et Voland, *op. cit.*, no 72 et s., 84 ; Ch. Defrénois, *ibid.*

52085. Au contraire, si les conventions sont indépendantes, c'est-à-dire donnent lieu à des droits distincts d'enregistrement, un honoraire particulier est exigible sur chacune d'elles ;

Sous la réserve résultant de l'art. 18, ci-après énoncé, aux termes duquel l'honoraire ne peut être perçu qu'une fois sur les valeurs qui figurent dans plusieurs opérations comprises dans un même acte de liquidation.

« *Art. 7. — Les actes dressés sur projets présentés par les parties donnent droit aux mêmes honoraires que s'ils sont rédigés par le notaire lui-même.* »

52086. Sans trancher la question de savoir si un notaire est obligé d'authentiquer tel quel un projet d'acte dressé en dehors de lui, ce que nous n'admettons pas en principe, comme nous l'expliquerons ultérieurement, *vo Modèle d'acte*, le texte suppose qu'en fait le notaire a accepté, et il décide avec raison que l'honoraire dû est alors exactement le même que s'il n'y avait pas eu de projet d'autrui.

Ce n'est point d'ailleurs seulement pour ne pas encourager cette pratique, dans ce qu'elle pourrait avoir d'abusif, que l'honoraire habituel se trouve ainsi alloué sans réduction ; précisément parce que, selon ce que nous pensons, le notaire ne saurait prêter passivement son ministère, il aura toujours à examiner le projet présenté, à le peser, à le faire sien, ce qui demande souvent plus de travail que d'agir complètement soi-même ; sans parler de tout ce qui reste en sus d'une rédaction d'acte : formalités complémentaires, garde de la minute, responsabilité, etc. On ne voit donc pas pourquoi l'émolument du notaire ne demeurerait pas dans ce cas le même que dans l'autre. — V. Amiaud et Voland, *op. cit.*, nᵒˢ 85 et s. ; Ch. Defrénois, *op. cit.*, nᵒˢ 69 et s. ; Didio, *Rev. du Not.*, 1902, nᵒ 10886.

————o≋c————

« *Art. 8.* — *Les notaires doivent réclamer la consignation des frais qu'ils auront à débourser pour les actes qu'ils sont chargés de dresser.* »

52087. Ces déboursés à faire comprennent les droits de timbre (minute et copies), d'enregistrement, d'hypothèques, et autres faux frais divers pour dépôt à des greffes, insertions, légalisations, significations, traductions, affranchissement de lettres et pièces, voyages, etc. ; en un mot, toutes les dépenses qu'occasionnera l'acte et qui ne constituent pas des honoraires. — V. Ch. Defrénois, *op. cit.*, nᵒˢ 73 et s. ; V. cepend. Amiaud et Voland, *op. cit.*, nᵒˢ 92, 94 et s.

52088. Excellente mesure d'ailleurs ! Combien, en effet, de jeunes notaires ne peuvent tenir, à cause des avances considérables, et disproportionnées avec leurs moyens, qu'ils se croient obligés de faire pour conserver la clientèle. Le texte porte qu'ils *doivent* réclamer la consignation des frais à débourser par eux. Les chambres de discipline trouvent dans cette expression impérative le pouvoir et le devoir de tenir énergiquement la main à l'exécution de la consignation préalable ainsi prescrite, dans l'intérêt général de la corporation. — V. Amiaud et Voland, *op, cit.*, nᵒ 95.

C'est dire que nous ne reconnaissons pas aux notaires la faculté de s'en départir sous aucun prétexte. Il y aurait là, suivant nous : de la part des uns, imprudence ; de tous, concurrence déloyale, rendant passible de peines disciplinaires. — Cpr. Amiaud et Voland, *op. cit.*, nᵒ 92 ; Ch. Defrénois, *op. cit.*, nᵒ 71.

52089. Au contraire, et bien que, pour les mêmes raisons, la chose nous paraisse très regrettable, il reste loisible de ne pas exiger le paiement immédiat des honoraires. — V. Amiaud et Voland, *op. cit.*, nᵒ 93 ; Ch. Defrénois, *op. cit.*, nᵒ 72.

Mais il est évident que les notaires sont parfaitement fondés à ne pas vouloir instrumenter sans les avoir également reçus ; et cette pratique serait à encourager, toujours dans l'intérêt général de la corporation. Il faudrait qu'aussitôt après avoir payé son prix d'acquisition ou la portion exigible comptant,

et versé son cautionnement, tout notaire pût vivre honorablement avec le produit courant de l'étude, sans être obligé d'attendre, pendant un an et souvent davantage, ses rentrées, qui le fuient d'autant plus qu'on le sent moins fortuné. — V. Amiaud et Rutgeerts, L. 25 vent. an XI, nᵒ 232 ; Amiaud et Voland, *op. cit.*, nᵒ 93 ; Dalloz alph., vᵒ *Notaire*, nᵒ 532 ; Ch. Defrénois, *op. cit.*, nᵒ 72 ; Dict. du Notariat, vᵒ *Honoraires*, nᵒ 288 ; Eloy, *Responsab.*, I, nᵒ 64.

52090. On sait, du reste, que, d'après l'opinion générale, qui n'est plus même discutable depuis que notre art. 8 oblige à réclamer la consignation préalable des déboursés, si le notaire ne se les est pas fait verser, sinon au moment même ou son ministère a été requis, du moins avant la signature par les parties ou leur déclaration qu'elles ne savent ou ne peuvent signer, il ne peut plus ensuite se refuser à régulariser l'acte, en invoquant qu'il resterait à découvert. — V. t. VII, vᵒ *Enregistrement.*

————≋c————

« *Art. 9.* — *Avant tout règlement, le client peut réclamer le compte détaillé des sommes dont il est débiteur.*

« *Ce compte est établi sur deux colonnes : l'une destinée aux déboursés et l'autre aux honoraires. Il n'est délivré qu'une fois.* »

52091. Le but de cette disposition est de mettre, si bon leur semble, les parties à même de vérifier ce qu'elles doivent à leur notaire d'après le tarif légal. — V. Amiaud et Voland, *op. cit.*, nᵒ 100 ; Ch. Defrénois, *op. cit.*, nᵒ 75.

52092. Lorsque les frais d'un acte incombent à plusieurs personnes, chacune d'elles a le droit de demander ce compte détaillé. — V. Amiaud et Voland, *op. cit.*, nᵒ 101.

52093. *Avant tout règlement*, c'est-à-dire ne leur fût-il réclamé qu'un acompte. — Cpr. Ch. Defrénois, *op. cit.*, nᵒ 76.

52094. Elles peuvent même, à notre avis, aussitôt l'acte enregistré, demander leur compte, afin de pouvoir l'examiner à loisir avant de le payer, sauf au notaire à n'y faire figurer qu'approximativement ou pour mémoire les frais accessoires dont il ne saurait pas encore le montant exact. — V. *Contrà* Ch. Defrénois, *op. cit.*, nᵒ 76.

52095. Le notaire ne saurait se borner à leur indiquer un chiffre en bloc ; il leur doit — le texte est formel, — un compte détaillé, ce qu'on nomme un état de frais, où les honoraires spécialement soient précisés : à tel taux, s'ils sont proportionnels ; à raison de tant de vacations ou de rôles, lorsque l'acte est tarifé par vacations ou par rôles ; combien de kilomètres parcourus et de journées de séjour, en cas de voyage, etc. ; et assez explicite pour que la vérification soit possible, sans avoir besoin d'explications complémentaires. — V. Amiaud et Voland, *op. cit.*, nᵒ 100 ; Ch. Defrénois, *op. cit.*, nᵒ 77.

Bien plus, pour que les parties voient, sans se livrer à aucune analyse, combien, dans ce qui leur est réclamé il y a de déboursés et combien d'honoraires, leur compte doit toujours être établi sur deux colonnes où sont portés : dans l'une, les déboursés ; dans l'autre, les honoraires, à n'importe quel titre : réception d'actes et formalités, assistance comme conseil, consultations, exécution testamentaire, etc., et quelle que soit leur dénomination propre : honoraire, vacation, rôle, droit de recette, etc. — V. Ch. Defrénois, *op. cit.*, n° 78.

52096. Dans les cas visés par l'art. 21, L. 26 janv. 1892, sur les frais de justice, qui exige déjà une division analogue, toute contravention est punie d'une amende de 10 francs. Etant donné son caractère pénal, cette sanction se restreint évidemment à ces cas : adjudications et liquidations ou partages pour lesquels un notaire a été judiciairement commis ; mais l'inobservation du second alinéa de notre art. 9 pourrait, selon sa fréquence ou sa gravité, donner lieu à des peines disciplinaires. — V. Amiaud et Voland, *op. cit.*, n°s 10 et s., 104.

52097. L'article termine en disant que ce compte n'est à délivrer qu'une fois.

Par conséquent, en cas de libération successive par fractions, le notaire n'a pas à en redonner un lors de chaque versement, ni même au dernier. — V. Amiaud et Voland, *op. cit.*, n° 102 ;

52098. Donc encore, tant pis pour les parties si elles le perdent, à supposer que le notaire ne consente pas à leur en donner un autre gracieusement ou en se bornant à réclamer des faux frais de copie. — V. Amiaud et Voland, *op. cit.*, n° 103.

52099. Quant à en exiger d'elles un reçu, pour conserver la preuve qu'il leur a bien été remis, — par exception, soit ! mais comme règle d'étude, cela n'irait guère avec la cordialité habituelle des rapports entre notaires et clients. — V. cepend. Amiaud et Voland, *ibid.*; Ch. Defrénois, *op. cit.*, n° 79.

Au surplus, c'est à ceux-ci qu'il incombe d'établir que le notaire leur a refusé le compte détaillé de ses frais et honoraires. — V. Trib. Narbonne, 13 juin 1901 (*Rev. Not.*, n° 10845).

52100. Si les parties n'acceptent pas le compte tel qu'il est présenté, elles ne sauraient obliger le notaire à le rectifier de la manière qu'elles prétendent ; leur droit se borne à demander la taxe ou le règlement amiable. — V. Ch. Defrénois, *Ibid.*

« *Art. 10. — Le concours d'un second notaire à un même acte n'en augmente pas l'honoraire. Toutefois, si l'acte est rétribué par vacation, il est dû des vacations à chaque notaire instrumentant.* »

52101. Il ne s'agit pas ici du second notaire qu'exige encore, dans certains cas et pour la forme, par équivalence à des témoins instru-

mentaires, l'art. 9, L. 25 vent. an XI, modifié par la loi du 12 août 1902. Quant à lui, sa mission est de pure obligeance réciproque entre confrères, et dès lors toujours absolument gratuite. Le notaire dont parle l'art. 10 est celui qui, bien que ne recevant pas l'acte, est amené délibérément par une partie qui tient à son assistance ; c'est, par exemple, le notaire personnel du vendeur venant concourir avec le notaire de l'acquéreur. Or, même ainsi, son concours n'augmente pas l'honoraire normal de l'acte, sauf partage possible de cet honoraire, s'il y a lieu, entre les deux collègues. — V. Amiaud et Voland, *op. cit.*, n° 105 ; Ch. Defrénois, *op. cit.*, n°s 80 et s ;

52102. A moins que l'acte ne soit de ceux qui sont rétribués par vacations, auquel cas il en est dû à chaque notaire instrumentant, parce que les vacations, étant la rémunération du temps consacré à cet acte, un partage ne se concevrait pas pour elles.

V. Amiaud et Voland, *Ibid.*; Ch. Defrénois, *op. cit.*, n° 83.

52103. Aussi bien, pour des vacations comme pour un partage d'honoraire, il faut, aux termes mêmes du texte, que le notaire qui y prétend ait *instrumenté*. Or, cela implique qu'il est du même ressort que celui qui reçoit l'acte, puisque le caractère de notaire est exclusivement territorial. — V. Ch. Defrénois, *op. cit.*, n° 81.

Autrement, ce ne peut être que comme conseil officieux et non en qualité de notaire qu'il intervient, d'où, d'ailleurs, le droit pour lui à un émolument particulier, à ce titre, suivant ce qu'on a vu précédemment, en sus de ses frais possibles de déplacement.

52104. Du reste, en cas de concours proprement dit à l'acte, chacun des deux notaires a droit évidemment à ses frais de voyage, lesquels suivent logiquement le principe des vacations. — V. Amiaud et Voland, *op. cit.*, n° 106 ; Ch. Defrénois, *op. cit.*, n° 84.

« *Art. 11. — Il est interdit aux notaires de partager leurs honoraires avec un tiers.*

« *Entre notaires, si le règlement intérieur de la Compagnie n'en dispose autrement, le partage se fait de la manière suivante : le notaire qui garde la minute a droit à la moitié de l'honoraire et le notaire en second à l'autre moitié ; les droits de rôles appartiennent exclusivement au notaire détenteur de la minute.* »

52105. Le premier alinéa de cette disposition a pour but de s'opposer à l'emploi de rabatteurs pour la chasse aux clients ; il ne veut pas qu'un notaire cherche à augmenter les produits normaux de son étude, au moyen d'intermédiaires, qu'il rétribuerait en leur abandonnant une partie de ses honoraires sur les affaires procurées par eux. — V. Amiaud et Voland, *op. cit.*, n° 109.

Aussi, la désobéissance à sa prohibition rend-elle son auteur passible d'une peine disciplinaire. — V. Amiaud et Voland, *op. cit.*, nos 10 et s., 108; Ch. Defrénois, *op. cit.*, no 86; Lefebvre, *Discipl. notar.*, nos 520 et s.; Bruxelles, 29 déc. 1897.

52106. Sous la dénomination de *tiers*, le texte signifie toute personne qui n'est pas notaire : avant tout, les agents d'affaires attitrés; mais aussi les greffiers, les huissiers, les secrétaires de mairie, les instituteurs, etc. — V. Ch. Defrénois, *Ibid.*

52107. Il faut même, à notre avis, aller plus loin, et dire que le mot comprend même les notaires, lorsqu'ils ne peuvent pas instrumenter. Cela résulte nécessairement du contexte de l'article, qu'il suffit de lire pour en être convaincu. En effet, le principe posé d'abord est que le partage est défendu; le second alinéa y apporte une dérogation, mais au profit seulement du notaire en premier et du notaire en second, c'est-à-dire des deux notaires qui concourent, qui coopèrent à la réception officielle de l'acte; donc, les autres restent exclus.

Et cette interprétation est d'autant plus naturelle, qu'autrefois le point était controversé. Si beaucoup de Chambres admettaient le partage au profit de notaires étrangers au ressort, par contre, la jurisprudence y était résolument opposée; les décrets avaient donc à trancher la question, et ils ont sanctionné l'opinion des tribunaux. — V. Cass., 17 mai 1899 (S., 1900. 1. 21); *Contrà* Amiaud et Voland, *op. cit.*, nos 109 et s.; Cpr. Ch. Defrénois, *op. cit.*, no 87.

52108. Mais entre les notaires instrumentant : partage et partage égal, par moitié, à moins de règlement intérieur contraire, dispose le second alinéa de notre art. 11.

Les Chambres de notaires sont donc laissées libres d'établir, entre les membres de leur ressort, une répartition différente, soit pour tous les actes, soit pour certains d'entre eux. — V. Amiaud et Voland, *op. cit.*, no 114; Ch. Defrénois, *op. cit.*, no 90; Cass., 29 oct. 1902 (*Rép. gén. prat. du Not.*, no 12760); Cpr. Douai, 22 mars 1900.

52109. On voit par le texte qu'il statue dans l'hypothèse d'actes en minute, sans doute parce que le concours de notaires n'a guère lieu qu'alors; par identité de raisons, il conviendrait de l'appliquer, sous la même réserve, aux actes passés en brevet, si, exceptionnellement, il s'en trouvait de reçus par deux notaires nommément. — V. Ch. Defrénois, *op. cit.*, no 89.

52110. D'après l'article encore, les rôles appartiennent exclusivement au notaire à qui revient la garde de la minute.

Et, quoique le contraire soit enseigné, les Chambres de discipline ne sauraient ici déroger à cette attribution privative. Cela nous semble résulter tant de l'opposition faite par le texte entre l'honoraire et les droits de rôles, que de la place même des expressions « si le règlement intérieur de la Compagnie n'en

dispose autrement », qui eussent été mises à la fin au lieu du commencement, si l'on avait entendu les faire porter sur le tout. — V. *Contrà* Ch. Defrénois, *op. cit.*, no 91.

52111. Quant aux frais de voyage et aux vacations, nous avons déjà constaté, sous l'article précédent, que chaque notaire y a droit respectivement, sans que le partage s'y applique jamais. — V. Ch. Defrénois, no 89.

———— ✖ ————

« *Art. 12. — Le notaire, constitué dépositaire des minutes d'une étude vacante par décès, a droit à la moitié de tous les honoraires d'actes ou d'expéditions. L'autre moitié revient aux représentants du notaire décédé, qui sont tenus de supporter les frais d'étude.*

« *En cas de démission, suspension ou destitution, le notaire commis a droit à tous les produits nets de l'office.* »

52112. Ainsi, deux cas sont à distinguer, au point de vue qui nous occupe, pour la gérance d'une étude par un notaire autre que son titulaire; c'est par suite du décès de celui-ci, ou bien à cause de la démission qu'il a donnée purement et simplement, c'est-à-dire sans présenter de successeur, de sa suspension ou de sa destitution.

52113. Dans la première hypothèse, le notaire constitué dépositaire provisoire des minutes et commis pour administrer l'étude, par ordonnance du président du tribunal, conformément à l'art. 61, L. 25 vent. an XI, n'a droit qu'à la moitié des honoraires acquis pendant sa gestion;

Mais de tous les honoraires, quel que soit leur nom particulier;

Spécialement, sans distinction à faire ici, comme tout à l'heure, entre les honoraires proprement dits et les droits de rôles, puisque les expéditions sont visées comme les actes;

Et des honoraires tels qu'ils sont fixés par le tarif, car, en attribuant l'autre moitié aux représentants du notaire décédé, l'article ajoute que ceux-ci sont tenus de supporter les frais d'étude, donc à l'exclusion du notaire gérant, qui n'a point à y participer;

Sur tous les actes de l'étude, au sens le plus général du mot; donc sur les testaments mystiques et olographes, comme sur les actes proprement dits;

En observant que si le fait seul du décès ouvre le droit à l'honoraire proportionnel pour les testaments publics et les autres libéralités authentiques subordonnées au décès, c'est seulement le dépôt judiciaire, ordonné en vertu de l'art. 1007, C. civ., qui peut avoir cet effet relativement aux testaments mystiques et olographes, puisque, auparavant, le notaire n'en est pas saisi.

52114. Dans la seconde hypothèse, tous les produits de l'étude lui reviennent, pour l'administrer provisoirement et avoir la garde des minutes, par application extensive de l'art. 61, L. 25 vent. an XI;

Mais alors les produits nets seulement, aux termes formels du texte, c'est-à-dire après déduction faite de tous les frais d'étude : loyer de l'étude, impôts, appointements des clercs, dépenses de bureau, etc.

A supposer que ces frais excèdent les produits, il va de soi que le notaire administrateur n'en serait tenu personnellement dans aucune mesure ; il ne peut jamais prétendre qu'aux produits nets, voilà tout ce que le texte a voulu dire. — V. Amiaud et Voland, *op. cit.*, nº 122 ; Ch. Defrénois, *op. cit.*, nº 94.

Il doit même être rendu absolument indemne, car on ne saurait admettre qu'il y soit du sien pour avoir géré l'étude d'autrui ;

Si donc, par exemple, les produits en étaient absorbés par les frais, il pourrait réclamer ses dépenses de voyage et autres, occasionnées par la nécessité de venir de son étude à l'étude administrée ; c'est bien le moins que le notaire démissionnaire, suspendu ou destitué supporte personnellement, si son étude n'y suffit pas, des frais qui sont une conséquence directe de sa faute.

52115. Certes, il est de toute équité que le notaire soit rémunéré du concours qu'il donne ainsi à une autre étude que la sienne.

Mais pourquoi cette différence entre les deux cas ? Car, que le notaire commis gère après décès ou bien par suite de démission, de suspension ou de destitution, le temps qu'il lui faut consacrer à la seconde étude, ses absences de la sienne, le préjudice qu'il en peut subir, sa responsabilité pour les actes qu'il reçoit en cette qualité, sont absolument les mêmes.

Il n'y a pas de bonnes raisons à en donner.

Pour légitimer l'attribution d'une moitié des honoraires aux représentants du notaire décédé, M. Ch. Defrénois (*op. cit.*, nº 93) dit avec raison : « C'est, en effet, eux qui ont la propriété de l'office, et le notaire commis ne fait que gérer l'étude pour leur compte ». Mais, est-ce qu'après démission, suspension ou destitution, le notaire commis est davantage propriétaire de l'office, et gère-t-il alors pour son propre compte ? Evidemment non. Si donc la moitié des honoraires le rétribue suffisamment dans le premier cas, il reçoit beaucoup trop dans le second ; et, quant à trouver juste que le notaire démissionnaire, suspendu ou destitué cesse de retirer aucun profit de son étude, c'est oublier que, derrière lui, il y a une famille, et aussi, plus souvent même que dans l'autre hypothèse, des créanciers.

52116. Quoi qu'il en soit, d'après l'esprit des décrets, le règlement fixé pour le cas de décès est obligatoire des deux parts ; les représentants du *de cujus* et le notaire dépositaire ne sauraient convenir que celui-ci prendra plus ou recevra moins.

On enseigne cependant qu'il pourrait re-

noncer, spontanément, à tout ou partie de ce que l'art. 12 lui accorde. — V. Amiaud et Voland, *op. cit.*, nº 117 ; Defrénois, *op. cit.*, nº 93.

C'est, en effet, un usage très général ; mais tout en rendant hommage au louable sentiment de solidarité confraternelle qui l'a fait naître, nous n'admettons pas qu'il puisse licitement continuer. Encore une fois, les tarifs ont entendu établir une réglementation nouvelle, complète, se suffisant à elle-même, et, comme il fallait couper court à toute résistance, par décisions impératives.

De plus, ici, après avoir laissé une portion vraiment convenable à la famille du défunt, ils ont sans doute voulu que le notaire commis fût intéressé lui-même à la gestion de l'étude vacante, afin qu'il s'en acquittât toujours sérieusement.

52117 Même en concédant la validité d'une telle modification faite à l'amiable, des règlements intérieurs l'imposant seraient illicites, car l'attribution établie par le texte constitue au moins une de ces règles générales auxquelles il n'est pas loisible aux Chambres de déroger. — V. Amiaud et Voland, *op. cit.*, nº 117 ; Ch. Defrénois, *Ibid*.

52118. A plus forte raison, l'attribution s'impose-t-elle absolument aux cas de démission, suspension ou destitution ; d'autant plus qu'après suspension ou destitution, une renonciation aurait parfois l'apparence d'une protestation déguisée contre la décision judiciaire rendue, ou dont, tout au moins, elle affaiblirait la portée, ce qui est déjà inacceptable. — V. Ch. Defrénois, *op. cit.*, nºˢ 95 et s.; *Contrà* Amiaud et Voland, *op. cit.*, nº 121.

« *Art. 13.* — *Il est alloué aux notaires, suivant la nature des actes compris dans le tarif, des honoraires fixes ou gradués, des honoraires proportionnels, des vacations ou des honoraires par rôles de minute.*

En outre, il leur est alloué des droits de rôles pour les expéditions qui leur sont réclamées. »

52119. Disons tout de suite que ce dernier alinéa n'est pas pleinement applicable au département de la Seine, comme on le verra plus loin.

Sous cette réserve, il résulte du texte que les notaires sont rémunérés :

Pour les actes, — par des honoraires fixes, des honoraires gradués, des honoraires proportionnels, des vacations, ou des droits de rôles, selon les cas ;

Pour les expéditions, les grosses et les extraits, — par des droits de rôles.

ACTES

52120. Voici distributivement, d'après le tarif, les actes qui donnent lieu soit à honoraire fixe, soit à honoraire gradué, soit à honoraire proportionnel, soit à vacations, soit à honoraire par rôle de minute.

Actes ou services à honoraire fixe :

52121. Ce sont les actes simples, c'est-à-dire, en principe, ceux qui ne contiennent ni obligation, ni libération, ni liquidation de sommes ou valeurs, ni transmission de propriété ou de jouissance de biens, meubles et immeubles, — certains actes de disposition, qui donnent lieu d'abord à un honoraire de rédaction, — les actes complémentaires d'autres actes ayant déjà rapporté à l'étude un honoraire proportionnel, — enfin les formalités.

Précisément parce que l'honoraire est alors d'un chiffre invariable, il donnera certaines fois trop et d'autres fois trop peu ; dans l'impossibilité de le nuancer d'une manière vraiment adéquate, on a trouvé plus simple de. s'en tenir à une sorte de cote mal taillée.

Toutefois, pour les actes de notoriété et les procurations, un honoraire plus élevé est alloué lorsque l'acte de notoriété est complexe et la procuration générale.

De même, une responsabilité s'attachant à la garde des actes, les minutes sont plus rétribuées que les brevets.

Actes simples

52122. Abandon de mitoyenneté ;

Abandon unilatéral d'un immeuble grevé de servitude ;

Abandon unilatéral de la quotité disponible, par acte séparé ;

Acceptation d'abandon, de cession, de communauté, de délégation, de legs, de nantissement, de succession, et toutes acceptations autres que celles nommément tarifées, par acte séparé ;

Acceptation de lettre de change ou autre valeur commerciale, — Angers, Limoges, Nancy, Poitiers, Toulouse et Seine exceptés ;

Acquiescement pur et simple, par acte séparé ;

Acte de communauté d'habitation ou de travail, sans apports ;

Acte de notoriété ;

Acte respectueux ;

Adhésion pure et simple, par acte séparé ;

Ampliation ;

Arrêté de compte de tutelle, sauf le cas où il renfermerait des conventions opérant un honoraire proportionnel ;

Autorisation ;

Autorisation pour faire le commerce ;

Certificat de caution, par acte séparé ;

Certificat de vie, délivré dans la forme notariée ;

Congé d'acquit par le maître à l'apprenti ou à l'ouvrier ;

Congé de bail ;

Consentement à adoption, à entrer dans les ordres, à mariage, à tutelle officieuse ;

Consentement à antériorité, — à Amiens, Montpellier, Orléans et Rouen seulement ;

Consentement à exécution de donation entre époux ou de testament, à moins qu'il ne vaille délivrance de legs ;

Contrat d'apprentissage ;

Décharge de cautionnement, d'exécution testamentaire, de mandat, d'objets mobiliers, de pièces, de solidarité, par acte séparé ;

Déclaration d'hypothèque ;

Déclaration de grossesse ou de paternité ;

Délégation de créance, imparfaite ;

Désaveu de paternité ;

Désistement d'appel, d'instance, de plainte, d'hypothèque, de privilège, de réméré ;

Dispense de congé, notification de contrat, de signification de transport, etc. ;

Dispense de rapport par le donateur, par acte séparé ;

Dissolution de société, sauf le cas où des conventions y contenues donneraient lieu à honoraire proportionnel ;

Dissolution de société d'habitation et de travail ;

Mainlevée d'écrou ;

Mainlevée d'inscription hypothécaire ou de privilège, lorsqu'elle réduit seulement le gage ;

Mainlevée de saisie ;

Mention marginale ;

Nomination de conseil à une mère tutrice, de dépositaire, d'exécuteur testamentaire, de gardien, de séquestre, de tuteur ;

Procès-verbal de délivrance de seconde grosse, non compris les rôles de copies ;

Procuration ;

Promesse d'égalité, par contrat de mariage ;

Rapport pour minute ;

Ratification ;

Réalisation de crédit, — Seine excepté ;

Récépissé de compte de tutelle, par acte séparé, — Seine excepté ;

Reconnaissance d'enfant naturel ;

Reconnaissance d'hypothèque ;

Renonciation, par acte séparé ;

Reprise de la vie commune ;

Résiliation de contrat de mariage ;

Résiliation de vente, dans les vingt-quatre heures ;

Rétablissement de communauté, — dans certaines cours : Amiens, Besançon, Nancy, Nîmes et Seine ;

Révocation de conseil à la mère tutrice, de donation entre époux, de mandat ou de substitution, de testament ;

Substitution de pouvoirs ;

⁓ V. ces divers actes, plus loin, au *Tarif alphabétique.*

Actes de disposition, à un premier honoraire de rédaction

52123. Donation éventuelle par contrat de mariage, — sauf Seine ;

Donation entre époux pendant le mariage ;

Institution contractuelle, — sauf Seine ;

Testament mystique ou public.

〜 V. ces divers actes, plus loin, au *Tarif alphabétique.*

Actes complémentaires d'autres actes passés dans la même étude et ayant déjà rapporté à celle-ci un honoraire proportionnel

52124. Acceptation d'emploi ;
Affectation hypothécaire ou antichrèse par le débiteur ;
Certificat de propriété ;
Déclaration d'emploi ou de remploi ;
Déclaration de privilège de second ordre ;
Nantissement par le débiteur ;
Renonciation par une femme à son hypothèque légale sur un immeuble aliéné par son mari.
〜 V. ces divers actes, plus loin, au *Tarif alphabétique.*

Formalités

52125. Affiches et insertions ;
Consignations à la Caisse des dépôts et consignations, autres que celles effectuées en vertu du décret du 30 janv. 1890 ;
Déclaration préalable aux ventes de meubles ;
Dépôt d'extraits de contrat de mariage de commerçant, — sous réserves pour Seine ;
Dépôt et insertion en matière de société, — sous réserves pour Seine ;
Droit de recherche, sauf en vue d'acte à recevoir ou d'expédition à délivrer ;
Formalités hypothécaires ;
Légalisations ;
Présentation au président et retrait d'un testament olographe ou mystique.
〜 V. aussi, plus loin, au *Tarif alphabétique.*

Actes et services à honoraire gradué :

12126. Déclaration de command, — avec distinction pour Seine ;
Formalités hypothécaires.
L'honoraire gradué participe à la fois de l'honoraire fixe et de l'honoraire proportionnel : du premier, en ce qu'il est uniforme de telle somme à telle somme ; du second, parce qu'il augmente avec chaque tranche du tout.
〜 V. aussi, plus loin, au *Tarif alphabétique.*

Actes à honoraire proportionnel :

52127. Abandon de biens par un héritier bénéficiaire ;
Abandon des biens d'une substitution ;
Abandon accepté de la quotité disponible, par acte séparé ;
Abandon conventionnel d'un immeuble grevé de servitude ;
Acceptation de donation entre vifs, par acte séparé ;
Acceptation d'emploi, par acte séparé, s'il n'est pas la suite d'un acte à honoraire proportionnel dans la même étude ;
Acceptation de lettre de change ou autre valeur commerciale, — dans Angers, Limoges, Nancy et Seine ;
Acte de communauté d'habitation ou de travail, avec apports ;

Adoption testamentaire, au décès de l'adoptant ;
Affectation hypothécaire émanant du débiteur, par acte séparé, si l'acte qu'elle garantit a été reçu dans une autre étude ;
Affectation hypothécaire par un tiers dans l'acte principal, — sauf Seine ;
Affrètement ;
Antichrèse, suivant les mêmes distinctions que l'affectation hypothécaire ;
Assurance ;
Aval ;
Bail ;
Billet à ordre, billet au porteur, billet simple ;
Bordereau d'inscription ou en renouvellement, — avec distinctions pour Seine ;
Cautionnement, avec distinctions pour Seine ;
Certificat de propriété, s'il n'est pas la suite d'un acte à honoraire proportionnel dans la même étude ;
Certificat de vie, autre qu'en la forme notariée ;
Cession de bail, de biens, de mines et carrières, de mitoyenneté, d'usufruit ;
Compensation ;
Compte d'administration légale, d'antichrèse, de bénéfice d'inventaire, de copropriété, d'exécution testamentaire, de gestion, de mandat, de séquestre, de tutelle ;
Consentement à antériorité, — ailleurs qu'à Amiens, Montpellier, Orléans et Rouen ;
Constitution de pension alimentaire, de rente perpétuelle, de rente viagère ;
Contrat de mariage et contre-lettre à contrat de mariage, sur les apports et sur les dots ;
Dation en paiement ;
Décharge de dépôt de sommes ou valeurs ;
Déclaration d'emploi, par acte séparé, à moins qu'elle ne soit la suite d'un acte à honoraire proportionnel dans la même étude ;
Déclaration de privilège de second ordre, sous la même restriction ;
Déclaration de succession, — avec distinctions pour Seine ;
Délégation de créance, parfaite, — avec distinctions pour Seine ;
Délivrance de legs, — avec distinction pour Nancy ;
Dépôt d'actes sous seing privé, autres que les testaments olographes ;
Devis et marchés ;
Distribution de deniers par contribution ;
Don d'usufruit ;
Donation entre époux pendant le mariage, au décès ;
Donation entrevifs ;
Donation éventuelle, au décès, — sauf Seine ;
Echange ;
Endossement ;
Engagement des gens de mer ;
Engagement théâtral ;
Exploitation de mines et carrières ;
Gage, comme en matière d'affectation hypothécaire ;

Hypothèque maritime, — Poitiers seulement;
Lettre de change;
Licitation;
Liquidation de communauté, de reprise, de société, de succession;
Lotissement;
Louage d'ouvrage et d'industrie;
Mainlevée d'inscription hypothécaire ou de privilège, lorsqu'elle réduit la créance;
Nantissement, comme en matière d'affectation hypothécaire;
Obligation;
Ordre consensuel;
Ouverture de crédit;
Partage anticipé ou d'ascendant entre-vifs;
Partage de biens indivis, de communauté, de société, de succession;
Partage testamentaire, au décès;
Promesse de vente, avec imputation ultérieure sur l'honoraire de la vente, si elle se réalise dans la même étude;
Prorogation de bail, de délai, de société;
Quittance;
Rachat par réméré;
Réalisation de crédit, — Seine seulement;
Reconnaissance de dette, de dot, de droits paraphernaux, de reprises;
Réduction d'hypothèque, comme en matière de mainlevée;
Règlement d'indemnité d'expropriation pour cause d'utilité publique;
Remise de dette;
Renonciation par une femme à son hypothèque légale sur un immeuble aliéné par son mari dans une autre étude;
Résiliation de bail;
Résiliation de vente, après vingt-quatre heures;
Rétablissement de communauté, — sauf Amiens, Besançon, Nancy, Nîmes, Seine;
Retrait de droits litigieux, d'indivision, successoral;
Société anonyme, civile, en commandite par actions, en commandite simple, en nom collectif, etc.;
Sous-bail;
Testament, au décès;
Tirage au sort des lots, si c'est la seule opération pour laquelle le notaire a été commis;
Titre nouvel;
Transaction;
Translation d'hypothèque, suivant certaines distinctions;
Transport de créances, de droits litigieux, de droits successifs;
Vente par adjudication ou de gré à gré;
Vente à réméré.

～～V. ces divers actes, plus loin, au *Tarif alphabétique*.

52128. On voit que les actes rémunérés par un honoraire proportionnel sont ceux qui contiennent soit obligation, libération, liquidation de sommes ou valeurs, soit transmission de propriété ou de jouissance de biens, meubles et immeubles.

A leur égard, et ainsi que son nom l'indique, l'honoraire est établi parallèlement à l'importance des sommes et valeurs en faisant l'objet.

Il se justifie par la responsabilité du notaire, laquelle augmente, en effet, suivant cette importance. Mais, comme l'honoraire n'est pas seulement la représentation de la responsabilité encourue, mais aussi du travail accompli, et que le travail, les soins, les démarches, le temps exigés par un acte, ou plutôt par une affaire, sont souvent à peu près les mêmes, abstraction faite des intérêts en jeu, il a paru raisonnable de rendre l'honoraire dégressif, en même temps que proportionnel, sauf exceptions plus ou moins motivées. — Cpr. Amiaud et Voland, *op. cit.*, nos 127 et s.; Ch. Defrénois, *op. cit.*, nos 103 et s.

Pour cette même raison, opérant à l'inverse, l'honoraire proportionnel implique équitablement un chiffre au-dessous duquel il ne saurait descendre.

C'est à quoi néanmoins les tarifs n'ont pas toujours songé; et même le département de la Seine ne jouit à la lettre d'aucun minimum, mais on verra (no 52137) que la volonté certaine de la Commission et du Conseil d'État a été d'y suppléer, en consacrant l'option qu'avaient les notaires entre l'honoraire proportionnel tel quel et les rôles, suivant un ancien usage de Paris, qui échappe ainsi, par exception, à l'abrogation générale de l'art. 3, L. 20 juin 1896. — V. Amiaud et Voland, *op. cit.*, no 130; Ch. Defrénois, *op. cit.*, no 109.

Actes et services à vacations :

Actes

52129. Inventaire;
Procès-verbal de carence;
Procès-verbal de compulsoire;
Procès-verbal de récolement;

Formalités

52130. Dépôt au greffe de procès-verbal de difficultés ou autres actes;
Purge légale;
Référé;
Représentation d'aliéné non interdit, de non présent, de présumé absent.

～～V. aussi, plus loin, au *Tarif alphabétique*.

52131. Ces actes et formalités sont ordinairement assez simples, et ils ne sauraient guère engager la responsabilité du notaire; on comprend donc qu'ils soient rémunérés eu égard seulement au temps qu'ils lui ont pris. — V. Amiaud et Voland, *op. cit.*, no 132; Ch. Defrénois, *op. cit.*, no 107.

Actes à honoraire par rôles de minute :

52132. Acte complémentaire;
Acte de dépôt de pièces authentiques et autres;

10*

Acte de dépôt de sommes et valeurs ou objets à un particulier;

Acte imparfait;

Acte interprétatif ou rectificatif;

Cahier des charges, non suivi d'adjudication;

Compromis;

Convention d'indivision;

Convention de mitoyenneté;

Déclaration d'apport ou de fortune;

Déclaration de mobilier, pour éviter une confusion;

Déclaration pure et simple;

Etablissement d'origine de propriété, par acte séparé;

Etat de dettes, de meubles;

Etat de lieux;

Nomination d'arbitres et d'experts;

Partage testamentaire, lors de la rédaction de l'acte;

Procès-verbal de bornage;

Procès-verbal de difficultés, de dires et protestations.

⁓ V. aussi, plus loin, au *Tarif alphabétique.*

52133. Cette sorte de rémunération est basée sur le même principe que celle par vacations; seulement, mais assez arbitrairement d'ailleurs, au lieu de supputer le temps mis à s'occuper d'un acte, on s'attache uniquement à la brièveté ou à la longueur de celui-ci. — Cpr. Amiaud et Volant, *op. cit.*, n° 132; Ch. Defrénois, *op. cit.*, n° 108.

COPIES

52134. Aux termes de l'art. 13 susrelaté, les copies d'actes: expéditions, grosses et extraits, sont rétribuées en sus de l'acte lui-même, et donnent lieu à ce qu'on appelle des droits de rôles, parce que c'est à raison du nombre de feuillets d'écriture ou *rôles* que la rémunération est calculée.

La taxe, toujours exigible, mettrait obstacle aux abus possibles. — V. Paris, 5 déc. 1891; Trib. Besançon, 8 avril 1897.

52135. Mais le texte n'alloue ainsi des droits de rôles aux notaires que « pour les expéditions qui leur sont réclamées »: c'est-à-dire que les notaires ne peuvent abusivement forcer les parties à subir des frais de rôles qu'elles voudraient et pourraient éviter.

Sans néanmoins qu'ils soient tenus de justifier d'une réclamation écrite. — V. Amiaud et Voland, *op. cit.*, n° 133; Ch. Defrénois, *op. cit.*, n° 110.

Sur le droit des parties, dans certains cas, de ne pas lever d'expédition et de refuser celle qui aurait été faite sans qu'elles l'eussent demandée, — V. v° *Expédition*, n°s 44772 et s.

Rappelons seulement ici qu'en principe, la copie des annexes d'un acte fait partie intégrante de son expédition ou de sa grosse. — V. Trib. Bordeaux, 20 juin 1898 (*J. du Not.*, 98, p. 309); Narbonne, 13 juin 1901 (*Rev. Not.*, n° 10845).

52136. Aussi bien, il y a des copies qui se trouvent toujours implicitement requises; ce sont celles qu'exigent l'exécution des actes et l'accomplissement de leurs formalités complémentaires: grosse d'une obligation hypothécaire, expédition d'une vente d'immeuble, extraits pour mentionner, subroger ou radier, pièces pour mutation ou transfert de valeurs, etc. — V. Amiaud et Voland, *op.cit.*, n° 133.

52137. Nous avons déjà prévenu que le département de la Seine ne jouit pas complètement de ce supplément d'honoraires; son tarif spécial ajoute, en effet, à l'art. 13 commun à toutes les cours: « Toutefois, pour les actes rémunérés par un honoraire proportionnel, le droit de rôle n'est pas dû sur la première expédition requise. »

C'était maintenir formellement un usage constant du notariat parisien; mais, il faut de suite ajouter que cet usage en avait un autre pour correctif, équitablement inséparable, dont il a déjà été parlé tout à l'heure, à savoir: le droit, toujours accordé au notaire, de prendre le montant des rôles produits par la copie de l'acte, au lieu de l'honoraire proportionnel y afférent, lorsque cet honoraire lui serait moins avantageux.

La légalité ainsi reconnue à l'un des deux usages, entraînait donc, par le fait même, celle de l'autre, et c'est bien comme cela qu'on l'entendait, quoiqu'il eût certes mieux valu le dire en termes exprès; autrement, le tarif de la Seine, et lui seul! en n'allouant de minimum pour aucun acte, aurait, sans motifs, commis une injustice évidente. — V. Amiaud et Voland, *op. cit.*, n° 130; Ch. Defrénois, *op. cit.*, n°s 105 et 109.

⁓ V. aussi, plus loin, au *Tarif alphabétique.*

« *Art. 14.* — *L'honoraire proportionnel est perçu sur le capital exprimé dans les actes. Lorsqu'il porte sur des sommes excédant 100 fr., le calcul se fait sans fraction et par somme ronde de 20 fr. en 20 fr.* »

52138. Après l'exigibité de l'honoraire proportionnel, la manière de le liquider.

Or, les contrats peuvent avoir pour objet, soit directement des sommes ou valeurs, soit des prestations en nature.

52139. L'art. 14 s'occupe des premiers, et, supposant que le capital est indiqué dans l'acte, il dispose que l'honoraire proportionnel est perçu sur ce capital;

Et tel que les parties l'ont *exprimé*, c'est-à-dire sans que le notaire puisse prétendre que leur chiffre ne correspond pas à la valeur réelle de la chose louée, vendue, donnée, etc., car elles sont bien libres de traiter ensemble aux conditions qui leur conviennent;

Ni même qu'il n'est pas sincère;

Une telle faculté n'existe, en effet, qu'au profit de la Régie; mais si, sur la réclamation ou les poursuites de cette dernière, une fraude est nettement établie, le notaire ne pourrait-il pas exiger un complément d'honoraire ?

Ce droit lui est unanimement refusé, sous prétexte que sa responsabilité n'en reste pas moins limitée au chiffre énoncé dans l'acte. — V. Amiaud et Voland, *op. cit.*, nᵒ 134; Ch. Defrénois, *op. cit.*, nᵒ 112.

Mais la responsabilité possible n'est pas, on l'a vu, l'unique élément de l'honoraire proportionnel ; et, d'autre part, est-il admissible que des parties donnent l'authenticité à leurs conventions au-dessous du tarif fixé par la loi, donc obligatoire contre elles comme à leur profit ? Elles doivent au notaire ce que le tarif lui alloue et non pas ce qu'il leur plaît.

Dira-t-on que précisément le tarif ne lui accorde d'honoraire que sur le *capital exprimé* ?

D'abord, l'argument constituerait une pétition de principe, car c'est la question à résoudre dans le cas particulier. Au fond, l'art. 14 ne paraît avoir employé ces mots que *de eo quod plerumque fit* et surtout par une opposition naturelle avec les divers cas de l'article suivant. On voit dès lors que rien ne s'oppose à reconnaître, comme il est juste, au notaire frustré, le droit au complément de son honoraire légitime.

Quel inconvénient d'ailleurs peut présenter cette opinion, puisqu'elle n'opère qu'en cas de fraude manifeste ?

52140. Aux termes mêmes de notre art. 14, et encore comme en matière d'enregistrement, la perception de l'honoraire proportionnel suit les sommes et valeurs de 20 fr. en 20 fr. inclusivement et sans fraction.

Le texte, il est vrai, si on le prenait à la lettre, ne décide strictement ainsi que pour les sommes excédant 100 fr.; au-dessous, l'honoraire se liquiderait, au contraire, sur la somme telle quelle et sans l'arrondir; mais, de l'avis général, la rédaction en est mauvaise et ce n'est pas ce qu'il signifie : à part le procédé au-dessus de 100 fr., il veut dire que la moindre base légale, pour calculer l'honoraire, est toujours *cent francs*, sauf fixation expresse d'un autre minimum, ordinairement plus avantageux. — V. Amiaud et Voland, *op. cit.*, nᵒ 135; Ch. Defrénois, *op. cit.*, nᵒ 114.

52141. Le capital n'est-il pas exprimé dans l'acte ? Il faudra le déterminer, et asseoir ensuite l'honoraire sur la somme trouvée conformément à ce qui vient d'être dit. On y arrivera, par exemple :

Pour une créance, en se reportant à l'acte constitutif;

Pour les valeurs de Bourse qui sont cotées, en prenant le cours moyen du jour où l'acte a été passé ;

Pour celles non cotées, et, plus généralement dans tous les cas où il n'existe pas de bases précises, par une déclaration estimative des parties.

V. Ch. Defrénois, *op. cit.*, nᵒ 113.

« *Art. 15. — Dans les contrats ayant pour objet des prestations en nature, l'honoraire est calculé d'après l'évaluation faite pour la perception du droit d'enregistrement.*

« *Lorsque la valeur de l'immeuble n'est pas exprimée dans l'acte, elle est obtenue en multipliant le revenu annuel par 25 pour les immeubles ruraux, et par 20 pour les immeubles urbains.* »

52142. Pour exemples des contrats prévus par le premier alinéa de l'art. 15, on peut citer les baux dont le fermage est entièrement ou non stipulé payable en denrées, les rentes à servir de même, certains devis et marchés, etc.

52143. A leur égard, le parallélisme ou plutôt l'assimilation avec l'enregistrement continue.

En principe donc, afin de déterminer le capital taxable, évaluation estimative des parties, laquelle sera souvent au détriment du notaire, comme elle l'est d'ordinaire au préjudice du fisc;

A moins qu'il ne s'agisse de denrées figurant aux mercuriales, auquel cas il faut calculer l'honoraire, aussi bien que le droit d'enregistrement, conformément à l'art. 75, L. 15 mai 1818, ainsi conçu : « Pour les rentes et les baux stipulés payables en quantité fixe de grains et denrées dont la valeur est déterminée par des mercuriales, et pour les donations entre vifs et les transmissions par décès de biens dont les baux sont également stipulés payables en quantité fixe de grains et denrées dont la valeur est également déterminée par des mercuriales, la liquidation du droit proportionnel d'enregistrement sera faite d'après l'évaluation du montant des rentes ou du prix des baux résultant d'une année commune de la valeur des grains ou autres denrées, selon leurs mercuriales du marché le plus voisin. — On formera l'année commune d'après les quatorze dernières années antérieures à celle de l'ouverture du droit ; on retranchera les deux plus fortes et les deux plus faibles ; l'année commune sera établie sur les dix années restantes. » — V. Ch. Defrénois, *op. cit.*, nᵒ 115.

52144. Passant ensuite aux transmissions immobilières à titre gratuit, le second alinéa de l'art. 15 y applique également le mode d'évaluation pratiqué pour l'enregistrement, par la capitalisation du revenu au denier vingt ou au denier vingt-cinq, suivant que l'immeuble considéré est urbain ou rural ;

A l'exclusion de la valeur réelle ou vénale, dont l'indication, afin de baser sur elle un honoraire plus élevé que par l'autre procédé, serait considérée comme purement frustratoire. — V. Amiaud et Voland, *op. cit.*, nᵒ 138.

Si le revenu ne se trouve pas exprimé dans l'acte, les parties sont tenues d'en fournir la déclaration estimative exigée par l'art. 16, L. 22 frim. an VII, certifiée et signée au pied de l'acte, tant pour l'honoraire proportionnel que pour l'enregistrement. — V. Ch. Defrénois, *op. cit.*, n° 117.

52145. Ce procédé de la déclaration estimative est, d'ailleurs, général et à suivre, chaque fois qu'un acte ne se suffit pas à lui-même.

52146. Mais, puisque le principe consiste à appliquer la même base à l'honoraire qu'au droit de mutation, il faut maintenant excepter, de l'évaluation par capitalisation du revenu, les immeubles donnés dont la destination actuelle n'est pas de procurer un revenu, par exemple des terrains à bâtir que le donateur aurait achetés pour les revendre. L'art. 12, L. 25 fév. 1901, veut, en effet, qu'à leur égard le droit soit désormais liquidé sur la valeur vénale et non plus comme auparavant.

------------○⋛⋚○------------

« *Art. 16.* — *L'usufruit et la nue propriété sont évalués à la moitié de la pleine propriété.*

« *Toutefois, la donation avec réserve d'usufruit au profit du donateur donne droit à la perception du même honoraire que celle qui porte sur la pleine propriété.* »

52147. Toujours l'idée d'appliquer les méthodes fiscales ; aussi pensons-nous que le premier alinéa de cette disposition s'est, *ipso facto*, trouvé modifié par l'art. 13, L. 25 fév. 1901, beaucoup plus équitable, d'ailleurs, en ce qu'il tient compte de l'âge plus ou moins avancé de l'usufruitier.

Aux termes de cet art. 13 :

« La valeur de la nue propriété et de l'usufruit des biens meubles et immeubles est déterminée, pour la liquidation et le payement des droits, ainsi qu'il suit, savoir : — 1° Pour les transmissions à titre onéreux de biens autres que créances, rentes ou pensions, par le prix exprimé, en y ajoutant toutes les charges en capital, sauf application des articles 17 de la loi du 22 frimaire an VII et 13 de celle du 23 août 1871 ; — 2° Pour les échanges et pour les transmissions entre vifs à titre gratuit ou celles qui s'opèrent par décès des mêmes biens, par une évaluation faite de la manière suivante : si l'usufruitier a moins de 20 ans révolus, l'usufruit est estimé aux sept dixièmes et la nue propriété aux trois dixièmes de la propriété entière, telle qu'elle doit être évaluée d'après les règles sur l'enregistrement. Au-dessus de cet âge, cette proportion est diminuée pour l'usufruit et augmentée pour la nue propriété d'un dixième par chaque période de dix ans, sans fraction. A partir de 70 ans révolus de l'âge de l'usufruitier, la proportion est fixée à un dixième pour l'usufruit et à neuf dixièmes pour la nue propriété. Pour déterminer la valeur de la nue propriété, il n'est tenu compte que des usufruits ouverts au jour de la mutation de cette nue propriété. — Toutefois, dans le cas d'usufruits successifs, l'usufruit éventuel venant à s'ouvrir, le nu propriétaire aura droit à la restitution d'une somme égale à ce qu'il aurait payé en moins si le droit acquitté par lui avait été calculé d'après l'âge de l'usufruitier éventuel ; mais cette restitution aura lieu dans les limites seulement du droit dû par celui-ci. L'action en restitution ouverte au profit du nu propriétaire se prescrit par deux ans à compter du jour du décès du précédent usufruitier. — L'usufruit constitué pour une durée fixe est estimé aux deux dixièmes de la valeur de la propriété entière pour chaque période de dix ans de la durée de l'usufruit, sans fraction et sans égard à l'âge de l'usufruitier ; — 3° Pour les créances à terme, les rentes perpétuelles ou non perpétuelles et les pensions créées ou transmises à quelque titre que ce soit, et pour l'amortissement de ces rentes ou pensions, par une quotité de la valeur de la propriété entière, établie suivant les règles indiquées au paragraphe précédent, d'après le capital déterminé par les paragraphes 2, 7 et 9 de l'article 14 de la loi du 22 frimaire an VII. — Il n'est rien dû pour la réunion de l'usufruit à la propriété lorsque cette réunion a lieu par le décès de l'usufruitier ou l'expiration du temps fixé pour la durée de l'usufruit. »

V. *Contrà* Péronne, 28 mai 1902 (*Rép. gén. prat. du not.* n° 12563).

Mais n'admettrait-on pas cette modification, comme notre article 16 ne parle point de la rente viagère, pour elle la logique peut conserver ses droits, c'est-à-dire que la valeur d'une telle rente doit s'apprécier d'après l'âge du bénéficiaire. — V. Amiaud et Voland, *op. cit.*, n° 145.

52148. Quoi qu'il en soit encore, le second alinéa du texte fait, pour le cas qu'il vise, exception au principe du premier, d'après lequel l'honoraire ne devrait être perçu que sur la nue propriété, puisque seule elle est transmise ; on n'en saurait donner une raison plausible. — V. Ch. Defrénois, *op. cit.*, n° 120 ; Cpr. Amiaud et Voland, *op. cit.*, n° 140.

------------≻⋛⋚≺------------

« *Art. 17.* — *L'honoraire perçu en matière de testament, ou de dispositions dont l'exécution est subordonnée au décès, se calcule sur l'actif net que reçoit le bénéficiaire.*

« *Si celui-ci a droit à une réserve, il n'est rien dû sur ce qu'il recueille à ce titre.* »

52149. Certaines libéralités ne produisent pas un effet actuel, et leur exécution est subordonnée au décès du disposant.

Ce sont notamment :

Les donations entre époux ou futurs époux. — V. Didio, *Rev. du Not.*, n° 10151 ; Cass., 13 nov. 1900 (S., 1901. 1. 182) ; Trib. Angers, 18 fév. 1901 (*J. N.*, 27337) ; Trib. Falaise, 19 juin 1901 ;

Les institutions contractuelles. — V. Trib. Jonzac, 4 déc. 1900 (*Journ. du Not.*, 1901, p. 105) ;

Et les testaments, soit mystiques, soit notariés.

Or, on a vu, sous l'art. 13, qu'elles donnent lieu, en principe à deux honoraires : l'un, fixe, dit *de rédaction*, exigible au moment même de leur confection ; l'autre, proportionnel, dit *d'ouverture*, qui ne le devient que par ce décès ;

52150. Et au cas seulement où la disposition subsiste encore et opère ; autrement, cet honoraire proportionnel ne saurait être encouru. — V. Amiaud et Voland, *op. cit.*, nᵒˢ 142 et s., 147 ; Ch. Defrénois, *op. cit.*, nᵒ 123 ;

52151. La caducité vint-elle du fait volontaire de l'appelé lui-même, qui renonce aux droits ouverts à son profit. Avant les décrets, le point était très discuté et pouvait l'être ; depuis, et en présence du texte, toute discussion semble désormais impossible. L'honoraire, déclare-t-il catégoriquement, est dû sur ce que *reçoit* le bénéficiaire en vertu du testament ou de la disposition ; or, dans la circonstance, celui-ci ne reçoit rien ; donc aucun honoraire n'est dû.

Mais, disent MM. Amiaud et Voland (*op. cit.*, nᵒ 148), pour maintenir nonobstant l'exigibilité de l'honoraire proportionnel, « le légataire peut revenir sur la répudiation qu'il a faite, tant que ceux à qui elle profite n'ont pas accepté le droit qui en résultait pour eux. La répudiation peut être nulle ; elle peut être contestée par les créanciers. Si, dans ces hypothèses, le testament ne pouvait être représenté, ou si encore on découvrait un vice entachant le testament par la faute du notaire, ce dernier serait tenu de réparer le préjudice causé ». V. aussi mêmes auteurs, nᵒ 507 ; *Revue du Not.*, nᵒ 11217 ; Cpr. Trib. Pau, 12 janv. 1899 (*J. N.*, 26958) ; Beauvais, 8 juin 1899 (*J. du Not.*, 99, p. 462) ; Montdidier, 28 déc. 1899 (*J. N.*, 27321) ; Lyon, 11 janv. 1900 (*J. du Not.*, 1900, p. 533) ; Vesoul, 7 janv. 1900 (*J. du Not.*, 1900, p. 586) ; Angers, 18 fév. 1901 ; (*J. N.*, 27337) ; Péronne, 28 mai 1902 (*Répert. gén. prat. du Not.*, nᵒ 12563).

La réponse est, en vérité, trop facile : si l'un de ces événements se produit, il se trouvera qu'en définitive le légataire reçoit ; dès lors l'honoraire aura une base, et par conséquent il sera dû. L'objection tombe donc d'elle-même, et notre conclusion n'en subit aucune atteinte. — V. Ch. Defrénois, *op. cit.*, nᵒ 126 ; *Revue du Notariat*, nᵒ 10385 ; Meaux, 18 juill. 1902 (*Rép. gén. prat. du Not.*, nᵒ 12715) ;

52152. A moins, bien entendu, que la renonciation ne soit translative et non abdicative, en un mot, ne fasse partie d'un arrangement de famille, et n'entraîne acceptation tacite, conformément à l'art. 780, C. civ., auquel cas, sur la preuve qu'en ferait le notaire, l'honoraire proportionnel serait néanmoins acquis à ce dernier. — V. Ch. Defrénois, *op. cit.*, nᵒˢ 126 et 271 ;

Pourvu toutefois qu'il ne se fût pas lui-même prêté à une fraude envers le fisc, au moyen de sa participation à une renonciation purement apparente. — V. Ch. Defrénois, *Ibid.* ; Dijon, 25 juill. 1895 (*Rev. du Not.*, nᵒ 9527).

52153. Supposons maintenant que c'est pour inexécution après coup des conditions à lui imposées ou pour cause d'ingratitude, enfin par application des art. 953 et s., ou 1046, C. civ., que tombe la libéralité ? Le cas est tout différent. Le testament a si bien produit son effet que la révocation n'a pas lieu de plein droit et doit être judiciairement obtenue après débats. L'honoraire, opéré par la transmission qui s'est produite, reste donc certainement acquis ou dû. — V. Amiaud et Voland, *op. cit.*, nᵒ 149.

52154. C'est dire, en généralisant, que les conditions résolutoires n'ont pas d'effet rétroactif sur l'honoraire ; mais les conditions suspensives subordonnant à leur accomplissement la naissance même du droit auquel est attaché l'honoraire, tient également en suspens l'exigibilité de cet honoraire. — V. Amiaud et Voland, *op. cit.*, nᵒ 150.

« Cependant cette proposition, — font observer MM. Amiaud et Voland (*op. cit.*, p. 168, note 2), à la suite de l'hypothèse d'un legs de 25,000 fr. à Pierre *s'il atteint sa vingt et unième année*. — cette proposition n'est vraie que si le testateur a un héritier qui appréhende ces 25,000 francs en vertu de la dévolution légale et qui les conservera au même titre par suite de la résolution du legs, si la condition de survie n'est pas remplie.

« Mais si, au lieu d'un héritier, la succession est recueillie par un légataire universel, ce légataire devra acquitter les honoraires sur l'actif net de la succession, y compris les 25.000 francs légués à Pierre, sauf à réclamer ultérieurement une restitution d'honoraires à ce dernier.

« Si le taux des honoraires à la charge de Pierre était supérieur au taux des honoraires à la charge du légataire universel, le notaire dépositaire du testament aurait le droit de réclamer le complément d'honoraires qui deviendrait exigible, par suite de l'exécution de la condition.

« Le legs sous condition suspensive pourrait être lié à un autre legs de même nature ou à un legs sous condition résolutoire, en sorte que l'un ou l'autre sera exécuté. Un exemple suffira pour guider par comparaison dans les très nombreuses combinaisons qui peuvent se présenter : Un testateur, après avoir institué son neveu légataire universel, déclare, quant aux immeubles de sa succession, que le légataire universel sera censé n'en avoir eu que l'usufruit, s'il décède sans postérité légitime du vivant du frère du testateur, et que les enfants du légataire universel seront de même censés n'avoir été qu'usufruitiers des immeubles s'ils décèdent sans postérité légitime du vivant dudit frère ; lequel, dans ces deux cas, en aura été nu propriétaire depuis le décès du testateur? (Espèce faisant l'objet d'un arrêt de cassation du 29 juillet 1873; *J. N.*, 20723).

« Ces dispositions compliquées se résument en un double legs alternatif de propriété et d'usufruit.

« Les honoraires doivent être réclamés pour la toute propriété au légataire universel institué, sauf à sa succession, en cas de résolution du legs, à demander restitution de partie des honoraires au légataire de la nue propriété, et au notaire à réclamer, le cas échéant, un complément d'honoraires à raison du taux.

« Les dispositions connues sous la désignation de legs *de eo quod supererit* ou *de residuo*, qui sont des legs conditionnels, donnent droit à l'honoraire sur la totalité de l'actif net recueilli par le premier légataire. »

52155. Si nous n'admettons pas l'honoraire proportionnel en cas de renonciation purement abdicative du bénéficiaire, nous croyons, au contraire, qu'il est absolument dû sur un testament qui a pour objet de révoquer des legs antérieurs, parce que ceux qui profitent de cette révocation recueillent ce qui leur advient, par suite du testament révocatoire, qui produit dès lors effet à leur égard ; l'art. 17 des dispositions générales est donc applicable, dans cette hypothèse. — Cpr. Pau, 12 janv. 1899 ; Trib. Lyon, 11 janv. 1900 (*J. du Not.*, 1900. p. 533) ; Toulouse, 27 nov. 1900 .(*eod. op.*, 1901, p. 109).

52156. Aux termes du texte, l'honoraire proportionnel « se calcule sur l'actif net que reçoit le bénéficiaire ».

Donc, passif déduit ; mais seulement le passif proprement dit.

C'est pourquoi nous croyons devoir en écarter les frais de scellés, d'inventaire et de compte, et ceux de la demande en délivrance, que les art. 810 et 1016 mettent pourtant au compte de la succession, attendu que ce n'est pas le *de cujus* qui les devait. — V. Amiaud et Voland, *op. cit.*, n° 146 ;

A plus forte raison, n'y comprendrons-nous pas non plus les droits de mutation par décès ;

Ni même les charges à supporter par le gratifié : œuvres de bienfaisance qu'il accomplira lui-même, messes sans indication de l'église ou du célébrant, etc. ; il n'en est pas parlé, probablement parce que souvent leur appréciation en argent eût été trop difficile ; il n'y a donc pas à en tenir compte, en d'autres termes à les défalquer, au point de vue qui nous occupe. — V. Amiaud et Voland, *op. cit.*, n° 146 ; Ch. Defrénois, *op. cit.*, n°s 122, 280 et s.

52157. Et, il faut ajouter, *sur l'actif réel !* c'est-à-dire d'après la valeur véritable des biens, donc abstraction faite des évaluations spéciales à la déclaration de succession. — V. Amiaud et Voland, *op. cit.*, n° 144 ; Bayonne, 30 juill. 1901 (*Rép. gén. prat. du not.* n° 12158).

52158. Mais, si le gratifié se trouve être en même temps un héritier réservataire du disposant, sa réserve légale n'est pas recueillie par lui en vertu de la disposition, celle-ci la comprît-elle ; c'est la loi qui l'attribue directement ; aucun honoraire n'est donc dû sur la portion qu'elle représente.

Toutefois, lorsqu'une telle disposition équivaut à partage du ou des biens légués dont la valeur est imputable sur la réserve, l'honoraire de partage testamentaire semble dû. — V. Amiaud et Voland, *op. cit.*, n° 151 ;

52159. Et sauf encore le cas d'adoption testamentaire, car le droit à une réserve émanant alors du testament même, c'est de lui que l'adopté tient tout ce qu'il recueille. — V. Amiaud et Voland, *Ibid.*

52160. Enfin, on doit considérer le bénéficiaire comme tenant de la disposition, quoique héritier, ce que le disposant aurait pu lui enlever, en d'autres termes ce qui lui est donné sur la quotité disponible. — V. Ch. Defrénois, *op. cit.*, n° 127 ; Cpr. Trib. Lyon, 11 janv. 1900, et Vesoul, 17 janv. 1900, précités.

52161. Si l'objet de la libéralité est une nue propriété ou un usufruit, ils s'évaluent désormais conformément à l'art. 16 des Dispositions générales, modifié par l'art. 13, L. 25 fév. 1901, à notre avis du moins, tel que nous l'avons exprimé ci-dessus, n° 52147.

En tout cas, la rente viagère s'apprécie eu égard à l'âge du crédi-rentier. — V. même n° 52147, et au Tarif alphabétique, v° *Constitution de rente.*

Pour les libéralités successives entre époux, — V. *Testament.*

« *Art. 18.* — *L'honoraire n'est perçu qu'une fois sur les valeurs qui figurent dans plusieurs opérations successives comprises dans un même acte de liquidation.* »

52162. Ainsi, des valeurs dépendant d'une communauté qui est liquidée en même temps que la succession de l'époux prédécédé, ne sauraient baser un premier honoraire, à titre de valeurs de communauté, et ensuite un second, parce qu'elles figurent en tout ou en partie à l'actif de la succession ; les diverses parties de l'acte ne sont que des opérations préliminaires, transitoires, des virements de forme, si l'on peut ainsi dire, afin d'arriver au partage effectif de ces valeurs, qui, en réalité, n'a lieu qu'une fois.

52163. Et il peut résulter de cette règle une exception au principe de l'art. 6 susexpliqué, d'après lequel les conventions indépendantes au point de vue fiscal, le sont également à l'égard du notaire, de sorte qu'un honoraire est habituellement dû pour chacune d'elles.

Car, si l'on suppose que le partage desdites valeurs est fait avec soulte, celle-ci opérera bien un droit particulier d'enregistrement, mais non ici un honoraire distinct, à cause de notre texte, puisque les valeurs dont l'attribution occasionne la soulte sont déjà soumises d'un autre côté à l'honoraire de partage. — V. Ch. Defrénois, *op. cit.*, nº 128.

52164. Pareillement, lorsque des héritiers saisis de leurs droits, étant décédés avant la cessation de l'indivision, il y a, entre les mêmes ayants droit, partage de plusieurs successions confondues ; les biens qui passent par diverses masses successorales ne doivent pas pour cela plusieurs fois l'honoraire. — V. Amiaud et Voland, *op. cit.*, nº 157.

52165. Il se peut que des masses soient tarifées différemment ; par exemple, au cas de donation par un ascendant en vertu de l'art. 1075, C. civ., suivie du partage tant d'autres biens que de ceux donnés. L'honoraire de partage anticipé rémunérera à la fois la donation et l'attribution divise des biens donnés, et les autres biens supporteront l'honoraire d'un partage ordinaire. — V. Amiaud et Voland, *op. cit.*, nos 158 et 503 ; Ch. Defrénois, *op. cit.*, nº 321.

52166. Le texte met d'ailleurs une condition à sa prescription, à savoir que les opérations successives de la liquidation fassent l'objet d'un acte *unique*.

52167. L'honoraire perçu sur une licitation antérieure n'empêche donc aucunement l'honoraire sur le partage du prix, alors même que, l'un des colicitants ayant racheté, les deux actes auraient dû être présentés ensemble à l'enregistrement ; et, d'un autre côté, le fait de porter à la masse le prix de licitation, ne constitue certainement point un rapport de ce prix. — V. Amiaud, *Journ. du Not.*, 1902, p. 6 ; Ch. Defrénois, *op. cit.*, nº 128 ; *Rev. du Not.*, nº 10845, p. 884 ; Trib. Narbonne, 13 juin 1901 (*Journ. du Not.*, 1901, p. 5, 529, 532) ; Saint-Gaudens, 19 nov. 1900 (*Rép. gén. prat. du Not.*, nº 11814) ; *Contrà* Montpellier, 23 juin 1902 (*Ibid.*, 1902, p. 628), qui a réformé le jugement précité de Narbonne, mais par une violation criante : d'abord, de notre présent art. 18 ; ensuite, du sens indiscutable de l'expression *rapports*, tant dans le tarif qu'en droit général.

V. aussi *Licitation*.

V. encore, *infra*, au Tarif alphabétique, vº *Partage* (*de biens indivis*).

52168. De même, un lotissement et le tirage au sort des lots, par un notaire commis seulement pour cette opération, opèrent à son profit un honoraire, malgré ce qui a été fait en dehors de lui. — V. Amiaud et Voland, *op. cit.*, nº 158 ; Ch. Defrénois, *op. cit.*, nº 129 ; Bourges, 21 janv. 1903 (*Rép. gén. prat. du Not.*, nº 13040).

52169. Toutefois, et bien que nécessairement établi par acte séparé, le certificat de propriété délivré par un notaire pour l'exécution d'un partage qu'il a reçu, se confond avec celui-ci, sauf un honoraire fixe qui, bien des fois, d'ailleurs, est très insuffisant. — V. Ch. Defrénois, *op. cit.*, nº 128.

V. ci-après, au Tarif alphabétique, vº *Certificat de propriété*.

———o≈o———

« *Art. 19. — Pour les actes relatifs à des biens ou droits dont la valeur n'excède pas 500 francs, quelle que soit la longueur de l'expédition, le notaire ne peut avoir droit qu'à l'émolument de deux rôles.* »

52170. On voit de reste le but de cette disposition : dégrever les petits actes.

Mais, si les pauvres diables n'ont à faire que des actes de peu d'importance, il s'en faut que tous les actes de peu d'importance les concernent. Or, autant il peut sembler naturel (par une sorte de charité sociale imposée au notariat, car ce n'est pas ici de la justice), d'en réduire les frais, lorsque ce sont eux qui profitent de la modération, autant l'on ne s'explique pas pourquoi le riche propriétaire qui, par exemple, arrondit son domaine d'une nouvelle pièce de terre de 500 fr., n'a plus à payer au notaire qu'un salaire infime, pour un contrat d'acquisition qui, avec l'établissement de la propriété, peut demander beaucoup de temps, et entraîner une sérieuse responsabilité.

52171. Quoi qu'il en soit, le texte est obligatoire, et l'on doit s'y soumettre sincèrement et sans biaiser. Chaque fois donc que la valeur faisant l'objet d'un acte ne dépasse pas cinq cents francs, la rémunération dont il s'agit ne peut être supérieure à celle de deux rôles, au taux respectif du notaire instrumentant : 3 fr. ou 2 fr. seulement, selon les localités ;

Mais, bien entendu, en sus de l'honoraire proprement dit de l'acte ; la restriction ne s'appliquant qu'à l'émolument supplémentaire en rôles de copie. — V. Amiaud et Voland, *op. cit.*, nº 159 ; Ch. Defrénois, *op. cit.*, nº 109.

52172. Et ce, qu'il s'agisse d'actes, soit à honoraire fixe, soit à honoraire gradué, soit à honoraire proportionnel, soit à vacations, soit à honoraires par rôles de minute, peu importe. — V. Ch. Defrénois, *op. cit.*, nº 131 ;

Et, dans la Seine, même sur les actes, à raison desquels nous avons admis la faculté d'option entre l'honoraire proportionnel et les rôles ; ce qui veut dire que, dans la circonstance, le notaire ne pourra réclamer au plus que le prix de deux rôles. — Cpr. Amiaud et Voland, *op. cit.*, nº 161 ; Ch. Defrénois, *op. cit.*, nº 109.

52173. Le notaire qui aurait exigé davantage, serait tenu de restituer l'excédant, et, de plus, passible d'une peine disciplinaire, par application de l'art. 4 des Dispositions générales.

52174. En disant : quelle que soit la longueur de l'expédition, le texte ne vise que l'émolument ; et il va de soi que, même pour les actes de la plus minime importance, les parties doivent toujours rembourser la totalité des frais du papier timbré employé ; que le notaire instrumente alors presque gratis, soit ! mais il

ne saurait évidemment en être de sa poche. —
— V. Ch. Defrénois, *op. cit.*, n° 133.

52175. Quant à déterminer l'importance de l'intérêt en jeu, à défaut d'énonciations suffisantes dans l'acte, le notaire doit pouvoir l'évaluer équitablement, car les intéressés ne sont pas ici, comme en matière d'enregistrement, tenus à une déclaration estimative ; sauf taxe, pour laquelle le juge statuera lui-même d'après les circonstances. — V. Ch. Defrénois, *op. cit.*, n° 132.

52176. Remarquons maintenant qu'il ne s'agit que de l'expédition inhérente à l'acte, si l'on peut s'exprimer ainsi, c'est-à-dire de la première. A supposer que les parties en veuillent d'autres ou des extraits, elles auraient à les payer sur le pied du tarif ordinaire. — V. Amiaud et Voland, *op. cit.*, n° 160.

Et même, lorsque l'acte, tel un échange, implique une expédition pour chacune des parties, celles-ci ne sauraient pour cela prétendre que, dans ce cas, les deux expéditions doivent être considérées comme n'en formant qu'une, afin de ne payer que deux rôles en tout ; il est évident que la réclamation par le notaire du prix de deux fois deux rôles n'est alors que l'application rationnelle et très légitime de la loi bien comprise. — V. Amiaud et Voland, *Ibid.*

52177. A l'inverse, dans le cas où un simple extrait de l'acte est vraiment suffisant, nous ne voyons pas pourquoi le notaire serait tenu d'en délivrer une expédition intégrale, d'autant plus que le client gagnera à cette manière de faire une économie de papier timbré. — V. Amiaud et Voland, *Ibid.*

————◦≼≽◦————

« *Art. 20. — Il est alloué aux notaires, par vacation de trois heures, 8 fr. au chef-lieu de la cour d'appel et dans les villes dont la population excède 30,000 âmes ; 6 fr. partout ailleurs.*

« *La première vacation commencée est due en entier. Les autres se payent en proportion du temps écoulé.*

« *Les actes rétribués par vacations constatent l'heure du commencement et celle de la fin des opérations, ainsi que les interruptions. Dans le cas où il est dû des frais de voyages, le temps employé au voyage ne compte pas dans le calcul des vacations.* »

52178. Sans aucune bonne raison, d'ailleurs, le tarif ne fixe point la rétribution par vacations à un chiffre uniforme partout, ou plutôt pour tous les notaires, car ce n'est pas le lieu où l'acte est passé, chose que pourrait faire croire la mauvaise rédaction du texte, mais la résidence à laquelle appartient le notaire instrumentant, qui détermine le taux de la vacation. — V. Amiaud et Voland, *op. cit.*, n° 165.

52179. La vacation normale est de trois heures.

Lorsqu'il n'y en a qu'une, elle est entièrement due, sa durée eût-elle été moindre ; c'est ce qu'exprime le texte en disant que la première vacation commencée est due en entier.

Du reste, cette première vacation doit s'entendre relativement à chaque séance d'inventaire ou d'autre acte rétribué de la même manière, c'est-à-dire en considérant isolément les divers procès-verbaux par lesquels a commencé et repris l'opération ; il ne s'agit point de la première seulement de toutes les vacations quelconques de l'affaire. — V. Amiaud et Voland, *op. cit.*, n° 167.

Mais au delà d'une vacation complète, celle qui n'a pas les trois heures réglementaires n'est payée qu'en proportion du temps qu'on y a passé.

52180. Supposons un travail de quatre heures. Pour l'honoraire aucune difficulté : le notaire aura droit à une vacation, plus à un tiers de vacation. Mais, comme les décrets ne sauraient avoir de contre-coup sur les lois fiscales, nous pensons qu'il ne sera dû néanmoins qu'un seul droit d'enregistrement, l'art. 4, L. 10 brum. an XIV, qui reconnaît des vacations de quatre heures, n'ayant pas été abrogé par eux. — V. Amiaud et Voland, *op. cit.*, n° 166 ; Ch. Defrénois, *op. cit.*, n° 138.

52181. Contrairement à ce qui avait lieu autrefois, et d'après notre texte combiné avec l'art. 3, L. 20 juin 1896, le nombre des vacations dans une même journée n'est plus limité. — V. Ch. Defrénois, *op. cit.*, n° 139.

52182. Mais, tandis qu'auparavant il était loisible d'indiquer les vacations consacrées à un acte en se contentant de dire : par *simple* vacation, par *double* vacation, par *triple* vacation, etc., le notaire est maintenant tenu de constater l'heure précise du commencement ainsi que celle de la fin des opérations, et même, ce qui semble un peu excessif, les interruptions survenues ; c'est la conséquence de ce que les vacations se fractionnent à présent. — V. Amiaud et Voland, *op. cit.*, n° 166 ; Ch. Defrénois, *op. cit.*, n° 141.

L'inobservation de cette prescription n'irait pas jusqu'à entraîner la perte de l'honoraire ; seulement la demande du notaire pourrait être contestée, alors que l'énonciation dans l'acte du temps y consacré, fait foi jusqu'à inscription de faux. — V. Ch. Defrénois, *Ibid.*

52183. Aussi n'admettons-nous point que le juge taxateur ait encore la faculté de réduire spontanément les vacations régulièrement mentionnées, c'est-à-dire conformément à notre art. 20. — V. *Contrà* Defrénois, *op. cit.*, n° 143 ;

Sauf à discuter sur les interruptions prétendues, puisqu'elles seraient à déduire ; d'où l'utilité d'ajouter à la durée déclarée les mots : *sans interruption.*

52184. Le texte déclare enfin : « dans le cas où il est dû des frais de voyage, le temps employé au voyage ne compte pas dans le calcul des vacations. »

C'était bien inutile, car autrement le temps du notaire se trouverait payé deux fois ;

Mais faut-il au moins qu'il lui soit payé une ! Il nous paraît donc juste et logique, surtout maintenant que les vacations se fractionnent, de déduire par *à contrario* de ce texte, que lorsqu'il n'est pas dû de frais de voyage au notaire, bien qu'il aille instrumenter au dehors, le temps à se faire rétribuer par lui commence à partir de son départ de l'étude ; en d'autres termes, nous pensons qu'alors la vacation s'ouvre légalement dès l'heure de ce départ, et non pas seulement à compter du moment où le notaire est rendu sur place. — V. *Contrà* Defrénois, *op. cit.*, n° 144.

52185. Rappelons, en tant que de besoin, pour terminer sur les vacations, qu'elles ne se partagent pas entre les notaires instrumentant, chacun d'eux y ayant droit personnellement, et en totalité (Art. 10 précité) ;

Disons de plus : et suivant leur tarif respectif ; de sorte que, chose assez étrange, deux notaires concourant, par exemple, à un même inventaire, en sont rétribués différemment, si leur résidence n'est pas semblable. — V. Amiaud et Voland, *op. cit.*, n° 165.

———— ⬦⬦⬦ ————

« *Art. 21. — L'honoraire par rôle de minute est de 5 fr. par rôle de trente-cinq lignes à la page et de vingt syllabes à la ligne.*

« *Toutefois, pour les cahiers des charges de vente judiciaire (immobilière, doit-on ajouter d'après les tarifs), il est seulement de 3 fr. par rôle.*

« *Les honoraires par rôle de copie, de vingt-cinq lignes à la page et de quinze syllabes à la ligne, sont fixés :*

« *A 3 fr. pour les expéditions et les grosses au chef-lieu de la cour d'appel et dans les villes dont la population excède 30,000 âmes ; à 2 fr. partout ailleurs ;*

« *A 3 fr. pour les extraits analytiques ;*

« *A 75 centimes pour les expéditions dont le coût est à la charge de l'Etat, des établissements de bienfaisance et d'assistance et des bénéficiaires de la loi sur les habitations à bon marché ;*

« *Et à 50 centimes pour les expéditions dont le coût est à la charge de l'Administration de l'enregistrement.*

« *Les copies collationnées donnent lieu à un droit fixe de 5 fr. en sus des droits de rôles.*

« *Le rôle commencé est dû en entier, s'il est seul ; par fraction non inférieure à la moitié, s'il y a plusieurs rôles.* »

52186. Ainsi, deux sortes de droits de rôles : les rôles de minute et les rôles d'expédition.

52187. Uniformité de tarif pour tous les notaires relativement aux rôles de minute : chacun leur est payé 5 fr., à moins qu'il ne s'agisse de

cahiers des charges de vente judiciaire *immobilière*, auquel cas il n'est plus alloué que 3 fr. par rôle.

52188. Le rôle est un feuillet d'écriture, c'est-à-dire qu'il s'entend d'un recto et d'un verso, ou, plus simplement, de deux pages.

Or, le rôle type, rétribué comme il vient d'être dit, comporte par page 35 lignes d'au moins 20 syllabes, ou plutôt 70 de telles lignes, ou, mieux encore, 1,400 syllabes.

Si nous précisons autant, c'est qu'ici, à la différence des expéditions, l'ensemble seul est à considérer. L'acte peut donc être écrit, par exemple, 40 lignes sur la première page et 30 sur la seconde, ou autrement, avec n'importe quel nombre de syllabes à la ligne, au moins çà et là, sauf à en faire ensuite le compte. Ce qu'il faut et ce qui suffit, c'est que, quelle que soit la répartition et l'étendue des lignes, le total des deux pages n'excède pas 1,400 syllabes (Cpr. Circ. min, just., 20 août 1842, n° 7). — V. Amiaud et Voland, *op. cit.*, n° 171 ; Ch. Defrénois, *op. cit.*, n° 146.

Au surplus, le nombre susindiqué de lignes, à tant de syllabes en moyenne, ne peut être qu'une commune mesure, prise pour terme de comparaison, car, s'agissant d'actes, la dimension du papier timbré est facultative, et, par conséquent, le nombre des lignes et des syllabes à la ligne variera selon le format employé.

52189. Quant aux rôles de copie : expéditions, grosses et extraits, sans plus de raison que tout à l'heure en matière de vacations, la rémunération diffère suivant les localités, qui sont à cet égard divisées en deux catégories : d'une part, les chefs-lieux de cour d'appel et les villes ayant plus de 30,000 âmes ; d'autre part, toutes les autres villes.

52190. Le rôle de copie est de 25 lignes à la page et de 15 syllabes à la ligne, sans la pleine liberté de s'en écarter laissée pour les rôles de minute, mais toutefois avec les tolérances, et les compensations possibles, indiquées *v° Expédition.*

52191. Ceci rappelé, les honoraires par rôle de copie sont fixés, aux termes de notre article 21, savoir :

1° A 3 fr. pour les expéditions et les grosses au chef-lieu de la cour d'appel et dans les villes dont la population excède 30,000 âmes ; à 2 fr. partout ailleurs ;

Sauf ce qui sera dit plus loin sur les ventes par adjudication de meubles et objets mobiliers ;

2° A 3 fr. pour les extraits analytiques ;

Ainsi, sans distinction de localités ;

Mais l'exception se borne strictement à ces extraits ; les extraits littéraux restent donc soumis à la différence ordinaire ;

Il en résulte une difficulté, car un même extrait peut être analytique relativement à certaines parties de l'acte et littéral pour d'autres. La partie analytique et la partie littérale devront, si la chose en vaut la peine, être supputées chacune selon leur tarif respectif, mais de bonne foi, c'est-à-dire avec la largeur d'appréciation qu'un pareil travail comporte, et sans oublier que l'extrait coûte moins cher au client que l'expédition et engage pourtant plus la responsabilité du notaire. — Cpr. Amiaud et Voland, *op. cit.*, p. 185, note 1 ;

3° A 75 centimes, pour les expéditions dont le coût est à la charge de l'Etat, des établissements de bienfaisance et d'assistance, et des bénéficiaires de la loi sur les habitations à bon marché ;

Il faut assimiler à l'Etat ceux des établissements publics qui se confondent absolument avec lui ;

Par exemple, la Caisse des dépôts et consignations, du moins d'après Déc. min. just. 30 juill. 1900 ; Instr. de la Caisse, 8 nov. 1900 ;

Car l'application ne laisse pas que d'être très contestable. — V. Ch. Defrénois, *Rép. gén. prat. du Not.*, n° 11480 ; Cass., 22 fév. 1893 (S., 93. 1. 529) ;

Les autres doivent être considérés comme des particuliers ;

A plus forte raison en est-il de même des établissements de simple utilité publique ; mais, parmi eux, le texte excepte les établissements charitables, pour les faire jouir, avec l'Etat, du bénéfice de la réduction. — Cpr. Amiaud et Voland, *op. cit.*, n° 176 ; Ch. Defrénois, *op. cit.*, n°s 152 et s. ;

Des particuliers ne sauraient l'invoquer en se prétendant subrogés indirectement à l'Etat ; par exemple les Compagnies de chemins de fer, dans leurs acquisitions amiables de terrains. — V. Amiaud et Voland, *Ibid.* ; Versailles, 26 avril 1900 (*Journ. du Not.*, 1900, p. 327) ;

On verra, au mot *Vente* ci-après, qu'il en est absolument de même quant aux autres honoraires ;

Pour les bénéficiaires de la loi sur les habitations à bon marché, — V. L. 30 nov. 1894 ;

4° Et à 50 centimes pour les expéditions dont le coût est à la charge de l'Administration de l'enregistrement.

5° Les copies collationnées donnent lieu, comme acte, à un droit fixe de 5 fr. en sus des droits de rôle ; de rôles d'expédition, s'entend. — V. Ch. Defrénois, *op. cit.*, n° 156 ; Cpr. Amiaud et Voland, *op. cit.*, n° 181.

V. aussi Copie collationnée.

52192. Une observation reste à faire, commune aux rôles de minute et aux rôles de copie : tout rôle commencé est dû en entier, s'il est seul ; « par fraction non inférieure à la moitié, s'il y a plusieurs rôles » ; c'est-à-dire que le dernier rôle, incomplet, opère la moitié de l'honoraire, s'il y a moins d'une page, et la totalité de l'honoraire d'un rôle, si la première page est complète. — V. Amiaud et Voland, *op. cit.*, n° 183 ; Cpr. Ch. Defrénois, *op. cit.*, n° 158.

52193. Quant aux copies figurées, on voit

que le texte n'en parle pas, non plus d'ailleurs que le tarif alphabétique ; de sorte qu'elles donnent lieu à un règlement amiable, qui, suivant nous, doit y appliquer l'honoraire par rôle de minute, en sus des vacations pour l'apport et la reprise de l'acte (C. procéd. civ., art. 203). — V. Amiaud et Voland, *op. cit.*, n° 182 ; Ch. Defrénois, *op. cit.*, n° 157.

———o⚔✸⟨———

« *Art. 22. — Lorsque le notaire est obligé de se transporter dans une localité éloignée de plus de 2 kilomètres de sa résidence, il perçoit pour frais de voyages, par kilomètre parcouru, en allant et en revenant :*

« *1° 20 centimes si le transport a été effectué en chemin de fer ;*

« *2° 40 centimes si le transport a eu lieu autrement.*

« *Si le déplacement exige plus d'une journée, il est alloué, en outre, 10 fr. par journée.*

« *Tout voyage requis la nuit est payé double.*

« *Il n'est alloué qu'un seul droit de transport pour la totalité des actes que le notaire aura faits dans un même déplacement.* »

52194. Nous arrivons, avec l'art. 22, aux indemnités de déplacement.

On remarquera tout d'abord que, pour qu'il en soit dû, il faut que l'intervalle à parcourir dépasse 2 kilomètres ; au-dessous, la distance est considérée comme négligeable, et il n'est tenu compte ni des faux frais, ni du temps passé ; à moins qu'il ne s'agisse d'actes rétribués par vacations, auquel cas, — à supposer encore qu'on admette notre opinion susexprimée, — la durée de la vacation commence au départ même de l'étude, sans frais de voyage proprement dits.

52195. Mais, au delà de deux kilomètres, frais de voyage ; lesquels se calculent à raison du nombre des kilomètres parcourus, tant pour le retour que pour l'aller, c'est-à-dire en doublant toujours la distance réelle.

52196. Celle-ci se prend à partir de l'étude du notaire instrumentant jusqu'au point d'arrivée, et ainsi, malgré l'identité du but, varie plus ou moins, relativement aux diverses études d'une même ville. — V. Amiaud et Voland, *op. cit.*, n° 189 ; Ch. Defrénois, *op. cit.*, n° 164.

52197. On ne la suppute pas à vol d'oiseau, mais cependant selon le trajet qui est raisonnablement le plus direct par les voies publiques normales, c'est-à-dire abstraction faite des chemins simplement ruraux ou d'exploitation, lors même que ceux-ci permettraient d'abréger en coupant. — V. Ch. Defrénois, *op. cit.*, n° 164 ; Trib. Condom, 10 juill. 1877 (*Journ. des avoués*, 79, n° 5201).

Quant à la longueur du parcours en chemin de fer, il n'y a qu'à se reporter aux tableaux des Compagnies pour les billets, ou aux indicateurs. — V. Ch. Defrénois, *op. cit.*, n° 165.

52198. L'indemnité est de 20 centimes par kilomètre de transport accompli en chemin de fer, et, différence qui s'explique d'elle-même, de 40 centimes par kilomètre effectué autrement, soit à cheval, soit en voiture, soit d'une manière différente ; chiffres critiqués d'ailleurs, avec raison, comme insuffisants et trop souvent, en effet, au-dessous de la dépense réelle, ne fût-ce qu'à cause d'un déjeuner dehors, dans biens des cas inévitable ; mais ils paraissent avoir été fixés à forfait et être ainsi exclusifs de tous déboursés supérieurs. — V. Amiaud et Voland, *op. cit.* n° 13 ; Ch. Defrénois, *op. cit.*, n°s 166 et s. ; V. cepend. Amiaud et Voland, n° 187, *in fine.*

52199. Supposons que le client vienne ou envoie chercher le notaire en voiture, ou, l'accompagnant, paye les billets de chemin de fer ? A notre avis, il n'y aura là qu'une pure gracieuseté et le notaire n'en conservera pas moins son droit à la totalité des frais de voyage tels qu'ils lui sont alloués par le tarif ; sinon, il pourrait en résulter des situations, des débats tout à fait incompatibles avec la dignité professionnelle.

52200. Les déplacements de nuit sont généralement plus onéreux et plus pénibles que ceux de jour ; c'est pourquoi : « Tout voyage requis la nuit est payé double », dit le texte.

Le mot *requis* paraît trop restrictif ; il suffit, pour justifier l'augmentation, que le voyage soit *fait* de nuit par le notaire afin de rester le moins longtemps possible absent de son étude. — V. Amiaud et Voland, *op. cit.*, n° 192.

52201. Mais, quand est-ce la nuit ? Dans le silence du tarif, ici comme partout où il dispose pour la nuit, la base à prendre, quoique peu satisfaisante à cet égard, mais valant encore mieux que l'arbitraire, nous semble être la distinction faite par l'art. 1037, C. procéd. civ., d'après lequel le jour légal va de 6 heures du matin à 6 heures du soir, depuis le 1er oct. jusqu'au 31 mars, et de 4 heures du matin à 9 heures du soir, depuis le 1er avril jusqu'au 30 sept., le surplus constituant la nuit légale. — V. Amiaud et Voland, *op. cit.*, n° 192 ; Ch. Defrénois, *op. cit.*, n° 169.

52202. Il arrive souvent que partie du voyage s'effectue de jour et une autre partie de nuit ; cette dernière devra certainement toujours être spécialement rémunérée ; il nous semble même que si la majeure partie du voyage a eu lieu de nuit, il doit être, en bonne justice, considéré et réglé entièrement comme tel. — V. Amiaud et Voland, *op. cit.*, n° 192,

52203. Rien de plus simple à appliquer que tout cela, lorsqu'il n'y a pas de chemin de fer à prendre.

Quand il en existe un, sauf la circonstance absolument exceptionnelle où l'étude se trouverait à côté même de la gare ou station de départ, et le lieu du rendez-vous juste au sortir de la gare ou station d'arrivée, il faut tenir compte *parte in quâ* des deux modes de locomotion et combiner leurs tarifs. — V. Ch. Defrénois, *op. cit.*, n° 165.

52204. D'ailleurs, le choix des moyens de transport, lorsqu'il en existe plusieurs, est à l'appréciation exclusive du notaire, et il peut les organiser à son gré, suivant ses convenances et l'économie de son temps ; on comprend, par exemple, qu'il prenne le chemin de fer pour aller, parce c'est l'heure d'un train, mais qu'il se fasse ramener en voiture, parce qu'il lui faudrait attendre trop longtemps un train de retour, etc. — V. Amiaud et Voland, *op. cit.*, n° 190.

52205. Si le déplacement du notaire dure plus d'une journée, il est alloué à celui-ci, outre ses frais de voyage ainsi calculés, une indemnité supplémentaire de 10 fr. par jour, le premier compris. — V. Amiaud et Voland, *op. cit.*, n° 191.

Même seulement commencée, la dernière journée est entièrement due, suivant nous. — V. Amiaud et Voland, *Ibid.*

52206. L'alinéa qui termine le texte, prévoyant que le notaire utilise un voyage pour s'occuper de plusieurs affaires, veut que ce soient ses clients et non lui qui en profitent : « Il n'est alloué, déclare-t-il en conséquence, qu'un seul droit de transport pour la totalité des actes que le notaire aura faits dans un même déplacement. »

L'indemnité sera donc calculée comme s'il s'agissait d'une affaire unique, à l'intervalle le plus éloigné, et répartie ensuite entre les diverses affaires donnant lieu à des frais de voyage, proportionnellement à leur distance relative. — Cpr. Amiaud et Voland, *op. cit.*, n° 193 ; Ch. Defrénois, *op. cit.*, n° 171.

Dans le cas où les actes auraient été passés au même endroit, les frais de voyage seraient tout simplement divisés également entre eux. — V. Amiaud et Voland, *op. cit.*, n° 193.

52207. Constatons pour finir que ce n'est pas seulement lorsque le notaire reçoit des actes, en d'autres termes instrumente, soit en premier, soit en second, qu'il a droit à une indemnité spéciale en cas de déplacement sérieux ; c'est chaque fois qu'il se dérange ainsi pour autrui, notamment dans les cas suivants :

Recherches à faire,

Renseignements à prendre,

Visites d'affaires au client,

Pourparlers,

Rendez-vous préparatoires,

Représentation d'absent, de non présent ou d'aliéné non interdit,

Formalités, à moins que le salaire y attaché ne comprenne déjà les courses nécessaires, etc.

V. Amiaud et Voland, *op. cit.*, n° 194 ; Ch. Defrénois, *op. cit.*, n° 170 ;

Mais il doit supporter lui-même et seul les conséquences de ses obligations professionnelles proprement dites : par exemple, le transport au bureau de l'enregistrement pour l'enregistrement obligatoire des actes (nᵒˢ 52015 et s.). — V. Amiaud et Voland, *op. cit.*, nᵒ 19 ; Ch. Defrénois, nᵒ 170.

« *Art. 23. — Tous actes, quelle que soit leur nature, ayant pour objet le mariage des indigents, le retrait de leurs enfants des hospices et la reconnaissance de leurs enfants naturels, sont reçus gratuitement par les notaires sur la production par les parties intéressées du certificat prévu par l'article 6 de la loi du 10 décembre 1850.*

« *La gratuité s'applique même aux frais de voyages.*

« *Il en est de même des actes reçus dans l'intérêt des personnes qui ont obtenu le bénéfice de l'assistance judiciaire, lorsqu'ils sont passés à l'occasion ou en exécution des instances dans lesquelles elles ont figuré, mais seulement dans le cas où ils doivent être visés pour timbre et enregistrés en débet.*

« *Lorsqu'il s'agit des actes compris au paragraphe précédent, les honoraires des notaires peuvent être recouvrés ultérieurement, dans les conditions et les formes prévues par la loi du 22 janvier 1851.*

52208. Ces dispositions n'ont guère besoin d'explication ; quelques points toutefois sont à préciser ou à rappeler parce que le texte n'en parle pas.

Ainsi, en ce qui concerne la première catégorie d'exemptés, les actes, extraits, copies ou expéditions ainsi délivrés doivent mentionner expressément qu'ils sont destinés à servir à la célébration d'un mariage entre indigents, à la légitimation ou au retrait de leurs enfants naturels déposés dans les hospices. — Ils ne peuvent servir à autres fins sous peine de 25 fr. d'amende, outre le paiement des droits, contre ceux qui en auraient fait usage, ou qui les auraient indûment délivrés ou reçus. — Le recouvrement des droits et des amendes de contravention est poursuivi par voie de contrainte, comme en matière d'enregistrement. (L. 10 déc. 1850, art. 7).

52209. Pour les assistés judiciairement, ce n'est pas seulement des actes que le notaire est tenu de faire l'avance, mais également de leurs expéditions et extraits. (L. 22 janv. 1851, art. 14, mod. par L. 10 juill. 1901).

52210. « La gratuité, dit le texte, s'applique même aux frais de voyages. » Ce sont pourtant des déboursés !

Par conséquent, faut-il, suivant nous, que les indigents ou les assistés judiciairement se trouvent dans l'impossibilité de venir à l'étude, soit par maladie, soit à cause d'une extrême misère, et, dans ce dernier cas, le notaire pourrait, ce nous semble, s'éviter à lui-même le voyage, en payant leur déplacement, moins onéreux que le sien propre. — V. Amiaud et Voland, *op. cit.*, nᵒ 196.

« *Art. 24. — Les notaires doivent tenir dans leur étude, à la disposition de toute personne qui en fera la demande, un exemplaire du tarif fixant leurs honoraires.* »

52211. *In cauda venenum !* Comme si le notariat devait payer de son humiliation les avantages du tarif légal qu'on lui octroyait, les dispositions générales des décrets terminent par cette insulte gratuite à la corporation, cette atteinte profonde à sa dignité, pourtant si indispensable dans l'intérêt de tous ; aussi, quoique nous n'aimions guère les grands mots, encore moins les protestations inutiles, ne pouvons nous que nous associer au cri d'indignation qu'à provoqué une telle prescription, alors surtout, que se trouvant encore à l'état de projet, il était si simple et si juste de ne pas lui donner suite.

Plus heureux ou mieux défendus, les avoués n'ont pas d'affront semblable dans leur nouveau tarif.

52212. L'obligation est naturellement sanctionnée par la possibilité d'une peine disciplinaire. — V. Amiaud et Voland, *op. cit.*, nᵒˢ 10 et s. ; Ch. Defrénois, *op. cit.*, nᵒˢ 175.

Tarif légal

comprenant, par ordre alphabétique, l'indication détaillée de toutes les matières visées par les Dispositions générales qui précèdent, dont la table est ainsi donnée.

Observation importante

A moins d'avis contraire, les mots auxquels il est renvoyé au cours de la série qui suit, sont toujours ceux de cette série même, et non les mots traités dans les autres parties de l'ouvrage.

ABANDON DE BIENS

Débiteur

V. Cession de biens par un débiteur à ses créanciers.

Fonds grevé de servitude

(C. civ., art. 699)

Abandon conventionnel

Honoraires comme en matière de vente ;
Sur le prix stipulé ou une déclaration estimative. — V. Amiaud et Voland, *op. cit.*,
n° 206 ; V. cepend. Ch. Defrénois, *op. cit.*,
n° 179.

Minimum :

Paris (*Ville de*) et Seine : aucun ;
Agen, Amiens, Angers : 6 fr. ;
Partout ailleurs : 5 fr.
V. aussi Acceptation.

Abandon unilatéral

Aix, Caen, Chambéry, Grenoble, Lyon,
Nimes, Orléans : 5 fr. ;
Riom : 8 fr. ;
Paris (*Ville de*) et Seine : 9 fr. ;
Partout ailleurs : 6 fr.

Héritier bénéficiaire

(C. civ., art. 802)

Dans toute la France :
Moitié des honoraires perçus en matière de
vente ; avec un minimum de 5 fr., excepté
Paris (*Ville de*) et Seine, où pas de minimum ;
Sur la valeur brute des biens abandonnés.
— V. Amiaud et Voland, *op. cit.*, n° 203 ; Ch.
Defrénois, *op. cit.*, n° 177.
⌇ Si dans l'acte d'abandon, les créanciers et

légataires auxquels il est fait, chargent,
comme il arrive souvent, l'un d'eux ou un
tiers de la gestion et de la vente des biens,
il y a là un mandat qui constitue fiscalement
une disposition indépendante et donne lieu
par conséquent à un honoraire particulier,
conformément au principe posé par l'art. 6
des Dispositions générales, tel du moins que
nous l'avons entendu (n°s 52080 et s., 52084 et
s.). — V. *Contrà* Amiaud et Voland, *op. cit.*,
n° 204.
V. aussi Acceptation.

Mitoyenneté

V. Mitoyenneté.

Quotité disponible

(C. civ., art. 917)

Dans une délivrance de legs, un partage, ou autre acte
ayant pour objet le règlement de la succession

Pas d'honoraire particulier, à titre de convention dépendante.
V. art. 6 et 18 des Dispositions générales.

Par acte séparé

Abandon accepté

Honoraires comme en matière de délivrance
de legs.

Abandon unilatéral

Riom, Toulouse : 8 fr. ;
Paris (*Ville de*) et Seine : 9 fr. ;
Partout ailleurs : 6 fr.

Substitution

(C. civ., art. 1053)

Dans toute la France :
A titre onéreux : honoraires comme en matière de vente ;

A titre gratuit : moitié des honoraires perçus en matière de donation.

Sur la valeur des biens abandonnés. — V. Ch. Defrénois, *op. cit.*, n° 178.

Minimum :

Agen, Besançon, Paris (*Ville de*) et Seine : aucun ;

Limoges, Lyon, Montpellier, Nîmes, Paris (*ressort*) : 5 fr. ;

Partout ailleurs : 6 fr.

V. aussi *Acceptation.*

Usufruit

V. ce mot.

ABSENT

V. *Représentation.*

ACCEPTATION

d'abandon de biens

Dans l'acte même d'abandon

L'acceptation, constituant une disposition dépendante, pas d'honoraire particulier.

Par acte séparé

En brevet

Paris (*Ville de*) et Seine : 4 fr. 50 ;
Partout ailleurs : 4 fr. ;

En minute

Poitiers : 4 fr. ;
Toulouse : 8 fr. ;
Paris (*Ville de*) et Seine : 9 fr. ;
Partout ailleurs : 6 fr. ;
Plus, sans distinction entre les brevets et les minutes, 2 fr. par chaque créancier ou légataire intervenant dans le même acte, en sus du premier. — V. Amiaud et Voland, *op. cit.*, n° 208.

de donation

V. *Donation entre-vifs.*

d'emploi

Par le même acte

Disposition dépendante.

Par acte séparé

1° *Lorsque l'emploi ou le remploi a été fait au moyen d'un achat ou d'un placement ayant donné lieu à un honoraire proportionnel dans l'étude*

Pau, Riom, Toulouse : 8 fr. ;
Paris (*Ville de*) et Seine : 9 fr. ;
Partout ailleurs : 6 fr.

2° *Dans le cas contraire*

Paris (*Ville de*) et Seine : 0,25 cent. 0/0 de 1 à 800.000 fr. ; 0,125 0/0 au-dessus ; sans minimum ;

Partout ailleurs : 0,25 cent. 0/0, avec un minimum, savoir :

Poitiers : 4 fr. ;

Agen, Amiens, Bastia, Bourges, Caen, Dijon, Douai, Limoges, Montpellier, Nancy, Nîmes, Orléans, Paris (*ressort*), Pau, Riom, Rouen : 5 fr. ;

Aix, Angers, Besançon, Bordeaux, Chambéry, Grenoble, Lyon, Rennes : 6 fr. ;

Toulouse : 8 fr.

de lettre de change ou autre valeur commerciale

Agen, Amiens, Bastia, Besançon, Bordeaux, Bourges, Caen, Dijon, Douai, Lyon, Montpellier, Orléans, Paris (*ressort*), Pau, Riom, Rouen : 4 fr. ;

Aix, Chambéry, Grenoble, Nîmes, Rennes : 6 fr. ;

Poitiers : 0 fr. 125 0/0, avec un minimum de 2 fr. ;

Toulouse : 0,125 0/0, minimum 3 fr. ;

Paris (*Ville de*) et Seine : 0,25 cent. 0/0, sans minimum ;

Angers, Nancy : 0,25 cent. 0/0, avec un minimum de 2 fr. ;

Limoges : 0,25 cent. 0/0, minimum 3 fr.

〜〜 Lorsqu'il est proportionnel, l'honoraire se calcule sur le montant nominal de l'effet. — V. Ch. Defrénois, *op. cit.*, n° 186.

V. aussi *Lettre de change.*

de cession, communauté, délégation, legs, nantissement, succession, transport,

et toutes les acceptations autres que celles nommément tarifées,

Par le même acte

Disposition dépendante.

Par acte séparé

En brevet

Paris (*Ville de*) et Seine : 4 fr. 50 ;
Partout ailleurs : 4 fr.

En minute

Toulouse : 8 fr. ;
Paris (*Ville de*) et Seine : 9 fr. ;
Partout ailleurs : 6 fr.

〜〜 Le tout, quel que soit le nombre des acceptants, d'après MM. Amiaud et Voland, *op. cit.*, n° 209 ; Ch. Defrénois, *op. cit.*, n° 184 ;

Selon nous, il est dû autant de fois un honoraire que de droits d'enregistrement (Dispositions générales, art. 6) ; mais, dans l'esprit du Tarif, à raison de 2 fr. seulement par partie en sus de la première. — V. *Acquiescement. Adhésion.*

ACCESSOIRES

V. *Formalités accessoires ou complémentaires des actes.*

ACQUIESCEMENT PUR ET SIMPLE

Par le même acte

Disposition dépendante.

Par acte séparé

En brevet

Paris (*Ville de*) et Seine : 4 fr. 50 ;
Partout ailleurs : 4 fr.

En minute

Toulouse : 8 fr. ;
Paris (*Ville de*) et Seine : 9 fr. ;
Partout ailleurs : 6 fr ;
Plus, sans distinction entre les brevets et les minutes, 2 fr. par chaque partie, en sus de la première, *ayant un intérêt distinct* et intervenant dans l'acte.

⌇⌇ Si l'acquiescement, au lieu d'être pur et simple, n'avait lieu que moyennant une indemnité, il se résoudrait en une transaction, tarifable comme telle. — V. Ch. Defrénois, *op. cit.*, n° 188.

V. Transaction.

⌇⌇ *V.* aussi *Adhésion. Consentement. Désistement.*

ACQUIT

V. Congé d'acquit.

ACTE A OPTION

V. n°ˢ 52128, 52137, 52172.

ACTE COMPLÉMENTAIRE, INTERPRÉTATIF, RECTIFICATIF

Dans toute la France :
Honoraire par rôles de minute.

A moins que l'acte complété, interprété ou rectifié ne soit un sous seing privé, auquel cas le nouvel acte équivaut en quelque sorte à un dépôt pour minute du premier, et, dès lors, donne lieu à l'honoraire proportionnel afférent au contrat dont il s'agit ; sans quoi, il serait vraiment trop facile d'éluder l'honoraire de dépôt pour minute d'un sous seing privé, tout en lui donnant l'authenticité, sous prétexte de complément, d'interprétation ou de rectification.—V. Didio, *Rev. du not.*, 1902, n° 10886 ; Trib. Pont-Audemer, 17 déc. 1901 (*Gaz. Pal.*, 18 janv. 1902).

V. aussi *Engagement solidaire à rapporter.*

ACTE CONFIRMATIF

V. Ratification.

ACTE D'ASSISTANCE JUDICIAIRE

Gratuité provisoire.
V. art. 23 des Dispositions générales (n°ˢ 52208 et s.).

ACTE D'INDIGENT

V. art. 19 et 23 des Dispositions générales (n°ˢ 52170 et s., 52208 et s.).

ACTE DE DÉPOT

V. Dépôt. Testament olographe.

ACTE DE NOTORIÉTÉ

1° Simple

C'est-à-dire qui concerne une seule personne, ou plusieurs personnes, mais ayant le même intérêt, et n'a pour objet qu'une seule opération. — V. Amiaud et Voland, *op. cit.*, n° 459 ; Ch. Defrénois, *op. cit.*, n° 317,

En brevet

Paris (*Ville de*) et Seine : 4 fr. 50 ;
Poitiers : 5 fr. ;
Partout ailleurs : 4 fr.

En minute

Poitiers : 8 fr. ;
Paris (*Ville de*) et Seine : 9 fr. ;
Partout ailleurs : 6 fr.

2° Complexe

C'est-à-dire relatif à plusieurs personnes pour des intérêts distincts, ou qui embrasse des choses différentes. — Cpr. Amiaud et Voland, Ch. Défrénois, *Ibid,*

En brevet

Poitiers : 5 fr. ;
Nîmes : 6 fr. ;
Paris (*Ville de*) et Seine : 9 fr. ;
Partout ailleurs : 8 fr.

En minute

Poitiers : 8 fr. ;
Amiens, Angers, Toulouse : 10 fr. ;
Partout ailleurs : 12 fr.

⌇⌇ Malgré les définitions ci-dessus, aussi précises que possible, de l'acte de notoriété simple et de l'acte de notoriété complexe, leur application à certains cas n'est pas sans rester délicate et douteuse.

Ainsi, MM. Amiaud et Voland (*op. et loc. cit.*) voient une notoriété simple dans l'acte dressé après décès d'un mari et de sa femme, lorsqu'ils ont laissé les mêmes héritiers ou pour constater l'inexistence d'héritiers à réserve ; pour nous, elle est complexe, attendu qu'il s'agit de deux successions ;

A l'inverse, où ils considèrent comme complexe l'acte de notoriété rectificatif de prénoms d'une personne sur plusieurs titres ou pièces, nous croyons, au contraire, qu'il est simple, si c'est pour la même affaire.

Au surplus, questions de fait, à apprécier avec bon sens.

⌇⌇ Aux termes de la loi du 20 juill. 1886, art. 24, les actes de notoriété destinés à la Caisse nationale des retraites pour la vieillesse devraient être délivrés gratuitement ; cette disposition, à notre avis du moins, se trouve abrogée en vertu de l'art. 3, L. 20 juin 1896, ainsi qu'il est expliqué ci-après d'une manière plus générale, v° *Certificat de propriété.*

ACTE DE PEU D'IMPORTANCE

V. Acte n excédant pas 500 fr.
V. aussi Acte multiple. Minimums

ACTE DE SOCIÉTÉ

V. Dépôt. Sociétés.

ACTE DE SUSCRIPTION

V. Testament mystique.

ACTE EN BREVET

V. Honoraires fixes, et au nom des actes en brevet. Partage d'honoraires.

ACTE EN DEHORS DU RESSORT

V. Assistance comme conseil. Frais de voyage. Notaire en second. Partage d'honoraires (nos 52038, 52103, 52107, 52194 et s.).

ACTE EN MINUTE

V. Honoraires fixes, et au nom des actes en minute.

ACTE EN PROJET

V. Acte sur modèle. Projet d'acte.

ACTE GRATUIT

V. Acte d'indigent. Assistance judiciaire.

ACTE IMPARFAIT

C'est-à-dire qui n'a pas été définitivement régularisé, tout en ayant commencé à l'être ; par exemple, une des parties refuse de le signer malgré la signature des autres ; le notaire lui-même ne consent pas à recevoir toutes les signatures, parce que les droits d'enregistrement ne lui ont pas été préalablement consignés, etc.

Dans toute la France :

Honoraires par rôles de minute.

Indépendamment des frais de voyage et d'un émolument de négociation, s'il y avait lieu. — V. Amiaud et Voland, *op. cit.*, n° 214.

Mais un acte simplement préparé n'est pas un acte, même imparfait ; il ne constitue encore qu'un projet.

Réciproquement, un acte parvenu à son existence légale ne saurait redevenir un acte imparfait, sous prétexte que les résultats qu'on en attendait ne se réalisent pas ultérieurement ; par exemple, un contrat de vente à la transcription duquel on s'aperçoit que les vendeurs avaient déjà aliéné l'immeuble à d'autres ; les statuts d'une société qui n'arrive pas ensuite à faire souscrire son capital, etc.

V. aussi Projet d'acte. Sociétés (anonyme ou en commandite par actions).

ACTE IMPRÉVU

V. art. 1er et 3 des Dispositions générales.
V. aussi Acceptation.

ACTE INCOMPLET, INSUFFISANT

V. art. 5 des Dispositions générales (nos 52078 et s.).

ACTE INTERPRÉTATIF

V. Acte complémentaire.

ACTE INUTILE

V. art. 5 et 13 des Dispositions générales (nos 52073 et s., 52078 et s., 52135 (Expédition).
V. aussi Mainlevée d'inscription.

ACTE MULTIPLE

Nous appelons ainsi l'acte dans lequel un notaire réunit, par exemple, pour raison d'économie, vu leur peu d'importance, plusieurs petites ventes, ou bien encore un échange entre certaines parties et une vente entre d'autres, etc., afin de n'avoir à faire qu'une expédition et une transcription du tout.

Au point de vue des honoraires et de leurs minimums, chacune des opérations y contenues doit alors, suivant nous, être traitée comme si elle était seule.

V. aussi Bail (par adjudication). *Minimums.*

ACTE N'EXCÉDANT PAS 500 FRANCS

V. art. 19 des Dispositions générales (nos 52170 et s.).
V. aussi Grosse.

ACTE NON TARIFÉ

V. art. 1er et 3 des Dispositions générales.
V. aussi Acceptation.

ACTE NUL

V. art. 5 des Dispositions générales (nos 52073 et s.).

ACTE PROJETÉ

V. art. 2 et 3 des Dispositions générales (nos 52024 et s., 52034, 52051, 52057 et s.).
V. aussi Négociations.

ACTE QUI N'A PAS ABOUTI

V. art. 2 des Dispositions générales (nos 52026 et s.).
V. aussi Acte imparfait. Acte inutile.

ACTE RÉCOGNITIF

Non prévu par le tarif, il nous paraît devoir être traité comme un simple acte complémentaire, s'il est en quelque sorte superflu, c'est-à-dire ne s'explique point par l'urgence de la reconnaissance qu'il contient ; dans le cas contraire, c'est-à-dire à l'approche de la prescription et fait pour l'interrompre, il constituerait un titre nouvel, tarifable comme tel. — V. Ch. Defrénois, *op. cit.*, n° 192.

V. Titre nouvel.

ACTE RECTIFICATIF

V. Acte complémentaire.
V. aussi *Compte* (Appendice).

ACTE RESPECTUEUX

Paris (*Ville de*) et Seine : réquisition, 9 fr. ; notification, 16 fr. ;

Partout ailleurs : réquisition, 8 fr. ; notification, 16 fr.

Le tout, non compris les rôles de copies. — *V. Rôles d'expédition ;*

Même à Paris et dans la Seine. — V. Amiaud et Voland, *op. cit.*, n° 219.

⁓ L'honoraire de réquisition et celui de notification sont dus, même quand les deux formalités ont été faites par un même acte. — V. Amiaud et Voland, *op. cit.*, n° 216 ; Ch. Defrénois, *op. cit.*, n° 193.

⁓ Si les père et mère résident séparément, il y a double notification ; deux honoraires de notification sont donc dus, plus des frais de voyage s'il y a lieu. — V. Amiaud et Voland, *op. cit.*, n° 217 ; *Contrà* Ch. Defrénois, *op. cit.*, n° 193.

⁓ Lorsque la réponse des parents est leur consentement au mariage, à l'adoption, etc., dont il s'agit, ce consentement formant, au point de vue fiscal, une disposition essentielle du procès-verbal, il ne saurait en résulter aucun honoraire supplémentaire. — V. Amiaud et Voland, *op. cit.*, n°s 218 et 312.

V. aussi *Indigents.*

ACTE SOUS SEING PRIVÉ

V. art. 3 des Dispositions générales (n°s 52028 et s., 52030 et s., 52034, 52051, 52057 et s).

V. aussi *Acte complémentaire, interprétatif, rectificatif. Compte de tutelle. Dépôt.*

ACTE SUR MODÈLE

V. art. 7 des Dispositions générales (n° 52086).

ACTE TARIFE

V. art. 2 des Dispositions générales (n°s 52024 et s.).

ACTEURS

V. Engagement théâtral.

ACTION EN JUSTICE

V. n°s 52028, 52062 et s., 52065, 52074 et s., 52077, 52139.

ACTIONS DE SOCIÉTÉ

V. Vente.

ADHÉSION PURE ET SIMPLE

Par le même acte

Disposition dépendante.

Par acte séparé

En brevet

Paris (*Ville de*) et Seine : 4 fr. 50 ;
Partout ailleurs : 4 fr.

En minute

Toulouse : 8 fr. ;
Paris (*Ville de*) et Seine : 9 fr. ;
Partout ailleurs : 6 fr.

Plus, sans distinction entre les brevets et les minutes, 2 fr. par chaque partie, en sus de la première, *ayant un intérêt distinct* et intervenant dans l'acte.

⁓ Mais, pour que l'adhésion ne donne ainsi lieu qu'à un honoraire fixe, il faut, aux termes mêmes du tarif, qu'elle soit pure et simple ; si donc, sous le nom d'adhésion, l'acte se résolvait en une obligation, en une libération, ou en une transmission qui n'existaient pas jusqu'alors, l'honoraire dû serait celui de l'opération réelle, bien qu'autrement qualifiée. — V. Ch. Defrénois, *op. cit.*, n° 195.

V. aussi *Acquiescement. Consentement. Désistement.*

ADJUDICATION

V. Bail. Vente.

ADMINISTRATION

V Gérance d'affaires, de biens.

ADMINISTRATION DE L'ENREGISTREMENT

Pour les rôles d'expédition, — *V. art. 21 des Dispositions générales* (n°s 52191 et s.)

ADMINISTRATION LÉGALE

V. Compte d'administration légale

ADMINISTRATION PROVISOIRE OU AUTRE

V. art. 3 des Dispositions générales (n°s 52028 et s., 52030 et s., 52035, 52057 et s.).

V. aussi (n° 51987) *Frais et honoraires des administrateurs judiciaires. Gérance. Séquestre.*

ADOPTION

entre-vifs

V. Consentement.

testamentaire

Au décès seulement de l'adoptant :

1° Si le testament est authentique ou mystique

Bastia : 1 0/0 de 1 à 10,000 fr.; 0,75 cent. 0/0 de 10,000 à 20,000 fr. ; 0,50 cent. 0/0 de 20,000 à 50,000 fr. ; 0,25 cent. 0/0 au-dessus ;

Douai : 1 0/0 de 1 à 50,000 fr.; 0,50 cent. 0/0 de 50,000 à 100,000 fr. ; 0,25 cent. 0/0 au-dessus ;

Caen, Orléans 1 0/0 de 1 à 50,000 fr. ;

0,50 cent. 0/0 de 50,000 à 200,000 fr. ; 0,25 cent. 0/0 au-dessus ;

Riom : 1 0/0 de 1 à 50,000 fr. ; 0,75 cent. 0/0 de 50,000 à 100,000 fr. ; 0,50 cent. 0/0 de 100,000 à 300,000 fr. ; 0,25 cent. 0/0 au-dessus ;

Angers : 1 0/0 de 1 à 50,000 fr. ; 0,50 cent. 0/0 de 50,000 à 500,000 fr. ; 0,25 cent. 0/0 au-dessus ;

Amiens, Besançon, Dijon, Montpellier : 1 0/0 de 1 à 100,000 fr. ; 0,50 cent. 0/0 de 100,000 à 300,000 fr. ; 0,25 cent. 0/0 au-dessus ;

Aix, Bourges, Chambéry, Grenoble, Limoges, Nimes, Pau, Poitiers, Rouen : 1 0/0 de 1 à 100,000 fr. ; 0,50 cent. 0/0 de 100,000 à 500,000 fr. ; 0,25 cent. 0/0 au-dessus ;

Agen, Bordeaux, Nancy, Paris (*ressort*), Rennes, Toulouse : 1 0/0 de 1 à 200,000 fr. ; 0,50 cent. 0/0 de 200,000 à 500,000 fr. ; 0,25 cent. 0/0 au-dessus ;

Lyon : 1 0/0 de 1 à 300,000 fr. ; 0,50 cent. 0/0 de 300,000 à 600,000 fr. ; 0,25 cent. 0/0 au-dessus ;

Le tout, sans préjudice du droit de rédaction du testament ;

Paris (*Ville de*) et Seine : 0,50 cent. 0/0 jusqu'à 1 million de francs ; 0,25 cent. 0/0 de 1 à 3 millions ; 0 fr. 125 0/0 au-dessus ;

Outre le droit fixe dû à l'occasion de la rédaction du testament.

2° Si le testament est olographe

Dans toute la France :
Moitié des honoraires ci-dessus.

Minimum dans les deux cas :

Bordeaux, Chambéry, Grenoble, Lyon, Nancy, Paris (*Ville de*) et Seine, Rennes, Toulouse : aucun ;
Paris (*ressort*) : 5 fr. ;
Aix : 8 fr. ;
Amiens : 10 fr. ;
Limoges, Lyon : 12 fr. ;
Partout ailleurs : 6 fr.
Le tout, abstraction faite des honoraires de présentation et de dépôt du testament.
V. aussi art. 17 *des Dispositions générales* (n° 52159).

∿ Ce qui précède ne s'entend évidemment que d'une adoption qui persiste et se réalise ; si donc elle avait été révoquée, comme peut l'être toute disposition testamentaire, ou tombait pour une autre cause quelconque, elle n'opérerait plus aucun honoraire proportionnel. — V. Ch. Defrénois, *op. cit.*, n° 197.

AFFECTATION HYPOTHÉCAIRE

1^{ent} Immeubles

1° Donnée par le débiteur

Dans l'acte même d'obligation

Disposition dépendante.

AFFECTATION HYPOTHÉCAIRE

Dans un acte séparé

Paris (*Ville de*) et Seine : moitié de l'honoraire de l'acte principal, sans pouvoir dépasser 0,25 cent. 0/0 pour les baux et 0,50 cent. 0/0 pour les autres actes, sans minimum ;

Ailleurs : 6 fr., si l'acte primitif est en l'étude ; au cas contraire, avec la même restriction que ci-dessus, moitié de l'honoraire de l'acte principal, ou auquel aurait donné lieu un acte principal, car il se peut que le titre de la créance soit, non pas un acte notarié, mais un jugement ou une obligation sous seing privé non déposée pour minute, ou bien même qu'il n'y ait pas d'acte principal, comme lorsque l'affectation hypothécaire est donnée pour garantir la gestion d'un conservateur des hypothèques ou d'un comptable de deniers publics. — V. Amiaud et Voland, *op. cit.*, nos 225 et s.

Minimum :

Bordeaux : 4 fr. ;
Limoges, Nancy, Rennes, Toulouse : 5 fr. ;
Partout ailleurs : 6 fr.

2° Donnée par un tiers

Dans l'acte principal

Paris (*Ville de*) et Seine : pas d'honoraire ;
Partout ailleurs : moitié des honoraires alloués pour l'affectation hypothécaire par le débiteur dans un acte séparé, c'est-à-dire un quart de l'honoraire de l'acte principal lui-même, avec limitation à 0,12 cent. 1/2 pour les baux et à 0,25 cent. 0/0 pour les autres actes. — V. Ch. Defrénois, *op. cit.*, n° 198, note 1.

Minimum :

Bordeaux, Limoges : 4 fr. ;
Bastia, Bourges, Montpellier, Nancy, Paris (*ressort*), Rennes, Toulouse : 5 fr. ;
Ailleurs : 6 fr.

Dans un acte séparé

Moitié de l'honoraire de l'acte principal, avec limitation à 25 ou à 50 cent. 0/0, sans distinguer si cet acte a été reçu dans l'étude ou non. — V. Amiaud et Voland, *op. cit.*, n° 227 ; Ch. Defrénois, *op. cit.*, n° 198.

Minimum :

Bordeaux, 4 fr. ;
Limoges, Nancy, Rennes, Toulouse : 5 fr. ;
Ailleurs : 6 fr.
(A prendre l'*Officiel* tel qu'il est, il n'y aurait pas de minimum, dans certains cas, pour Lyon, Nimes, Rennes et Riom ; mais cela nous paraît provenir simplement d'une mauvaise disposition typographique, et nous lisons l'indication d'un minimum comme portant sur l'ensemble, ainsi qu'aux tarifs d'Agen, d'Aix, d'Angers, de Bordeaux, etc.)

2^{ent} Navires

Poitiers : 0,25 cent. 0/0 ; minimum, 6 fr.

(Observation étant faite que le cas n'est point prévu dans les tarifs des autres Cours).

~~ *V.* aussi *Bordereau d'inscription. Formalités hypothécaires. Mainlevée. Translation d'hypothèque.*

AFFICHES ET INSERTIONS

A Paris, et dans le département de la Seine, les honoraires d'affiches et d'insertions dans les journaux sont considérés comme compris dans ceux de vente ou autres actes en vue desquels le notaire les a faites, et, par conséquent, il est d'usage de ne réclamer à cet égard que ce qu'elles ont coûté.

Partout ailleurs :

Affiches

imprimées

Pour droit de rédaction : 6 fr.

manuscrites

Par chaque affiche : 0,50 cent., comprenant à la fois le droit de rédaction et celui de copie. — V. Ch. Defrénois, *op. cit.*, n° 199.

{Insertions}

Pour rédaction : 6 fr.; quel que soit le nombre des journaux et des insertions. — V. Amiaud et Voland, *op. cit.*, n° 231.

Tarif applicable à toutes les insertions, légales ou autres. — V. Ch. Defrénois, *op. cit.*, n° 299 ;

Sauf en matière de sociétés. — *V. Dépôt d'actes de société et insertions.*

En sus, bien entendu : pour les affiches imprimées, des frais d'impression ; et, pour toutes, des frais de timbre, de collage, etc. ; eu un mot, des déboursés.

Mais des déboursés *réels ;* si donc des remises sont faites au notaire, il doit en faire profiter son client, et non pas se les réserver. — V. Circ. min. just., 30 juin 1891.

Pareillement en ce qui concerne les insertions. — V. même Circ.

V. aussi *Vente.*

AFFRANCHISSEMENTS

V., notamment, *art. 8 des Dispositions générales* (n° 52087), et *Formalités hypothécaires. Frais à débourser.*

AFFRÈTEMENT

Caen : 0,20 cent. 0/0 ;
Agen, Aix, Angers, Bastia, Dijon, Douai. Nancy, Orléans, Paris (*ressort* et *Ville de*) et Seine, Rennes, Riom, Rouen, Toulouse : 0,25 cent. 0/0 ;
Besançon : 0,30 cent. 0/0 ;
Lyon : 0,40 cent. 0/0 de 1 à 10,000 fr. ; 0,25 cent. 0/0 au-dessus ;
Bourges, Chambéry, Grenoble : 0,50 cent. 0/0 de 1 à 5,000 fr. ; 0,25 cent. 0/0 au-dessus ;

Nîmes : 0,50 cent. 0/0 de 1 à 25,000 fr. ; 0,25 cent. 0/0 au-dessus ;
Montpellier : 0,50 cent. 0/0 de 1 à 50,000 fr. ; 0,25 cent. 0/0 au-dessus ;
Amiens : 0,50 cent. 0/0 de 1 à 100,000 fr. ; 0,25 cent. 0/0 au-dessus ;
Bordeaux, Limoges, Pau, Poitiers : 0,50 cent. 0/0 ;
Sur le prix de l'affrètement, ou, si celui-ci est convenu pour plusieurs années à raison de *tant* par an, sur le montant cumulé des loyers. — V. Ch. Defrénois, *op. cit.*, n° 200.

Minimum :

Paris (*Ville de*) et Seine : aucun ;
Bordeaux, Douai : 4 fr. ;
Agen, Amiens, Angers, Bastia, Bourges. Dijon, Limoges, Montpellier, Orléans, Paris (*ressort*), Rennes, Riom, Rouen, Toulouse : 5 fr.
Partout ailleurs : 6 fr.

AGENT D'AFFAIRES

Partage d'honoraires avec eux, interdit.
V. art. 11 des Dispositions générales (n°s 52105 et s.).

AJOURNEMENT

V. Vente.

ALIÉNÉ

V. Représentation.

AMPLIATION

(C. proc. civ., art. 844)

Paris (*Ville de*) et Seine : 9 fr. ;
Partout ailleurs : 8 fr.
Rôles de copie en sus. — V. Amiaud et Voland, *op. cit.*, n° 235 ; Ch. Defrénois, *op. cit.*, n° 201.

ANNEXE

L'annexe de pièces à un acte, ne donne lieu à aucun honoraire en sus de celui de cet acte.
L'expédition ou la grosse d'un acte comprend, en principe, la copie de ses annexes (n° 52135).

ANTÉRIORITÉ

V. Consentement. Formalités hypothécaires.

ANTICHRÈSE

1° Donnée par le débiteur

Dans l'acte même d'obligation

Disposition dépendante.

Dans un acte séparé

Poitiers : 0,50 cent. 0/0, sur le montant de la créance garantie ; sans distinguer si l'acte principal est en l'étude ou non. — V. Amiaud et Voland, *op. cit.*, n° 241 ;

Partout ailleurs : honoraires comme en matière d'affectation hypothécaire.

2° Donnée par un tiers

Dans l'acte principal ou dans un acte séparé

Honoraires comme en matière d'affectation hypothécaire ; sauf Poitiers, où tarif ci-dessus.

Minimum :

Rennes : 5 fr. ;
Aix, Caen, Nîmes, Orléans, Poitiers : 6 fr. ;
Ailleurs : même minimum que pour l'affectation hypothécaire.

~~~ A supposer qu'une antichrèse et une affectation hypothécaire soient conférées à la fois, pour sûreté de la même somme, le notaire ne peut réclamer qu'un honoraire, lorsqu'un seul droit d'enregistrement est exigible sur l'acte ; dans le cas contraire, pluralité aussi d'honoraires. — V. *Contrà* Amiaud et Voland, *op. cit.*, n° 242.

V. aussi *Compte d'antichrèse. Vente.*

APPEL

V. Désistement.

APPORT

V. Communauté d'habitation ou de travail. Contrat de mariage. Déclaration d'apport. Sociétés.

APPRENTISSAGE

V Congé d'acquit. Contrat d'apprentissage.

ARBITRAGE

(Confié à un notaire)

V. art. 3 des Dispositions générales, (n°⁵ 52030 et s., 52036, 52057 et s.).

ARBITRES ET EXPERTS

(Nomination par acte spécial)

Dans toute la France : honoraires par rôles de minute.
V. aussi Compromis.
V. encore art. 3 des Dispositions générales (n°ˢ 52036, 52046).

ARBRES

V. Droit de recette. Vente.

ARGENTERIE

V. Bail à loyer.

ARPENTAGE

En principe, néant.
V. art. 3 des Dispositions générales, (n°ˢ 52030 et s., 52037).

ARRÊTÉ

V. Compte d'administration, etc. Compte de tutelle.

ARTISTES

V. Engagement théâtral.

ASSISTANCE

comme conseil ou devant la Chambre

V. art. 3 des Dispositions générales (n°ˢ 52030) et s., 52038 et s., 52103, 52057 et s.).

aux référés, à l'essai ou au poinçonnage

V. Vente (Adjudication judiciaire de meubles, etc.).

ASSISTANCE JUDICIAIRE

Gratuité provisoire.
V. art. 19 et 23 des Dispositions générales (n°ˢ 52170 et s., 52208 et s.).

ASSISTANCE PUBLIQUE

Pour les rôles d'expédition, — V. *art. 21 des Dispositions générales* (n°ˢ 52191 et s.).

ASSOCIATION

V. Sociétés.

ASSURANCE

(Contrat d')

Dans toute la France : 0,10 cent. 0/0 sur le montant de la valeur assurée.

Minimum :

Paris (*Ville de*) et Seine : aucun ;
Bourges : 4 fr. ;
Nancy, Paris (*ressort*), Toulouse : 5 fr. ;
Partout ailleurs : 6 fr.

AUGMENTATION DU CAPITAL SOCIAL

V. Sociétés.

AUTORISATION

Générale ou spéciale

En brevet

Paris (*Ville de*) et Seine : 4 fr. 50 ;
Partout ailleurs : 4 fr.

En minute

Paris (*Ville de*) et Seine : 9 fr. ;
Partout ailleurs : 6 fr.

AUTORISATION POUR FAIRE LE COMMERCE

En brevet

Poitiers : 4 fr. ;
Paris (*Ville de*) et Seine : 4 fr. 50 ;
Partout ailleurs : 6 fr.

En minute

Poitiers : 6 fr. ;
Paris (*Ville de*) et Seine : 9 fr. ;
Partout ailleurs : 8 fr.
Plus, lorsqu'il s'agit d'une autorisation à un mineur émancipé, et si le notaire veille à son enregistrement et à son affichage au tribunal de commerce, une rémunération que, dans
~~~

le silence du tarif, il convient, par analogie, de fixer comme en matière de dépôt d'actes de société. — V. Amiaud et Voland, *op. cit.*, n° 247; Ch. Defrénois, *op. cit.*, n° 209.

AUTORISATION DE LA CHAMBRE

V. art. 1er, 3, 4 et 11 des Dispositions générales (n°s 52022, 52057 et s., 52068 et s., 52108 et s., 52117).

AUTORITÉ POSITIVE ET MORALE DES DÉCRETS

V. n°s 52006, 52013.

AVAL

Poitiers, Toulouse : 0 fr. 125 0/0;
Agen : 0,30 cent. 0/0;
Partout ailleurs : 0,25 cent. 0/0.

Minimum :

Paris (*Ville de*) et Seine : aucun;
Agen, Toulouse : 3 fr.;
Ailleurs : 2 fr.

Comme l'aval est un cautionnement, l'honoraire d'aval ne serait pas dû à Paris et dans la Seine, s'il était donné dans l'effet même avalisé, reçu en forme notariée. — V. Amiaud et Voland, *op. cit.*, n° 249.

AVANCES

V. Déboursés. Frais à débourser.

AVANCEMENT D'HOIRIE

V. Partage anticipé ou d'ascendants. Partage ordinaire.

AVIS DE LA CHAMBRE

V. art. 1er, 3, 4 et 11 des Dispositions générales (n°s 52002, 52022, 52057 et s., 52068 et s., 52108 et s., 52117).

BAIL

1° De gré à gré

Minimum :

Paris (*Ville de*) et Seine : aucun;
Bordeaux, Douai, Nancy : 4 fr.;
Aix, Amiens, Besançon, Lyon, Nimes, Riom : 6 fr.;
Partout ailleurs : 5 fr.;
Sauf indication contraire dans ce qui suit.

Bail à cheptel

Sur l'évaluation de la part totale du croît revenant au propriétaire, et non pas, comme pour l'enregistrement, sur la valeur déclarée du bétail :

Bastia, Douai, Orléans, Paris (*ressort*), Poitiers, Rennes, Rouen : 0,25 cent. 0/0;
Besançon, Dijon : 0,30 cent. 0/0;
Lyon, Riom : 0,40 cent. 0/0 de 1 à 10,000 fr.; 0,25 cent. 0/0 au-dessus;
Amiens : 0,40 cent. 0/0 de 1 à 50,000 fr.: 0,25 cent. 0/0 au-dessus;

Pau : 0,40 cent. 0/0;
Chambéry, Grenoble : 0,50 cent. 0/0 de 1 à 5,000 fr.; 0,25 cent. 0/0 au-dessus;
Montpellier : 0,50 cent. 0/0 de 1 à 50,000 fr.; 0,25 cent. 0/0 au-dessus;
Agen, Bourges : 0,50 cent. 0/0;
Nimes : 0,60 cent. 0/0 de 1 à 5.000 fr.: 0,50 cent. 0/0 de 5,000 à 25,000 fr.; 0,25 cent 0/0 au-dessus;
Bordeaux, Limoges, Toulouse : 1 0/0.

Sur le prix total des années du bail, augmenté des charges :
Angers, Caen : 0,20 cent. 0/0;
Nancy : 0,25 cent. 0/0;

Toutefois, ce mode de calcul n'étant guère applicable qu'au cheptel de fer, nous pensons que pour les autres sortes de cheptel, il convient de se baser, comme partout ailleurs, sur la part de croît attribuée au propriétaire. — V. Amiaud et Voland, *op. cit.*, n° 261.

Aix, Paris (*Ville de*) et Seine : sans indication spéciale.

Quant au minimum, — V. en tête, *Bail de gré à gré.*

Bail à colonage

(*Alias :* Bail à grangeage, Bail à métairie, Bail à moitié fruits, Bail partiaire, Colonat, Métayage, etc.)

Sur la part totale des fruits revenant au propriétaire, évaluée comme pour l'enregistrement :

Bastia, Douai, Nancy, Paris (*ressort*), Rennes, Rouen : 0,25 cent. 0/0;
Angers, Besançon, Caen, Dijon : 0,30 cent 0/0;
Orléans : 0,375 0/0;
Lyon : 0,40 cent. 0/0 de 1 à 10,000 fr.: 0,25 cent. 0/0 au-dessus;
Amiens : 0,40 cent. 0/0 de 1 à 50,000 fr.: 0,25 cent. 0/0 au-dessus;
Pau, Poitiers : 0,40 cent. 0/0;
Chambéry, Grenoble : 0,50 cent. 0/0 de 1 à 5,000 fr.; 0,25 cent. 0/0 au-dessus;
Limoges : 0,50 cent. 0/0 de 1 à 15,000 fr.: 0,25 cent. 0/0 au-dessus (avec un minimum de 10 fr.);
Montpellier : 0,50 cent. 0/0 de 1 à 50,000 fr.: 0,25 cent. 0/0 au-dessus;
Agen, Bordeaux, Toulouse : 0,50 cent. 0/0:
Nimes : 0,60 cent. 0/0 de 1 à 5,000 fr.: 0,50 cent. 0/0 de 5,000 à 25,000 fr.; 0,25 cent. 0/0 au-dessus;
Bourges :
Pour bail d'un an, 1 0/0;
Pour bail au-delà d'un an : 0,50 cent. 0/0 de 1 à 5,000 fr.; 0,25 cent. 0/0 au-dessus;
Riom :
Pour bail d'un an, 1 0/0 de 1 à 10,000 fr.; 0,50 cent. 0/0 au-dessus;
Pour un bail de deux ans, 0,50 cent. 0/0 de 1 à 10,000 fr.; 0,25 cent. 0/0 au-dessus;
Pour un bail de trois ans et au-delà, 0,40 cent. 0/0 de 1 à 10,000 fr.; 0,25 0/0 au-dessus;

Aix, Paris (*Ville de*) et Seine : sans indication spéciale.

Quant au minimum (sauf pour Limoges cidessus), — V. en tête, *Bail de gré à gré*.

Bail à domaine congéable

Rennes,

Avec superfices : sur les superfices, 1 0/0 ; sur les rentes et charges, 0,25 cent. 0/0.

Sans superfices : 0,50 cent. 0/0.

Minimum : 6 fr.

Partout ailleurs : sans indication spéciale.

Bail à durée illimitée, emphytéotique

(*Alias :* Agrier, Bail à complant, Bail à convenant, Bail à culture perpétuelle, Bail à devoir de tiers ou de quart, Bail à domaine congéable, Bail à locatairie perpétuelle, Bail à métairie perpétuelle, Bail à percière, Cartible, Champart, Cinquième, Complant, Percière, Quart, Terrage, etc. — V. ci-dessus *Bail à domaine congéable*).

Sur le capital formé de dix fois la redevance annuelle :

Limoges : 1 0/0.

Sur le capital formé de vingt fois la redevance annuelle :

Bourges : 0,50 cent. 0/0 de 1 à 5,000 fr.; 0,25 cent. 0/0 au-dessus ;

Nîmes, Riom : 1 0/0 de 1 à 50,000 fr.; 0,50 cent. 0/0 au-dessus ;

Rouen : 1 0/0 de 1 à 100,000 fr.; 0,50 cent. 0/0 au-dessus ;

Amiens, Chambéry, Grenoble, Montpellier, Nancy : 1 0/0 de 1 à 100,000 fr.; 0,50 cent. 0/0 de 100,000 à 300,000 fr. ; 0,25 cent. 0/0 au-dessus ;

Pau : 1 0/0 de 1 à 100,000 fr. ; 0,50 cent. 0/0 de 100,000 à 500,000 fr. ; 0,25 cent. 0/0 au-dessus ;

Agen, Aix, Angers, Bastia, Besançon, Bordeaux, Caen, Dijon, Douai, Lyon, Orléans, Paris (*ressort*), Paris (*Ville de*) et Seine, Poitiers, Rennes, Toulouse : 1 0/0.

La redevance annuelle étant augmentée des charges.

Quant au minimum, — V. en tête, *Bail de gré à gré*.

∼∼∼ Sont à considérer comme faits pour une durée illimitée, au point de vue de l'honoraire, les baux à ferme ou à loyer dans lesquels la durée n'est pas indiquée ou qui, se renouvelant par tacite reconduction, ne cesseront qu'à la volonté des parties ou de l'une d'elles. — V. Amiaud et Voland, *op. cit.*, n° 264.

Bail à ferme

Sur le prix total des années du bail (n°s 5242 et s.), augmenté des charges :

Angers, Caen : 0,20 cent. 0/0 ;

Aix, Bastia, Douai, Nancy, Orléans, Paris (*ressort*), Poitiers, Rennes, Rouen : 0,25 cent. 0/0 ;

Besançon, Dijon : 0,30 cent. 0/0 ;

Lyon, Riom : 0,40 cent. 0/0 de 1 à 10,000 fr.; 0,25 cent. 0/0 au-dessus ;

Amiens : 0,40 cent. 0/0 de 1 à 50,000 fr.; 0,25 cent. 0/0 au-dessus ;

Pau : 0,40 cent. 0/0 ;

Bourges, Chambéry, Grenoble : 0,50 cent. 0/0 de 1 à 5,000 fr.; 0,25 cent. 0/0 au-dessus ;

Limoges : 0,50 cent. 0/0 de 1 à 15,000 fr.; 0,25 cent. 0/0 au-dessus ;

Montpellier : 0,50 cent. 0/0 de 1 à 50,000 fr.; 0,25 cent. 0/0 au-dessus ;

Agen, Bordeaux, Toulouse : 0,50 cent. 0/0 ;

Nîmes : 0,60 cent. 0/0 de 1 à 5,000 fr.; 0,50 cent. 0/0 de 5,000 à 25,000 fr. ; 0,25 cent. 0/0 au-dessus ;

∼∼∼

Paris (*Ville de*) et Seine : 0,25 cent. 0/0 sur les fermages cumulés des neuf premières années ; 0,125 0/0, sur les fermages cumulés des années suivantes ;

Les fermages fussent-ils progressifs, c'est-à-dire à l'exclusion d'un calcul de l'honoraire sur la base du fermage moyen. — V. Amiaud et Voland, *op. cit.*, n° 255 ;

Et maintenant, ici comme partout ailleurs, quoique le tarif ne le dise pas expressément, il y a lieu d'ajouter les charges, d'après leur évaluation pour l'enregistrement, conformément à l'art. 15 des Dispositions générales.

M. Ch. Defrénois (*op. cit.*, n° 211), en se contentant du reste d'affirmer, exclut toute addition des charges, ce qui est contraire à cet article et au principe dont il est l'application ;

MM. Amiaud et Voland (*op. cit.*, n° 254) distinguent suivant qu'elles sont plus ou moins importantes, — ce qui est arbitraire, car quel sera le criterium ? — en invoquant des usages antérieurs, qui, pour le répéter, se trouvent purement et simplement abrogés par le fait seul du nouveau tarif (L. 20 juin 1896, art. 3), et de son esprit, qui est d'assimiler la base de l'honoraire à celle de l'enregistrement.

∼∼∼

∼∼∼ Quant au minimum, — V. en tête, *Bail de gré à gré*.

∼∼∼ La circonstance que le bail est divisé par périodes, fût-ce au gré réciproque des deux parties, pure condition résolutoire, reste sans influence sur l'exigibilité de l'honoraire qui porte toujours sur toute la durée du bail. — V. Ch. Defrénois, *op. cit.*, n° 211 ; Trib. Bordeaux, 20 juin 1898 (*J. du Not.*, 98, p. 309).

∼∼∼ Il en est de même des renonciation ou résiliation qui se produiraient ensuite. — V. Amiaud et Voland, *op. cit.*, n° 253.

V. aussi *Engagement solidaire à rapporter. Promesse de vente.*

Bail à loyer

Sur le prix total des années du bail, augmenté des charges :

Angers, Caen : 0,20 cent. 0/0 ;

Aix, Bastia, Douai, Nancy, Orléans, Paris (*ressort*), Poitiers, Rennes, Rouen : 0,25 cent. 0/0 ;

Besançon, Dijon : 0,30 cent. 0/0 ;

Bordeaux : 0,33 cent. 0/0 ;

Pau : 0,40 cent. 0/0 ;

Lyon, Riom : 0,40 cent. 0/0 de 1 à 10,000 fr. ; 0,25 cent. 0/0 au-dessus ;

Amiens : 0.40 cent. 0/0 de 1 à 50,000 fr. ; 0,25 cent. 0/0 au-dessus ;

Bourges, Chambéry, Grenoble : 0,50 cent. 0/0 de 1 à 5,000 fr. ; 0,25 cent. 0/0 au-dessus ;

Limoges : 0,50 cent. 0/0 de 1 à 15,000 fr. ; 0,25 cent. 0/0 au-dessus ;

Montpellier : 0,50 cent. 0/0 de 1 à 50,000 fr. ; 0,25 cent. 0/0 au-dessus ;

Agen, Toulouse : 0,50 cent. 0/0 ;

Nîmes : 0,60 cent. 0/0 de 1 à 5,000 fr. ; 0,50 cent. 0/0 de 5,000 à 25,000 fr. ; 0,25 cent. 0/0 au-dessus ;

Paris (*Ville de*) et Seine : 0,25 cent. 0/0 sur les loyers cumulés des neuf premières années ; 0,125 0/0 sur les loyers cumulés des années suivantes.

Quant au minimum, — V. en tête, *Bail de gré à gré.*

Le tout avec les mêmes observations que celles ci-dessus faites pour le bail à ferme.

V. aussi *Engagement solidaire à rapporter. Promesse de vente.*

Au bail à loyer, en sus des espèces particulières qui vont être citées à leur ordre dans la présente énumération des baux de gré à gré, il convient d'assimiler les baux d'argenterie, de droits d'octroi et de péage, de linge, de nom patronymique (par exemple dans l'intérêt d'un commerce), de piano, de redevances à percevoir dans les foires et marchés, d'usufruit, etc. — V. Amiaud et Voland, *op. cit.*, n° 256.

Bail à nourriture

Sur le prix total des années du bail, augmenté des charges (sauf Amiens et Nancy) :

Angers, Caen : 0,20 cent. 0/0 ;

Aix, Bastia, Douai, Orléans, Paris (*ressort*), Poitiers, Rennes, Rouen : 0,25 cent. 0/0 ;

Besançon, Dijon : 0,30 cent. 0/0 ;

Lyon, Riom : 0,40 cent. 0/0 de 1 à 10,000 fr. ; 0,25 cent. 0/0 au-dessus ;

Pau : 0,40 cent. 0/0 ;

Bourges, Chambéry, Grenoble : 0,50 cent. 0/0 de 1 à 5.000 fr. ; 0 25 cent. 0/0 au-dessus :

Limoges : 0,50 cent. 0/0 de 1 à 15,000 fr. ; 0,25 cent. 0/0 au-dessus ;

Montpellier : 0,50 cent. 0/0 de 1 à 50,000 fr. ; 0,25 cent. 0/0 au-dessus ;

Agen, Bordeaux, Toulouse : 0,50 cent. 0/0 ;

Nancy : 0,50 cent. 0/0, sur dix années au maximum ;

Nîmes : 0,60 cent. 0/0 de 1 à 5.000 fr. ; 0,50 cent. 0/0 de 5,000 à 25,000 fr. ; 0,25 cent. 0/0 au-dessus ;

Amiens : 1 0/0 de 1 à 100,000 fr. ; 0,50 cent. 0/0 de 100,000 à 300,000 fr. ; 0,25 cent. 0/0 au-dessus ; sur le capital formé de dix fois la redevance annuelle ;

Paris (*Ville de*) et Seine : sans indication spéciale.

Quant au minimum, — V. en tête, *Bail de gré à gré.*

Bail à nourriture de bestiaux

Assimilation au bail à ferme. — V. Amiaud et Voland, *op. cit.*, n° 259.

V. aussi *Bail à pâturage.*

Bail à pâturage

Sur le prix total des années du bail, augmenté des charges :

Angers : 0,20 cent. 0/0 ;

Bastia, Douai, Orléans, Paris (*ressort*), Poitiers, Rennes, Rouen : 0,25 cent. 0/0 ;

Besançon, Dijon : 0,30 cent. 0/0 ;

Lyon, Riom : 0,40 cent. 0/0 de 1 à 10.000 fr. ; 0,25 cent. 0/0 au-dessus ;

Amiens : 0,40 cent. 0/0 de 1 à 50,000 fr. ; 0,25 cent. 0/0 au-dessus ;

Pau : 0,40 cent. 0/0 ;

Bourges, Chambéry, Grenoble : 0,50 cent. 0/0 de 1 à 5,000 fr. ; 0,25 cent. 0/0 au-dessus ;

Limoges : 0,50 cent. 0/0 de 1 à 15,000 fr. ; 0,25 cent. 0/0 au-dessus :

Montpellier : 0,50 cent. 0/0 de 1 à 50,000 fr. ; 0,25 cent. 0/0 au-dessus ;

Agen, Bordeaux, Toulouse : 0,50 cent. 0/0 ;

Nîmes : 0,60 cent. 0/0 de 1 à 5,000 fr. ; 0,50 cent. 0/0 de 5.000 à 25,000 fr. ; 0,25 cent. 0/0 au-dessus ;

Aix, Caen, Nancy, Paris (*Ville de*) et Seine : sans indication spéciale.

Quant au minimum, — V. en tête, *Bail de gré à gré.*

V. aussi *Bail à nourriture de bestiaux.*

Bail à vie

Sur le capital formé de dix fois la redevance annuelle, augmentée des charges :

Douai : 0,25 cent. 0/0 ;

Agen, Aix. Bordeaux, Montpellier, Nancy : 0,50 cent. 0/0 ;

Bourges : 0,50 cent. 0/0 de 1 à 5,000 fr ; 0,25 cent. 0/0 au-dessus ;

Nîmes : 0.60 cent. 0/0 de 1 à 5.000 fr. ; 0,50 cent. 0/0 de 5,000 à 25,000 fr. ; 0,25 cent. 0/0 au-dessus ;

Riom : 1 0/0 de 1 à 50,000 fr. ; 0,50 cent. 0/0 au-dessus ;

Amiens, Chambéry, Grenoble : 1 0/0 de 1 à 100,000 fr. ; 0,50 cent. 0/0 de 100,000 à 300,000 fr. ; 0,25 cent. 0/0 au-dessus :

Pau : 1 0/0 de 1 à 100,000 fr. ; 0,50 cent. 0/0 de 100,000 à 500,000 fr. ; 0,25 cent. 0/0 au-dessus ;

Angers, Bastia, Besançon, Caen, Dijon, Lyon, Orléans, Paris (*ressort*), Paris (*Ville de*) et Seine, Poitiers, Rennes, Rouen, Toulouse : 1 0/0.

Sur le capital formé de vingt fois la redevance annuelle :

Limoges : 1 0/0.

Quant au minimum, — V. en tête, *Bail de gré à gré*.

Bail d'industrie

V. Louage d'ouvrage et d'industrie.

Bail d'objets mobiliers

Assimilation au bail à loyer. — V. Amiaud et Voland, *op. cit.*, n° 256.

Bail d'ouvrage

V. Louage d'ouvrage et d'industrie.

Bail de bois

Assimilation au bail à ferme. — V. Amiaud et Voland, *op. cit.*, n° 254.

Bail de carrière

Chambéry, Grenoble : honoraires comme pour vente de meubles ;

Partout ailleurs : sans indication spéciale. — Cpr. Amiaud et Voland, *op. cit.*, n° 265.

V. aussi Mines et carrières.

Bail de chaises

Assimilation au bail à loyer. — V. Amiaud et Voland, *op. cit.*, n° 256.

Bail de chasse

Assimilation au bail à ferme. — V. Amiaud et Voland, *op. cit.*, n° 254 ; Ch. Defrénois, *op. cit.*, n° 211.

Bail de futailles

Assimilation au bail à loyer. — V. Amiaud et Voland, *op. cit.*, n° 256.

Bail de métiers

Assimilation au bail à loyer. — V. Amiaud et Voland, *op. cit.*, n° 256.

Bail de meubles meublants

Assimilation au bail à loyer. — V. Amiaud et Voland, *op. cit.*, n° 256.

Bail de navire

V. Affrètement.

Bail de pêche

Assimilation au bail à ferme. — V. Amiaud et Voland, *op. cit.*, n° 254 ; Ch. Defrénois, *op. cit.*, n° 211.

Bail emphytéotique

V. ci-dessus Bail à durée illimitée.

~~~

Pour des honoraires de négociation, — V. n° 52051.

~~~

Observation générale sur les baux de gré à gré

A supposer un acte collectif, c'est-à-dire la location dans un acte unique par le même bailleur à plusieurs personnes, il faut distinguer selon que les preneurs louent les mêmes choses conjointement, ou — fait qui arrive quelquefois, — louent des choses différentes, fussent-elles les portions d'un même immeuble pour ce fractionné.

Dans le premier cas, il n'y a qu'un bail, donc un seul honoraire ou son minimum ; dans le second, il existe vraiment plusieurs baux, autant que de preneurs distincts, d'où exigibilité du même nombre d'honoraires ou de minimums, comme si ces baux avaient été dressés séparément.

La combinaison inverse se produit aussi, quoique plus rarement : plusieurs bailleurs, non indivis, louant par un acte unique à un même locataire ; encore autant de baux que de bailleurs.

A ces égards, criterium bien simple : l'unité ou la pluralité d'honoraires et de minimums correspondent à celles des droits d'enregistrement ; il est vrai que la Régie ne perçoit, dans ces divers cas, qu'un seul minimum par acte, mais c'est que, pour elle, le minimum représente alors le salaire de la formalité accomplie sur l'acte entier, et non l'impôt (traduisez ici, l'*honoraire*).

2° Par adjudication

Rennes : 0, 40 cent. 0/0 sur les loyers cumulés. (*A domaine congéable :* avec superficies, 1 0/0 sur les superficies, 0,25 cent. 0/0 sur les rentes et charges ; sans superficies, 0,50 cent. 0/0 ; avec un minimum de 6 fr.) ;

Paris (*Ville de*) et Seine : 0,50 cent. 0/0 sur les loyers cumulés des neuf premières années ; 0,25 cent. 0/0 sur les loyers cumulés des années suivantes ;

Bastia : 0,50 cent. 0/0 de 1 à 5,000 fr. ; 0,25 cent. 0/0 au-dessus ;

Montpellier : 0,50 cent. 0/0 de 1 à 50,000 fr. ; 0,25 cent. 0/0 au-dessus ;

Besançon, Orléans, Paris, (*ressort*), Rouen, Toulouse : 0,50 cent. 0/0 ;

Douai : 0,50 cent. 0/0 : *emphytéotique :* 2 0/0 sur le capital formé de vingt fois la redevance annuelle ;

Riom : 0,60 cent. 0/0 de 1 à 10,000 fr. 0,40 cent. 0/0 au-dessus ;

Bourges : 0,75 cent. 0/0 de 1 à 5,000 fr. : 0,375 0/0 au-dessus ;

Aix : 0,75 cent. 0/0 de 1 à 10,000 fr. ; 0,50 cent. 0/0 au-dessus ;

Nancy : *en bloc,* 0,75 cent. 0/0 de 1 à 10,000 fr.. 0,50 cent. 0/0 au-dessus ; *en détail,* 2 0/0 sur la première année, 1 0/0 au delà ;

Chambéry, Grenoble : 1 0/0 de 1 à 50,000 fr. : 0,50 cent. 0/0 au-dessus ;

Agen : 1 0/0 ;

Amiens : 1 fr. 50 0/0 de 1 à 10,000 fr. : 0,75 cent. 0/0 de 10,000 à 50,000 fr. ; 0,50 cent. 0/0 au-dessus.

Dijon, Limoges, Lyon : un quart en sus des honoraires du bail de gré à gré ;

Angers, Bordeaux, Caen, Nîmes, Pau, Poitiers : moitié en sus des honoraires du bail de gré à gré.

(Naturellement et partout : loyers augmentés des charges).

Minimum :

Paris (*Ville de*) et Seine : aucun ;
Angers, Limoges : 15 fr. ;
Ailleurs : 8 fr. (sauf Rennes pour le bail
à domaine congéable : 6 fr.).

Le tout, cahier des charges compris ; mais,
en cas de non adjudication, le cahier d'enchères
donne lieu à un honoraire particulier. — *V.
Cahier des charges.*

vw

vw Diverses questions, tout à fait analogues
à celles qui se posent pour les ventes d'immeubles aux enchères, peuvent s'élever aussi
relativement aux baux par adjudication. Il est
dès lors naturel de les résoudre pareillement,
d'autant plus que les baux d'immeubles se
rattachent aux ventes d'immeubles, bien plutôt
qu'aux ventes mobilières ; d'où, notamment,
les conséquences suivantes :

vw Dans les ventes par adjudication volontaire d'immeubles divisés par lots, l'honoraire
se liquide sur le prix de chaque lot isolément.
qu'il s'agisse d'un immeuble unique divisé par
lots ou d'immeubles distincts.
Il se calcule donc, en cas de bail par adjudication en détail, séparément sur chacun des
lots,
Et conformément à l'art. 14 des Dispositions
générales ;
Une même personne eût-elle été déclarée
adjudicataire de tous les lots successivement ;
A l'exclusion toutefois d'une adjudication
finale, sur réunion effectuée en vertu d'une
clause du cahier des charges, les adjudications
partielles, préliminaires, se trouvant par là
non avenues.

Quant au minimum, on n'y saurait prétendre
sur chacun des lots, mais seulement sur l'acte
entier ; en d'autres termes, il est ou non exigible eu égard au montant des fermages réunis,
parce qu'ici, à la différence de ce qu'on a vu
plus haut à l'occasion des baux groupés de
gré à gré, le bail est complexe, mais, enfin,
c'est un même bail.

vw Cela suppose quelqu'un qui lotit tout ou
partie de ses biens pour les affermer aux plus
offrants et derniers enchérisseurs. Il arrive
également parfois que plusieurs personnes se
réunissent afin d'affermer ainsi des biens par
une opération d'ensemble. Contrairement au
cas qui précède, il nous paraît exister alors,
— n'en fût-il dressé qu'un seul procès-verbal,
— non pas seulement des dispositions indépendantes, ce ne serait point assez dire, mais
des baux simplement juxtaposés, par conséquent, autant que de bailleurs ; l'honoraire, —
soit de bail en bloc, soit de bail en détail, suivant les cas et respectivement à chaque bailleur, — est donc supputable et le minimum
exigible, relativement à chacun d'eux ;

A moins d'adjudication de ces biens réunis
comme formant une masse, sur une mise à prix
unique, et moyennant un fermage global.

vw Puisque l'honoraire de vente immobilière par adjudication reste acquis au notaire
qui a préparé l'affaire, lorsqu'après la tentative d'adjudication demeurée infructueuse, une
vente de gré à gré en a été passée devant lui dans
les quatre mois, de même, c'est également le
taux du bail par adjudication (en bloc ou en
détail, selon que l'adjudication était annoncée),
qui continue à être dû au notaire instrumentant, si le bail manqué est ensuite réalisé par
lui dans ce délai.

vw *V.*, au surplus, *Vente par adjudication*
(volontaire, d'immeubles).

vw *V.* aussi *Cession de bail. Congé de bail.
Etat de lieux. Louage d'ouvrage et d'industrie. Négociations. Promesse de bail. Prorogation de bail. Résiliation de bail. Sous-bail.*

BASE DE PERCEPTION

V. Liquidation des honoraires.

BATEAUX

V. Affrètement. Bail. Droit de recette. Vente.

BÉNÉFICE D'INVENTAIRE

*V. Abandon de biens. Administrateurs judi-
ciaires à Paris* (nº 51987). *Compte de bénéfice
d'inventaire.*

BIENS

*V. Cession de biens. Etat de biens. Gérance
de biens.*

BIENS INDIVIS

V. Indivision.

BIENFAISANCE

Pour les rôles d'expédition, — *V. art. 21 des
Dispositions générales* (nºs 52191 et s.).

BILLET SIMPLE, A ORDRE, AU PORTEUR

Paris (*Ville de*) et Seine : 0,25 cent. 0/0 ;
Bastia : 0,50 cent. 0/0 de 1 à 20,000 fr. ;
0,25 cent. 0/0 de 20,000 à 50,000 fr. ; 0,125 0/0
au-dessus ;
Riom : 0,50 cent. 0/0 de 1 à 50,000 fr. ;
0,25 cent. 0/0 de 50,000 à 100,000 fr. ; 0,125 0/0
au-dessus ;
Amiens. Montpellier, Rouen : 0,50 cent. 0/0
de 1 à 100,000 fr. ; 0,25 cent. 0/0 au-dessus ;
Aix, Angers, Besançon, Bordeaux, Bourges,
Caen, Chambéry, Dijon, Douai, Grenoble,
Limoges, Lyon, Nancy, Nîmes, Orléans, Paris
(*ressort*), Pau, Poitiers, Rennes, Toulouse :
0,50 cent. 0/0.
Agen : 0,60 cent. 0/0.

Minimum :

Paris (*Ville de*) et Seine : aucun :
Amiens, Dijon : 2 fr. ;
Aix, Chambéry, Grenoble, Lyon, Montpel-
lier, Paris, (*ressort*), Rennes : 4 fr. ;
Partout ailleurs : 3 fr.

vw S'il arrive ensuite que la dette constatée
par le billet soit garantie par une affectation

hypothécaire, MM. Amiaud et Voland enseignent (*op. cit.*, n° 270) que « l'acte perd alors le caractère de simplicité qui justifiait l'application d'un tarif réduit. En pareil cas, il est conforme à l'esprit du tarif de percevoir l'honoraire d'obligation. »

Certes, on peut craindre, avec les tarifs du moins qui permettent une telle combinaison, que les parties ne scindent ainsi l'opération pour amoindrir l'honoraire à payer ; nous ne voyons pas pourtant que l'affectation hypothécaire, événement ultérieur, puisse rien modifier au fait accompli.

~~~ M. Ch. Defrénois (*op. cit.*, n° 212), et nous sommes de son avis, pense même qu'en cas de billet avec hypothèque, par le débiteur, l'honoraire ne varie pas ; c'est que cette hypothèque n'en est alors, en effet, qu'une disposition dépendante.

~~~ *V.* aussi *Aval. Endossement. Protêt.*

BOIS

V. Bail. Vente.

BORDEREAU D'INSCRIPTION

(Rédaction de)

1° Bordereau originaire

Sur la somme : capital, intérêts et frais évalués, que l'inscription doit conserver, ou, en cas d'inscription indéterminée, sur une somme à fixer d'accord entre le notaire et son client, — V. Amiaud et Voland, *op. cit.*, n° 271 et 273 :

Angers, Bordeaux, Pau : 0.05 cent. 0/0 ;

Orléans, Paris (*ressort*), Riom : 0.10 cent. 0/0 de 1 à 20,000 fr. ; 0,05 cent. 0/0 au-dessus ;

Paris (*Ville de*) et Seine : rôles de minute, lorsque le bordereau est dressé *en exécution immédiate* (et non pas seulement *en vertu*) d'un acte reçu par le notaire ; dans tous les autres cas, 0,10 cent. 0/0. — V. Amiaud et Voland, *op. cit.*, n° 273 ;

Partout ailleurs : 0,10 cent. 0/0.

Minimum :

Paris (*Ville de*) et Seine : aucun ;

Agen, Aix, Besançon : 5 fr. ;

Partout ailleurs : 4 fr.

Si l'hypothèque doit être inscrite dans plusieurs arrondissements : Paris (*Ville de*) et Seine, rôles de minute sur le double envoyé à chaque bureau, en sus du premier ; partout ailleurs, 4 fr. par bureau, en sus du premier.

Le tout, indépendamment de l'honoraire de l'acte, ainsi que de la rémunération pour réquisition d'état, et du port des pièces.

2° En renouvellement

Orléans, Paris (*ressort*), Riom : 0,10 cent. 0/0 de 1 à 20,000 fr. ; 0,05 cent. 0/0 au-dessus ;

Angers : 0,25 cent. 0/0 de 1 à 10,000 fr. ; 0,10 cent. 0/0 au-dessus ;

Partout ailleurs : 0,10 cent. 0/0.

Minimum :

Paris (*Ville de*) et Seine : aucun ;

Agen, Aix, Besançon : 5 fr. ;

Partout ailleurs : 4 fr.

Si l'hypothèque doit être inscrite dans plusieurs arrondissements : Paris (*Ville de*) et Seine, rôles de minute sur le double envoyé à chaque bureau, en sus du premier ; partout ailleurs, 4 fr. par bureau, en sus du premier.

V. aussi *Formalités hypothécaires.*

BORDEREAU DE COLLOCATION

V. Quittance d'ordre.

BORNAGE

V. Procès-verbal de bornage.

BREVET

V. Honoraires fixes, et au nom des actes en brevet. Partage d'honoraires.

BREVET D'INVENTION

V. Cession.

CACHET

V. Sceau notarial.

CADUCITÉ

V. art. 17 des Dispositions générales (n°s 52150 et s.).

V. aussi *Adoption testamentaire. Contrat de mariage. Donation. Testament.*

CAHIER DES CHARGES

Dans toute la France :

1° Pour vente immobilière

Honoraires par rôles de minute : de 3 fr. chacun si la vente est judiciaire ; de 5 fr. lorsqu'elle est volontaire, l'honoraire n'étant dû, dans ce dernier cas (et encore, sauf Paris (*Ville de*) et Seine pour les ventes à la Chambre), que si la tentative d'adjudication reste sans effet.

V. art. 21 des Dispositions générales (n°s 52186 et s.),

En cas d'adjudication par lots, il suffit qu'un lot soit adjugé pour qu'il ne soit pas dû d'honoraire particulier sur le cahier des charges, à moins que l'honoraire de vente ne se trouve inférieur à celui du cahier d'enchères, qui serait alors considéré comme un minimum. — V. Ch. Defrénois, *op. cit.*, n° 216.

V. aussi *Vente.*

2° Pour vente mobilière

Honoraire de 5 fr. par rôle de minute, dû seulement à défaut d'adjudication.

V. aussi *Vente.*

3° Pour bail

Dans le silence du tarif, assimilation, par analogie, aux cahiers des charges pour vente par adjudication, c'est-à-dire honoraires par

rôles de minute, suivant ce qui précède, — V.
Amiaud et Voland, *op. cit.*, n° 267 ; Ch. Defrénois, *op. cit.*, n° 216.

V. aussi *Bail par adjudication.*

4° Pour travaux à faire

Même assimilation. — V. Amiaud et Voland,
op. cit., n° 281.

~~ Dans tous les cas, les procès-verbaux de
dires préalables à l'adjudication et le procès-
verbal, soit de tentative d'adjudication, soit d'adjudication effective, doivent être considérés
comme ne faisant qu'un avec le cahier des
charges dont ils suivent le sort. — V. Amiaud
et Voland, *op. cit.*, n° 280.

~~ Quant aux difficultés et protestations, —
V. Procès-verbal.

~~ *V.* encore *Dépôt de cahier des charges.*

CAISSE DES DÉPOTS

V. Consignation.
Pour les rôles d'expédition, — V. n°ˢ 52191
et s.

CAISSE DES RETRAITES POUR LA VIEILLESSE

V. Acte de notoriété. Certificat de propriété.

CALCUL DES HONORAIRES

V. Liquidation des honoraires.

CAPITAL
exprimé

V. art. 14 des Dispositions générales,
(n°ˢ 52138 et s.).

non exprimé

V. art. 14 et 15 des Dispositions générales
(n°ˢ 52141, 52142 et s.).

social

V. Sociétés.

CARACTÈRE LÉGISLATIF DES DÉCRETS
V. n° 52013.

CARENCE

V. Procès-verbal de carence.

CARRIÈRES

V. Bail de carrière. Mines et carrières. Vente.

CAUTION

V. Cautionnement. Certificat de caution.

CAUTIONNEMENT
1° Dans l'acte contenant l'engagement principal

Paris (*Ville de*) et Seine : pas d'honoraire ;
Partout ailleurs : un quart de l'honoraire
de l'acte principal, sans pouvoir excéder
0,25 cent. 0/0.

Minimum :

Limoges : 3 fr. ;
Bourges : 5 fr. ;

Lyon, Nimes, Riom : 6 fr. ;
Partout ailleurs : 4 fr.

2° Par acte séparé

Dans toute la France : moitié de l'honoraire
de l'acte principal, sans pouvoir excéder
0,25 cent. 0/0 pour les baux, et 0,50 cent. 0/0
pour les autres actes.

Minimum :

Paris (*Ville de*) et Seine : aucun ;
Angers, Bordeaux, Caen, Chambéry, Gre-
noble, Limoges, Nancy : 4 fr. ;
Agen, Besançon, Lyon, Nimes, Riom : 6 fr. ;
Partout ailleurs : 5 fr.

~~ Dans les deux cas qui précèdent, le tarif
statue comme si le cautionnement s'appliquait
toujours à la totalité de la dette ; or, il peut ne
la garantir que partiellement ; l'honoraire est
alors dû seulement sur la portion cautionnée,
avec le même minimum. — V. Ch. Defrénois,
op. cit., n° 219.

~~ Les sûretés que donnerait la caution :
antichrèse, gage, hypothèque, constitueraient
des dispositions dépendantes du cautionnement,
ne donnant lieu, par conséquent, à aucun honoraire distinct. — V. Amiaud et Voland, *op. cit.*,
n° 284 ; Ch. Defrénois, *op. cit.*, n° 219.

V. aussi *Décharge. Engagement solidaire à
rapporter. Vente.*

CERTIFICAT
de caution
Par le même acte

Disposition qui devrait être indépendante
pour la perception de l'honoraire, puisqu'elle
l'est pour l'enregistrement, conformément à
l'art. 6, alin. 2, des Dispositions générales
susénoncées ; mais le fait que le tarif ne parle
que d'un certificat par acte séparé, entraîne,
d'autorité, pour le certificat par le même acte,
le caractère de disposition simplement dépendante au point de vue de l'honoraire. — V.
Amiaud et Voland, *op. cit.*, n° 285 ; Ch. Defrénois, *op. cit.*, n° 220.

Par acte séparé
En brevet

Paris (*Ville de*) et Seine : 4 fr. 50 ;
Agen, Aix, Chambéry, Dijon, Douai, Grenoble, Lyon, Montpellier, Nancy, Nimes :
6 fr. ;
Partout ailleurs : 4 fr.

En minute

Agen, Aix, Caen, Chambéry, Dijon, Douai,
Grenoble, Lyon, Montpellier, Nancy, Nimes :
8 fr. ;
Paris (*Ville de*) et Seine : 9 fr. ;
Partout ailleurs : 6 fr.

~~ Au surplus, le tarif statue seulement dans
l'hypothèse d'un engagement purement personnel ; si le certificateur de caution donnait à
l'appui une garantie réelle, c'est l'honoraire
proportionnel d'affectation hypothécaire ou de

nantissement par un tiers, qui serait dû, au lieu de l'honoraire fixe. — V. Amiaud et Voland, *op. cit.*, n° 285.

de non-transcription et de non-résolution ou rescision

V. Formalités hypothécaires.

de propriété

1° Accessoire

C'est-à-dire, lorsque le certificat est délivré pour l'exécution d'un acte contenant partage ou mutation de propriété, sur lequel un honoraire proportionnel a été perçu dans la même étude :

Paris (*Ville de*) et Seine : 9 fr., plus 6 fr. pour chacun des autres notaires ayant concouru à ce certificat ;

Partout ailleurs : 4 fr.

2° Principal

C'est-à-dire dans tous les autres cas :

Paris (*Ville de*) et Seine : 0,25 cent. 0/0 de 1 à 800,000 fr., et 0,125 0/0 au-dessus ; plus 6 fr. pour chacun des notaires ayant concouru au certificat de propriété ;

Partout ailleurs : 0,25 cent. 0/0.

Minimum :

Paris (*Ville de*) et Seine : aucun ;

Bastia : 3 fr. ;

Besançon, Bordeaux, Bourges, Caen, Nancy, Orléans, Poitiers : 4 fr. ;

Aix, Limoges, Paris (*ressort*), Rennes, Riom, Toulouse : 5 fr. ;

Agen, Amiens, Angers, Chambéry, Dijon, Douai, Grenoble, Lyon, Montpellier, Nîmes, Pau, Rouen : 6 fr.

L'honoraire différant ainsi du tout au tout, suivant que le certificat constitue ou non *l'exécution* d'un acte ayant déjà donné lieu, au profit de la même étude, à un honoraire proportionnel, il importe de bien déterminer ce qu'il faut entendre par là.

Il y a, dirons-nous, simple exécution d'un acte quand, afin de procurer la mise à effet du transfert ou de la mutation que constate cet acte, le certificat peut se borner au visa de celui-ci et des actes antérieurs dont il n'est que l'aboutissant.

Exemples, certificats de propriété :

Après cession, — pour faire immatriculer la valeur cédée au nom du cessionnaire ;

Après contrat de mariage, — pour faire inscrire au nom de la femme les titres à elle constitués en dot ;

Après donation entre-vifs, — pour faire mettre les titres donnés au nom du donataire ;

Après partage, — pour faire immatriculer les titres partagés au nom des abandonnataires.

Au contraire, si le transfert ou la mutation ne résulte pas directement de l'acte lui-même, ou que le notaire soit obligé de viser en même temps d'autres actes, complémentaires mais extrinsèques, le certificat de propriété

peut bien être délivré *en vertu* de l'acte, sur lequel le notaire (ou son prédécesseur) a déjà touché un honoraire proportionnel, mais il n'est pas *en exécution* pure et simple de cet acte, puisque la constatation d'autres faits, dont cet acte n'est pas la conséquence, est nécessaire aussi ; l'honoraire proportionnel de certificat de propriété est donc alors exigible.

Exemples, certificat de propriété :

Après décès, divorce ou séparation de biens, — pour effectuer la reprise en nature d'une valeur propre, sur visa du contrat de mariage ;

Sur testament institutif d'un légataire universel, — avec visa en même temps de l'acte de notoriété constatant la non-existence d'héritiers à réserve, l'ordonnance d'envoi en possession, une réquisition ou autre acte établissant la prise de qualité, etc.

Cpr. Amiaud et Voland, *op cit.*, n° 288 ; Ch. Defrénois, *op. cit.*, n° 221.

On voit encore que le concours de plusieurs notaires à un même certificat n'est prévu par le tarif que pour Paris (*Ville de*) et la Seine.

Il est cependant de l'intérêt des parties que le procédé se généralise, car il leur évite des frais de délivrance et de dépôt d'expéditions ; aussi, le cas échéant, allouerions-nous partout cet honoraire fixe de 6 fr. — V. toutefois Amiaud et Voland, *op cit.*, n° 289.

La loi du 20 juillet 1886, sur la Caisse nationale des retraites pour la vieillesse, prescrit la délivrance gratuite des certificats, des actes de notoriété et autres pièces exclusivement relatives à son exécution (art. 24).

Nous croyons que ces actes, certificats et pièces opèrent maintenant l'exigibilité des honoraires y afférents. — V. *Contrà* Amiaud et Voland, *op. cit.*, n°s 5 et 290 ; Ch. Defrénois, *op. cit.*, n° 221.

M. Defrénois se borne à affirmer son opinion, ce qui n'est vraiment pas suffisant. MM. Amiaud et Voland essayent au moins de justifier la leur, mais par de purs mots : «... demeure également en vigueur, enseignent-ils, *comme n'ayant rien de contraire* aux décrets, l'art. 24, L. 20 juill. 1886... ». *Comme n'ayant rien de contraire...* pétition de principe ! puisque c'est précisément la question. Or, qu'une disposition refusant des honoraires pour certains actes, n'ait rien de contraire à celle qui en accorde, cela est assez étrange pour avoir grand besoin d'une démonstration : à son défaut, n'est-ce pas l'inverse qui paraît évident ?

Certes, on eût dû maintenir l'exception justement introduite par la loi de 1886 ; mais, enfin, cela n'a pas été fait, et la conséquence juridiquement forcée en est que l'art. 3, L. 20 juin 1896, s'applique purement et simplement aux actes concernant la Caisse des retraites, tout aussi bien qu'aux autres, car les termes de cet article sont absolus : « *Toutes* dispositions, dit-il, contraires aux décrets qui seront

rendus…, (c'est-à-dire : *portant une tarification différente*), seront abrogées à partir de
la promulgation de ces décrets. »

Peut-il rien y avoir de plus formel ?

Et, ce qui achève la démonstration, lorsque
les décrets constitutifs du nouveau tarif ont,
en effet, voulu conserver des textes antérieurs
(assistance judiciaire, certificats de vie, contrat d'apprentissage, protêts et certaines ventes), ils y ont expressément renvoyé ; ce qui,
rapproché dudit art. 3, exclut tous autres
cas, quelque favorables qu'ils soient.

⸎ V. aussi nᵒˢ 52055, 52169.

de radiation

V. Formalités-hypothécaires.

de vie

Certificats délivrés en forme notariée

Orléans : 2 fr. ;
Bastia, Bordeaux, Chambéry, Dijon, Douai,
Grenoble, Lyon, Riom, Rouen : 3 fr. ;
Paris (*Ville de*) et Seine ; 4 fr. 50 ;
Toulouse : 5 fr. ;
Partout ailleurs : 4 fr.

Tous autres certificats de vie

(C'est-à-dire ceux nécessaires pour toucher
les rentes viagères et pensions sur l'Etat)

Dans toute la France : tarif de l'Ordonnance
6 juin 1839 et des décrets 9 nov. 1853 et 2 août
1860, savoir :

0,20 cent. de 50 à 100 fr. ;
0,25 cent. de 101 à 300 fr. ;
0,35 cent. de 301 à 600 fr. ;
0,50 cent. au-dessus de 600 fr. ;
Pour chaque trimestre à recevoir.

Au-dessous de 50 fr. par trimestre, le notaire doit délivrer le certificat gratis, contre
remboursement du timbre pour les certificats
sur timbre, et du prix du papier, soit 0,05 cent.,
pour les autres. — V. Amiaud et Voland, *op.
cit.*, nᵒ 293 ; Ch. Defrénois, *op. cit.*, nᵒ 222.

⸎ L'*exeat* nécessaire à l'intéressé pour se
faire inscrire et délivrer ailleurs son certificat
(Instr. min. fin., 8 déc. 1806, 14 juill. 1814,
19 avril 1822, 27 juin 1839), n'est pas tarifé ;
l'honoraire se trouve ainsi laissé à la discrétion du notaire qui doit toujours se montrer
très modéré ; bien entendu, il a droit en outre
au remboursement de la feuille de papier timbré à 60 cent. employée. — V. Amiaud et Voland, *op. cit.*, nᵒ 292.

CERTIFICATION DE SIGNATURE

V. nᵒˢ 52030, 52040, 52057 et s.

CESSION

d'antériorité

V. Consentement à antériorité.

de bail

Dans toute la France : honoraires comme en

matière de bail, sur les années restant à courir.

V. aussi *Acceptation de cession.*

⸎ Lorsque le vendeur d'un fonds de commerce cède en même temps son bail à l'acquéreur, cette cession opérant un droit distinct
d'enregistrement, justifie par cela même un
honoraire particulier, outre celui de vente ;
à notre avis du moins, et suivant la doctrine que nous espérons avoir solidement
établie sous l'art. 6 des Dispositions générales. — V. *Contrà* Amiaud et Voland, *op. cit.*,
nᵒ 295.

⸎ A plus forte raison en est-il ainsi, quand
le consentement du bailleur est indispensable
pour la validité de la cession. — V. Amiaud et
Voland, *Ibid.*

⸎ Par les difficultés auxquelles il aboutit
en cette matière, on trouve ici une nouvelle
preuve que le système de ces auteurs sur la
pluralité ou non d'honoraires, n'est pas celui
de la loi.

Ils écrivent à propos de la cession de bail :
« L'importance de cette charge (le loyer) est
souvent assez considérable pour que la transmission du bail soit considérée, non plus
comme l'accessoire, mais comme le principal objet du contrat. C'est ce qui arrive
fréquemment en matière de faillite. Le syndic
met en vente le fonds du failli sur une mise
à prix extrêmement minime, mais en imposant
à l'adjudicataire l'obligation de prendre à sa
charge le bail des lieux où ce fonds est ex-
ploité. Son seul but est d'arriver à enlever à
la faillite le lourd fardeau des loyers à échoir.
En pareil cas, et dans les circonstances analogues (alors même qu'il ne s'agirait pas de
faillite), la cession de bail devrait être envisagée comme la convention principale, et c'est
sur cette cession que les honoraires de l'acte
devraient être calculés. »

MM. Amiaud et Voland reculent ici, mais
bien inutilement, devant les conséquences
logiques de leur propre opinion, si défavorable
d'ailleurs au Notariat. Dans l'espèce, la question de discerner la convention principale entre
des dispositions dépendantes les unes des
autres ne se pose même point : il y a, en effet,
avant tout, vente du fonds (les énonciations du
cahier des charges, la teneur des affiches et
des insertions, l'objet de la mise à prix, la
formule de l'ouverture des enchères, le prononcé de l'adjudication, etc., tout le prouve à
l'évidence !) le reste n'en étant qu'une simple
charge ; car, peu importent, en droit, les mo-
biles du syndic, du syndic *isolément !* les raisons
de fait qui l'ont décidé, lui, *en dehors de l'adjudicataire :* la cause légale de la vente n'est pas
là ; et le notaire serait d'autant plus mal venu
à vouloir travestir ainsi le caractère de l'opération, qu'il invoquerait uniquement son intérêt personnel. Heureusement pour lui que notre
théorie, parfaitement légale, seule légale, base
et justifie pleinement sa légitime prétention,
son droit ! à un honoraire de cession de bail,

et non pas : *au lieu*, mais : *en sus* de celui de vente.

Au surplus, pour concéder un instant leur système, qui apprécierait ? Que de complications, de discussions, de nids à procès ! C'est précisément ce que le Conseil d'État a voulu éviter, et il y est arrivé par un procédé qui a tout au moins, il faut le reconnaître, le très grand avantage pratique de la simplicité.

de biens

par un débiteur à ses créanciers

(C. civ. art. 1265 et s.)

1° Avec mutation de propriété

Amiens : 1 0/0 de 1 à 50,000 fr.; 0,50 cent. 0/0 de 50,000 à 150,000 fr.; 0,25 cent. 0/0 au-dessus ;

Angers : 1 0/0 de 1 à 200,000 fr.; 0,50 cent. 0/0 de 200,000 à 500,000 fr.; 0,25 cent. 0/0 au-dessus ;

Bourges : 1 0/0 de 1 à 150,000 fr. ; 0,50 cent. 0/0 de 150,000 à 500,000 fr. ; 0,25 cent. 0/0 au-dessus ;

Poitiers : 1 0/0 de 1 à 100,000 fr.; 0,50 cent. 0/0 de 100,000 à 300,000 fr.; 0,25 cent. 0/0 de 300,000 à 1,000,000 de fr.; 0,125 0/0 au-dessus ;

Partout ailleurs : honoraires comme en matière de vente de gré à gré ;

Le tout, sur la valeur des biens abandonnés.

2° Sans mutation

Paris (*Ville de*) et Seine : 0,50 cent. 0/0 de 1 à 800,000 fr.; 0,25 cent. 0/0 de 800,000 fr. à 1.500,000 fr.; 0,125 0/0 au-dessus ;

Partout ailleurs : moitié des honoraires sus-indiqués pour la cession avec mutation, sur la valeur des biens abandonnés.

Minimum dans les deux cas :

Paris (*Ville de*) et Seine : aucun ;

Agen, Aix, Chambéry, Dijon, Douai, Grenoble, Nancy, Riom, Toulouse : 5 fr.;

Bastia, Caen, Montpellier, Nîmes, Paris (*ressort*), Rennes : 6 fr.;

Angers, Besançon, Bourges, Rouen : 8 fr.;

Amiens, Bordeaux, Limoges, Orléans, Poitiers : 10 fr.;

Lyon, Pau : 12 fr.

V. aussi *Acceptation.*

de brevet d'invention

(Cession totale ou partielle)

Honoraire soit de donation de droits incorporels, soit de vente de gré à gré ou par adjudication de tels droits, suivant que la transmission est à titre gratuit ou à titre onéreux. — V. Amiaud et Voland, *op. cit.*, n° 278.

de carrière

V. Bail de carrière. Mines et carrières. Vente.

de créance

V. Délégation. Transport. Vente.
V. aussi *Acceptation. Dispense de signification.*

de droits litigieux ou successifs

V. Retrait. Transport.

de mines

V. Mines et carrières. Vente.

de mitoyenneté

V. Mitoyenneté.

d'office

V. Vente de gré à gré (Offices ministériels).

de parts

V. Licitation.

d'usufruit

V. Usufruit.

~~~ Sur les cessions, — *V.* aussi *Acceptation. Vente.*

CHAISES

V. Bail à loyer.

CHAMBRES DES NOTAIRES

V. art. 1er, 3, 4 et 11 des Dispositions générales (n°s 52022, 52057 et s., 52068 et s., 52108 et s., 52117).

CHANTEURS

V. Engagement théâtral.

CHARGES

V. art. 17 des Dispositions générales.
V. aussi *Bail. Vente, et passim.*

CHARTE-PARTIE

V. Affrètement.

CHASSE

V. Bail à ferme.

CHEMINS DE FER

V. Compagnies de chemins de fer. Frais de voyage.

CODICILLE

Dans toute la France : honoraires comme en matière de testament.
V. Testament.

COMMAND

V. Déclaration.

COMMANDITE

V. Sociétés.

COMMERCE

V. Autorisation.

COMMUNAUTE

V. Acceptation. Communauté d'habitation
~~~

ou de travail. Communauté et succession. Dissolution de communauté d'habitation ou de travail. Rétablissement de communauté.

COMMUNAUTÉ D'HABITATION OU DE TRAVAIL

(Acte de)

1° Sans apports

Agen, Amiens, Bordeaux, Chambéry, Dijon, Douai, Grenoble, Lyon, Nîmes, Pau, Poitiers : 6 fr. ;

Besançon, Limoges : 8 fr. ;

Partout ailleurs : honoraires par rôles de minute.

2° Avec apports

Toulouse : 0,20 cent. 0/0 ;

Agen, Amiens, Bordeaux, Caen, Dijon, Pau, Poitiers : 0,25 cent. 0/0 ;

Partout ailleurs : honoraires comme pour acte de société.

Minimum :

Limoges, Paris (*Ville de*) et Seine : aucun ;

Agen, Angers, Chambéry, Grenoble, Nîmes : 6 fr. ;

Besançon : 8 fr. :

Partout ailleurs : 5 fr.

V. aussi Dissolution.

COMMUNAUTÉ ET SUCCESSION

V. art. 18 des Dispositions générales (nos 52162 et s.).

Pour les liquidations et partages. — *V. Partage.*

COMMUNICATION

des actes

V. Droit de recherche.

du tarif

V. art. 24 des Dispositions générales (nos 52211 et s.).

COMPAGNIES DE CHEMINS DE FER

V. n° 52191.

COMPENSATION

Dans toute la France : honoraires comme en matière de quittance, sur la somme compensée.

Sans distinction, d'ailleurs, entre la compensation légale et la compensation conventionnelle. — V. Amiaud et Voland, *op. cit.*, n° 300 ; Ch. Defrénois, *op. cit.* n° 229.

Mais, conformément à l'art. 6 des Dispositions générales, à la condition que la compensation constatée donne lieu à un droit d'enregistrement distinct de celui exigible sur la convention principale ; autrement, elle ne constitue qu'une disposition dépendante. — V. Ch. Defrénois, *Ibid.*

V. aussi Quittance.

COMPÉTENCE

V. Taxe.

COMPLÉMENT

d'honoraires

V. nos 52034, 52139.

V. aussi Honoraires éventuels.

des actes

V. Formalités accessoires ou complémentaires des actes.

COMPROMIS

Dans toute la France : honoraires par rôles de minute.

Observation étant faite qu'il s'agit seulement d'un compromis principal, et que la clause par laquelle les parties s'obligent dans un acte à soumettre à des arbitres les contestations auxquelles son exécution donnerait lieu, en forme une simple disposition dépendante, à moins qu'elle ne soit rédigée de telle manière qu'elle opère un droit d'enregistrement distinct. — V. Ch. Defrénois, *op. cit.*, n° 230.

V. aussi Arbitrage. Arbitres et experts.

COMPTABILITÉ

V. Droit de recette et de comptabilité.

COMPTE

1° d'administration légale, d'antichrèse, d'exécution testamentaire, de copropriété, de gestion, de mandat, de séquestre

Bastia : 0,50 cent. 0/0 de 1 à 20,000 fr. ; 0,25 cent. 0/0 au-dessus ;

Nancy : 0,50 cent. 0/0 de 1 à 50,000 fr. : 0,25 cent. 0/0 au-dessus ;

Chambéry, Grenoble, Montpellier, Nîmes, Orléans : 0,50 cent. 0/0 de 1 à 100,000 fr. : 0,25 cent. 0/0 au-dessus ;

Paris (*ressort*) : 0,50 cent. 0/0 de 1 à 200,000 fr. ; 0,25 cent. 0/0 au-dessus ;

Bourges, Pau : 0,50 cent. 0/0 de 1 à 500,000 fr. ; 0,25 cent. 0/0 au-dessus ;

Paris (*Ville de*) et Seine : 0,50 cent. 0/0 de 1 à 500,000 fr. ; 0,25 cent 0/0 de 500,000 à 1,000,000 de francs ; 0,125 0/0 au-dessus ;

Toulouse : 0,75 cent. 0/0 de 1 à 200,000 fr. ; 0,25 cent. 0/0 au-dessus ;

Riom : 1 0/0 de 1 à 10,000 fr. ; 0,50 cent. 0/0 de 10,000 à 50,000 fr. ; 0,25 cent. 0/0 au-dessus ;

Douai : 1 0/0 de 1 à 10,000 fr. ; 0,50 cent. 0/0 de 10,000 fr. à 100,000 fr. ; 0,25 cent. 0/0 au-dessus ;

Caen, Dijon, Limoges, Poitiers : 1 0/0 de 1 à 20,000 fr. ; 0,50 cent. 0/0 de 20,000 fr. à 100,000 fr. ; 0,25 cent. 0/0 au-dessus ;

Angers : 1 0/0 de 1 à 20,000 fr. ; 0,50 cent. 0/0 de 20,000 à 500,000 fr. ; 0,25 cent. 0/0 au-dessus ;

Besançon : 1 0/0 de 1 à 25,000 fr. ; 0,75 cent. 0/0 de 25,000 à 50,000 fr. ; 0,50 cent. 0/0 de

50,000 à 100.000 fr. ; 0,25 cent. 0/0 au-dessus ;

Rennes : 1 0/0 de 1 à 25,000 fr. ; 0.50 cent. 0/0 de 25,000 à 150,000 fr. ; 0,25 cent. 0/0 au-dessus ;

Agen : 1 0/0 de 1 à 25,000 fr. ; 0,50 cent. 0/0 de 25,000 à 300,000 fr. ; 0,25 cent. 0/0 au-dessus ;

Aix, Rouen : 1 0/0 de 1 à 50,000 fr. ; 0.50 cent. 0/0 de 50,000 à 200,000 fr. ; 0,25 cent. 0/0 au-dessus ;

Amiens : 1 0/0 de 1 à 50,000 fr. ; 0.50 cent. 0/0 de 50,000 à 300,000 fr. ; 0,25 cent. 0/0 au-dessus ;

Bordeaux : 1 0/0 de 1 à 100,000 fr. ; 0,50 cent. 0/0 de 100,000 à 200.000 fr. ; 0,25 cent. 0/0 au-dessus ;

Lyon : 1 0/0 de 1 à 100,000 fr. ; 0.50 cent. 0/0 de 100,000 à 300,000 fr. ; 0,25 cent. 0/0 au-dessus ;

Le tout, du côté le plus élevé, soit dépenses, soit recettes. — V. Amiaud et Voland, *op. cit.*, n° 302 ; Ch. Defrénois, *op. cit.*, n° 231.

Minimum :

Paris (*Ville de*) et Seine : aucun ;

Angers : 6 fr. ;

Aix, Bastia, Bourges, Chambéry, Grenoble, Nancy, Toulouse : 8 fr. ;

Agen, Poitiers : 12 fr. ;

Partout ailleurs : 10 fr.

〰 Il n'est rien dû, en outre, sur la libération, constatée par l'acte même, du solde créditeur du compte ;

A la condition que le paiement de ce solde soit effectué en espèces, car si c'était par voie de dation en paiement, l'honoraire de cette opération serait dû, en sus de celui de compte. — V. Amiaud et Voland, *op. cit.*, n° 303.

〰 Mais toute autre libération, par exemple, en ce qui concerne le rendant-compte, de sommes qu'il aurait employées pour son compte personnel, ou, à l'égard de l'oyant, de ce que ce dernier devrait au rendant pour des causes étrangères à la gestion de celui-ci, — constituerait, comme pour l'enregistrement, une disposition indépendante, opérant son honoraire particulier. — V. Ch. Defrénois, *op. cit.*, n° 231 ;

〰 Il faut en dire autant de la stipulation d'un délai pour le paiement du reliquat. — V. Amiaud et Voland, *op. cit.*, n° 303.

〰 Le tarif étant muet sur l'arrêté de compte par acte séparé, qui ne saurait pourtant rester gratuit, cet arrêté doit faire l'objet d'un règlement amiable.

Par analogie, nous appliquerions en principe l'honoraire alloué pour le règlement de compte de tutelle. — V. Amiaud et Voland, *op. cit.*, n° 304 ; Ch. Defrénois, *op. cit.*, n° 231.

2° de bénéfice d'inventaire

Paris (*Ville de*) et Seine : 0,50 cent. 0/0 de 1 à 300,000 fr. ; 0,25 cent. 0/0 de 300,000 à 600,000 fr. ; 0,125 0/0 au-dessus ;

Toulouse : 0,50 cent. 0/0 de 1 à 500,000 fr. ; 0,25 cent. 0/0 au-dessus ;

Partout ailleurs : comme pour les comptes susindiqués ;

Toujours, du côté le plus élevé, et même minimum, avec les observations que nous venons de faire.

3° de tutelle

Compte même

En la forme notariée

Pau : 1 0/0 de 1 à 20,000 fr. ; 0.50 cent. 0/0 de 20,000 à 500,000 fr. ; 0,25 cent. 0/0 au-dessus ;

Partout ailleurs : mêmes honoraires que pour compte d'administration.

En cas de liquidation préalable dans le même acte, n'eût-elle qu'un caractère provisoire, l'honoraire de liquidation est, en outre, alloué sur la part revenant à l'oyant-compte ;

Sans toutefois que l'honoraire puisse être cumulé pour les valeurs figurant à la fois dans le compte et dans la liquidation ;

Mais le notaire n'a pas la faculté de prendre son honoraire du chef qui lui serait le plus avantageux ; car c'est l'honoraire de liquidation, et non celui de compte de tutelle, que le texte lui attribue. — V. Amiaud et Voland, *op. cit.*, n° 306 ; *Contrà* Ch. Defrénois, *op. cit.*, n° 232.

Minimum :

Paris (*Ville de*) et Seine : aucun ;

Aix, Bastia, Bourges, Chambéry, Grenoble, Nancy, Toulouse : 8 fr. ;

Agen, Angers, Poitiers : 12 fr. ;

Ailleurs : 10 fr.

Sous seing privé

Moitié de l'honoraire d'un compte par acte notarié : conformément à l'usage que nous avons indiqué sous l'art. 3 des Dispositions générales, et sauf règlement amiable différent, si le sous seing privé a été fait par le notaire ; et, en vertu du tarif même, s'il émane du tuteur ou d'un tiers, mais est annexé au récépissé, comme s'en trouvant déposé pour minute ; de sorte que si le sous seing privé déposé est l'œuvre du notaire, l'honoraire est le même en définitive que s'il avait été fait directement en forme notariée. — V. Ch. Defrénois, *op. cit.*, n° 27, 232 et 265.

Récépissé

Par le même acte que le compte

Disposition dépendante.

Par acte séparé

Paris (*Ville de*) et Seine : pas d'honoraires ;

Bourges : 4 fr. ;

Bastia, Orléans : 5 fr. ;
Partout ailleurs : 6 fr.

Arrêté de compte

Rennes : 5 fr. ;
Paris (*Ville de*) et Seine : 9 fr. ;
Partout ailleurs : 6 fr.
Sous réserve des cas où il y a lieu :
Soit à honoraire proportionnel, par suite des conventions expresses ou implicites que renferme l'acte ; par exemple, lorsque le tuteur est constitué débiteur d'un reliquat qu'il ne paye pas aussitôt (ce qui opère un droit distinct d'enregistrement), à plus forte raison s'il prend des termes pour s'en acquitter, ou donne une hypothèque à la sûreté de son paiement, ce qui entraîne l'honoraire d'obligation sur le reliquat, parce qu'il y a interversion du titre en vertu duquel il était détenu. — V. cependant Amiaud et Voland, *op. cit.*, n° 308 ; Ch. Defrénois, *op. cit.*, n° 232 ;
Soit à pluralité d'honoraires pour dispositions indépendantes, telles que libération du reliquat au moyen d'une dation en paiement. — V. Ch. Defrénois, *Ibid.*
~~~ Il devrait, dit-on, en être de même du paiement en espèces du reliquat, qui, opèrerait l'honoraire de décharge (de mandat et non de sommes) ; mais étant le fait le plus ordinaire, le fait normal, c'est évidemment lui que le tarif a entendu rémunérer par l'honoraire fixe susindiqué, lequel, s'il ne trouvait ici son application, n'en aurait aucune, ce qui est inadmissible. — Cpr. Amiaud et Voland, *op. cit.*, n° 308 ; *Contrà* Ch. Defrénois, *op. cit.*, n° 232.
V. aussi *Tuteur.*

Appendice
Compte rectificatif

Honoraire par rôle de minute, à moins qu'il n'occasionne un honoraire proportionnel. — Cpr. Amiaud et Voland, *op, cit.*, n° 510.

COMPTE DE FRAIS

V. art. 9 *des Dispositions générales* (n°s 52091 et s.).

COMPTE RECTIFICATIF

V. Compte (Appendice). *Procès-verbal de rectification d'état liquidatif.*

COMPULSOIRE

Dans toute la France : honoraires par vacations ;
Plus, rôles de copie sur l'expédition ou l'extrait qui serait délivré en vertu de l'ordonnance du juge. — V. Amiaud et Voland, *op. cit.*, n° 309.

CONCOURS DE NOTAIRES

V. art. 10 *et* 11 *des Dispositions générales* (n°s 52101 et s., 52105 et s.).

CONCURRENCE DELOYALE

V. art. 4 *et* 11 *des Dispositions générales* (n°s 52064 et s., 52105 et s.).

CONCURRENCE HYPOTHÉCAIRE

V. Formalités hypothécaires.

CONDITION SUSPENSIVE OU RÉSOLUTOIRE

V. n° 52154.

CONDITIONS

V. n°s 52153 et s.

CONFÉRENCES

V. art. 2 *des Dispositions générales* (n°s 52024 et s.).

CONFUSION DE MEUBLES

V. Déclaration.

CONGÉ
d'acquit

(à un apprenti, ou à un ouvrier)
Poitiers : 2 fr. ;
Partout ailleurs : honoraires comme en matière de congé de bail.

de bail
En brevet

Nancy : 2 fr. ;
Paris (*Ville de*) et Seine : 4 fr. 50 ;
Partout ailleurs : 4 fr. ;
V. aussi *Dispense de signification.*

En minute

Nancy : 4 fr. ;
Paris (*Ville de*) et Seine : 9 fr. ;
Partout ailleurs : 6 fr.

CONGÉMENT

V. Quittance.

CONJOINTS

V. Contrat de mariage. Donation.

CONSEIL

V. art. 3 *des Dispositions générales* (n°s 52030 et s., 52038 et s., 52103).
V. aussi *Vente* (par adjudication).

CONSEIL A UNE MÈRE TUTRICE

(Nomination, par acte spécial, de)

(C. civ., art. 391 et s.)

Agen, Bordeaux, Bourges, Montpellier, Pau, Toulouse : 8 fr. ;
Paris (*Ville de*) et Seine : 9 fr. ;
Chambéry, Grenoble, Limoges, Lyon, Paris (*ressort*), Riom, Rouen : 10 fr. ;
Amiens : 12 fr ;
Partout ailleurs : 6 fr.
V. aussi *Révocation.*
~~~

CONSEIL JUDICIAIRE

V. art. 3. des Dispositions générales (nos 52030, 52044, 52056, 52057 et s.).

CONSEILS

V. ci-dessus, *art. 2 et 3 des Dispositions générales* (nos 52024 et s., 52030 et s., 52042, 52057 et s.).

CONSENTEMENT

à adoption, à entrer dans les ordres, à mariage, à tutelle officieuse

En brevet

Paris (*Ville de*) et Seine : 4 fr. 50 ;
Partout ailleurs : 4 fr.

En minute

Consentement à adoption, à entrer dans les ordres, à mariage

Paris (*Ville de*) et Seine : 9 fr. ;
Partout ailleurs : 6 fr.

Consentement à tutelle officieuse

Toulouse : 8 fr.;
Paris (*Ville de*) et Seine : 9 fr.;
Partout ailleurs : 6 fr.
V. aussi *Acte respectueux.*

à antériorité

Orléans : 5 fr.;
Amiens, Montpellier, Rouen : 6 fr.;
Angers, Caen : 0,10 cent. 0/0 ;
Bordeaux, Bourges, Dijon, Douai, Paris (*ressort* et *Ville de*) et Seine, Pau : 0,25 cent. 0/0 ;
Besançon : 0,25 cent. 0/0 de 1 à 100,000 fr. ; 0,125 0/0 au-dessus ;
Bastia : 0,50 cent. 0/0 de 1 à 10.000 fr.; 0,25 cent. 0/0 au-dessus ;
Chambéry, Grenoble : 0,50 cent. 0/0 de 1 à 50.000 fr. ; 0,25 cent. 0/0 au-dessus ;
Agen, Aix, Limoges, Lyon, Nancy, Nîmes, Poitiers, Rennes, Riom, Toulouse : 0,50 cent. 0/0 ;
Dans quelque acte que ce consentement soit donné, principal ou séparé, — V. Ch. Defrénois, *op. cit.*, n° 202 ;
Sur la somme profitant d'une façon effective de l'antériorité ;
A évaluer, d'accord entre le notaire et son client, en cas d'hypothèque légale indéterminée. — V. Amiaud et Voland, *op. cit.*, n° 239.

~~ Lorsque le consentement à antériorité n'est employé que pour éviter une subrogation, comme dans la pratique du Crédit foncier pour ses prêts, il n'en résulte aucune interversion de rang ; le calcul de l'honoraire proportionnel étant alors sans base, il convient d'allouer le minimum auquel nous arrivons. — V. Amiaud et Voland, *op. cit.*, n° 238.

Minimum :

Lyon, Paris (*Ville de*) et Seine : aucun ; — V. cependant Amiaud et Voland (*op. cit.*, n° 238) qui, par analogie, accordent l'honoraire de 6 fr. ci-après indiqué, ce que justifie l'observation qui vient d'être faite ;
Bastia, Nancy, Orléans, Paris (*ressort*), Rennes, Toulouse : 5 fr. ;
Partout ailleurs : 6 fr.
Indépendamment de l'honoraire de 1 fr. ou de 1 fr. 50, pour réquisition de mention aux hypothèques.
V. Formalités hypothécaires.

~~ Ce qui précède est dit dans l'hypothèse d'un consentement à antériorité donné gracieusement ; si c'était moyennant un prix, il constituerait une vente de gré à gré de droits incorporels, tarifable comme telle. — V. Amiaud et Voland, *op. cit.*, n° 240.

à exécution de testament ou de donation entre époux

En brevet

Rennes, Toulouse : 4 fr.

En minute

(ou, soit en brevet, soit en minute, à part Rennes et Toulouse)

Toulouse : 8 fr.;
Bordeaux, Paris (*Ville de*) et Seine : 9 fr.;
Partout ailleurs : 6 fr.
Honoraire de délivrance, si le consentement ne se borne pas au fait de se soumettre à la volonté du disposant, comme au cas où il est donné au profit d'un conjoint survivant donataire, ou d'une personne morale non encore autorisée, mais vaut délivrance de legs ;
Et alors, ne fût-ce qu'implicitement. — V. Ch. Defrénois, *op. cit.*, n° 236.
V. aussi *Acquiescement. Adhésion.*

CONSIGNATION

à la Caisse des dépôts

Autres que celles effectuées en vertu du décret du 30 janvier 1890,
Dans toute la France : 8 fr.
Mais, et sans distinction entre les diverses consignations possibles, sauf frais de voyage, dans les termes du moins de l'art. 22 des Dispositions générales (n° 52021). — V. Amiaud et Voland, *op. cit.*, n° 317 ; Ch. Defrénois, *op. cit.*, n° 237.

~~ Le fait que le tarif n'alloue pas d'honoraire pour les dépôts faits en vertu du décret du 30 janv. 1890, constitue un nouvel argument en faveur de notre opinion que les intérêts servis par la Caisse sur les sommes consignées à ce titre reviennent aux notaires et non pas aux clients. — V., plus haut, tome III, v° *Comptabilité notariale*, nos 20194 et s.
MM. Amiaud et Voland, bien que d'un autre avis (*op. cit.*, p. 257, note 1), sont obligés

d'avouer qu'en pratique la répartition de ces intérêts est presque toujours impossible. Alors pourquoi ne pas reconnaître une bonne fois qu'ils restent dûment acquis aux notaires, comme nous espérons l'avoir établi ?

Il est vrai que plusieurs jugements ont depuis décidé contre notre opinion ; mais leurs motifs ne soutiennent pas un examen rigoureux : pétition de principe, confusion d'une sorte de dépôt irrégulier avec le dépôt proprement dit, etc. Si cette jurisprudence finit par s'établir, ce qui n'est pas encore certain, car les tribunaux ne sont pas unanimes, c'est que le Notariat ne l'aura que trop mollement combattue.

des frais et honoraires

V. art. 1er, 8 et 22 des Dispositions générales (nos 52015 et s., 52087 et s., 52194 et s.), et *Déboursés. Formalités hypothécaires.*

CONSTITUTION
d'hypothèque

V. Affectation hypothécaire.

de dot

V. Contrat de mariage.

de pension alimentaire

1° En vertu de l'art. 205 C. civ.

Toulouse : 0,15 cent. 0/0 ;
Rouen : 0,25 cent. 0/0 de 1 à 100,000 fr. ; 0,125 0/0 au-dessus ;
Partout ailleurs : 0,25 cent. 0/0 ;
Sur un capital formé de dix fois la prestation annuelle, liquidée comme pour l'enregistrement. — V. Ch. Defrénois, *op. cit.*, no 239.

A quoi il convient, par identité de raisons, d'ajouter les pensions à servir en vertu des art. 206, 207 et 212. — V. Amiaud et Voland, *op. cit.*, no 318 ; Ch. Defrénois, *op. cit.*, no 239.

2° Dans les autres cas

(art. 301, 349, 369, 955)

Toulouse 0,30 cent. 0/0 ;
Rouen : 0,50 cent. 0/0 de 1 à 100,000 fr. ; 0,25 cent. 0/0 au-dessus ;
Partout ailleurs : 0,50 cent. 0/0. ;
Sur la même base.

Minimum dans tous les cas :

Paris (*Ville de*) et Seine : aucun ;
Angers, Bourges, Caen, Nancy, Orléans, Poitiers, Rouen : 4 fr. ;
Toulouse : 6 fr. ;
Partout ailleurs : 5 fr.
V. aussi Bail à nourriture. Constitution de rente perpétuelle ou viagère.

de rente perpétuelle ou viagère

1° A titre gratuit

Dans toute la France : honoraires comme en matière de donation ou de testament, suivant que la rente est constituée par acte entre-vifs ou par acte de dernière volonté ;

Sur un capital formé comme il va être dit pour la constitution à titre onéreux, au cas d'une rente perpétuelle ;

Et sur une évaluation, d'après l'âge du crédi-rentier, s'il s'agit d'une rente viagère, car le tarif n'impose, en tout cas, une base arbitraire que pour la constitution à titre onéreux. — V. Amiaud et Voland, *op. cit.*, no 145 ; *Contrà* Ch. Defrénois, *op. cit.*, no 240.

2° A titre onéreux

Toulouse : 0,75 cent. 0/0 ;
Angers : 1 0/0 de 1 à 100,000 fr. ; 0,50 cent. 0/0 de 100,000 à 300,000 fr. ; 0,25 cent. 0/0 au-dessus ;
Rouen : 1 0/0 de 1 à 100,000 fr. ; 0,50 cent. 0/0 au-dessus ;
Aix, Besançon, Bordeaux, Douai, Limoges, Paris (*Ville de*) et Seine : 1 0/0 ;
Poitiers : 1 fr. 25 0/0 de 1 à 5,000 fr. ; 1 0/0 au-dessus ;
Partout ailleurs : honoraires comme en matière de vente de gré à gré, variant ainsi suivant les choses aliénées. — V. Ch. Defrénois, *op. cit.*, no 240 ;
Sur un capital formé de vingt fois la rente perpétuelle et de dix fois la rente viagère ;
Quel que soit celui porté dans l'acte, ou tout autre équivalent de la constitution. — V. Ch. Defrénois, *op. cit.*, no 240.

Si la rente est servie par des prestations en nature, le capital sur lequel l'honoraire est dû se liquide comme pour la perception du droit d'enregistrement. — V. Ch. Defrénois, *Ibid.*

Observation étant faite, pour la rente viagère, que l'honoraire reste le même, qu'elle soit constituée sur une ou plusieurs têtes, avec ou sans réversion. — V. Ch. Defrénois, *op. cit.*, no 240.

Minimum, à titre gratuit ou à titre onéreux :

Paris (*Ville de*) et Seine : aucun ;
Agen, Bordeaux, Orléans : 5 fr. ;
Bourges, Toulouse : 8 fr. ;
Partout ailleurs : 6 fr.
V. aussi art. 15 et 17 des Dispositions générales. Droit de recette et de comptabilité. Titre nouvel.

Quant à la rente viagère constituée par conversion de l'usufruit légal institué par le nouvel art., 767, C. civ., au profit du conjoint survivant, en vertu de l'avant-dernier alinéa dudit art., c'est, au fond, une opération de partage ; par conséquent, l'honoraire de partage lui est applicable ; et ce, sur l'importance de l'usufruit converti, déterminée par une liquidation pour ordre, sous réserve de l'art. 18 des Dispositions générales.

de servitude

V. Servitude.

CONSULTATIONS

V. ci-dessus, *art. 2 et 3 des Dispositions générales* (nᵒˢ 52015 et s., 52024 et s., 52030. 52042, 52057 et s.).

CONTRAT D'APPRENTISSAGE

(L. 22 fév. 1851)

Partout : 2 fr. seulement.

CONTRAT DE MARIAGE

A son occasion, le tarif confirme notre opinion, suivant laquelle la pluralité d'honoraires est corrélative à la pluralité de droits d'enregistrement, par l'application qu'il fait lui-même de ce principe aux dispositions indépendantes les plus usuelles en cette matière. — V. Ch. Defrénois, *op cit.*, nᵒ 241 ; V. cepend. Amiaud et Voland. *op cit.*, nᵒ 328.

1ᵒ Apports

Paris (*Ville de*) et Seine : 0,25 cent. 0/0 jusqu'à 1,000,000 de fr : 0,125 0/0 au-dessus :

Douai : 0,50 cent. 0/0 de 1 à 50,000 fr. : 0,25 cent. 0/0 de 50,000 à 100,000 fr. ; 0,125 0/0 au-dessus ;

Angers, Caen, Orléans, Rouen : 0,50 cent. 0/0 de 1 à 50,000 fr. ; 0,25 cent. 0/0 au-dessus :

Lyon : 0,50 cent. 0/0 de 1 à 100,000 fr. : 0,25 cent. 0/0 de 100,000 à 300,000 fr. 0,125 0/0 au-dessus ;

Poitiers : 0,50 cent. 0/0 de 1 à 100,000 fr. : 0,25 cent. 0/0 de 100,000 à 1,000,000 de fr. : 0,125 0/0 au-dessus :

Agen, Amiens, Besançon, Bordeaux, Dijon, Montpellier, Nancy, Pau : 0,50 cent. 0/0 de 1 à 100,000 fr. ; 0,25 cent. 0/0 au-dessus ;

Paris (*ressort*), Toulouse : 0,50 cent. 0/0 de 1 à 200,000 fr. ; 0,25 cent. 0/0 au-dessus ;

Riom : 0,75 cent. 0/0 de 1 à 10,000 fr. : 0,50 cent. 0/0 de 10,000 à 50,000 fr. ; 0,25 cent. 0/0 au-dessus ;

Aix : 0,75 cent. 0/0 de 1 à 100,000 fr. : 0,50 cent. 0/0 de 100,000 à 200,000 fr. : 0,25 cent. 0/0 au-dessus ;

Rennes : 1 0/0 de 1 à 5000 fr. ; 0,50 cent. 0/0 de 5,000 à 25,000 fr. ; 0,25 cent. 0/0 au-dessus ;

Nîmes : 1 0/0 de 1 à 5,000 fr. ; 0,50 cent. 0/0 de 5,000 à 50,000 fr. ; 0,25 cent. 0/0 au-dessus ;

Bastia, Bourges, Chambéry, Grenoble : 1 0/0 de 1 à 10,000 fr. ; 0,50 cent. 0/0 de 10,000 à 50,000 fr. ; 0,25 cent. 0/0 au-dessus ;

Limoges : 1 0/0 de 1 à 10,000 fr. ; 0,50 cent. 0/0 de 10,000 à 100,000 fr. ; 25 cent. 0/0 au-dessus ;

Sur les apports cumulés. déduction faite des charges, autrement dit sur l'actif net, réuni, des époux.

Toutefois, l'excédant de passif qui existerait d'un côté ne paraît pas imputable sur l'apport de l'autre futur époux, puisque le contrat de mariage fait nonobstant titre de cet apport. — V. Ch. Defrénois, *op cit*, nᵒ 241.

〜 Des appointements, ou un traitement,

même très élevés, ne constituent pas un apport. au sens de la loi. — V. Amiaud et Voland. *op. cit.*, nᵒ 322.

〜 Par cela seul que les biens des époux sont mentionnés dans le contrat de mariage, l'honoraire est dû ; ainsi. même en l'absence d'une déclaration formelle d'apport. — V. Ch. Defrénois, *op. cit.*, nᵒ 241.

〜 Mais faut-il absolument que ces biens y soient mentionnés, ou, tout au moins, que le contrat en révèle l'existence ? C'est la solution qui. à première vue, semble résulter du texte. Par conséquent. à défaut, comme il arrive souvent dans les contrats de mariage sous le régime de la séparation de biens et parfois sous le régime dotal ou sans communauté. le minimum du contrat de mariage, pourrait seul être réclamé. par application du principe inspirateur de l'art. 6 des Dispositions générales, que les honoraires sont corrélatifs aux droits d'enregistrement. — V. Orange, 13 janv. 1903 (*Revue du Not.*, nᵒ 11173).

Néanmoins, à notre avis, l'honoraire proportionnel est exigible, attendu, — ainsi qu'il résulte des travaux préparatoires, — que le Conseil d'Etat l'a formellement admis ; s'il ne l'a pas exprimé, c'est uniquement, a-t-il déclaré : « parce qu'il n'y a pas lieu de prévoir dans un tarif un honoraire qui reste sous l'empire du règlement amiable. »

Quant à dire, comme le tribunal d'Orange. qui paraît voir dans le fait de ne pas mentionner les apports, une fraude et dissimulation préjudiciable au Trésor, d'où « par suite, autoriser la perception d'honoraires sur les apports non déclarés, serait donner une prime à des agissements indignes de la probité notariale », cela n'est pas sérieux, car lorsque la constatation d'un apport ne présente aucun intérêt réel pour les parties, le devoir du notaire est de leur éviter, en s'abstenant, des droits d'enregistrement inutiles, au point que s'il y donnait lieu surabondamment, on l'accuserait avec bien plus de raison d'avoir occasionné par maladresse des frais qui lui seraient alors et justement laissés pour compte.

Donc, honoraire proportionnel d'apport, sur les bases sus-indiquées, mais à déterminer, en fait, d'un commun accord entre le notaire et les époux. — V. Amiaud et Voland, *op. cit.*, nᵒ 322 ; Ch. Defrénois, *Rép. gén. prat. du Not*, nᵒ 12867.

2ᵒ Dots

En ligne directe et entre époux

Angers, Caen : 0,50 cent. 0/0 de 1 à 50,000 francs ; 0,25 cent. 0/0 au-dessus ;

Paris (*Ville de*) et Seine : 0,50 cent. 0/0 jusqu'à 1,000,000 de francs ; 0,25 cent. 0/0 de 1 à 3,000,000 de fr. ; 0,125 0/0 au-dessus ;

Nancy : 0,75 cent. 0/0 de 1 à 50,000 fr. ; 0,50 cent. 0/0 de 50,000 à 500,000 fr. ; 0,25 cent. 0/0 au-dessus ;

Poitiers : 0,75 cent. 0/0 de 1 à 50,000 fr. ;

0,50 cent. 0/0 de 50,000 à 1,000,000 de francs ; 0,25 cent. 0/0 au-dessus ;

Dijon : 0,75 cent. 0/0 de 1 à 100,000 fr. ; 0,375 0/0 au-dessus ;

Besançon : 0,75 cent. 0/0 de 1 à 100,000 fr, ; 0,50 cent. 0/0 de 100,000 à 200,000 fr. ; 0,25 cent. 0/0 au-dessus ;

Bordeaux : 0,75 cent. 0/0 de 1 à 100.000 fr. ; 0,50 cent. 0/0 de 100,000 à 500,000 fr. ; 0,25 cent. 0/0 au-dessus ;

Toulouse : 0,80 cent. 0/0 de 1 à 200,000 fr. ; 0,50 cent. 0/0 de 200,000 à 500,000 fr. ; 0,25 cent. 0/0 au-dessus ;

Bastia : 1 0/0 de 1 à 10.000 fr. ; 0,50 cent. 0/0 de 10,000 à 50,000 fr. ; 0,25 cent. 0/0 au-dessus :

Riom : 1 0/0 de 1 à 10,000 fr. ; 0,75 cent. 0/0 de 10,000 à 30,000 fr. ; 0,50 cent. 0/0 de 30,000 à 60,000 fr. ; 0,25 cent. 0/0 au-dessus ;

Douai : 1 0/0 de 1 à 10,000 fr. ; 0,75 cent 0/0 de 10,000 à 50,000 fr. ; 0,50 cent. 0/0 de 50,000 à 100,000 fr. ; 0,25 cent. 0/0 au-dessus ;

Amiens : 1 0/0 de 1 à 20,000 fr. ; 0,70 cent. 0/0 de 20,000 à 100,000 fr. ; 0,35 cent. 0/0 de 100,000 à 300,000 fr. ; 0,25 cent. 0/0 au-dessus ;

Orléans : 1 0/0 de 1 à 25,000 fr. ; 0,50 cent. 0/0 de 25,000 à 100,000 fr. ; 0,25 cent. 0/0 au-dessus ;

Rennes : 1 0/0 de 1 à 25,000 fr. ; 0,50 cent. 0/0 de 25,000 à 300,000 fr. ; 0,25 cent. 0/0 au-dessus ;

Limoges : 1 0/0 de 1 à 40,000 fr. ; 0,50 cent. 0/0 de 40,000 à 500,000 fr. ; 0,25 cent. 0/0 au-dessus :

Chambéry, Grenoble : 1 0/0 de 1 à 50,000 fr. : 0,50 cent. 0/0 de 50,000 à 300,000 fr. ; 0,25 cent. 0/0 au-dessus ;

Bourges : 1 0/0 de 1 à 50,000 fr. ; 0,50 cent. 0/0 de 50,000 à 500,000 fr. ; 0,25 cent. 0/0 au-dessus ;

Paris (*ressort*) : 1 0/0 de 1 à 100,000 fr. ; 0,50 cent. 0/0 de 100,000 à 200,000 fr. ; 0,25 cent. 0/0 au-dessus ;

Agen, Lyon, Montpellier : 1 0/0 de 1 à 100,000 fr. ; 0,50 cent, 0/0 de 100,000 à 300,000 fr. ; 0,25 cent. 0/0 au-dessus ;

Aix, Nimes, Pau, Rouen : 1 0/0 de 1 à 100,000 fr. ; 0,50 cent. 0/0 de 100,000 à 500,000 fr. ; 0,25 cent. 0/0 au-dessus.

En ligne collatérale

Paris (*Ville de*) et Seine : 0,50 cent. 0/0 jusqu'à 1,000,000 de francs ; 0,25 cent. 0/0 de 1 à 3,000,000 de francs ; 0,125 0/0 au-dessus :

Bastia : 1 0/0 de 1 à 10,000 fr. ; 0,50 cent. 0/0 de 10,000 à 50,000 fr. ; 0,25 cent. 0/0 au-dessus ;

Douai : 1 0/0 de 1 à 10,000 fr. ; 0,75 cent. 0/0 de 10,000 à 50,000 fr. ; 0,50 cent. 0/0 de 50,000 à 100,000 fr. ; 0,25 cent. 0/0 au-dessus ;

Orléans : 1 0/0 de 1 à 25,000 fr. ; 0,50 cent. 0/0 de 25,000 à 100,000 fr. ; 0,25 cent. 0/0 au-dessus ;

Angers : 1 0/0 de 1 à 50,000 fr. ; 0,50 cent. 0/0

de 50,000 à 600,000 fr. ; 0,25 cent. 0/0 au-dessus ;

Caen, Rennes : 1 0/0 de 1 à 50,000 fr. ; 0,50 cent. 0/0 au-dessus ;

Riom : 1 0/0 de 1 à 50,000 fr. ; 0,75 cent. 0/0 de 50,000 à 100,000 fr. ; 0,50 cent. 0/0 au-dessus ;

Bourges : 1 0/0 de 1 à 50,000 fr. ; 0,75 cent. 0/0 de 50,000 à 100,000 fr. ; 0,50 cent. 0/0 de 100,000 à 500,000 fr. ; 0,25 cent. 0/0 au-dessus ;

Nancy : 1 0/0 de 1 à 50,000 fr. ; 0,75 cent. 0/0 de 50,000 à 300,000 fr. ; 0,50 cent. 0/0 de 300,000 à 600,000 fr. ; 0,25 cent. 0/0 au-dessus :

Poitiers : 1 0/0 de 1 à 50,000 fr. ; 0,75 cent. 0/0 de 50,000 à 1,000,000 de francs ; 0,50 cent. 0/0 au-dessus ;

Amiens : 1 0/0 de 1 à 50,000 fr. ; 0,80 cent. 0/0 de 50,000 à 100,000 fr. ; 0,50 cent. 0/0 de 100,000 à 300,000 fr. ; 0,25 cent. 0/0 au-dessus ;

Paris (*ressort*) : 1 0/0 de 1 à 100,000 fr. ; 0,50 cent. 0/0 de 100,000 à 200,000 fr. ; 0,25 cent. 0/0 au-dessus ;

Agen, Lyon, Montpellier : 1 0/0 de 1 à 100,000 fr. ; 0,50 cent. 0/0 de 100,000 à 300,000 fr. ; 0,25 cent. 0/0 au-dessus ;

Pau, Rouen : 1 0/0 de 1 à 100,000 fr. ; 0,50 cent. 0/0 de 100,000 à 500,000 fr. ; 0,25 cent. 0/0 au-dessus ;

Dijon : 1 0/0 de 1 à 100,000 fr. ; 0,50 0/0 au-dessus ;

Bordeaux, Toulouse : 1 0/0 de 1 à 200,000 fr. ; 0,50 cent. 0/0 de 200,000 à 500,000 fr. ; 0,25 cent. 0/0 au-dessus ;

Aix : 1 fr. 25 0/0 de 1 à 50,000 fr. ; 1 0/0 de 50,000 à 75,000 fr. ; 0,50 cent. 0/0 au-dessus :

Chambéry, Grenoble : 1 fr. 25 0/0 de 1 à 50,000 fr. ; 1 0/0 de 50,000 à 100,000 fr. ; 0,50 cent. 0/0 au-dessus ;

Limoges : 1 fr. 25 cent. 0/0 de 1 à 100,000 fr. ; 0,50 cent. 0/0 au-dessus ;

Besançon : 1 fr. 25 0/0 de 1 à 100,000 fr. ; 0,75 cent. 0/0 de 100,000 à 200,000 fr. ; 0,25 cent. 0/0 au-dessus ;

Nimes : 1 fr. 50 0/0 de 1 à 50,000 fr. ; 1 0/0 de 50,000 à 100,000 fr. ; 0,50 cent. 0/0 au-dessus.

Entre étrangers.

Paris (*Ville de*) et Seine : 0,50 cent. 0/0 jusqu'à 1,000,000 de fr. ; 0,25 cent. 0/0 de 1 à 3,000,000 de francs. ; 0,125 0/0 au-dessus :

Bastia : 1 0/0 de 1 à 10.000 fr. ; 0,50 cent. 0/0 de 10,000 à 50,000 fr. ; 0,25 cent. 0/0 au-dessus ;

Douai : 1 0/0 de 1 à 10.000 fr. ; 0,75 cent. 0/0 de 10,000 à 50,000 fr. ; 0,50 cent. 0/0 de 50,000 à 100,000 fr. ; 0,25 cent. 0/0 au-dessus :

Orléans : 1 0/0 de 1 à 25,000 fr. ; 0,50 cent. 0/0 de 25,000 à 100,000 fr. ; 0,25 cent. 0/0 au-dessus ;

Angers : 1 0/0 de 1 à 50.000 fr. ; 0,50 cent. 0/0 de 50,000 à 600.000 fr. ; 0,25 cent. 0/0 au-dessus ;

Caen, Rennes : 1 0/0 de 1 à 50,000 fr. ; 0,50 cent. 0/0 au-dessus ;

Riom : 1 0/0 de 1 à 50,000 fr. ; 0,75 cent. 0/0 de 50,000 à 100,000 fr. ; 0,50 cent. 0/0 au-dessus ;

Bourges : 1 0/0 de 1 à 50,000 fr.; 0,75 cent. 0/0 de 50,000 à 100,000 fr. ; 0,50 cent. 0/0 de 100,000 à 500,000 fr.; 0,25 cent. 0/0 au-dessus ;

Nancy : 1 0/0 de 1 à 50,000 fr. ; 0,75 cent. 0/0 de 50,000 à 300,000 fr. ; 0,50 cent. 0/0 de 300,000 à 600,000 fr.; 0,25 cent. 0/0 au dessus ;

Poitiers : 1 0/0 de 1 à 50,000 fr. ; 0,75 cent. 0/0 de 50,000 à 1,000,000 de francs ; 0,50 cent. 0/0 au-dessus ;

Amiens : 1 0/0 de 1 à 50,000 fr. ; 0,80 cent. 0/0 de 50,000 à 100,000 fr. ; 0,50 cent. 0/0 de 100,000 à 300,000 fr. ; 0,25 cent. 0/0 au-dessus ;

Paris (*ressort*) : 1 0/0 de 1 à 100,000 fr. ; 0,50 cent. 0/0 de 100,000 à 200,000 fr. ; 0,25 cent. 0/0 au-dessus ;

Agen, Lyon, Montpellier : 1 0/0 de 1 à 100,000 fr.; 0,50 cent. 0/0 de 100,000 à 300,000 fr.; 0,25 cent. 0/0 au-dessus ;

Pau, Rouen : 1 0/0 de 1 à 100,000 fr.; 0,50 cent. 0/0 de 100,000 à 500,000 fr. ; 0,25 cent. 0/0 au-dessus ;

Dijon : 1 0/0 de 1 à 100,000 fr. ; 0,50 cent. 0/0 au-dessus ;

Bordeaux : 1 0/0 de 1 à 200,000 fr. ; 0,50 cent. 0/0 de 200,000 fr. à 500,000 fr. ; 0,25 cent. 0/0 au-dessus ;

Limoges : 1 fr. 25 0/0 de 1 à 100,000 fr. ; 0,50 cent. 0/0 au-dessus ;

Besançon : 1 fr. 25 0/0 de 1 à 100,000 fr. ; 0,75 cent. 0/0 de 100,000 à 200,000 fr. ; 0,25 cent. 0/0 au-dessus ;

Toulouse : 1 fr. 25 0/0 de 1 à 200,000 fr. ; 0,50 cent. 0/0 de 200,000 à 500,000 fr. ; 0,25 cent. 0/0 au-dessus ;

Nîmes : 1 fr. 50 0/0 de 1 à 50,000 fr. ; 1 0/0 de 50,000 à 100,000 fr. ; 0,50 cent. 0/0 au-dessus ;

Chambéry, Grenoble : 1 fr. 50 0/0 de 1 à 50,000 fr. ; 1 0/0 de 50,000 à 100,000 fr. ; 0,50 cent. 0/0 au-dessus ;

Aix : 1 fr. 50 0/0 de 1 à 50,000 fr, ; 1 fr. 25 0/0 de 50,000 à 75,000 fr. ; 0, 50 cent. 0/0 au-dessus.

Le tout, à la différence des apports, calculé sur chaque dot *isolément*, ce qui s'impose d'autant plus que le taux de l'honoraire peut varier pour chaque dot, et, bien que plus rarement, à l'égard d'une même dot, selon la personne du ou des constituants. — V. Amiaud et Voland, *op. cit.*, n° 323 ; Ch. Defrénois, *op. cit.*, n° 241.

L'usage à Paris était de percevoir l'honoraire sur le montant des dots *réunies* ; nous ne pouvons que répéter ce que nous avons déjà dit plusieurs fois : les usages antérieurs aux tarifs se trouvent abrogés par eux. (L. 20 juin 1896, art. 3). — V. *Contrà* Amiaud et Voland, *op. cit.*, p. 265, note 1.

〜 Le texte n'ajoute pas si c'est, comme pour les apports, sur la valeur nette seulement des dots que l'honoraire se liquide ; mais on verra plus loin qu'en matière de donation, il est dû sur la valeur brute des biens donnés, sauf à Paris et dans la Seine, où la valeur nette est seule considérée.

3° Donation éventuelle

Agen, Orléans : 5 fr. ;

Aix, Angers, Caen, Dijon, Douai, Limoges, Nîmes, Poitiers : 6 fr. ;

Nancy, Paris (*ressort*), Pau, Rouen : 8 fr. ;

Toulouse : 12 fr. ;

Ailleurs : — excepté Paris (*Ville de*) et Seine, ci-après indiqués, — 10 fr. ;

Sans préjudice d'un droit proportionnel à percevoir au décès, comme en matière de testament ; sauf à Nancy, où ce droit est de : 0,50 cent 0/0 de 1 à 100,000 fr. ; 0,25 cent. 0/0 au-dessus ;

Paris (*Ville de*) et Seine : pas de droit de rédaction, ni d'honoraires lors du décès.

Au point de vue de l'honoraire, les donations éventuelles entre futurs époux doivent être assimilées aux institutions contractuelles. — V. Ch. Defrénois, *op. cit.*, n°s 241 et 281.

V. aussi n°s 52007 et s., 52149 et s., *et Renonciation.*

〜 Le préciput au profit de la femme constitue une donation éventuelle, lorsqu'on stipule qu'elle y aura droit même en renonçant à la communauté ; aussi l'Enregistrement perçoit-il le droit y afférent; donc, en vertu de l'art. 6 des Dispositions générales, honoraire pareillement de donation éventuelle.

〜 Quant à des libéralités successives entre époux, — V. *Testament.*

V. encore art. 17 des *Dispositions générales.*

4° Institution contractuelle

Agen : 5 fr. ;

Aix, Caen, Dijon, Douai : 6 fr. ;

Nancy, Nîmes, Rouen : 8 fr. ;

Limoges, Lyon, Orléans, Poitiers, Toulouse : 12 fr. ;

Ailleurs : — excepté Paris (*Ville de*) et Seine, ci-après indiqués, — 10 fr. ;

Sans préjudice d'un droit proportionnel à percevoir au décès, comme en matière de testament ; sauf à Nancy, où ce droit est de : 0,75 cent. 0/0 de 1 à 50,000 fr. ; 0,50 cent. 0/0 de 50,000 à 500,000 fr. ; 0,25 cent. 0/0 au-dessus ;

Paris (*Ville de*) et Seine : pas de droit fixe de rédaction, mais honoraire proportionnel lors du décès, comme en matière de testament.

〜 Ainsi qu'on l'a vu tout à l'heure, les donations éventuelles que les futurs époux se font par contrat de mariage sont traitées, relativement à l'honoraire, comme des institutions contractuelles.

〜 Le notaire détenteur du contrat de mariage a droit à cet honoraire malgré des dispositions postérieures, même plus étenducs ; car elles font d'autant moins disparaître les libéralités faites dans le contrat de mariage que celles-ci sont irrévocables. — V. Ch. Defrénois, *op cit.*, n° 281.

Sur les libéralités successives entre époux, — V. à *Testament.*

〜 Sauf, bien entendu, renonciation par le donataire ; pourvu qu'elle soit sincère, c'est-à-dire vraiment abdicative. — V. Ch. Defrénois, *op. cit.*, n°s 126 et 281 ; *Contrà* Amiaud et Voland, *op. cit.*, n°s 148 et 409.

V. aussi n°s 52007 et s. 52149 et s., *et Renonciation.*

5° Promesse d'égalité

Paris (*Ville de*) et Seine : rien, même lors du décès, car il n'en résulte aucune transmission ;
Limoges : 5 fr. ;
Toulouse : 8 fr. ;
Agen, Chambéry, Grenoble, Pau : 10 fr. ;
Partout ailleurs : 6 fr.

6° Société de ménage

Agen : 4 fr. ;
Bordeaux : 6 fr. ;
Partout ailleurs, où, du reste, elle n'est guère usitée : sans indication spéciale.

7° Clauses diverses

La stipulation, si généralement usitée, que le survivant des époux aura, si bon lui semble, la faculté de conserver l'exploitation agricole ou le fonds de commerce, etc., opère l'exigibilité d'un droit distinct d'enregistrement, lorsqu'il est dit que les héritiers du prédécédé seront tenus de lui passer bail des immeubles nécessaires.

Un honoraire particulier est donc alors également dû de ce chef (art, 6 des Dispositions générales) ; c'est celui de promesse de bail, et au minimum des baux de gré à gré, puisqu'on ignore quel sera le fermage ou le loyer.

Minimum du contrat :

Caen, Nancy : 12 fr. ;
Aix, 20 fr, ;
Paris (*Ville de*) et Seine : 25 fr. ;
Partout ailleurs : 15 francs.

Ce minimum ne s'applique que si, réunis, tous les honoraires afférents aux divers faits et conventions constatés par le contrat de mariage lui sont inférieurs. — V. Ch. Defrénois, *op. cit.*, n° 241.

D'après MM. Amiaud et Voland (*op. cit.*, n° 329) le minimum ne comprendrait que les conventions matrimoniales proprement dites et les constitutions de dot ; les donations éventuelles, institutions contractuelles, sociétés de ménage et promesses d'égalité donnant droit, en outre, à l'honoraire de rédaction qui leur est particulier ;

Mais il n'y a qu'à voir la place où le minimum du contrat est inscrit dans les divers tarifs, c'est-à-dire seulement après l'énumération de toutes les dispositions indépendantes ordinaires, pour être obligé de reconnaître qu'il porte, au contraire, sur l'ensemble, et qu'aucune distinction n'est possible.

Appendice

Non célébration du mariage

Lorsque le contrat n'est point suivi de célébration, — dans toute la France : honoraire par rôles de minute, à titre de simple projet, car ici ce n'est bien qu'un projet, resté sans suite.

Si donc les honoraires ci-dessus lui avaient été déjà versés, le notaire devrait restituer la différence. — V. Amiaud et Voland, *op. cit.*, n° 330 ; Ch. Defrénois, *op. cit.*, n° 241.

Résiliation expresse du contrat

Bastia : 5 fr. ;
Angers, Bourges, Caen, Chambéry, Dijon, Douai, Grenoble, Limoges, Orléans, Paris (*ressort*), Pau, Poitiers, Rennes, Riom, Rouen, Toulouse : 8 fr. ;
Bordeaux : 9 fr. ;
Agen, Aix, Amiens, Lyon, Montpellier, Nancy, Nîmes : 10 fr. ;
Besançon, Paris (*Ville de*) et Seine : 12 fr.

Et ce, indépendamment de l'honoraire qui vient d'être indiqué, sur le contrat demeuré caduc. — V. Ch. Defrénois, *op. cit.*, n° 241.

V. aussi *Contre-lettre. Dépôt (d'extraits de contrats de mariage, et d'actes de société).*

CONTRE-LETTRE A CONTRAT DE MARIAGE

Dans toute la France : honoraires comme en matière de contrat de mariage.

C'est-à-dire qu'il faut supposer le contrat de mariage rédigé dès le début tel qu'il devient par suite de la contre-lettre qui s'y incorpore, et percevoir ou rétablir sur cette base l'honoraire proportionnel. — Cpr. Amiaud et Voland, *op. cit.*, n° 332 ; Ch. Defrénois, *op. cit.*, n° 242 ;

La contre-lettre donnant toujours lieu, d'ailleurs, pour elle-même, au minimum suivant, et, ici, indépendamment du minimum du contrat.

Minimum :

Montpellier, Paris (*Ville de*) et Seine, Riom : aucun ;
Rouen : 5 fr. ;
Agen : 6 fr. ;
Aix, Angers, Besançon, Bourges, Dijon, Limoges, Nancy, Orléans, Pau, Rennes, Toulouse : 8 fr. ;
Bordeaux : 9 fr. ;
Bastia, Caen, Lyon, Paris (*ressort*) : 10 fr. ;
Chambéry, Douai, Grenoble, Nîmes : 12 fr. ;
Amiens, Poitiers : 15 fr.

CONTRIBUTIONS

V. Distribution de deniers.
V. aussi *Ordre.*

CONTRIBUTIONS DIRECTES

(Leur versement, s'il n'a pas eu déjà lieu, que le notaire est tenu de faire après adjudication soit de fruits et récoltes, soit de meubles et objets mobiliers)

Bordeaux, Lyon, Marseille, Paris, Rouen et Toulouse (*les villes*) : 4 fr. ;

Partout ailleurs : 3 fr.

(L. 18 juin 1843, art. 1er ; D. 5 nov. 1851. art. 4).

CONTROLE

V. Règlement amiable.

CONVENTION

V. Indivision. Mitoyenneté, et aux diverses matières.

CONVENTION CONTRAIRE

V. nos 52065 et s., 52116 et s.

CONVENTION PRINCIPALE

V. art. 6 des Dispositions générales (nos 52080 et s., 52084 et s.).

CONVENTIONS DÉPENDANTES OU INDEPENDANTES

V. Dispositions dépendantes. Dispositions indépendantes.

CONVERSION

de prix

V. Vente (de gré à gré d'immeubles).

d'usufruit

V. Constitution de rente.

de valeurs

V. Certificat de propriété. Certification de signature. Transfert de valeurs.

COPIE

V. Expédition. Extrait. Grosse. Rôles.

COPIE COLLATIONNÉE

Droit fixe de 5 fr., plus les rôles d'expédition.

D'après décisions de la Chancellerie, des 25 août 1848, 27 oct. 1849, 24 mai 1850, 6 oct. 1855 et 29 janv. 1902, dans le cas de saisie, à l'occasion d'une information sous inculpation de faux, de la minute d'un acte notarié, il convient de s'en tenir aux dispositions des art. 448 et s., C. instr. crim., et spécialement à celle de l'art. 455 relatif au déplacement d'une pièce authentique ;

L'art. 22, L. 25 vent. an XI, qui autorise le notaire à faire une copie figurée de l'acte avant dessaisissement de la minute, ne s'applique qu'aux instances civiles (art. 203 et 221, C. de procéd. civ.) ;

Par suite, lorsqu'une information est suivie à la requête du Procureur de la République,

la pièce arguée de faux doit être déposée au greffe aussitôt qu'elle est produite et une copie collationnée, faite par le greffier, est remise au notaire pour tenir lieu de l'acte déposé ;

Lorsqu'un notaire se substitue par erreur au greffier, il n'a droit, pour la confection de ladite copie, qu'aux émoluments qui auraient été accordés à ce dernier ;

La même règle doit, en présence des termes généraux de l'art. 455 précité, être suivie pour le déplacement de minutes destinées à servir de pièces de comparaison.

V. aussi *art. 21 des Dispositions générales* (no 52191).

COPIE FIGURÉE

Rôles de minute, plus vacations, par règlement amiable. — *V.* Amiaud et Voland, *op. cit.*, no 182 ; Ch. Defrénois, *op. cit.*, no 157 ;

Outre frais de voyage, s'il y a lieu.

V. art. 21 des Dispositions générales (no 52193).

COPIE INUTILE, NULLE

V. art. 5 et 13 des Dispositions générales (nos 52073 et s., 52078 et s., 52135).

COPROPRIÉTÉ

V. Compte. Indivision.

CORRESPONDANCE

V., notamment, *art. 8 des Dispositions générales* (no 52087) et *Formalités hypothécaires. Frais à débourser.*

COUPES DE BOIS

V. Vente.

CRÉANCE

V. Délégation. Liquidation des honoraires. Transport. Vente.

CRÉDIT

1° Ouverture de crédit

Nancy : honoraires comme en matière d'obligation ;

Paris (*Ville de*) et Seine : avec réalisation du crédit, honoraires comme en matière d'obligation ; sans réalisation, moitié de ces honoraires ;

C'est-à-dire soit 1 fr., ou 50 cent., ou 25 cent. 0/0, par décroissance, soit seulement la moitié ; la distinction dans les obligations, suivant que les fonds sont ou non versés à la vue des notaires, ayant toujours ici été remplacée par celle que le crédit est ou non immédiatement réalisé. — V. Amiaud et Voland, *op. cit.*, no 337 ;

Ce qui amène l'application des deux taux, en cas de réalisation partielle constatée dans l'acte, comme lorsque le créditeur fait entrer dans le montant du crédit alloué les avances qu'il a déjà consenties au crédité ;

Partout ailleurs : avec garantie (hypothécaire ou autre), honoraires comme en matière d'obligation ; sans garantie, moitié des mêmes honoraires.

Si la garantie était donnée par un tiers, l'honoraire d'affectation hypothécaire, de cautionnement, etc, serait en outre applicable. — V. Amiaud et Voland, *op. cit.*, n° 335.

Minimum :

Paris (*Ville de*) et Seine : aucun ;
Agen : 6 fr. ;
Partout ailleurs : 5 fr.

2° Réalisation de crédit

Par le même acte

Disposition dépendante, sauf Seine.

Par acte séparé

Paris (*Ville de*) et Seine : moitié des honoraires perçus en matière d'obligation ;
Limoges, Poitiers : 4 fr. ;
Toulouse : 8 fr. ;
Partout ailleurs : 6 fr.

CURATELLE

d'individu pourvu d'un conseil judiciaire ou de mineur émancipé

V., ci-dessus, *art. 3 des Dispositions générales* (n°s 52030, 52044, 52056, 52057 et s.).

à succession vacante

V., ci-dessus, *art. 3 des Dispositions générales* (n°s 52030, 52043, 52057 et s.).

DATION EN PAIEMENT

Dans toute la France : honoraires comme en matière de vente de gré à gré, variant ainsi selon la nature des choses transmises : immeuble, objet mobilier, créance, etc. — V. Amiaud et Voland, *op. cit.*, n° 338 ; Ch. Defrénois, *op. cit.*, n° 247.

Minimum :

Agen, Paris (*Ville de*) et Seine : aucun ;
Ailleurs : 5 fr.

DÉBOURSÉS

V., ci-dessus, *art. 1er, 8, 9 et 22 des Dispositions générales* (n°s 52015 et s., 52087 et s., 52091 et s., 52194 et s.), *et aux diverses matières.*

Ledit art. 8, faisant désormais une obligation formelle aux notaires d'exiger la consignation préalable de leurs déboursés, la clause (dont la validité était d'ailleurs, même auparavant, contestable,) par laquelle ces déboursés seraient productifs d'intérêts, ne peut donc plus figurer dans les actes.

DÉCÈS

V. *Contrat de mariage. Dispositions subor-*données *au décès. Donation entre époux. Donation éventuelle. Testament.*

DÉCÈS DE NOTAIRE

V. *art. 12 des Dispositions générales* (n°s 52112 et s.).

DÉCHARGE

1° d'exécution testamentaire, d'objets mobiliers, de cautionnement, de mandat, de pièces, de solidarité

Par acte où la décharge constituerait une disposition dépendante

Aucun honoraire particulier.

Par acte distinct

En brevet

Paris (*Ville de*) et Seine : 4 fr. 50 ;
Partout ailleurs : 4 fr.

En minute

Aix : 8 fr. ;
Paris (*Ville de*) et Seine : 9 fr. ;
Ailleurs : 6 fr. ;
Le tout, — en cas de réunion de décharges diverses, — plus 2 fr. par chaque partie en sus de la première, suivant ce qui a été dit. V° *Acceptation de cession, etc.* — V. *Contrà* Amiaud et Voland, *op. cit.*, n° 339.

C'est à l'honoraire qui précède qu'a droit un notaire, sur l'acte par lequel il remet, contre décharge, le prix de ventes mobilières qu'il a été chargé d'encaisser. — V. Amiaud et Voland, *op. cit.*, n° 340.

2° de dépôt de sommes ou valeurs

On vient de voir la décharge de ce qui avait été reçu en vertu d'un *mandat ;* il s'agit maintenant de celle des sommes et valeurs qui faisaient l'objet d'un *dépôt.* — V. Ch. Defrénois, *op. cit.*, n° 249 ; *Contrà* Amiaud et Voland, *op. cit.*, n° 341.

Voici leur tarif :
Bordeaux : 0,10 cent. 0/0 ;
Paris (*Ville de*) et Seine : 0,125 0/0 ;
Chambéry, Grenoble : 0,25 cent. 0/0 de 1 à 10,000 fr. ; 0,125 0/0 au-dessus ;
Paris (*ressort*), Rennes : 0,25 cent. 0/0 de 1 à 20,000 fr. ; 0,125 0/0 au-dessus ;
Nancy, Orléans : 0,25 cent. 0/0 de 1 à 50,000 fr. ; 0,125 0/0 au-dessus ;
Besançon : 0,25 cent. 0/0 de 1 à 100,000 fr. ; 0,125 0/0 de 100,000 à 200,000 fr. ; 0,0625 0/0 au-dessus ;
Aix : 0,25 cent. 0/0 de 1 à 100,000 fr. ; 0,125 0/0 au-dessus ;
Toulouse : 0,25 cent. 0/0 de 1 à 200,000 fr. ; 0,125 0/0 au-dessus ;
Ailleurs : 0,25 cent. 0/0 ;
Que la décharge soit donnée à un particulier ou à un officier public, peu importe ; le tarif, à la différence de l'enregistrement, ne faisant pas de distinction entre eux. — V. Ch. Defrénois, *op. cit.*, n° 249.

Minimum :

Paris (*Ville de*) et Seine : aucun ;
Poitiers : 3 fr. ;
Besançon, Bourges, Caen, Douai, Nancy :
4 fr. ;
Aix, Bordeaux, Chambéry, Grenoble : 6 fr. ;
Partout ailleurs : 5 fr.
V. aussi *Délivrance de legs.*

DÉCLARATION DE SUCCESSION

1° S'il y a liquidation faite ou en cours

Rouen : 0,10 cent. 0/0 de 1 à 100,000 fr. ;
0,05 cent. 0/0 au-dessus ;
Ailleurs : — excepté Paris (*Ville de*) et
Seine, ci-après indiqués — 0,05 cent. 0/0 ;

2° En cas contraire

Douai : 0,15 cent. 0/0 ;
Ailleurs : — excepté Paris (*Ville de*) et
Seine, ci-après indiqués — 0,10 cent. 0/0 ;
Le tout sur les biens et valeurs énoncés
dans la déclaration de succession, état de
meubles compris.

Minimum :

Toulouse : 5 fr. ;
Angers : 6 fr. ;
Ailleurs : 4 fr.

⁓ Rien de plus simple, lorsque la détermination de la succession n'implique dans la déclaration aucune liquidation de reprises ou de communauté : l'honoraire se perçoit sans aucun doute sur tous les biens et valeurs *énoncés*, puisqu'ils sont tous *déclarés*.

⁓ Mais, en cas de liquidation pour ordre, la déclaration mentionne d'autres biens que ceux revenant à la succession et seuls soumis au droit de mutation par décès.

L'honoraire est alors dû sur tout ce qui y a figuré pour arriver à établir la succession, en d'autres termes tant les biens de la communauté que les reprises en nature de la succession.

D'abord, c'est ce qu'exprime formellement le tarif, qui parle toujours des biens et valeurs *énoncés* dans la déclaration, et jamais des biens et valeurs seulement *déclarés*, ce qui, sous la plume de ses rédacteurs, dont plus de la moitié étaient des praticiens expérimentés, incapables de prendre un mot pour un autre, est tout à fait significatif.

Et certes, ils ont eu raison de statuer ainsi, car l'allocation de l'honoraire sur l'ensemble se justifie si bien que le contraire ne serait vraiment pas équitable.

En effet, d'une part, la déclaration devient alors plus difficile à dresser, et souvent même beaucoup plus difficile, que dans l'hypothèse précédente, surtout depuis que la déduction des dettes complique encore le travail, ce qui mérite évidemment une rémunération supérieure ; aussi le tarif, tout en maintenant les mêmes bases, n'accorde-t-il qu'un taux en gé-

néral moitié moindre *quand il y a déjà liquidation faite ou en cours;*

Et, d'autre part, le service rendu aux parties est parfois incomparablement plus grand, à raison des distractions, des prélèvements, des retranchements qui s'en trouvent admis plus volontiers par le fisc, à leur grand avantage. — V. Amiaud et Voland, *op. cit.*, n° 360 ; Trib. Vienne, 2 nov. 1900 (*Rev. du not.*, n° 11210) ; *Contrà* Ch. Defrénois, *op. cit.*, n° 261.

Bien plus ! par identité de motifs, les valeurs *énoncées*, sur lesquelles doit se liquider l'honoraire, comprennent les récompenses, les indemnités, en un mot ce qu'en notariat on nomme *valeurs fictives*. — V. Amiaud et Voland, *op. cit.*, n° 361.

Pourtant, un jugement rendu par le tribunal de Nantes, le 23 juill. 1903, repousse insouciamment cette théorie, sans même s'être donné la peine d'essayer une réfutation sérieuse des raisons susexprimées qui la motivent. .

« Attendu, dit-il, que le tarif mentionne les
« valeurs énoncées dans la déclaration et non
« des valeurs énoncées dans la liquidation
« sommaire faite pour y parvenir ; qu'admettre
« que ces mots du décret de 1898 « biens et
« valeurs énoncés dans les déclarations » s'ap-
« pliquent aux valeurs quelconques énoncées
« à l'occasion d'une déclaration de succession
« conduirait à des conséquences absurdes,
« iniques ; que telle n'a pu être la pensée et la
« volonté des rédacteurs de l'article et du Con-
« seil d'Etat qui l'a approuvé ;

« Attendu qu'en effet, supposons un notaire
« déclarant que le *de cujus* possédait de son
« vivant un dixième dans un immeuble indivis
« valant un million, est-il admissible que ce
« notaire vienne percevoir 1,000 francs d'hono-
« raires pour avoir simplement énoncé dans
« sa déclaration que l'immeuble peut être
« évalué à un million ? qu'allant plus avant
« dans le raisonnement par l'absurde, il suffi-
« rait au notaire d'énoncer que l'héritier est
« fondé pour une part infime, un cent millième,
« par exemple, dans une société minière ou
« une compagnie d'assurances au capital de
« 100 millions pour qu'il prétende à 10,000 francs
« d'honoraires, alors que la part sur laquelle
« le droit successoral est perçu, n'est que de
« 1,000 francs. »

Sur le premier attendu, et puisque le tribunal invoque la pensée et la volonté des rédacteurs de l'article, il est facile de lui répondre par le témoignage même de MM. Amiaud et Voland, qui, tous deux, en faisaient partie. Voici ce qu'ils rapportent à cet égard (*op. cit.*, n° 360) :

« Ni la Commission du tarif, ni le Conseil d'Etat, en parlant des biens *énoncés* dans la déclaration, n'ont entendu désigner les biens *soumis* aux droits de mutation.

« Si telle eût été leur intention, ils l'auraient

exprimée de manière à ne laisser place à aucun doute. Ils ont manifestement voulu, au contraire, autoriser la perception de l'honoraire sur la base la plus large et de la manière la plus conforme à l'équité et à la nature du travail et du service rendu.

« La liquidation préalable est l'élément principal de ce travail. Cela est si vrai que, lorsqu'elle est facilitée par un acte de liquidation antérieure, le taux de l'honoraire est réduit. Or, la liquidation préalable porte sur tous les biens communs, qu'ils soient ou non soumis à l'impôt.

« D'un autre côté, qui ne sait combien sont délicates les justifications à fournir pour faire admettre par l'enregistrement des déductions !...

« Et si, un jour (*hypothèse réalisée depuis par la loi du 25 fév. 1901*), la réforme de la loi fiscale permettait de déduire le passif pour le paiement des droits, combien ne serait-il pas injuste, de ne faire porter l'honoraire que sur l'actif net, sans rétribuer le travail, certainement difficile, de la justification des retranchements à opérer sur la masse ! Si éloignée que puisse être la réalisation de cette juste réforme, cependant *elle a été prévue par la Commission du tarif* ET ELLE A ÉTÉ L'UN DES ÉLÉMENTS QUI ONT MOTIVÉ SA DÉCISION. »

Quant à l'autre attendu, c'est avec stupéfaction que nous l'avons lu, et il nous est infiniment pénible d'être obligé d'en parler. Mais nos devoirs de juriste et l'absolue impossibilité qu'il y a de laisser sacrifier par de telles facéties des intérêts respectables, priment tout. Le tribunal nous permettra donc de dire que ce qui est absurde ici, c'est son raisonnement, et que jamais un seul notaire n'a eu et n'aura, — nous nous en portons fort, — l'idée de pareilles énormités : le notariat est trop, pour cela, le pays du bon sens.

Autrement, le tribunal aurait eu bien tort de s'arrêter en si beau chemin. Pendant qu'il y était, pourquoi n'a-t-il pas de suite imaginé que le notaire, si on ne le refrénait point d'importance, en arriverait à énoncer, par exemple, une bicoque à Paris, ayant soin d'ajouter, à ce que nul n'en ignore, que Paris est sis dans la France, située elle-même en Europe, partie de notre terre, minuscule parcelle à son tour de l'espace sans bornes..., afin de liquider son honoraire sur la valeur (*estimative !*) de l'immensité ?

On voit que nous serions en plein dans l'opérette ; néanmoins, sauf l'outrance, c'est bien là le raisonnement que le tribunal de Nantes prête trop gratuitement au notaire de fantaisie qu'il se figure, et dont il l'accable ensuite aisément.

Seulement ! il est inexact, pour ne pas prendre un terme moins parlementaire, tout ce qu'il y a de plus inexact, d'avancer que ces indications complémentaires, aussi ridicules que superflues, constituent des énonciations au sens de la loi. Elle parle des biens ! mais respectivement aux parties, c'est-à-dire de *leurs* biens. Or, par rapport à celles-ci, le dixième qu'elles auraient d'un immeuble indivis, n'est qu'un *dixième* de cet immeuble, aucunement l'immeuble entier, et quand elles l'énoncent, elles énoncent exclusivement ce *dixième ;* une action de société n'est qu'*une* action, une simple part de cette société, nullement l'intégralité du capital social, et quand elles l'énoncent, elles énoncent *uniquement* cette action, en tout et pour tout.

Ce n'est donc pas sans tristesse que nous avons dû rappeler ainsi l'*A b c* du droit, en quelque sorte, pour réfuter des objections aussi vides.

M. Ch. Defrénois (*Rép. gén. prat. du not.*, nº 13368) s'en accommode cependant, car il enregistre purement et simplement le jugement critiqué, non seulement sans la moindre protestation, mais comme étant conforme à son opinion. Celle-ci en reçoit même un peu trop d'appui, pour l'intérêt du Notariat. Aussi, croit-il prudemment devoir ajouter : « toutefois les dispositions de la loi du 25 février 1901 autorisant la déduction du passif en matière de mutation par décès, il semblerait rationnel que l'honoraire proportionnel de déclaration de succession fût perçu non sur l'actif brut de la succession, mais sur la part virile du défunt, dans l'actif de communauté, sans tenir compte des dettes dont la Régie admet la déduction. »

Effort tardif et bien chanceux pour échapper à des conséquences reprochables ! Il ne fallait pas d'abord s'enliser dans un faux principe, recélant, — si le correctif proposé n'est pas admis, — cet étrange résultat possible, à savoir que : plus, par l'existence d'un passif, une déclaration de succession se trouve compliquée et difficile, moins le notaire se verra rémunéré de son savoir et de ses peines ; et, ce qui est un comble, plus il aura réussi par son habileté à faire déduire de ce passif, plus ce sera à son propre détriment, en se sacrifiant lui-même. Puisque le tribunal aime les raisonnements par l'absurde, le voilà : l'absurde !

Mais, disons-le, pour conclure : il ne saurait légalement, d'après les termes mêmes du tarif, exister de moyenne mesure ; c'est tout l'un ou tout l'autre ; l'honoraire n'a que deux bases possibles de liquidation : soit l'ensemble des biens dont la déclaration a nécessité l'énonciation, soit seulement ceux qui, finalement, sont soumis aux droits. Dans ce dernier système, toute restriction n'est que de l'illogisme, qui ne tiendrait du reste pas un instant, si la théorie du tribunal de Nantes était vraiment fondée.

Nous sommes convaincu d'avoir péremptoirement établi qu'elle est, au contraire, en opposition directe avec la loi et avec l'équité ; on peut donc espérer qu'elle ne fera pas jurisprudence ; heureusement pour le Notariat ! qui en subirait un préjudice aussi considérable qu'injustifié.

⟳ Il résulte de tout cela que c'est sur l'actif brut, sans avoir à en déduire le passif, que le notaire a droit à l'honoraire de déclaration. — V. Amiaud et Voland, *op. cit.*, n° 360.

⟳ Toutefois, le principe de l'art. 18 des Dispositions générales agit ici comme à l'égard des actes proprement dits ; une même valeur n'est donc qu'une seule fois sujette à l'honoraire, bien que revenant dans plusieurs opérations successives de la déclaration. — V. Amiaud et Voland, *op. cit.*, n° 360.

Mais *de la même déclaration*, conformément audit art. 18 ;

Si donc une communauté entre époux n'a pas encore été liquidée lorsque le survivant d'eux vient à mourir, la déclaration de la succession de celui-ci entraîne l'honoraire sur tout l'actif de cette communauté, quoiqu'il ait été déjà perçu intégralement au décès du prémourant.

⟳ Notre doctrine résout encore l'hypothèse d'une déclaration négative, au cas où, un mari étant décédé sans posséder aucun propre, l'actif de la communauté se trouve absorbé par les reprises de la femme.

Dans l'opinion contraire à la nôtre, il ne serait dû qu'un droit fixe : le minimum alloué ; mais comme ce serait souvent dérisoire en présence du travail nécessaire accompli, on propose, à la place, d'accorder des vacations, ce qui est arbitraire et illogique, du moment que le tarif prévoit un minimum. — V. Ch. Defrénois. *op. cit.*, n° 261.

Pour nous, aucune difficulté : honoraire sur les biens et valeurs de communauté, puisqu'ils sont énoncés.

⟳ Pas de question, si ce sont les reprises du mari défunt qui épuisent l'actif de la communauté, car alors tous les biens et valeurs composant celle-ci deviennent biens et valeurs de sa succession.

Cette succession reste limitée aux propres et à l'actif commun, quand même la communauté serait insuffisante pour le prélèvement des reprises, la femme survivante n'étant jamais tenue du paiement de la différence. Mais le mari est au contraire débiteur des reprises en deniers de sa femme sur la communauté. Dans la déclaration après le décès d'une femme qui n'est pas complètement désintéressée de ses reprises par la préhension de la totalité des biens et valeurs de la communauté, il faut donc ajouter la créance de la succession contre le mari pour le déficit, et l'honoraire s'y étend. — V. Amiaud et Voland, *op. cit.*, n° 361.

⟳ Le tarif porte : Etat de meubles compris ; ainsi, lorsqu'à défaut d'inventaire et de partage, cet état est exigé, l'honoraire de déclaration le comprend.

Au point même que le pouvoir pour passer la déclaration, libellé au bas de cet état, s'en trouve lui-même affranchi d'honoraire. — V. Amiaud et Voland, *op. cit.*, n° 363.

Mais, donné en dehors, motive-t-il une rétribution particulière ? Le tarif n'en dit rien. Or, ce pouvoir n'est pas nécessité par la déclaration en soi ; l'héritier ne le confère que par empêchement ou pour ses convenances personnelles ; pourquoi ne le paierait-il pas ? Donc, émolument ; à l'amiable, puisqu'il n'a pas été prévu par le tarif ; en somme, règlement suivant l'usage local. — V. Amiaud et Voland, *op. cit.*, n° 363 ; *Contrà* Ch. Defrénois, *op. cit.*, n° 261.

⟳ Quant à Paris (*Ville de*) et Seine,

S'il y a eu inventaire fait après le décès : moitié des rôles de l'inventaire ;

A défaut d'inventaire : moitié des rôles de la liquidation ;

S'il n'y a eu ni inventaire, ni liquidation : 0.125 0/0 sur les biens et valeurs énoncés dans la déclaration ;

Sans minimum.

V. aussi n° 52015.

⟳ C'est ainsi que le tarif a entendu rétribuer la déclaration de succession, dans les conditions naturellement où elle avait lieu lors de sa confection.

Mais, depuis la loi du 25 fév. 1901, le travail du notaire s'est trouvé bien augmenté par l'admission de la déduction des dettes, au point que souvent l'émolument primitif serait dérisoire. Equitablement, il doit en résulter un complément de rémunération à son profit. Nous considérons donc la confection des états, les attestations supplémentaires, les conférences et les démarches qu'elles peuvent nécessiter, ainsi que le transport au domicile des créanciers pour y prendre leur signature lorsqu'ils ne voudront pas venir la donner, etc, etc, comme distincts de la déclaration prévue par le tarif et justifiant dès lors un honoraire spécial (rôles de minute ou vacations), conformément à l'art. 3 des Dispositions générales ; outre des frais de voyage, le cas échéant, selon l'art. 22.

DÉCLARATIONS DIVERSES

pure et simple

C'est-à-dire de laquelle il ne résulte ni libération, ni obligation, ni transmission.

Dans toute la France : honoraires par rôles de minute.

Excepté les déclarations spéciales tarifées autrement parmi celles qui suivent.

d'apport ou de fortune

Dans toute la France : honoraires par rôles de minute ;

Que le contrat de mariage soit ensuite reçu par le même notaire ou non. — V. Ch. Defrénois, *op. cit.*, n° 253.

d'emploi ou de remploi

(par acte séparé)

Dans toute la France : honoraires comme en matière d'acceptation d'emploi.

V. ces mots.

Spécialement, l'honoraire de déclaration de remploi à raison d'acte séparé, c'est-à-dire lorsque la déclaration ne constitue pas une disposition dépendante, reçoit son application en cas de remploi fait par anticipation. — V. Amiaud et Voland, *op. cit.*, n° 348.

d'hypothèque

Caen, Chambéry, Grenoble : 4 fr. ;
Paris (*Ville de*) et Seine : 9 fr. ;
Bordeaux : 10 fr. ;
Partout ailleurs : 6 fr.

de command

Dans le contrat même de vente ou le procès-verbal d'adjudication

Disposition dépendante, puisqu'elle l'est pour l'enregistrement.

Par acte séparé

Paris (*Ville de*) et Seine : 9 fr., si la déclaration ne contient aucune disposition nouvelle : fractionnement d'un lot, prorogation de délai, etc., et se fait à la suite d'un acte reçu par le même notaire ; dans le cas contraire : 0,10 cent. 0/0 ;

Partout ailleurs : 4 fr. jusqu'à 1,000 fr. ; 8 fr. jusqu'à 5,000 fr. ; 12 fr. jusqu'à 10,000 fr. ; 16 fr. au-dessus.

Et ce, quand même la déclaration n'interviendrait qu'après l'expiration du délai de vingt-quatre heures spécial à l'enregistrement, si les parties, comme elles le peuvent, en avaient stipulé un plus long. — V. Amiaud et Voland, *op. cit.*, n° 346 ; Ch. Defrénois, *op. cit.*, n° 251 ;

Mais non passé le délai conventionnel, ou si la faculté d'élire command n'avait pas été réservée, car il se produit alors, à tous les points de vue, une nouvelle transmission, passible à ce titre de l'honoraire normal de vente. — V. *Contrà* Ch. Defrénois, *op. cit.*, n° 251.

〰 Jamais il n'est dû de frais de voyage pour l'enregistrement de la déclaration, malgré le déplacement exceptionnel occasionné par la nécessité de la présenter d'urgence à la formalité ; l'obligation du notaire de faire enregistrer ses actes gratuitement, comme une stricte conséquence de leur réception, n'admettant pas d'exception. — V. Amiaud et Voland, *op. cit.*, n° 347 ; Ch. Defrénois, *op. cit.*, n° 251.

de grossesse

Caen, Orléans : 4 fr. ;
Aix, Paris (*ressort*), Riom : 6 fr. ;

Toulouse : 8 fr. ;
Paris (*Ville de*) et Seine : 9 fr. ;
Partout ailleurs : 10 fr.

de mobilier

(Pour éviter une confusion)

Dans toute la France : honoraires par rôle de minute.

de paternité

Caen, Orléans : 4 fr. ;
Aix, Paris (*ressort*), Riom : 6 fr. ;
Toulouse : 8 fr. ;
Paris (*Ville de*) et Seine : 9 fr. :
Partout ailleurs : 10 fr.

de privilège de second ordre

1° Si elle est faite à la suite d'un acte d'emprunt reçu dans la même étude

Aix : 5 fr. ;
Agen, Amiens, Bastia, Nancy, Nîmes : 6 fr. ;
Paris (*Ville de*) et Seine : 9 fr. ;
Partout ailleurs : 8 fr.

2° Dans les autres cas

Nîmes, Riom : 0,25 cent. 0/0 ;
Pau : 0,30 cent. 0/0 ;
Montpellier : 0,50 cent. 0/0 de 1 à 100,000 fr. ; 0,25 cent. 0/0 de 100,000 à 300,000 fr. ; 0,125 0/0 au-dessus ;
Amiens, Paris (*Ville de*) et Seine, Rouen : 0,50 cent. 0/0 de 1 à 100,000 fr. ; 0,25 cent. 0/0 au-dessus ;
Partout ailleurs : 0,50 cent. 0/0.

Minimum :

Paris (*Ville de*) et Seine : aucun ;
Bourges, Chambéry, Grenoble : 4 fr. ;
Angers, Besançon, Nancy, Poitiers, Rouen : 6 fr. ;
Bordeaux : 8 fr. ;
Partout ailleurs : 5 fr.

de souscription

V. Société.

estimative

V. art. 15 des Dispositions générales (n°s 52142 et s., 52147 et s., 52175).

préalable aux ventes mobilières par enchères publiques

(Meubles meublants, récoltes, etc.)

Dans toute la France : 4 fr.

Mais, sans frais de voyage, malgré la distance du bureau, la déclaration faisant en quelque sorte partie de l'enregistrement de l'acte. — V. Amiaud et Voland, *op. cit.*, n° 356 ; *Contrà* Ch. Defrénois, *op. cit.*, n° 260.

DÉLAI

V. Prorogation de délai.

DÉLÉGATION DE CREANCE

1° Parfaite

Dans un acte séparé

Dans toute la France : honoraires comme en matière d'obligation ;

Minimum :

Nîmes, Paris (*Ville de*) et Seine : aucun ;
Besançon : 6 fr. ;
Partout ailleurs : 5 fr.

Lorsqu'elle intervient dans un acte dont elle n'est pas l'objet direct

Par exemple, comme garantie d'une obligation principale qui y est prise. — V. Ch. Defrénois, *op. cit.*, n° 262 ; Montpellier, 23 juin 1902 (*Journ. du Not.*, 1902. p. 628),
Paris (*Ville de*) et Seine : pas d'honoraires ;
Ailleurs : moitié des honoraires exigibles en matière d'obligation ;

Minimum :

Bastia, Caen : aucun ;
Besançon : 6 fr. ;
Ailleurs : 5 fr.

En se rappelant, si la délégation est faite dans un partage, que les mêmes valeurs n'y peuvent donner lieu qu'à un seul honoraire, conformément à l'art. 18 des Dispositions générales. — V. Montpellier, 23 juin 1902, précité.

L'acte par lequel un débiteur transporte à son créancier, avec toute subrogation nécessaire, somme égale à sa dette, à prendre dans ce qu'un tiers lui doit à lui-même, constitue une délégation parfaite soumise à l'honoraire y afférent. — Cpr. Amiaud et Voland, *op. cit.*, n° 369.

2° Imparfaite

Angers, Caen, Limoges. Poitiers : 4 fr. ;
Nancy, Rennes : 5 fr. ;
Paris (*Ville de*) et Seine : 9 fr. ;
Partout ailleurs : 6 fr.

V. aussi *Acceptation. Vente.*

DÉLIVRANCE

de legs

1er Ayant pour objet une somme d'argent ou des valeurs mobilières

Sur l'acte de délivrance :

1° Avec décharge

Paris (*Ville de*) et Seine : 0,25 cent. 0/0 ;
Amiens, Chambéry. Grenoble, Nancy, Nîmes, Orléans, Riom : 0,50 cent. 0/0 de 1 à 50,000 fr. ; 0,25 cent. 0/0 au-dessus ;
Aix, Rouen : 0,50 cent. 0/0 de 1 à 100,000 fr. ; 0,25 cent. 0/0 au-dessus :
Pau : 0,60 cent. 0/0 ;
Partout ailleurs : 0,50 cent. 0/0.

2° Sans décharge, ni quittance

Amiens, Chambéry, Grenoble, Nancy, Nîmes, Orléans. Riom : 0,25 cent. 0/0 de 1 à 50,000 fr. ; 0,125 0/0 au-dessus ;
Aix, Rouen : 0,25 cent. 0/0 de 1 à 100,000 fr. : 0,125 0/0 au-dessus ;
Pau : 0,30 cent. 0/0 ;
Partout ailleurs : 0,25 cent. 0/0.

Sur la décharge ou quittance ultérieure :

Paris (*Ville de*) et Seine : sans indication spéciale ;
Amiens, Chambéry, Grenoble, Nancy, Nîmes, Orléans, Riom : 0.25 cent. 0/0 de 1 à 50,000 fr. : 0,125 0/0 au-dessus ;
Aix, Rouen : 0,25 cent. 0/0 de 1 à 100,000 fr. : 0,125 0/0 au-dessus :
Pau : 0,30 cent. 0/0 :
Partout ailleurs : 0,25 cent. 0/0.

2me Ayant pour objet des immeubles ou des objets mobiliers, avec ou sans décharge

Nancy : 6 fr. (droit fixe) ;
Amiens, Orléans, Riom : 0,25 cent. 0/0 de 1 à 50,000 fr. : 0,125 0/0 au-dessus ;
Aix, Rouen : 0.25 cent. 0/0 de 1 à 100,000 fr. : 0,125 0/0 au-dessus ;
Pau : 0,30 cent. 0/0 :
Partout ailleurs : 0,25 cent. 0/0.

Le tout, sur le montant net du legs, conformément à l'art. 17 des Dispositions générales. — V. Amiaud et Voland, *op. cit.*, n° 371.

Minimum :

Paris (*Ville de*) et Seine : aucun ;
Limoges : 4 fr. ;
Agen, Angers, Besançon, Bordeaux. Bourges, Nîmes. Paris (*ressort*), Rouen : 6 fr. ;
Partout ailleurs : 5 fr.

de seconde grosse

(Procès-verbal de)

Amiens : 6 fr. ;
Paris (*Ville de*) et Seine : 9 fr. :
Partout ailleurs : 8 fr. ;
Non compris les rôles de copies.

DÉMARCHES

V. art. 2. 3 et 22 *des Dispositions générales* (n°s 52024 et s., 52030 et s., 52051, 52057 et s., 52207).

DÉMISSION

de biens

V. Abandon de biens. Partage anticipé ou d'ascendant.

de notaire

V. art. 12 *des Dispositions générales* (n°s 52112 et s.).

DENIERS

V. Distribution par contribution.

DENRÉES

V. art. 15 des Dispositions générales (nᵒˢ 52142 et s.).

DÉPLACEMENTS

V. Démarches. Frais de voyage.

DÉPOSITAIRE

(Nomination de)

Poitiers : 4 fr. ;
Paris (*ressort*), Pau, Toulouse : 8 fr. ;
Paris (*Ville de*) et Seine : 9 fr. ;
Partout ailleurs : 6 fr.
V. aussi *Dépôt.*

DÉPOSITAIRE DES MINUTES D'UNE ÉTUDE

V. art. 12 des Dispositions générales (nᵒˢ 52112 et s.).

DÉPÔT

d'actes de société et insertions

(L. 24 juill. 1867, art. 55, 56 et 59)

Dépôt

Poitiers : 4 fr. par localité, non compris les rôles de l'expédition ;
Ailleurs : 5 fr. ;

Insertion

Poitiers : 4 fr. pour la rédaction et l'envoi ;
Ailleurs : 6 fr.
Le tout, sauf à Paris (*Ville de*) et dans la Seine, où l'honoraire (5 fr. et 6 fr.) n'est alloué que pour les dépôts et insertions faits en dehors de la résidence du notaire.
V. aussi nᵒˢ 52015 et 52087.

d'actes sous seing privé autres que les testaments olographes

Si le dépôt est fait par toutes les parties avec reconnaissance de leurs écritures : même honoraire que celui auquel aurait donné lieu l'acte authentique contenant la convention ;
Dans le cas où le dépôt n'est pas fait par toutes les parties : moitié de cet honoraire.
Mais ce, indépendamment de la rémunération pouvant être due au notaire pour la rédaction antérieure par lui du sous-seing privé (nᵒ 52034). — V. Ch. Defrénois, *op. cit.*, nᵒ 265.

Minimum :

Besançon, Paris (*Ville de*) et Seine : aucun ;
Agen, Aix, Bordeaux : 6 fr. ;
Partout ailleurs : 5 fr.
〰 La reconnaissance dont il s'agit ici est celle de laquelle résultera l'authenticité pour l'acte.
Elle pourra donc émaner aussi bien des héritiers ou autres successeurs généraux des parties que de celles-ci elles-mêmes,
Mais non de leurs ayants cause à titre particulier : acquéreurs, créanciers, cessionnaires, donataires ;
Par conséquent, l'honoraire entier sera dû dans le premier cas, et seulement la moitié dans le second. — V. Amiaud et Voland, *op. cit.*, nᵒ 380.
〰 Si la reconnaissance par les intéressés n'avait lieu que successivement, perception d'abord de l'honoraire réduit ; mais, lorsque, par le dernier acte, la reconnaissance est devenue générale, exigibilité du complément de l'honoraire plein. — V. Amiaud et Voland, *op. cit.*, nᵒ 381.
〰 *V.* aussi *Acte complémentaire. interprétatif, rectificatif.*

de cahier des charges

V. ci-après *Dépôt de pièces authentiques et autres.*

d'extraits de contrat de mariage

(C. comm., art. 67 et 68)

Pour le dépôt des quatre extraits, non compris le coût des extraits mêmes,
Poitiers : 4 fr. ;
Bordeaux : 5 fr. ;
Ailleurs : 6 fr. ;
Sous la restriction, à l'égard de Paris (*Ville de*) et Seine, qu'il n'y a pas d'honoraires pour les dépôts faits au lieu de la résidence.
Le tout, plus frais de voyage, s'il y a lieu, suivant la règle ordinaire. — V. Ch. Defrénois, *op. cit.*, nᵒ 266.
V. aussi nᵒˢ 52015 et 52087.

d'objets

V. ci-après *Dépôt de sommes et valeurs ou objets à un particulier.*

de pièces authentiques et autres

(Acte de dépôt de cahier des charges, de pièces d'homologation, de publication de contrat de mariage, de purge d'hypothèque légale, de séparation de biens, d'interdiction, etc.)

Paris (*Ville de*) et Seine : 9 fr. ;
Partout ailleurs : honoraires par rôles de minute.

de procès-verbal de difficultés ou autres actes, au greffe

Dans toute la France : une vacation ;
Outre des frais de voyage possibles. — V. Amiaud et Voland, *op. cit.*, nᵒ 385 ; Ch. Defrénois, *op. cit.*, nᵒ 270.

de sommes et valeurs ou objets, à un particulier

Dans toute la France : honoraires par rôles de minute.

Minimum :

Besançon : 4 fr. ;
Limoges : 5 fr. ;

Aix : 6 fr. ;
Ailleurs : aucun.
V. aussi *Décharge.*

de sommes et valeurs au notaire lui-même

V. art. 1er *des Dispositions générales* (nos 52017 et s.).
V. aussi *Consignation à la Caisse des dépôts. Droit de recette et de comptabilité.*

de testaments

V. Testament mystique. Testament olographe.
~~ *V.* aussi *Dépositaire.*

DÉSAVEU DE PATERNITÉ

Agen, Aix, Amiens, Bourges, Nancy, Nîmes, Paris (*ressort*), Poitiers : 6 fr. ;
Angers, Rennes : 8 fr. ;
Paris (*Ville de*) et Seine : 9 fr. ;
Partout ailleurs : 10 fr.

DÉSISTEMENT D'APPEL, D'INSTANCE, D'HYPOTHÈQUE OU DE PRIVILÈGE, DE PLAINTE, DE RÉMÉRÉ, etc.

En brevet

Paris (*Ville de*) et Seine : 4 fr. 50 ;
Partout ailleurs : 4 fr.

En minute

Toulouse : 8 fr. ;
Paris (*Ville de*) et Seine : 9 fr. ;
Partout ailleurs : 6 fr.
A la condition, bien entendu, qu'il s'agisse d'un désistement pur et simple ; donné moyennant une indemnité, il se résoudrait en une transaction, tarifable comme telle. — V. Ch. Defrénois, *op. cit.*, n° 273.
V. aussi *Mainlevée.*

DESTITUTION

V. art. 12 *des Dispositions générales* (nos 52112 et s.).

DETTES

V. Déclaration de succession. Etat de dettes. Reconnaissance de dette. Remise de dette.

DEVIS ET MARCHÉS

Pau, Rennes : sans indication spéciale ;
Partout ailleurs : honoraires comme en matière de louage ou de vente, suivant le cas ;
Sur le prix fixé au contrat, et, à défaut, d'après la déclaration estimative faite pour l'enregistrement. — V. Ch. Defrénois, *op. cit.*, n° 274 ;
Avec ventilation, s'il y a lieu, aussi comme pour l'enregistrement, en cas d'opération mixte. — Cpr. Amiaud et Voland, *op. cit.*, nos 82 et 393.

V. aussi *art.* 15 *des Dispositions générales* (nos 52142 et s.),
Et *Cahier des charges.*

DIFFICULTES

V. Procès-verbal.
V. aussi *Règlement amiable.*

DIGNITÉ PROFESSIONNELLE

V. n° 52028.

DIMINUTION D'HONORAIRES

V. art. 4 *des Dispositions générales* (nos 52064 et s.).

DIRES

V. Procès-verbal.

DISCIPLINE NOTARIALE

V. art. 4 et 11 *des Dispositions générales*, et *aux diverses matières.*

DISPENSE

de notification de contrat ou de signification de congé, transport. etc.

Par le même acte

Disposition dépendante, bien que le tarif ne le dise pas, mais par identité de motifs avec l'acceptation. — V. Amiaud et Voland. *op. cit.*, n° 394 ; Ch. Defrénois, *op. cit.*, n° 275.

Par acte séparé

En brevet

Paris (*Ville de*) et Seine : 4 fr. 50 ;
Partout ailleurs : 4 fr. ;

En minute

Paris (*Ville de*) et Seine : 9 fr. ;
Partout ailleurs : 6 fr. ;
Le tout, plus 2 fr. par chaque partie, en sus de la première, ayant un intérêt distinct et intervenant dans l'acte.
V. aussi *Acceptation de cession, etc.*

de rapport par le donateur

Par le même acte

Disposition dépendante.

Par acte séparé

Bastia : 5 fr. ;
Paris (*Ville de*) et Seine : 9 fr. ;
Partout ailleurs : 12 fr.
~~ Faite sous forme de disposition testamentaire, la dispense est rétribuée par l'honoraire de rédaction du testament. — V. Amiaud et Voland, *op. cit.*, n° 395.

DISPOSITION PRINCIPALE

V. art. 6 *des Dispositions générales* (nos 52080 et s., 52084 et s.).

DISPOSITIONS A CAUSE DE MORT

V. Contrat de mariage. Donation entre époux. Institution contractuelle. Testament.

DISPOSITIONS DÉPENDANTES

V. art. 6 des Dispositions générales (n⁰ˢ 52080 et s., 52163).

Le tarif caractérise parfois, d'autorité, une disposition comme dépendante, abstractivement de l'enregistrement ; c'est lorsqu'il n'alloue d'honoraire spécial que si le fait a lieu par acte séparé.

V. aussi Quittance.

DISPOSITIONS ENTRE ÉPOUX

V. Contrat de mariage. Donation.

DISPOSITIONS GÉNÉRALES

V. en tête, pour les principes mêmes ; et, au cours du présent tarif alphabétique, pour les détails d'application.

DISPOSITIONS INDEPENDANTES

V. art. 6 des Dispositions générales (n⁰ˢ 52080 et s., 52163).

V. aussi l'observation faite à *Dispositions dépendantes et Minimums.*

V. encore *Quittance.*

DISPOSITIONS SUBORDONNÉES AU DÉCÈS

V. art. 17 des Dispositions générales (n⁰ˢ 52007 et s., 52149 et s.).

V. aussi *Contrat de mariage. Donation entre époux. Donation éventuelle. Institution contractuelle. Partage testamentaire. Renonciation. Révocation. Testament.*

DISSENTIMENT

V. Règlement amiable.

DISSIMULATIONS

V. art. 14 des Dispositions générales (n⁰ 52139).

DISSOLUTION

de communauté d'habitation ou de travail

Aix, Nancy : 8 fr. ;

Paris (*Ville de*) et Seine : 9 fr. ;

Angers, Limoges, Rennes, Rouen, Toulouse : 12 fr. ;

Partout ailleurs : 6 fr.

Sous réserve des conventions y contenues, qui encoureraient un honoraire proportionnel.

de société civile ou commerciale

V. Sociétés.

DISTANCE

V. Frais de voyage.

DISTRIBUTION DE DENIERS PAR CONTRIBUTION

Sur l'actif brut,

Rouen : 0,50 cent. 0/0 ;

Pau : 0,60 cent. 0/0 ;

Riom : 0,75 cent. 0/0 de 1 à 50,000 fr. ; 0,50 cent. 0/0 de 50,000 à 100,000 fr. ; 0,25 cent. 0/0 au-dessus ;

Poitiers : 0,75 cent. 0/0 de 1 à 100,000 fr. ; 0,50 cent. 0/0 de 100,000 à 300,000 fr. ; 0,25 cent. 0/0 au-dessus ;

Bastia : 1 0/0 de 1 à 5,000 fr. ; 0,50 cent. 0/0 de 5,000 à 30,000 fr. ; 0,25 cent. 0/0 au-dessus ;

Douai : 1 0/0 de 1 à 15,000 fr. ; 0,50 cent. 0/0 de 15,000 à 100,000 fr. ; 0,25 cent. 0/0 au-dessus ;

Nîmes : 1 0/0 de 1 à 50,000 fr. ; 0,50 cent. 0/0 de 50,000 à 100,000 fr. ; 0,25 cent. 0/0 au-dessus ;

Caen, Limoges, Orléans : 1 0/0 de 1 à 50,000 fr. ; 0,50 cent. 0/0 de 50,000 à 300,000 fr. ; 0,25 cent. 0/0 au-dessus ;

Angers : 1 0/0 de 1 à 50,000 fr. ; 0,50 cent. 0/0 de 50,000 à 500,000 fr. ; 0,25 cent. 0/0 au-dessus ;

Bourges : 1 0/0 de 1 à 50,000 fr. ; 0,50 cent. 0/0 au-dessus ;

Besançon : 1 0/0 de 1 à 50,000 fr. ; 0,75 cent. 0/0 de 50,000 à 100,000 fr. ; 0,50 cent. 0/0 de 100,000 à 200,000 fr. ; 0,25 cent. 0/0 au-dessus ;

Agen, Aix, Amiens, Chambéry, Grenoble, Montpellier, Nancy, Rennes : 1 0/0 de 1 à 100,000 fr. ; 0,50 cent. 0/0 de 100,000 à 300,000 fr. ; 0,25 cent 0/0 au-dessus ;

Bordeaux, Paris (*ressort*), Toulouse : 1 0/0 de 1 à 200,000 fr. ; 0,50 cent. 0/0 de 200,000 à 500,000 fr. ; 0,25 cent. 0/0 au-dessus ;

Lyon : 1 0/0 de 1 à 300,000 fr. ; 0,50 cent. 0/0 de 300,000 à 1,000,000 de francs ; 0,25 cent. 0/0 au-dessus ;

Dijon : 1 0/0 de 1 à 100,000 fr. ; 0,75 cent. 0/0 de 100,000 à 200,000 fr. ; 0,50 cent. 0/0 de 200,000 à 300,000 fr. ; 0,25 cent. 0/0 au-dessus ;

Paris (*Ville de*) et Seine : 1 0/0 sur le montant total des collocations, c'est-à-dire sans décroissance.

Minimum :

Paris (*Ville de*) et Seine : aucun ;

Agen, Douai : 6 fr. ;

Bastia, Limoges, Paris (*ressort*), Toulouse : 8 fr. ;

Amiens, Bordeaux, Chambéry, Grenoble, Lyon, Montpellier, Nîmes, Orléans, Rennes, Riom, Rouen : 10 fr. ;

Angers, Besançon, Caen, Dijon, Nancy, Pau, Poitiers : 12 fr. ;

Aix : 15 fr. ;

Bourges : 20 fr.

〜 La quittance donnée dans le même acte par les créanciers colloqués en constitue une disposition dépendante n'opérant dès lors aucun autre honoraire. — V. Amiaud et Voland, *op. cit.,* n⁰ 398 ;

Par acte séparé, — tarif des quittances pures et simples.

〜 *V.* aussi *Ordre. Quittance. Quittance d'ordre.*

DOMICILE DES PARTIES

V. Donation entre époux. Frais de voyage. Testament.

DONATION

entre époux pendant le mariage

Honoraires de rédaction

En l'étude

Angers, Caen, Dijon, Douai, Montpellier, Nîmes : 6 fr. ;
Paris (*Ville de*) et Seine : 9 fr. ;
Bastia, Poitiers, Rouen : 10 fr. ;
Partout ailleurs : 8 fr.

Au domicile des parties

Douai : 8 fr.;
Paris (*Ville de*) et Seine : 9 fr.;
Angers, Caen, Montpellier, Nîmes : 10 fr.:
Limoges, Rouen : 15 fr.;
Partout ailleurs : 12 fr.

La nuit

Paris (*Ville de*) et Seine : 9 fr.;
Douai, Nancy, Paris (*ressort*), Poitiers : 16 fr.;
Partout ailleurs : 20 fr.

Et, suivant nous, peu importe que l'acte ait été passé en l'étude ou au domicile des parties. — Cpr. Amiaud et Voland, *op. cit.*, n° 580.

Quant à ce qui est « nuit », — *V. art. 22 des Dispositions générales* (n° 52201).

Honoraires dus au décès

(Si la donation n'a pas été révoquée)

Paris (*Ville de*) et Seine : 0,25 cent. 0/0 jusqu'à 3 millions de francs ; 0,125 0/0 au-dessus ;
Sur la valeur de l'actif recueilli.

Partout ailleurs : comme en matière de testament ;
Sur l'actif net recueilli par le conjoint donataire. — V. Amiaud et Voland, *op. cit.*, n° 408 ; Ch. Defrénois, *op. cit.*, n° 281 ;

Actif pour le calcul duquel il faut tenir compte des indemnités et récompenses que celui-ci devrait à sa communauté, s'en trouvât-il libéré par confusion, et sans avoir à retrancher du montant des biens donnés les droits résultant pour l'époux survivant de l'art. 767, C. civ., parce qu'ils ne constituent pas une réserve (n°s 52149 et s.). — V. Amiaud et Voland, *Ibid.*

L'honoraire cesse, d'ailleurs, d'être exigible en cas de renonciation, pourvu qu'elle soit sincère, c'est-à-dire vraiment abdicative. — V. Ch. Defrénois, *op. cit.*, n°s 126 et 281 ; *Contrà* Amiaud et Voland, *op. cit.*, n°s 148 et 409.

V. aussi n°s 52007 et s., 52149 et s., et *Renonciation*.

Sous le nom de donation entre époux pendant le mariage, le tarif n'a pensé, dans ce qui précède, qu'aux donations de biens à venir; mais, théoriquement, car elles sont pour ainsi dire inconnues dans la pratique, il est encore loisible aux époux de se faire des donations de biens présents et des donations cumulatives de biens présents et à venir; l'honoraire y afférent n'ayant pas été prévu, il resterait donc soumis au règlement amiable. MM. Amiaud et Voland (*op. cit.*, n° 405) proposent d'appliquer alors par analogie l'honoraire fixé pour les donations entre-vifs de biens présents en ligne directe ; mais aucune analogie n'existe entre ces deux sortes de libéralité, et il est évidemment impossible d'étendre à des donations toutes provisoires, puisque, quoique étant de biens présents, elles n'en restent pas moins essentiellement révocables, l'honoraire alloué à des donations dont le caractère distinctif est, au contraire, l'irrévocabilité absolue. A notre avis, il serait juste et suffisant d'accorder sur les biens présents la moitié de l'honoraire proportionnel ci-dessus déterminé pour les donations habituelles entre époux, avec exigibilité éventuelle de l'autre moitié, lors du décès du donateur, s'il mourait sans avoir usé de sa faculté de révocation.

V. aussi *Consentement à exécution, Renonciation, Révocation.*

V. encore *art. 17 des Dispositions générales* (n°s 52007 et s., 52149 et s.).

Pour les donations par contrat de mariage, — *V.* ci-dessus *Contrat de mariage*.

Quant à des libéralités successives entre époux, — *V. Testament.*

entre-vifs

1° Acceptée par le même acte

(Par le même acte)

En ligne directe

Caen, Douai : 1 0/0 de 1 à 50,000 fr. ; 0,50 cent. 0/0 de 50,000 à 200,000 fr. ; 0,25 cent. 0/0 au-dessus ;

Chambéry, Grenoble, Orléans : 1 0/0 de 1 à 50,000 fr. ; 0,50 cent. 0/0 de 50,000 à 300,000 fr. ; 0,25 cent. 0/0 au-dessus ;

Angers : 1 0/0 de 1 à 50,000 fr. ; 0,50 cent. 0/0 de 50,000 à 500,000 fr. ; 0,25 cent. 0/0 au-dessus ;

Bastia : 1 0/0 de 1 à 10,000 fr. ; 0,75 cent. 0/0 de 10,000 à 20,000 fr. ; 0,50 cent. 0/0 de 20,000 à 50,000 fr. ; 0,25 cent. 0/0 au-dessus ;

Riom : 1 0/0 de 1 à 50,000 fr. ; 0,75 cent. 0/0 de 50,000 à 100,000 fr. ; 0,50 cent. 0/0 de 100,000 à 300,000 fr. ; 0,25 cent. 0/0 au-dessus ;

Nancy : 1 0/0 de 1 à 50,000 fr. ; 0,75 cent. 0/0 de 50,000 à 100,000 fr. ; 0,50 cent. 0/0 de 100,000 à 500,000 fr. ; 0,25 cent. 0/0 au-dessus ;

Besançon : 1 0/0 de 1 à 100,000 fr ; 0,50 cent. 0/0 de 100,000 à 200,000 fr. ; 0,25 cent. 0/0 au-dessus ;

Agen, Amiens, Dijon, Montpellier, Rennes : 1 0/0 de 1 à 100,000 fr. ; 0,50 cent. 0/0 de 100,000 à 300,000 fr. ; 0,25 cent. 0/0 au-dessus ;

Aix. Bourges, Limoges, Nîmes, Pau, Poitiers, Rouen, Toulouse : 1 0/0 de 1 à 100,000 fr. ; 0,50 cent. 0/0 de 100,000 à 500,000 fr. ; 0,25 cent. 0/0 au-dessus ;

Bordeaux, Paris (*ressort*) : 1 0/0 de 1 à 200,000 fr. ; 0,50 cent. 0/0 de 200,000 à 500,000 fr. ; 0,25 cent. 0/0 au-dessus ;

Lyon : 1 0/0 de 1 à 300,000 fr. ; 0,50 cent. 0/0 de 300,000 à 600,000 fr. ; 0,25 cent. 0/0 au-dessus ;

Le tout, sur la valeur des biens donnés (n°s 52144 et s.) ;

Paris (*Ville de*) et Seine : 1 0/0 de 1 à 500,000 fr. ; 0,50 cent. 0/0 de 500,000 à 1,000,000 de fr. ; 0,25 cent. 0/0 de 1 à 3,000,000 de fr. ; 0,125 0/0 au-dessus ; sur la valeur nette des sommes ou biens donnés.

⤳ La conséquence de cette dernière énonciation, rapprochée de celle précédant l'alinéa, est qu'ailleurs l'honoraire est dû sur le montant brut de la donation, sans distraction du passif qui grèverait les biens donnés, ni des charges qui seraient imposées au donataire. — V. Amiaud et Voland, *op. cit.*, n°s 399 et 400 ; Ch. Defrénois, *op. cit.*, n° 280.

⤳ V. aussi *Partage d'ascendant.*

En ligne collatérale

Douai : 1 0/0 de 1 à 50,000 fr. ; 0,50 cent. 0/0 de 50,000 à 200,000 fr. ; 0,25 cent. 0/0 au-dessus ;

Bastia : 1 0/0 de 1 à 10,000 fr. ; 0,75 cent. 0/0 de 10,000 à 20,000 fr. ; 0,50 cent. 0/0 de 20,000 à 50,000 fr. ; 0,25 cent. 0/0 au-dessus ;

Agen, Amiens, Montpellier : 1 0/0 de 1 à 100,000 fr. ; 0,50 cent. 0/0 de 100,000 à 300,000 fr. ; 0,25 cent. 0/0 au-dessus ;

Angers, Pau, Rouen : 1 0/0 de 1 à 100,000 fr. ; 0,50 cent. 0/0 de 100,000 à 500,000 fr. ; 0,25 cent. 0/0 au-dessus ;

Caen, Orléans : 1 0/0 de 1 à 100,000 fr. ; 0,50 cent. 0/0 au-dessus ;

Bordeaux, Bourges, Paris (*ressort*) : 1 0/0 de 1 à 200,000 fr. ; 0,50 cent. 0/0 de 200,000 à 500,000 fr. ; 0,25 cent. 0/0 au-dessus ;

Riom : 1 fr. 25 0/0 de 1 à 50,000 fr. ; 0,75 cent. 0/0 de 50,000 à 100,000 fr. ; 0,50 cent. 0/0 au-dessus ;

Nancy : 1 fr. 25 0/0 de 1 à 50,000 fr. ; 1 0/0 de 50,000 à 100,000 fr. ; 0,50 cent. 0/0 de 100,000 à 500,000 fr. ; 0,25 cent. 0/0 au-dessus ;

Aix : 1 fr. 25 0/0 de 1 à 50,000 fr. ; 1 0/0 de 50,000 à 100,000 fr. ; 0,50 cent. 0/0 au-dessus ;

Dijon, Rennes : 1 fr. 25 0/0 de 1 à 100,000 fr. ; 0,50 cent. 0/0 au-dessus ;

Besançon : 1 fr. 25 0/0 de 1 à 100,000 fr. ; 0,70 cent. 0/0 de 100,000 à 200,000 fr. ; 0,50 cent. 0/0 de 200,000 à 300,000 fr. ; 0,25 cent. 0/0 au-dessus ;

Limoges : 1 fr. 25 0/0 de 1 à 100,000 fr. ; 1 0/0 de 100,000 à 200,000 fr. ; 0,50 cent. 0/0 au-dessus ;

Poitiers : 1 fr. 25 0/0 de 1 à 100,000 fr ; 1 0/0 de 100,000 à 200,000 fr. ; 0,75 cent. 0/0 de 200,000 à 500,000 fr. ; 0,50 cent. 0/0 au-dessus ;

Toulouse : 1 fr. 25 0/0 de 1 à 200,000 fr. ; 0,50 cent. 0/0 de 200,000 à 500,000 fr. ; 0,25 cent. 0/0 au-dessus ;

Lyon : 1 fr. 25 0/0 de 1 à 300,000 fr. ; 0,75 cent. 0/0 de 300,000 à 600,000 fr. ; 0,50 cent. 0/0 au-dessus ;

Chambéry, Grenoble, Nîmes : 1 fr. 50 0/0 de 1 à 50,000 fr. ; 1 0/0 de 50,000 à 100,000 fr. ; 0,50 cent. 0/0 au-dessus ;

Paris (*Ville de*) et Seine : même honoraire que pour la donation en ligne directe.

Entre étrangers

Douai : 1 0/0 de 1 à 50,000 fr. ; 0,50 cent. 0/0 de 50,000 à 200,000 fr. ; 0,25 cent. 0/0 au-dessus ;

Bastia : 1 0/0 de 1 à 10,000 fr. ; 0,75 cent. 0/0 de 10,000 à 20,000 fr. ; 0,50 cent. 0/0 de 20,000 à 50,000 fr. ; 0,25 cent. 0/0 au-dessus ;

Agen, Amiens, Montpellier : 1 0/0 de 1 à 100,000 fr. ; 0,50 cent. 0/0 de 100,000 à 300,000 fr. ; 0,25 cent. 0/0 au-dessus ;

Angers, Pau, Rouen : 1 0/0 de 1 à 100,000 fr. ; 0,50 cent. 0/0 de 100,000 à 500,000 fr. ; 0,25 cent. 0/0 au-dessus ;

Caen, Orléans : 1 0/0 de 1 à 100,000 fr. ; 0,50 cent. 0/0 au-dessus ;

Bordeaux, Bourges, Paris (*ressort*) : 1 0/0 de 1 à 200,000 fr. ; 0,50 cent. 0/0 de 200,000 à 500,000 fr. ; 0,25 cent. 0/0 au-dessus ;

Riom : 1 fr. 25 0/0 de 1 à 50,000 fr. ; 0,75 cent. 0/0 de 50,000 à 100,000 fr. ; 0,50 cent. 0/0 au-dessus ;

Nancy : 1 fr. 25 0/0 de 1 à 50,000 fr. ; 1 0/0 de 50,000 à 100,000 fr. ; 0,50 cent. 0/0 de 100,000 à 500,000 fr. ; 0,25 cent. 0/0 au-dessus ;

Dijon, Rennes : 1 fr. 25 0/0 de 1 à 100,000 fr. ; 0,50 cent. 0/0 au-dessus ;

Besançon : 1 fr. 25 0/0 de 1 à 100,000 fr. ; 0,70 cent. 0/0 de 100,000 à 200,000 fr. ; 0,50 cent. 0/0 de 200,000 à 300,000 fr. ; 0,25 cent. 0/0 au-dessus ;

Limoges : 1 fr. 25 0/0 de 1 à 100,000 fr. ; 1 0/0 de 100,000 à 200,000 fr. ; 0,50 cent. 0/0 au-dessus ;

Poitiers : 1 fr. 25 0/0 de 1 à 100,000 fr. ; 1 0/0 de 100,000 à 200,000 fr. ; 0,75 cent. 0/0 de 200,000 à 500,000 fr. ; 0,50 cent. 0/0 au-dessus ;

Toulouse : 1 fr. 25 0/0 de 1 à 200,000 fr. ; 0,50 cent. 0/0 de 200,000 à 500,000 fr. ; 0,25 cent. 0/0 au-dessus ;

Lyon : 1 fr, 25 0/0 de 1 à 300,000 fr. ; 0,75 cent. 0/0 de 300,000 à 600,000 fr. ; 0,50 cent. 0/0 au-dessus ;

Aix, Chambéry, Grenoble, Nîmes : 1 fr. 50 0/0 de 1 à 50,000 fr. ; 1 0/0 de 50,000 à 100,000 fr. ; 0,50 cent. 0/0 au-dessus ;

Paris (*Ville de*) et Seine : même honoraire que pour la donation en ligne directe.

2° Non acceptée par le même acte

Dans toute la France : les trois quarts de l'honoraire de la donation acceptée.

3° Acceptation de la donation

Par acte séparé

Dans toute la France : le quart de l'honoraire de la donation acceptée.

Minimum :

Paris (*Ville de*) et Seine : aucun ;
Aix : 8 fr. ;
Agen, Bourges : 12 fr. ;
Ailleurs : 10 fr.

Ce minimum s'applique distributivement à la donation non acceptée et à son acceptation postérieure ; il est donc dû en entier pour chacun des deux actes. — V. Amiaud et Voland, *op. cit.*, n° 401.

〜 L'honoraire proportionnel se calcule du reste, en principe, conformément aux art. 14 et s. des Dispositions générales. — V. Amiaud et Voland, *op. cit.*, n° 400 ; Ch. Defrénois, *op. cit.*, n° 280.

Spécialement, la donation sous réserve d'usufruit au profit du donateur opère le même honoraire que celle qui comprend la pleine propriété. — V. ci-dessus, n°s 52147 et s.

〜 A défaut d'acceptation, ou d'acceptation en temps utile, l'honoraire se résoudrait en rôles de minute, par analogie du contrat de mariage non suivi de célébration, à titre de simple projet resté sans suite. — V. Amiaud et Voland, *op. cit.*, n° 402.

〜 *V.* aussi *Dispense de rapport. Usufruit.*

|éventuelle

V. Contrat de mariage. Donation entre époux.
V. aussi, *art. 17 des Dispositions générales* (n°s 52007 et s., 52149 et s.).

APPENDICE

Donation déguisée

Honoraire du contrat dont elle a emprunté la forme. — V. Ch. Defrénois, *op. cit.*, n° 280.

DOT

V. Contrat de mariage. Liquidation de reprises. Reconnaissance de dot.

DROIT

de recette et de comptabilité

Pour l'encaissement et la garde de fonds et valeurs déposés en conséquence ou pour l'exécution directe d'un acte de vente ou d'emprunt passé dans l'étude même, — néant ;

Dans tous autres cas, — rémunération, par règlement amiable, suivant les usages locaux, à défaut desquels on pourra se référer au tarif algérien sur les gérances. — Cpr. Amiaud et Voland, *op. cit.*, n°s 47 et 536.

V. aussi *art. 1er et 3 des Dispositions générales* (n°s 52017 et s., 52028 et s., 52035, 52045, 52048, 52052, 52056 et s.), *et Vente* (Adjudication judiciaire de meubles, etc.).

DROIT

de recherche

Dans toute la France :
Si l'année est indiquée : 0,50 cent. ;
Au cas contraire : 1 fr. ; et ce, par année (Arg. L. 22 frim. an VII, art. 58). — V. Amiaud et Voland, *op. cit.*, n° 537.

Le tout, sur chaque acte recherché, et non pour tous les actes d'une même année.

Mais aucun honoraire n'est dû, lorsque la recherche a pour objet la délivrance d'une expédition ou la réception d'un acte ;

A la condition, dans ce dernier cas, que l'acte projeté ait été réalisé. — V. Ch. Defrénois, *op. cit.*, n° 339.

〜 En sus de ce droit de recherche, est-il permis au notaire de réclamer un honoraire pour la communication même de l'acte ? Nous ne le pensons point. En allouant un droit de recherche, qui, auparavant, n'existait pas légalement, le tarif était nécessairement amené à s'expliquer sur ce point, car on ne peut faire rechercher un acte que dans le but d'en avoir communication, au moins en se le faisant lire ou en le lisant soi-même. Son silence implique donc qu'il n'a pas entendu accorder davantage, d'autant plus que l'usage général était de ne rien exiger pour cela. — V. *Contrà* Amiaud et Voland, *op. cit.*, n° 299.

La communication demandée a-t-elle pour but, comme il arrive, d'éluder le coût d'une expédition ? le notaire semble suffisamment protégé par son droit de s'opposer à ce qu'il soit pris des notes sur la minute.

Mais il est parfaitement libre de ne pas se dessaisir de celle-ci, même pour quelques instants, aux mains des parties, autrement qu'en présence du président du tribunal ; auquel cas, ses frais de déplacement lui sont dus : vacations, et frais de voyage s'il y a lieu. — V. Amiaud et Voland, *Ibid.*

de répertoire

V. art. 1er des Dispositions générales (n° 52016).

de sceau

V. art. 1er des Dispositions générales (n° 52016).

DROITS

d'auteur

V. Vente.

d'enregistrement

V. Déboursés. Dispositions indépendantes. Frais à débourser (n°s 52076, 52080 et s., 52087 et s.).

d'hypothèques

V. Déboursés. Frais à débourser (n°s 52015 et s., 52087 et s.).

de péage et d'octroi

V. Bail à loyer.

de rôles

V. ci-après Rôles.

de timbre

V. Papier timbré.

dus aux notaires

V., ci-dessus, *art. 1er et 2 des Dispositions générales* (n⁰ˢ 52015 et s., 52022, 52024 et s.), et tout le présent tarif alphabétique.

incorporels

V. Transport. Vente.

litigieux

V. Retrait. Transport.

paraphernaux

V. Reconnaissance.

successifs

V. Retrait. Transport.

DURÉE

V. Vacations (n⁰ˢ 52179 et s.).

ÉCHANGE

Paris (*Ville de*) et Seine: honoraires comme en matière de vente immobilière ou mobilière, suivant le cas, sur la valeur la plus importante des immeubles ou meubles échangés, appréciée, quant aux immeubles, conformément au second alinéa de l'art. 15 des Dispositions générales.

Partout ailleurs : honoraires comme en matière de vente, sur la valeur la plus forte des deux lots échangés.

Dès lors, à supposer un échange d'immeubles contre meubles, honoraire de vente immobilière si les immeubles l'emportent, ou même sont d'égale valeur ; dans le cas contraire, honoraire de vente mobilière. — V. Amiaud et Voland, *op. cit.,* n⁰ 410.

L'échange de meubles *ou* immeubles contre meubles *et* immeubles devrait être considéré comme un double échange, à rémunérer par ventilation d'après le taux respectif de chacun d'eux. — V. Amiaud et Voland, *Ibid.*

Minimum :

Paris (*Ville de*) et Seine : aucun ;
Ailleurs : 5 fr.
V. aussi n⁰ 52176, *Acte multiple et Promesse d'échange.*

〜〜 A supposer qu'on rencontre un échange avec clause de réméré — cas qui ne se présentera peut-être jamais, car, en fait, le réméré est presque toujours une forme indirecte d'emprunt, une manière de se procurer de l'argent, ce qui implique une vente, et même une vente au comptant, — il serait soumis au même honoraire que si cette stipula-

tion n'y figurait pas. — V. Amiaud et Voland, *op. cit.,* n⁰ 546.
V. aussi Rachat par réméré.

ÉCRITURE (RECONNAISSANCE D')

V. Dépôt d'actes sous seing privé.

ÉCROU

V. Mainlevée.

EFFET RÉTROACTIF

V. Non rétroactivité.

EFFETS DE COMMERCE

V. Acceptation. Aval. Billet. Endossement. Lettre de change. Protêt.

EFFETS MOBILIERS

V. Meubles.

ÉGALITÉ

V. Contrat de mariage.

ÉLECTION DE COMMAND

V. Déclaration de command.

ÉLOIGNEMENT

V. Frais de voyage.

ÉMOLUMENTS

compris dans l'honoraire

V. art. 2 des Dispositions générales (n⁰ˢ 52024 et s.).

extra-notariaux, particuliers, spéciaux.

V. art. 1er, 3 et 4 des Dispositions générales (n⁰ˢ 52015 et s., 52022, 52028 et s., 52065).

EMPHYTÉOSE

V. Bail à durée illimitée.

EMPLOI

V. Acceptation. Déclaration. Frais et honoraires des administrateurs judiciaires (n⁰ 51986).

EMPRUNT

V. Prêt.

ENCAISSEMENT DE FONDS

V. Droit de recette et de comptabilité. Consignation à la Caisse des dépôts.

ENDOSSEMENT

Agen, Aix, Amiens, Bordeaux, Chambéry, Grenoble, Lyon, Rouen : 0,50 cent. 0/0 ;
Partout ailleurs : 0,25 cent. 0/0.

Minimum :

Paris (*Ville de*) et Seine : aucun ;

Bordeaux, Riom, Toulouse : 3 fr.;
Ailleurs : 2 fr.
V. aussi Aval.

ENFANT D'INDIGENT

V. Indigents.

ENFANT NATUREL

V. Reconnaissance.

ENGAGEMENT

de gens de mer

Caen : 0,20 cent. 0/0 ;
Besançon : 0,30 cent. 0/0 ;
Lyon : 0,40 cent. 0/0 de 1 à 10,000 fr.;
0,25 cent. 0/0 au-dessus ;
Pau : 0,40 cent. 0/0 ;
Bourges, Chambéry, Grenoble : 0,50 cent.
0/0 de 1 à 5,000 fr.; 0,25 cent. 0/0 au-dessus ;
Nîmes : 0,50 cent. 0/0 de 1 à 25,000 fr.;
0,25 cent. 0/0 au-dessus ;
Bordeaux, Limoges, Montpellier : 0,50 cent.
0/0 ;
Partout ailleurs : 0,25 cent. 0/0.

Minimum :

Paris (*Ville de*) et Seine : aucun ;
Caen, Nancy : 4 fr.;
Amiens, Bastia, Bourges, Dijon, Limoges,
Montpellier, Orléans, Paris (*ressort*), Pau,
Poitiers, Rennes, Riom, Rouen, Toulouse :
5 fr. ;
Ailleurs : 6 fr.

de gens de service et d'ouvriers

V. Louage d'ouvrage et d'industrie.

solidaire à rapporter

Dans certains actes, notamment les baux et
les ventes de fonds de commerce ou cessions
d'office, quand, soit le locataire ou fermier,
soit l'acquéreur, sont célibataires, il est d'usage
de leur faire prendre, pour le cas où ils se ma-
rieraient, l'obligation de procurer, dans un délai déterminé, l'engagement solidaire de leur
femme au bail ou bien à la vente de fonds ou
d'office.

La réalisation de cette obligation n'est considérée par la Régie que comme un acte de complément, enregistrable au droit fixe ; donc
honoraire par rôles de minute.

⮑ Mais, lorsque c'est l'adjonction de toute
autre personne que la femme qui est ainsi promise et produite, il y a cautionnement ; l'honoraire de cautionnement, par acte séparé,
est, en conséquence exigible.

théâtral

Caen : 0,20 cent. 0/0 ;
Agen, Angers, Bastia, Douai, Orléans, Pa-
ris (*ressort*), Paris (*Ville de*) et Seine, Poitiers,
Rennes, Riom, Rouen : 0,25 cent. 0/0 ;
Besançon, Dijon : 0,30 cent. 0/0 ;

Lyon : 0,40 cent. 0/0 de 1 à 10,000 fr.;
0,25 cent. 0/0 au-dessus ;
Pau : 0,40 cent. 0/0;
Bourges, Chambéry, Grenoble : 0,50 cent.
0/0 de 1 à 5,000 fr.; 0,25 cent. 0/0 au-dessus ;
Nîmes : 0,50 cent. 0/0 de 1 à 25,000 fr.;
0,25 cent. 0/0 au-dessus ;
Nancy : 0,50 cent. 0/0 de 1 à 50,000 fr.;
0,25 cent. 0/0 au-dessus ;
Aix, Amiens, Bordeaux, Limoges, Montpellier, Toulouse : 0,50 cent. 0/0.

Minimum :

Paris (*Ville de*) et Seine : aucun ;
Caen, Nancy : 4 fr.;
Bastia, Bourges, Dijon, Limoges, Montpel-
lier, Orléans, Paris (*ressort*), Pau, Poitiers,
Rennes, Riom, Rouen, Toulouse : 5 fr.;
Ailleurs : 6 fr.

ENREGISTREMENT

(Administration de l')

Rôles d'expédition, — V. nos 52191 et s.

ENREGISTREMENT DES ACTES

*V. ci-dessus, art. 1er, 2, 5, 6 des Dispositions
générales* (nos 52015 et s., 52024 et s.).
Pas de frais de voyage (no 52207).
V. aussi Déboursés. Frais à débourser.

ENVOI DE PIÈCES

V., notamment, *art. 8 des Dispositions générales* (no 52087) et *Formalités hypothécaires.*

ÉPOUX

V. Contrat de mariage. Donation.

ERREUR

V. no 52067.

ESSAI DE MATIÈRES D'OR ET D'ARGENT

V. Vente (Adjudication judiciaire de meubles).

ESTIMATION

V. Evaluation.

ÉTABLISSEMENT DE PROPRIÉTÉ

Dans l'acte même d'affectation ou de transmission de
l'immeuble

Disposition dépendante.

Par acte séparé

Dans toute la France : honoraires par rôles
de minute.

⮑ En principe, la propriété d'un immeuble
affecté ou aliéné s'établit dans l'acte même
d'aliénation ou d'obligation ; mais il peut arriver, qu'on n'ait pas pour le moment tous
les renseignements nécessaires, ou que la
longueur exceptionnelle de l'analyse des documents doive entraîner des frais inutiles à la
transcription ou autrement ; auxquels cas il

faut bien ou il vaut mieux renvoyer l'établissement de la propriété à un acte ultérieur distinct, donnant lieu, et très légitimement puisqu'il est motivé, à un honoraire spécial. —
V. cepend. Nancy, 6 juill. 1901 (*Gaz. Pal.*,
4 sept. 01).

ÉTABLISSEMENTS

d'assistance et de bienfaisance

Rôles d'expédition, — V. nos 52191 et s.

publics ou d'utilité publique

Rôles d'expédition, — V. nos 52191 et s.

ÉTAT

d'inscriptions

V. Formalités hypothécaires.

de biens soumis à usufruit

Comme l'état de lieux. — V. Ch. Defrénois,
op. cit., nº 292.

de dettes

(C. civ., art. 945 et 1084)

Dans toute la France : honoraire par rôles de
minute ;

Lequel ne se confond pas avec celui de l'acte
auquel il serait annexé. — V. Ch. Defrénois,
op. cit., nº 290.

~~~ C'est à tort, pensons-nous, que MM.
Amiaud et Voland (*op. cit.*, nº 415) disent de
cet état, et de l'état de meubles dont il va être
parlé. qu'ils ne donnent ouverture à la perception de l'honoraire susindiqué, que s'il
a été vraiment *nécessaire* d'en faire l'objet
d'un acte séparé ; car leur libellé n'est jamais
tellement long qu'on ne puisse toujours les
insérer dans le corps même du contrat de mariage ou de la donation, ce qui ferait disparaître toute application de leur tarif spécial ;
d'un autre côté, le notaire agit peut-être prudemment, dans l'intérêt même des parties et
pour sa propre responsabilité, en dressant
dans tous les cas des états séparés, car la
lettre des art. 948 et 1084 requiert de tels
états, et ce n'est que par interprétation doctri-
nale, plus ou moins risquée en une matière
aussi hérissée de subtilités, qu'on admet, par
équivalence, l'incorporation dans l'acte.
V. aussi Déclaration de succession.

de frais

V. art. 9 des Dispositions générales (nos 52091
et s.).

de lieux

(Procès-verbal d')

Dans toute la France : honoraire par rôles
de minute.

de meubles

(C. civ., art. 948)

Dans toute la France : honoraire par rôles
de minute.

Mêmes observations que tout à l'heure sur
l'état de dettes :

Pour l'annexe, — V. Ch. Defrénois, *op. cit.*,
nº 290 ;

Et pour le scindement.
V. aussi Déclaration de succession.

de saisies

V. Formalités hypothécaires.

de transcriptions

V. Formalités hypothécaires.

du mobilier

V. Déclaration de succession.

liquidatif, rectificatif

*V. Liquidation de reprises. Partage. Pro-
cès-verbal de rectification.*

sur transcription

V. Formalités hypothécaires.

ÉTAT (L')

Rôles d'expédition, — V. nos 52191 et s.

ÉTUDE

*V. Donation entre époux. Frais d'étude.
Gérance d'étude. Hors l'étude. Minutes d'une
étude (Dépositaire des). Offices. Testament.*

ÉVALUATION

*V. art. 15, 16 et 19 des Dispositions géné-
rales* (nos 52142 et s., 52147 et s., 52175).

EXAMEN DE PIÈCES

V. art. 2 des Dispositions générales (nos
52024 et s.).

EXÉCUTEUR TESTAMENTAIRE

Nomination

(par acte spécial)

Agen, Bordeaux, Bourges, Montpellier, Paris
(*ressort*), Pau, Toulouse : 8 fr. ;
Paris (*Ville de*) et Seine : 9 fr. ;
Limoges, Lyon, Rennes, Rouen : 10 fr. ;
Amiens : 12 fr. ;
Partout ailleurs : 6 fr.

Fonctions

*V. Compte d'exécution testamentaire. Dé-
charge.*
V. aussi art. 3 des Dispositions générales
(nos 52030 et s., 52045, 52057 et s.).

EXÉCUTION

de donation ou de testament

V. Consentement.

directe d'un acte

V. art. 3 des Dispositions générales (nos
52017 et s., 52029).
~~~

subordonnée au décès

V. Dispositions subordonnées au décès.

testamentaire

V. Exécuteur testamentaire.

EXEMPLAIRE DU TARIF

V. art. 24 des Dispositions générales (nos 52211 et s.).

EXPÉDITION

V. art. 1, 11, 12, 13, 19 et 21 des Dispositions générales (nos 52015, 52110, 52112 et s., 52119, 52134 et s., 52170 et s,, 52176, 52186 et s.)

V. spécialement nos 52186 et s. ;

Et *Grosse*, au cas d'acte n'excédant pas 500 fr.

V. aussi *Acte à option. Assistance judiciaire. Honoraires par rôles d'expédition. Indigents. Vente.* (Adjudication judiciaire de meubles, etc.).

EXPÉDITION INUTILE

V. art. 5 et 13 des Dispositions générales (nos 52073 et s., 52135 et s.).

EXPERTS, EXPERTISE

V. Arbitres et experts.

V. aussi *art. 3 des Dispositions générales* (nos 52030 et s., 52046, 52057 et s.).

EXPLOITATION

V. Mines et carrières.

EXPROPRIATION POUR CAUSE D'UTILITÉ PUBLIQUE

Règlement de l'indemnité avant le jugement d'expropriation, — partout : honoraires comme en matière de vente ;

Règlement après : honoraires comme en matière de quittance pure et simple.

EXTRAIT

V. art. 13, 19 et 21 des Dispositions générales (nos 52119, 52134 et s., 52177, 52186 et s., 52191 et s.).

V. aussi *Assistance judiciaire. Dépôt d'actes de société et insertions. Dépôt d'extraits de contrat de mariage. Indigents. Vente* (Adjudication judiciaire de meubles, etc.).

EXTRAIT INUTILE OU NUL

V. art. 5 et 13 des Dispositions générales (nos 52073 et s., 52135 et s.).

FAUTE DU NOTAIRE

V. art. 5 des Dispositions générales (nos 52073 et s.).

FAUX

V. Inscription de faux.

FAUX FRAIS DIVERS

V. Déboursés. Frais à débourser.

FERMAGES

V. Droit de recette et de comptabilité (nº 52018).

FOIRES

V. Bail à loyer.

FOLLE ENCHÈRE

Elle opère purement et simplement un nouvel honoraire, parce que l'adjudication précédente ayant été définitive en soi, il y a par le fait deux ventes distinctes, au point que la première adjudication pourrait très bien avoir eu lieu à la barre du tribunal et la seconde devant notaire, l'une devant tel notaire et l'autre devant un notaire différent.

FONDS

V. Consignation à la Caisse des dépôts. Décharges. Dépôts. Droit de recette et de comptabilité. Garde de fonds et de valeurs.

FONDS DE COMMERCE

V. Gage et nantissement. Vente. Vente sur gage ou nantissement.

FORFAIT

V. Frais à forfait.

FORMALITÉS ACCESSOIRES OU COMPLÉMENTAIRES DES ACTES

V., art. 1er des Dispositions générales (nº 52015).

V. aussi *Frais de voyage.*

FORMALITÉS HYPOTHÉCAIRES

Pour les réquisitions de transcription d'actes translatifs de propriété, y compris les réquisitions d'états d'inscriptions, de saisies et de transcriptions, et les certificats de non-transcription et de non-résolution ou rescision,

(En ce, non compris l'envoi des pièces)

	Notaires résidant au siège de la conservation des hypothèques	Notaires ne résidant pas au siège de la conservation des hypothèques
Sur les actes représentant un capital de moins de 500 fr.	1 50	1 50
De moins de 1,000 fr. . .	2 50	2 50
De moins de 2,000 fr. . .	3 50	3 50
De moins de 5,000 fr. . .	6 »	6 »
Au-dessus de 5,000 fr. . .	8 »	8 »
Pour les réquisitions d'états d'inscriptions et de radiations	2 »	3 »
Pour toutes les autres réquisitions : antériorité, concurrence, subrogation. . . .	1 »	1 50
Pour port de chaque envoi de pièces.	» »	1 »

Applicable à tous les notaires, excepté ceux de Paris même, où l'usage, expressément légalisé par le tarif, est de ne réclamer que les déboursés.

V. nos 52015, 52057.

⌁ En cas de réquisition dans plusieurs bureaux, l'honoraire est dû autant de fois que de bureaux. — V. Ch. Defrénois, *op. cit.*, no 294.

⌁ Le tout, en sus des déboursés de correspondance, c'est-à-dire d'affranchissement de lettres ou pièces. — V. Ch. Defrénois, *op. cit.*, no 294.

Mais pas de frais de voyage. — V. Ch. Defrénois, *op. cit.*, no 170.

⌁ *V.* aussi *Bordereau d'inscription.*

FORTUNE

V. Déclaration d'apport ou de fortune.

FRACTION DE 20 FRANCS

V. art. 14 des Dispositions générales (nos 52138, 52140).

FRAIS
à débourser

V. notamment *art. 1er, 8, 9 et 22 des Dispositions générales* (nos 52015 et s., 52087 et s., 52091 et s., 52194 et s.), *Déboursés* et *Formalités hypothécaires.*

à forfait

V. art. 3 et 4 des Dispositions générales (nos 52063, 52065) et *Vente* (Adjudication volontaire d'immeubles).

à rembourser

V. nos 52065, 52067, 52074 et s., 52076 et s., 52174.

d'enregistrement

V. nos 52076, 52087 et s.; et *Déboursés.*

d'étude

V. art. 12 des Dispositions générales (nos 52112 et s.).

de mise à exécution

V. Bordereau d'inscription. Mainlevée (d'inscription).

de rôles

V. Honoraires par rôles. Rôles.

de timbre

V. nos 52076, 52087 et s., 52174.

de voyage

(En cas de transport du notaire à plus de deux kilomètres de sa résidence)

Par kilomètre parcouru, tant au retour qu'à l'aller, savoir :

De jour :
En chemin de fer, 20 centimes ;

Autrement, 40 centimes ;

De nuit :
Le double.

En sus, 10 fr. par jour, au delà d'une journée de déplacement.

Pour les détails, — *V. art. 22 des Dispositions générales* (nos 52194 et s., 52207).

V. encore art. 1er, 3, 8, 9, 10, 11, 12, 20 et 23 (nos 52015 et s., 52021, 52038, 52087, 52095, 52104, 52111, 52114, 52184.)

⌁ *V.* aussi *Assistance judiciaire. Indigents* (nos 52208 et s.).

Frais dus

V. Etat de frais.
V. aussi *Acte nul.*

FRAIS ET HONORAIRES

V. art. 9 des Dispositions générales (nos 52091 et s.).

FRAIS INUTILES

V. Acte inutile.

FRAUDE

V. nos 52139, 52152.

FRUITS

V. Contributions directes. Droit de recette. Vente.

FUSION

V. Sociétés.

FUTAIES

V. Vente.

FUTAILLES

V. Bail à loyer.

GAGE ET NANTISSEMENT

Dans toute la France : honoraires comme en matière d'affectation hypothécaire.

Il en résulte, à l'égard du nantissement de fonds de commerce, que sa régularisation est rémunérée, en sus de l'honoraire; de même que l'accomplissement de formalités hypothécaires.

V. aussi *Acceptation. Formalités hypothécaires. Vente sur gage ou nantissement.*

GARDE
de fonds et de valeurs

V. art. 1er des Dispositions générales (nos 52017 et s., 52028 et s.).
V. aussi *Consignation à la Caisse des dépôts. Droit de recette et de comptabilité.*

de minutes

V. nos 52015, 52105 et s., 52110.

de scellés

V. art. 3 des Dispositions générales (nos 52028 et s., 52047, 52057 et s.).

de testaments

V. art. 3 des Dispositions générales (no 52042. *Testament mystique. Testament olographe.*

GARDIEN

(Nomination de)

Poitiers : 4 fr.;
Paris (*ressort*), Pau, Toulouse : 8 fr.;
Paris (*Ville de*) et Seine : 9 fr.;
Partout ailleurs : 6 fr.
V. aussi *Séquestre.*

GENS DE MER

V. Engagement.

GENS DE SERVICE

V. Louage d'ouvrage et d'industrie.

GÉRANCE D'AFFAIRES, DE BIENS

Par appropriation du tarif d'Alger (nos 52030 et s., 52048, 52057 et s.) :
1 0/0 de 1 à 200,000 fr.; 0,50 cent. 0/0 de 200,000 à 400,000 fr.; 0,25 cent. 0/0 de 400,000 à 1,000,000 de fr.; 0,125 0/0 au-dessus ; — sur les intérêts et autres revenus encaissés;
Et, sur les capitaux recouvrés : 0,50 cent. 0/0 de 1 à 200,000 fr.; 0,25 cent. 0/0 de 200,000 à 400,000 fr.; 0,125 0/0 au-dessus.
V. aussi (no 51986) *Frais et honoraires des administrateurs judiciaires.*

GÉRANCE D'ÉTUDE

V. art. 12 des Dispositions générales (nos 52112 et s.).

GESTION

V. Compte de gestion. Gérance.

GRAINS

V. art. 15 des Dispositions générales (nos 52142 et s.).

GRATIFICATIONS SUPPLÉMENTAIRES

V. no 52072.

GRATUITÉ

V. Assistance judiciaire. Indigents.

GREFFE

V. Dépôt de procès-verbal.

GREFFIERS

Partage d'honoraires avec eux, interdit.
V. art. 11 des Dispositions générales (no 52106).

GROSSE

V. Délivrance de seconde grosse. Rôles d'expédition ou de grosse.
⌁ Dans les actes à grosse, et lorsqu'il s'agit de biens ou droits dont la valeur n'excède

pas 500 fr. (art. 19 des Dispositions générales), c'est la grosse qu'il convient d'entendre par première expédition, et à laquelle il faut se borner, sauf demande contraire des parties.
Par exemple, en cas de vente à terme d'une pièce de terre de 300 fr., c'est la grosse qu'on fera transcrire au lieu d'une expédition, et si l'acquéreur veut néanmoins une expédition, il devra la payer comme expédition ordinaire quelconque, c'est-à-dire d'après le nombre total de ses rôles.

GROSSE INUTILE

V. art. 5 et 13 des Dispositions générales (nos 52073 et s., 52135 et s.).

GROSSESSE

V. Déclaration.

HABITATION

V. Communauté d'habitation. Dissolution.

HABITATIONS A BON MARCHÉ

Rôles d'expéditions, — *V.* nos 52191 et s.

HÉRITIER BÉNÉFICIAIRE

V. Abandon de biens. Administrateurs judiciaires à Paris (no 51986). *Compte de bénéfice d'inventaire.*

HEURE

V. Vacations (no 52182).

HONORAIRES

V. art. 1er et s., 8, 9, 11 et 13 et s., des Dispositions générales (nos 52015 et s., 52024 et s., 52089, 52091 et s., 52105 et s.), *et au nom des divers actes énumérés ci-contre.*
⌁ Sur les actes nuls, — *V.* spécialement art. 5 (nos 52073 et s.).
⌁ *V.* aussi *Acte n'excédant pas 500 fr. Assistance judiciaire. Indigents. Liquidations des honoraires.*

à consigner

V. no 52089.

à forfait

V. art. 4 des Dispositions générales (no 52065) *et Vente* (Adjudication volontaire d'immeubles).

à taux divers

V. nos 52165, 52186 et s., et à *Testament olographe.*

au décès

V. Honoraires éventuels.

complémentaire

V. nos 52034, 52139.
V. aussi *Honoraires éventuels.*

d'ouverture

V. art. 13 et 17 des Dispositions générales (nos 52123, 52149 et s.). *Contrat de mariage. Donation entre époux. Testament.*

de rédaction

V. art. 13 et 17 des Dispositions générales (nos 52123, 52149 et s.). *Contrat de mariage. Donation entre époux. Testament.*

éventuels

V. art. 17 des Dispositions générales (nos 52007 et s., 52149 et s.).
V. aussi Contrat de mariage. Donation entre époux. Donation éventuelle. Institution contractuelle. Partage testamentaire. Renonciation. Révocation. Testament.
V. encore Honoraires complémentaires.

fixes

V. art. 13 des Dispositions générales (nos 52119 et s., 52121 et s.).

gradués

V. art. 13 des Dispositions générales (nos 52119 et s., 52126).

non tarifés

V. art. 1er et 3 des Dispositions générales (nos 52002 et s., 52022, 52028 et s., 52057 et s.).

par rôles d'expédition

V. art. 13 et 21 des Dispositions générales (nos 52119 et s., 52128, 52134 et s., 52137, 52171 et s., 52186 et s.)

par rôles de minute

V. art. 13 et 21 des Dispositions générales (nos 52119 et s., 52132 et s., 52171 et s., 52186 et s.).
V. aussi Déclaration de succession. Engagement solidaire à rapporter. Servitudes.

par vacations

V. art. 13 et 20 des Dispositions générales (nos 52119 et s., 52129 et s., 52178 et s., 52194). *Déclaration de succession.*
V. aussi Vacations.

partagés

V. Partage d'honoraires.

perçus en trop

V. Restitution.

proportionnels

V. art. 13 et s. des Dispositions générales (nos 52119 et s., 52127 et s., 52138 et s.).
V. aussi Honoraires éventuels. Liquidation des honoraires.

réduits ou remis

V. art. 4 des Dispositions générales (nos 52064 et s., 52068 et s.).

spéciaux

V. Emoluments extra-notariaux.

supérieurs au tarif

V. art. 4 des Dispositions générales (nos 52064 et s., 52067, 52072).
V. aussi Frais à forfait. Restitution d'honoraires. Taxe.

supplémentaires

V. no 52072.
V. aussi Honoraires complémentaires. Honoraires éventuels.

tarifés

V. art. 1er et 2 des Dispositions générales (nos 52015 et s., 52022 et s., 52024 et s.).

HORS L'ÉTUDE

V. Donation entre époux. Frais de voyage. Testament.

HOSPICES

V. Etablissements d'assistance et de bienfaisance. Indigents.

HUISSIERS

Partage d'honoraires avec eux, interdit.
V. art. 11 des Dispositions générales (no 52106).

HYPOTHÈQUE

V. Affectation hypothécaire. Bordereau d'inscription. Déclaration. Désistement. Formalités hypothécaires. Mainlevée. Reconnaissance d'hypothèque. Réduction d'hypothèque. Translation d'hypothèque. Vente.

HYPOTHÈQUE LÉGALE

V. Purge. Renonciation à hypothèque légale.

HYPOTHÈQUES

V. Droits d'hypothèques. Formalités hypothécaires. Inscription d'hypothèque ou de privilège.
V. aussi art. 1er et 8 des Dispositions générales (nos 52015, 52087).

IMMEUBLES

V. Abandon de fonds grevé de servitude. Affectation hypothécaire. Antichrèse. Bail. Echange. Mitoyenneté. Usufruit. Vente.

IMMEUBLES RURAUX OU URBAINS

V. art. 15 des Dispositions générales (nos 52142 et s.).

IMMOBILISATION

Il est permis d'attribuer à certaines valeurs :

actions de la Banque de France, rentes sur l'Etat français, etc., — le caractère immobilier, avec les conséquences juridiques qui en résultent.

L'acte ayant cet objet constitue une sorte de déclaration d'emploi ou de remploi, tarifable comme tel. — V. Amiaud et Voland, *op. cit.*, n°ˢ 422 et s.

V. aussi *Acceptation. Déclaration.*

IMPORTANCE DE L'ACTE

V. Acte n'excédant pas 500 fr. Minimums. Règlement amiable.

IMPOTS

V. Contributions.

IMPRIMÉS

V. Affiches et insertions.

INCOMPATIBILITÉS

V. art. 3 des Dispositions générales (n°ˢ 52028 et s.).

INDEMNITÉ D'EXPROPRIATION

V. Expropriation pour cause d'utilité publique.

INDEMNITÉS A LA COMMUNAUTÉ

V. Partage (ordinaire).

INDIGENTS

V. art. 19 et 23 des Dispositions générales (n°ˢ 52170 et s., 52208 et s.).

INDIVIDU POURVU D'UN CONSEIL JUDICIAIRE

V. Curatelle. Frais et honoraires des administrateurs judiciaires (n° 51986).

INDIVISION

(Convention d')

Dans toute la France : honoraires par rôles de minute;

A moins que l'acte ne contienne des clauses étrangères à la convention normale d'indivision, (qui ne peut porter que sur l'interdiction de demander le partage, et l'administration des biens communs), et constituant des dispositions indépendantes, telles que bail de ces biens à l'un des copropriétaires, etc., lesquelles opéreraient en sus leur honoraire particulier, conformément à l'art. 6 des Dispositions générales. — V. Ch. Defrénois, *op. cit.*, n° 298; Cpr. Amiaud et Voland, *op. cit.*, n° 425.

V. aussi *Compte. Partage (de biens indivis). Retrait d'indivision;*

Et l'art. 6 des Dispositions générales.

INDUSTRIE

V. Louage d'ouvrage et d'industrie. Sociétés.

INEXÉCUTION DES CONDITIONS

V. n°ˢ 52153 et s.

INSCRIPTION

au Répertoire

V. Répertoire.

d'hypothèque ou de privilège

V. Bordereau d'inscription. Formalités hypothécaires. Mainlevée.

V. aussi *art. 1ᵉʳ et 8 des Dispositions générales* (n°ˢ 52015, 52087).

de faux

V. Vacations (n° 52182).

de nantissement

V. Gage et nantissement.

INSERTIONS

V. Affiches et insertions. Dépôt d'actes de société et insertions.

V. aussi *art. 1ᵉʳ et 8 des Dispositions générales* (n°ˢ 52015, 52087).

INSTANCE

V. Désistement.

INSTITUTEURS

Partage d'honoraires avec eux, interdit.

V. art. 11 des Dispositions générales (n° 52106).

INSTITUTION CONTRACTUELLE

V. Contrat de mariage.

V. aussi *art. 17 des Dispositions générales* (n°ˢ 52007 et s., 52149 et s.).

INSUFFISANCES

V. n° 52139.

INTERDIT

V. Tutelle. Tuteur.

INTÉRÊT N'EXCÉDANT PAS 500 FRANCS

V. art. 19 des Dispositions générales (n°ˢ 52170 et s.).

V. aussi *Acte multiple. Minimums.*

V. encore *Grosse.*

INTÉRÊTS

V. Droit de recette et de comptabilité.

INTERMÉDIAIRES

Partage d'honoraires avec eux, interdit.

V. art. 11 des Dispositions générales (n°ˢ 52105 et s.).

INTERRUPTIONS

V. Vacations.

INUTILITÉ D'UN ACTE, D'UNE EXPÉDITION CU D'UN EXTRAIT

V. art. 5 et 13 des Dispositions générales. (n°ˢ 52073 et s., 52078 et s. 52135 et s.).

INVENTAIRE

Dans toute la France : honoraires par vacations ;

Plus, frais de voyage, s'il y a lieu, d'après la règle ordinaire. — V. Ch. Defrénois, *op. cit.*, n° 301.

⮌ La prisée du mobilier faite par le notaire ne motive a une rémunération particulière, puisqu'elle allonge les vacations. — V. Amiaud et Voland, *op. cit.*, n° 427 ; Ch. Defrénois, *Ibid.*

Mais les constatations, déclarations et faits au cours de l'inventaire qui y opèrent des droits d'enregistrement distincts, entraînent par là même des honoraires particuliers. — V. toutefois Amiaud et Voland, *op. cit.*, n° 428.

V. *art. 6 et 20 des Dispositions générales* (n°s 52080 et s., 52178 et s.).

V. aussi *Garde de scellés, Récolement.*

JOUR

V. *Donation entre époux. Frais de voyage. Testament.*

JOURNÉE

V. *Frais de voyage.*

LÉGALISATION

A la justice de paix ou au tribunal de première instance : 0,25 cent. ;

Dans une ambassade, un consulat, ou un ministère : 1 fr. ;

Par chaque pièce légalisée.

Avec remboursement des déboursés possibles : coût de la légalisation même, correspondance, port de pièces, etc. (n°s 52015, 52087). — V. Amiaud et Voland, *op. cit.*, n° 429 ; Ch. Defrénois, *op. cit.*, n° 302 ;

Mais pas de frais de voyage. — V. Ch. Defrénois, n° 170.

V. aussi *Certification de signature.*

LÉGITIMATION

V. *Indigents.*

LEGS

V. *Acceptation. Consentement à exécution. Délivrance de legs. Dispositions subordonnées au décès. Renonciation. Révocation. Testament.*

LEGS DE EO QUOD SUPERERIT

V. n° 52154.

LETTRE DE CHANGE

Angers, Caen, Douai, Grenoble, Orléans, Poitiers, Riom, Paris (*Ville de*) et Seine : 0,25 cent. 0/0 ;

Amiens : 0,50 cent. 0/0 de 1 à 100,000 fr. ; 0,25 cent. 0/0 au-dessus ;

Agen : 0,60 cent. 0/0 ;

Partout ailleurs : 0,50 cent. 0/0.

Minimum :

Paris (*Ville de*) et Seine : aucun ;
Aix, Angers, Dijon, Lyon, Montpellier : 2 fr. ;
Paris (*ressort*), Rennes : 4 fr. ;
Partout ailleurs : 3 fr.

V. aussi *Acceptation. Aval. Endossement. Protêt.*

LETTRES MISSIVES

V. *Correspondance.*

LICITATION

Dans toute la France :

De gré à gré

1° Si l'indivision cesse : honoraires comme en matière de partage 3°, (c'est-à-dire de biens indivis), sur l'ensemble des biens licités ;

Minimum :

Paris (*Ville de*) et Seine : aucun ;
Angers, Nancy, Pau, Poitiers : 5 fr. ;
Bordeaux, Riom : 8 fr. ;
Douai, Nimes : 10 fr. ;
Montpellier, Orléans : 12 fr. ;
Partout ailleurs : 15 fr.

Que ce soit d'ailleurs par une licitation proprement dite, ou par la cession que feraient de leurs parts tous les autres communistes à l'un d'eux. — V. Ch. Defrénois, *op. cit.*, n° 304.

2° Dans le cas contraire : honoraires comme en matière de vente sur la part acquise. — V. cepend. Ch. Defrénois, *Ibid.*

Minimum :

Aix, Paris (*Ville de*) et Seine, Rouen : aucun ;
Riom : 8 fr. ;
Partout ailleurs : 5 fr.

V. aussi *Partage anticipé.*

Par adjudication

1° Volontaire

Honoraires comme en matière de vente par adjudication volontaire, sur le prix total des immeubles licités ;

Sauf Paris (*Ville de*) et Seine, malgré la similitude d'expression du tarif. — V. *Vente* (Adjudication volontaire d'immeubles) ;

⮌ Naturellement, sur ce prix augmenté des charges. — V. Narbonne, 13 juin 1901 (*Rev. du Not.*, n° 10845) ;

⮌ Et sans distinguer si c'est un colicitant, puisque sa part ne se déduit pas, ou un étranger qui a été déclaré adjudicataire. — V. Amiaud et Voland, *op. cit.*, n° 433 ; Ch. Defrénois, *op. cit.*, n° 304.

⮌ Si la mise en adjudication se passait entre les colicitants seuls, à l'exclusion d'étrangers, ce serait, en réalité, la licitation de gré à gré ci-dessus prévue, avec l'honoraire y afférent, et non celui présentement alloué pour adjudication volontaire. — V. Amiaud et Voland, *op. cit.*, n° 434.

~~~ On a vu plus haut (n° 52167) que l'honoraire perçu sur une licitation préalable n'empêche point ensuite l'exigibilité de l'honoraire de partage sur le prix ; opinion que vient de consacrer la Cour suprême. — V. Cass. 25 nov. 1903 (*Gaz. des Trib.* 26 nov. 1903).

Or, afin d'éviter le droit fiscal de licitation, au cas où le partage ne pourrait être effectué dans le délai d'enregistrement de l'adjudication, on stipule parfois dans le cahier des charges que si c'est un colicitant qui se trouve le plus haut et dernier enchérisseur, aucune adjudication ne sera prononcée, mais qu'il sera par le fait seul tenu d'accepter, dans le partage ultérieur, l'abandonnement à son profit du bien mis en vente pour la somme à laquelle il l'avait poussé.

L'honoraire de licitation de gré à gré nous semble alors dû, parce que la combinaison procure aux parties tous les avantages d'une licitation, en même temps qu'une économie de frais, et ce, indépendamment de l'honoraire de partage, puisqu'il y a deux actes distincts.

Néanmoins, jusqu'à ce que notre opinion ait subi l'épreuve de la jurisprudence et soit judiciairement consacrée, le notaire qui emploie cette clause d'attribution, doit bien se dire qu'il risque ainsi ses honoraires de licitation.

<center>2° Judiciaire.</center>

1 0/0 de 1 à 10,000 fr.; 0,50 cent. 0/0 de 10,000 à 50,000 fr.; 0,25 cent. 0/0 de 50,000 à 100,000 fr.; 0,125 0/0 au-dessus (Ord. 10 oct. 1841, art. 14);

Sur la même base ;

Sauf les réductions opérées par la loi du 23 oct. 1884, art. 3, pour les licitations dont le prix ne dépasse pas 1,000 fr., c'est-à-dire d'un quart sur les honoraires.

~~~ Conformément à ce qui sera dit plus loin pour les ventes, en cas d'adjudication volontaire, l'honoraire se calcule sur le prix de chaque lot séparément. — V. Montpellier, 23 juin 1902 (*Rev. du Not.*, n° 11137);

De même, en matière d'adjudication judiciaire, si les lots sont composés d'immeubles distincts, et sauf réunion.

~~~ V. aussi *Cahier des charges*,

Et *art. 18 des Dispositions générales* (n° 52167).

<center>**LIEUX**</center>

V. État de lieux.

<center>**LIGNES**</center>

V. art. 21 des Dispositions générales (n°ˢ 52186 et s.).

<center>**LINGE**</center>

V. Bail à loyer.

<center>**LIQUIDATION DE REPRISES**</center>

<center>**Reprises en nature**</center>

Dans toute la France : 0,10 cent. 0/0.

<center>**Reprises en deniers**</center>

Bastia : 1 0/0 de 1 à 20,000 fr.; 0,50 cent. 0/0 de 20,000 à 50,000 fr.; 0,25 cent. 0/0 de 50,000 à 5,000,000 de fr.; 0,125 0/0 au-dessus ;

Nîmes : 1 0/0 de 1 à 50,000 fr.; 0,60 cent. 0/0 de 50,000 à 100,000 fr.; 0,30 cent. 0/0 de 100,000 à 5,000,000 de fr.; 0,125 0/0 au-dessus ;

Riom : 1 0/0 de 1 à 50,000 fr.; 0,75 cent. 0/0 de 50,000 à 100,000 fr.; 0,50 cent. 0/0 de 100,000 à 300,000 fr.; 0,25 cent. 0/0 de 300,000 à 5,000,000 de fr.; 0,125 0/0 au-dessus ;

Paris (*ressort*) : 1 0/0 de 1 à 100,000 fr.; 0,50 cent. 0/0 de 100,000 à 200.000 fr.; 0,25 cent. 0/0 de 200,000 à 5,000,000 de fr.; 0,125 0/0 au-dessus ;

Caen, Montpellier, Nancy : 1 0/0 de 1 à 100.000 fr.; 0,50 cent. 0/0 de 100,000 à 300,000 fr.; 0,25 cent. 0/0 de 300,000 à 5,000,000 de fr.; 0,125 0/0 au-dessus ;

Douai : 1 0/0 de 1 à 100,000 fr.; 0,50 cent. 0/0 de 100,000 à 400,000 fr.; 0,25 cent. 0/0 de 400,000 à 5,000,000 de fr.; 0,125 0/0 au-dessus ;

Aix, Angers, Limoges, Orléans, Poitiers, Rouen : 1 0/0 de 1 à 100,000 fr.; 0,50 cent. 0/0 de 100,000 à 500,000 fr.; 0,25 cent. 0/0 de 500,000 à 5,000,000 fr.; 0,125 0/0 au-dessus ;

Amiens, Dijon : 1 0/0 de 1 à 100,000 fr.; 0,75 cent. 0/0 de 100,000 à 200,000 fr.; 0,50 cent. 0/0 de 200,000 à 500,000 fr.; 0.25 cent. 0/0 de 500,000 à 5,000,000 de fr.; 0,125 0/0 au-dessus ;

Pau : 1 0/0 de 1 à 150,000 fr.; 0,50 cent. 0/0 de 150,000 à 500,000 fr.; 0,25 cent. 0/0 de 500,000 à 5,000,000 de fr. ; 0,125 0/0 au-dessus ;

Agen, Besançon, Bourges, Chambéry, Grenoble, Rennes : 1 0/0 de 1 à 200,000 fr.; 0,50 cent. 0/0 de 200,000 à 500,000 fr.; 0,25 cent. 0/0 de 500,000 à 5,000,000 de fr.; 0,125 0/0 au-dessus ;

Paris (*Ville de*) et Seine : 1 0/0 de 1 à 300,000 fr.; 0,50 cent. 0/0 de 300,000 à 600,000 fr.; 0,25 cent. 0/0 de 600,000 à 1,000,000 de fr.; 0,125 0/0 de 1 à 20,000,000 de fr.; 0,0625 0/0 au-dessus ;

Toulouse : 1 0/0 de 1 à 300,000 fr.; 0,50 cent. 0/0 de 300,000 à 600,000 fr.; 0,25 cent. 0/0 de 600,000 à 5,000,000 de fr.; 0,125 0/0 au-dessus ;

Lyon : 1 0/0 de 1 à 300,000 fr.; 0,75 cent. 0/0 de 300,000 à 600,000 fr.; 0,50 cent. 0/0 de 600,000 à 1,000,000 de fr.; 0,25 cent. 0/0 de 1 à 5,000,000 de fr.; 0,125 0/0 au-dessus ;

Bordeaux : 1 0/0 de 1 à 500,000 fr.; 0,75 cent. 0/0 de 500,000 à 1,000,000 de fr.; 0,50 cent. 0/0 de 1 à 2,000,000 de fr. ; 0,25 cent. 0/0 de 2 à 5,000,000 de fr.; 0,125 0/0 au-dessus ;

Le tout, sur les sommes payées ou garan-
~~~

lies, augmentées de la moitié du surplus de la créance de la femme.

Minimum :

Paris (*Ville de*) et Seine : aucun ;

Bastia, Bordeaux, Montpellier, Nimes, Orléans, Toulouse : 10 fr. ;

Caen, Chambéry, Douai, Grenoble, Paris (*ressort*), Poitiers, Rennes, Riom, Rouen : 12 fr. ;

Partout ailleurs : 15 fr.

⌇ Au point de vue de la décroissance de l'honoraire, il n'est pas inutile de faire observer qu'il se calcule, non pas d'abord sur les sommes payées ou garanties, d'une part, puis, séparément, sur la moitié du surplus des reprises ; mais, en bloc, sur un total formé du chiffre des sommes payées ou garanties, plus de la moitié des reprises restant dues sans sûretés ou excédant l'importance effective nette des sûretés données. — V. Amiaud et Voland, *op. cit.*, n° 438.

⌇ Ces sûretés n'ont, du reste, rien d'exclusif ; il n'est pas exigé qu'elles soient réelles : hypothèque légale, hypothèque conventionnelle ou nantissement ; le cautionnement par un tiers suffit très bien ; la seule chose indispensable, pour qu'il en soit tenu compte, est que les reprises ne restent pas exposées à la pure solvabilité personnelle du mari. — V. Amiaud et Voland, *op. cit.*, n° 439.

⌇ Les allocations établies par le tarif restent les mêmes, qu'on ait été obligé ou non, afin de fixer les reprises, à liquider pour ordre une communauté. — V. Amiaud et Voland, *op. cit.*, n° 440 ;

⌇ Mais elles n'impliquent aucunement qu'il s'agit d'une liquidation spéciale de reprises, par exemple après séparation de biens et renonciation à la communauté, — à l'exclusion des liquidations et partages de communauté et succession.

Pourquoi, d'abord, en serait-il ainsi ? il faudrait une raison sérieuse qui ne s'aperçoit point.

On comprend, au contraire, très bien l'application des deux tarifications à leur objet particulier dans une opération complexe, et sauf, bien entendu, les restrictions qui résulteraient d'autres dispositions à faire concorder avec elles.

Une *réflexion* toute simple prouve, ce nous semble, que le tarif n'a pas entendu borner l'honoraire sur les reprises, au cas de leur liquidation distincte ; c'est qu'il fixe un honoraire pour les reprises en nature. Or, pour répéter l'exemple ci-dessus, qui est le plus fréquent, de liquidation après séparation de biens, il est excessivement rare qu'il existe alors des reprises en nature, car il y a ordinairement beau jour que les propres sont dissipés.

Comme il n'est pas supposable que le tarif se soit proposé de statuer ici seulement pour des hypothèses exceptionnelles, nous concluons logiquement à son application générale.

V. cepend. Amiaud et Voland, *op. cit.*, nos 435 et s., Ch. Defrénois, *op. cit.*, n° 306, qui, sans se prononcer nettement, paraissent d'une opinion différente.

⌇ On voit qu'il n'est pas fait mention des procès-verbaux d'ouverture et de lecture ; ils sont pourtant des actes distincts de la liquidation même, et, par suite, sujets à un honoraire particulier ; mais cet honoraire n'étant pas prévu, règlement amiable, sur la base, à notre avis, des rôles de minute. — V. Ch. Defrénois, *op. cit.*, n° 306 ; *Contrà* Amiaud et Voland, *op. cit.*, nos 441, 497 et 511.

Ce mode, du reste, est certain en cas de contestations, car il y a alors procès-verbal de difficultés, de dires et de protestations, que le tarif rétribue nommément ainsi. — V. Ch. Defrénois, *op. cit.*, n° 306 ; Cpr. Amiaud et Voland, *op. cit.*, n° 497.

V. aussi *Procès-verbal de rectification.*

⌇ Abstraction faite de toute question de dispositions dépendantes ou indépendantes, le paiement en espèces des reprises par l'acte même de liquidation ne peut donner lieu à un honoraire particulier, puisque l'honoraire de liquidation diffère précisément selon que les reprises sont payées ou non, en assimilant des garanties au paiement effectif.

Mais, en cas de libération des reprises par voie de dation en paiement, l'honoraire de cette opération serait dû en sus de l'honoraire propre, au taux correspondant à la nature des choses transmises. — V. Amiaud et Voland, *op. cit.*, p. 317, note 1.

De même, la remise de tout ou partie des reprises entraîne l'honoraire de remise de dette.

⌇ Si les reprises restent dues, en tout ou en partie, elles peuvent être l'occasion de conventions diverses, par exemple, délai de paiement, stipulation d'intérêts, garanties données par un tiers : pluralité d'honoraires, lorsqu'il y a pluralité de droits d'enregistrement pour dispositions indépendantes, suivant l'opinion que nous avons bien des fois exprimée (Art. 6 des Dispositions générales). — V. *Contrà* Amiaud et Voland, *op. cit.*, n° 439.

Toutefois, quand la liquidation se borne à un arrêté du montant des reprises, sans qu'il soit rien convenu sur le délai ou le mode de leur paiement, nous croyons, à la différence du compte de tutelle, qu'aucun honoraire spécial n'est dû malgré l'interversion du titre, parce que l'honoraire de liquidation susindiqué, à son taux réduit, est précisément prévu pour ce cas.

⌇ Dans une espèce où le notaire commis avait liquidé les reprises à exercer par la femme d'après les seules pièces produites par celle-ci, mais sur l'abstention persistante du mari, (malgré tous avertissements qu'il serait passé outre), de fournir également les documents et renseignements en sa possession, l'honoraire porté par le notaire, conformément au tarif, sur le montant des reprises ainsi établies, lui a été purement et simplement maintenu, quoique dans un acte postérieur la femme eût reconnu n'avoir aucune reprise à réclamer, attendu que les époux n'avaient à s'en prendre qu'à eux-mêmes. — V. Saint-Affrique, 12 fév. 1901 ; Cass., 13 janv. 1903.

⟿ La restitution de dot, sous le régime exclusif de communauté et sous le régime dotal sans société d'acquêts, constitue une liquidation de reprises et est tarifable comme telle. — V. Amiaud et Voland, *op. cit.*, n° 435 ; Ch. Defrénois, *op. cit.*, n° 306.

LIQUIDATION DE SOCIÉTÉ

V. Partage. Sociétés.

LIQUIDATION DES HONORAIRES

V. art. 6, 14, 15, 16, 17, 18, 19, 20, 21 des Dispositions générales (n°ˢ 52080 et s., 52138 et s., 52142 et s., 52147 et s., 52149 et s., 52156 et s., 52162 et s., 52170 et s., 52178 et s., 52186 et s., *et aux divers mots du tarif.*
V. aussi Règlement amiable.

LIQUIDATIONS ET PARTAGES DE COMMUNAUTÉS ET DE SUCCESSIONS

V. Partage.
V. aussi art. 18 des Dispositions générales (n°ˢ 52162 et s.).

LOCATION
V. Bail.

LOTISSEMENT

Paris (*Ville de*) et Seine : *avec tirage au sort*, honoraires comme en matière de partage volontaire ou judiciaire, suivant le cas ; *sans tirage au sort*, moitié des honoraires ci-dessus.
Partout ailleurs, sans indication spéciale.
V. aussi Tirage au sort des lots.

LOUAGE
V. Bail.

LOUAGE D'OUVRAGE ET D'INDUSTRIE

Caen : 0,20 cent. 0/0 ;
Aix, Angers, Bastia, Douai, Orléans, Paris (*ressort*), Rennes, Rouen : 0,25 cent. 0/0 ;
Besançon, Dijon : 0,30 cent. 0/0 ;
Lyon, Riom : 0,40 cent. 0/0 de 1 à 10,000 fr. ; 0,25 cent. 0/0 au-dessus ;
Amiens : 0,40 cent. 0/0 de 1 à 50,000 fr. ; 0,25 cent. 0/0 au-dessus ;
Pau : 0,40 cent. 0/0 ;
Bourges, Chambéry, Grenoble, Poitiers : 0,50 cent. 0/0 de 1 à 5,000 fr. ; 0,25 cent. 0/0 au-dessus :
Montpellier, Nancy : 0,50 cent. 0/0 de 1 à 50,000 fr. ; 0,25 cent. 0/0 au-dessus ;

Agen, Bordeaux, Limoges, Toulouse : 0,50 cent. 0/0 ;
Nîmes : 0,60 cent. 0/0 de 1 à 5,000 fr. ; 0,50 cent. 0/0 de 5,000 à 25,000 fr. ; 0,25 cent. 0/0 au-dessus ;
Paris (*Ville de*) et Seine : 1 0/0 ;
Sur le prix exprimé dans l'acte : montant cumulé des salaires ou des travaux ; à défaut, d'après l'évaluation faite pour l'enregistrement. — V. Amiaud et Voland, *op. cit.*, n° 268 ; Ch. Defrénois, *op. cit.*, n° 211.

Minimum :

Bourges, Paris (*Ville de*) et Seine : aucun ;
Bastia : 3 fr. ;
Douai : 4 fr. ;
Aix, Amiens, Angers, Besançon, Lyon, Nîmes, Riom, Toulouse : 6 fr. ;
Rennes : 8 fr. ;
Ailleurs : 5 fr.
V. aussi Engagement.

LOYERS

V. Droit de recette et de comptabilité (n° 52018).

MAINLEVÉE

d'écrou

En brevet

Paris (*Ville de*) et Seine : 4 fr. 50 ;
Partout ailleurs : 4 fr. ;

En minute

Paris (*Ville de*) et Seine : 9 fr. ;
Partout ailleurs : 6 fr. ;
Quel que soit, dans le silence du tarif, le nombre des créanciers qui donnent la mainlevée, du moment que c'est par un même acte, enseignent MM. Amiaud et Voland, *op. cit.*, n° 443 ; Ch. Defrénois, *op. cit.*, n° 309 ;
Nous croyons, au contraire, que, suivant l'art. 6 des Dispositions générales, il est dû autant de fois un honoraire que de droits d'enregistrement ; mais, dans l'esprit du Tarif, à raison de 2 fr. seulement par partie, ayant un intérêt distinct, en sus de la première. — *V. Acceptation de cession, etc. Acquiescement. Adhésion. Ratification.*

d'inscription d'hypothèque ou de privilège

Donnée dans l'acte constatant la libération et comme conséquence de cette libération

Disposition dépendante.

Dans tout autre acte

Et alors même que l'extinction de la dette aurait été constatée par acte reçu en l'étude. — V. Ch. Defrénois, *op. cit.*, n° 310 :

1° Définitive ou partielle réduisant la créance

Besançon : 0,05 cent. 0/0 ;
Angers, Bastia, Bordeaux, Bourges, Caen, Dijon, Douai, Lyon, Montpellier, Nancy, Or-

léans, Paris (*Ville de*) et Seine, Poitiers, Rennes, Riom, Rouen : 0,10 cent. 0/0;

Paris (*ressort*), Pau: 0,15 cent. 0/0 ;

Limoges : 0,20 cent. 0/0 de 1 à 10,000 fr. ; 0,10 cent. 0/0 au-dessus ;

Nîmes : 0,20 cent. 0/0 de 1 à 25,000 fr.; 0,15 cent. 0/0 de 25,000 à 100,000 fr.; 0,10 cent. 0/0 au-dessus ;

Amiens : 0,20 cent. 0/0 ;

Aix, Chambéry, Grenoble, Toulouse : 0,25 cent. 0/0 ;

Agen : 0,30 cent. 0/0 ;

Sur la somme pour laquelle est donnée la mainlevée, en principal, intérêts et accessoires, notamment frais de mise à exécution ; car, le droit d'enregistrement se calculant sur le montant de tous ces éléments, il en est de même, à notre avis, pour l'honoraire de mainlevée.

Lorsqu'il y a eu une ou plusieurs mainlevées partielles réduisant la créance, l'honoraire pour mainlevée définitive est toujours perçu seulement sur la somme qui restait garantie.

Chose bien inutile à dire, puisque les mainlevées partielles ont supporté, *parte in quâ*, l'honoraire proportionnel, qui ne peut évidemment être perçu deux fois sur la même somme. — Cpr. Amiaud et Voland, *op. cit.*, nº 446; Ch. Defrénois, *op. cit.*, nº 310.

Minimum :

Paris (*Ville de*) et Seine : aucun ;

Besançon, Bordeaux, Caen, Orléans, Paris (*ressort*) : 4 fr.;

Amiens, Angers, Bastia, Dijon, Nancy, Pau, Poitiers, Rennes, Riom : 5 fr.;

Partout ailleurs : 6 fr.

Les mainlevées qui ne portent que sur le gage n'affectent aucunement l'honoraire proportionnel afférent aux mainlevées réduisant la créance, lequel est dû comme si le gage n'avait pas varié. — V. Ch. Defrénois, *op. cit.*, nº 310.

2º Réduisant seulement le gage

Besançon, Caen, Orléans, Poitiers : 4 fr.;

Amiens, Paris (*ressort*) : 5 fr.;

Paris (*Ville de*) et Seine : 9 fr.;

Partout ailleurs : 6 fr.

Lorsque la mainlevée réduit à la fois la créance et le gage, l'honoraire proportionnel, pour réduction de somme, et l'honoraire fixe, pour réduction de gage, se trouvant tous deux applicables, le notaire peut choisir celui qui lui est le plus avantageux. — V. Amiaud et Voland, *op. cit.*, nº 448; Cpr. Ch. Defrénois, *op. cit.*, nº 310.

Une mainlevée ne constitue pas un acte frustratoire par cela seul que le débiteur ne l'a pas demandée, la considérant comme inutile, car le créancier a intérêt, pour s'éviter des difficultés et peut-être des frais dans l'avenir (déclaration de succession, tiers détenteur, etc.), à la donner aussitôt qu'il est désintéressé, et ce, aux frais du débiteur (C. civ.,

art. 1248), à charge, bien entendu, d'en faire l'avance, si c'est lui-même qui l'a fait dresser en dehors du débiteur, sauf recours contre celui-ci. — V. Trib. Lyon, 18 mars 1896 ; Charolles, 5 fév. 1903 (*Rép. gén. prat. du Not.*, nºs 9402 et 13135); V. toutefois Amiaud (*J. du Not.*, 1903, p. 513).

V. aussi *Translation d'hypothèque.*

d'opposition et de saisie

En brevet

Paris (*Ville de*) et Seine : 4 fr. 50 ;

Partout ailleurs : 4 fr.;

En minute

Paris (*Ville de*) et Seine : 9 fr.;

Partout ailleurs : 6 fr.

Avec mêmes observations que tout à l'heure, à l'occasion de la mainlevée d'écrou, sur la pluralité possible d'honoraires. — V. *Contrà*, les auteurs y cités.

MAISONS A BON MARCHÉ

Rôles d'expédition, — V. nºs 52191 et s.

MANDAT

V. Compte de mandat. Décharge. Procuration. Révocation. Substitution de pouvoirs.

MANDAT SALARIÉ

V. art. 3 des Dispositions générales (nºs 52031 et s., 52061).

MARCHANDAGE

V. art. 4 des Dispositions générales (nºs 52064 et s.).

MARCHÉ

V. Devis et marchés.

MARCHÉS ET FOIRES

V. Bail à loyer.

MARIAGE

V. Consentement. Contrat de mariage. Indigents.

MÉNAGE

V. Contrat de mariage. Reprise de la vie commune.

MENTION

au tribunal de commerce

V. Gage et nantissement.

aux hypothèques

V. nº 52015 *et Formalités hypothécaires.*

d'heure

V. Vacations (nº 52182).

marginale

Paris (*Ville de*) et Seine : 3 fr.;

Partout ailleurs : 2 fr.

V. aussi nº 52015.

La mention de « fait et délivré grosse », apposée sur les minutes en exécution de l'art. 26, L. 25 vent. an XI, n'étant que l'accomplissement d'une obligation légale, ne donne pas lieu à cette rétribution. — V. Amiaud et Voland, *op. cit.*, n° 450.

MERCURIALES

V. art. 15 *des Dispositions générales* (n°ˢ 52142 et s.).

MÉTIERS

V. Bail de métiers.

MEUBLES

V. Bail, etc. Confusion de meubles. Décharge. Déclaration. Droit de recette. État de meubles. État du mobilier. Vente.

MINES ET CARRIÈRES

(Cession ou exploitation de)

Dans toute la France : honoraires comme en matière de vente :

Vente immobilière, — en cas de cession de la carrière même ;

Vente mobilière, — s'il ne s'agit que de produits à en extraire. — Cpr. Amiaud et Voland, *op. cit.*, n°ˢ 452 et 621.

Minimum :

Chambéry, Grenoble, Toulouse : 5 fr. ;
Ailleurs : aucun.

V. aussi *Bail de carrière. Vente par adjudication.*

MINEUR

V. Autorisation pour faire le commerce. Curatelle. Frais et honoraires des administrateurs judiciaires (n° 51986). *Tutelle. Tuteur.*

MINIMUMS

Le tarif a alloué certains minimums, mais, dans quantité de cas, il les a passés sous silence, ce qui est souvent incompréhensible, au point que nous nous sommes demandé plus d'une fois s'il n'y avait pas, à l'endroit où ils devraient figurer, quelque chose d'omis, un oubli matériel de copiste, et, assurément, l'idée peut en venir.

En effet, comment concevoir, par exemple, qu'un minimum étant alloué pour les baux, il n'en existe presque jamais sur les ventes par adjudication, qui occasionnent pourtant au notaire un travail plus compliqué, plus long, et engagent gravement peut-être sa responsabilité ?

Et que dire, si c'est intentionnel ? Sans minimums, beaucoup d'actes ne donnent plus qu'une rémunération insignifiante et même absolument dérisoire, dans les petites études rurales. La Commission et le Conseil d'État l'ont vraiment trop oublié !

Quoi qu'il en soit : *dura lex, sed lex.*

⌇ Les minimums résultent :

Directement, d'une allocation formelle au cours du tarif ;

Indirectement, de l'art. 14 des Dispositions générales, d'après lequel le moindre honoraire proportionnel exigible, se liquide sur 100 fr. ;

Et, très indirectement, de l'art. 19 de ces dispositions, qui, après tout, attribue deux rôles d'expédition, en sus de l'honoraire ;

Enfin, à Paris (*Ville de*) et Seine, faculté d'option entre l'honoraire et le prix de deux rôles.

⌇ Un acte auquel concourent diverses personnes n'opère pas, en principe, autant de minimums que de parties.

Mais, en cas d'*Acte multiple* (V. ces mots), il peut y avoir lieu à plusieurs minimums.

Il en est de même, selon nous, relativement aux honoraires distincts, exigibles sur des dispositions indépendantes, à moins que l'art. 18 des Dispositions générales ne se trouve y faire obstacle.

⌇ *V.* n° 52128, et aux divers mots du tarif.

MINUTE

V. Garde de minutes. Honoraires fixes. Rapport pour minute. Rôles de minute.
V. aussi, *parmi les mots ci-contre, au nom des actes en minute.*

MINUTES D'UNE ÉTUDE

(Dépositaire des)

V. art. 12 *des Dispositions générales* (n°ˢ 52112 et s.).

MISSIONS

V. art. 3 *des Dispositions générales* (n°ˢ 52015, 52028 et s., 52050, 52057 et s.).

MISSIONS DE JUSTICE

V. n° 52063.

MITOYENNETÉ

Abandon

Aix, Caen, Chambéry, Grenoble, Lyon, Orléans : 5 fr. ;
Toulouse : 8 fr. ;
Paris (*Ville de*) et Seine : 9 fr. ;
Partout ailleurs : 6 fr.

À moins que l'acte qualifié abandon ne soit en réalité une cession. — V. Ch. Defrénois, *op. cit.*, n° 314.

V. aussi *Acceptation.*

Cession

Dans toute la France : honoraires comme en matière de vente d'immeuble de gré à gré.

Convention de mitoyenneté

Dans toute la France : honoraires par rôles de minute.

Minimum :

Bordeaux : 6 fr.;
Partout ailleurs : aucun.

MOBILIER

V. Meubles.

MODÈLE D'ACTE

V. Acte sur modèle.

MODÉRATION

V. Réduction. Remise d'honoraires.

MORCELLEMENT

V. Droit de recette et de comptabilité (notamment, n° 52018). *Négociations. Vente.*

MORT

V. Décès.

MUTATION DE VALEURS

V. Certificat de propriété. Certification de signature. Transfert.

NANTISSEMENT

V. Antichrèse. Gage. Vente sur gage ou nantissement.

NATURE DE L'ACTE

V. Règlement amiable.

NAVIRES

V. Affectation hypothécaire. Affrètement. Vente.

NÉGOCIATIONS

Rémunération généralement admise, mais sujette au règlement amiable :
Pour les baux : 0,25 cent. 0/0 ;
Pour les prêts hypothécaires : de 0,50 cent. à 1 0/0, suivant les localités ;
Pour les ventes : 1 0/0.
V. Amiaud et Voland, *op. cit.,* n° 45.
V. aussi art. 3 des Dispositions générales (n°s 52030 et s., 52051, 52057 et s.).

⟿ Quant aux démarches et pourparlers que nécessitent habituellement les ventes par morcellement, — commission égale à la différence entre l'honoraire alloué pour la vente de gré à gré et celui de la vente par adjudication. Si c'est un autre qui en a eu la peine, un marchand de biens, par exemple, le notaire ne peut plus prétendre qu'au remboursement de ses faux frais de publicité. — V. Amiaud et Voland, *Ibid.*

⟿ L'acte notarié qui contiendrait les conventions faites entre le notaire et les parties relativement à l'honoraire de négociation, tomberait sous le coup des art. 8 et 68, L. 25 vent. an XI.

Il en est autrement, à notre avis, de la stipulation entre les parties seules, fixant laquelle d'elles supportera cet émolument, surtout

lorsque c'est pour en déplacer l'incidence normale; car elles agissent ainsi dans leur propre intérêt, qui est réel, et nous ne voyons pas là de différence avec la clause spécifiant à qui incomberont les frais ordinaires ;
On fera pourtant mieux d'éviter la difficulté.

NOLISSEMENT

V. Affrètement.

NOM PATRONYMIQUE

V. Bail à loyer.

NOMBRE

V. Vacations (n° 52181).

NOMINATION

V. Arbitres et experts. Conseil à une mère-tutrice. Dépositaire. Exécuteur testamentaire. Gardien. Séquestre. Tuteur.

NON BIS IN IDEM

V. art. 18 des Dispositions générales (n°s 52162 et s.).

NON PRÉSENT

V. Représentation.

NON RÉTROACTIVITÉ

V. n° 52006.

NOTAIRE

commis pour la gérance d'une étude

V. art. 12 des Dispositions générales (n°s 52112 et s.).

décédé, démissionnaire, destitué, suspendu

V. art. 12 des Dispositions générales (n°s 52112 et s.).

en dehors du ressort

V. Assistance comme conseil. Frais de voyage. Notaire en second. Partage d'honoraires (n°s 52038, 52103, 52107, 52194 et s.).

en exercice

V. n°s 52007 et s.

en second

V. art. 10 et 11 des Dispositions générales (n°s 52101 et s., 52105 et s.).
V. aussi Frais de voyage (n°s 52194 et s.).

instrumentant

V. art. 10 et 11 des Dispositions générales (n°s 52101 et s., 52105 et s.).
V. aussi Vente (par adjudication).
V. encore Faute du notaire (art. 5 des Dispositions générales, n°s 52073 et s.).

NOTIFICATION

V. Dispense.

NOTORIÉTÉ

V. Acte de notoriété.

NUE PROPRIÉTÉ

V. art. 16 et 17 des Dispositions géné-
rales (nᵒˢ 52147 et s., 52161).

NUIT

V. Donation entre époux. Frais de voyage.
Testament.

NULLITÉ

V. art. 5 des Dispositions générales (nᵒˢ
52073 et s.).

OBJETS MOBILIERS

V. Bail, etc. Meubles.

OBLIGATION

Bastia : 1 0/0 de 1 à 20,000 fr.: 0,50 cent.
0/0 de 20,000 à 50,000 fr.; 0,25 cent. 0/0 au-
dessus ;

Caen, Montpellier, Riom : 1 0/0 de 1 à
100,000 fr.; 0,50 cent. 0/0 de 100,000 à
300,000 fr.; 0,25 cent. 0/0 au-dessus ;

Nîmes, Pau, Rouen : 1 0/0 de 1 à 100,000 fr.;
0,50 cent. 0/0 de 100,000 à 500,000 fr.;
0,25 cent. 0/0 au-dessus ;

Dijon : 1 0/0 de 1 à 100,000 fr.; 0,75 cent.
0/0 de 100,000 à 200,000 fr.; 0,50 cent. 0/0 de
200,000 à 300,000 fr.; 0,25 cent. 0/0 au-dessus ;

Nancy : *avec garantie particulière*, 1 0/0 de
1 à 150,000 fr.; 0,50 cent. 0/0 de 150,000 à
500,000 fr.; 0,25 cent. 0/0 au-dessus ; *sans*
garanties spéciales, trois quarts des mêmes
honoraires ;

Agen, Aix, Amiens, Chambéry, Douai, Grenoble, Orléans, Rennes : 1 0/0 de 1 à 150,000 fr.;
0,50 cent. 0/0 de 150,000 à 500,000 fr.;
0,25 cent. 0/0 au-dessus ;

Lyon : 1 0/0 de 1 à 150,000 fr.; 0,75 cent.
0/0 de 150,000 à 300,000 fr.; 0,50 cent. 0/0 de
300,000 à 600,000 fr.; 0,25 cent. 0/0 au-dessus ;

Angers, Besançon, Bordeaux, Bourges, Limoges, Paris (*ressort*), Toulouse : 1 0/0 de
1 à 200,000 fr.; 0,50 cent. 0/0 de 200,000 à
500,000 fr.; 0,25 cent. 0/0 au-dessus ;

Paris (*Ville de*) et Seine : 1 0/0 de 1 à
500,000 fr.; 0,50 cent. 0/0 de 500,000 à
2,000,000 de fr. ; 0,25 cent. 0/0 au-dessus ;
— moitié seulement de ces honoraires, *lors-*
que les fonds sont remis hors la vue des no-
taires, et, plus généralement, *dans tous les*
cas où l'obligation constatée résulte d'un fait
antérieur à l'acte. — V. Amiaud et Voland,
op. cit., nᵒˢ 462, 519 et 558 ;

Poitiers : 1 fr. 25 0/0 de 1 à 5,000 fr.; 1 0/0
de 5,000 à 100,000 fr.; 0,50 cent. 0/0 de 100,000
à 500,000 fr.; 0,25 cent. 0/0 au-dessus ;

Qu'à la garantie de l'obligation, des sûretés
soient ou non données dans l'acte par le débiteur; car, émanant d'un tiers, il en est autrement. — *V. Affectation hypothécaire. Anti-*
chrèse. Cautionnement. Gage et nantissement.

Minimum :

Paris (*Ville de*) et Seine : aucun ;
Partout ailleurs : 5 fr.

V. encore *Droit de recette et de comptabi-*
lité. Prorogation de délai.

Plus une rémunération spéciale, au cas où
le notaire instrumentant aurait été le négociateur du prêt. — Cpr. Amiaud et Voland,
op. cit., nᵒˢ 465 et s. ; Ch. Defrénois, nᵒ 318.
V. aussi nᵒˢ 52051, 52057 et s.

〰 Le tarif ne vise pas nommément les
prêts du Crédit foncier de France, qui s'ef-
fectuent au moyen de deux actes, subordonnés
l'un à l'autre : le prêt conditionnel, puis sa
réalisation s'il y a lieu.

Est-ce à dire que l'honoraire proportionnel
susindiqué s'y applique purement et simplement ? Nous ne le pensons pas. Il y a là deux
actes au lieu d'un, donc plus de travail, donc,
en bonne justice, droit à un honoraire supérieur. — V. Ch. Defrénois, *op. cit.*, nᵒ 318 ;

Contrà MM. Amiaud et Voland (*op. cit.*,
nᵒ 463) qui invoquent le passage suivant des
procès-verbaux de la Commission du Tarif
légal : « Ce prêt conditionnel (par le Crédit
foncier, par tout autre établissement ou par
un particulier) constitue une obligation ordinaire, rémunérée comme telle, sans que le
notaire ait droit à un honoraire spécial pour
la réalisation. »

La citation est étrange, et l'on se demande,
en vérité, si la Commission s'est comprise
elle-même en écrivant cela ? D'abord, le prêt
conditionnel ne constitue point une obligation ordinaire, aussi le droit fixe d'enregistrement est-il seul perçu ; elle ne peut donc
pas être rémunérée comme telle, et, d'ailleurs, la question est précisément de savoir
si elle est même rémunérée ; enfin, c'est, au
contraire, la réalisation qui opère l'exigibilité
de l'honoraire proprement dit, comme du droit
proportionnel d'enregistrement.

〰 Aussi bien, et pour le dire en passant,
sans vouloir aucunement diminuer le mérite
de cette commission, nous dénions à ses délibérations une sérieuse autorité actuelle.
Elle ne fut, en effet, chargée que d'un travail
tout préparatoire, et loin de se borner à léga-
liser ensuite ses propositions, le Conseil
d'Etat, qui entendait absolument faire œuvre
propre et qui le prouva en exigeant deux enquêtes successives et l'avis des Cours d'appel, adopta souvent un parti contraire à ses
conclusions. Il faut, par conséquent, avant
tout, prendre le tarif en soi, et c'est seulement lorsqu'il ne se suffit pas à lui-même
qu'il est légitime de l'interpréter au moyen de
documents extrinsèques.

〰 L'acte de prêt conditionnel étant donc
imprévu, se trouve soumis au règlement
amiable, et nous sommes d'avis de lui appli-

quer l'honoraire par rôles de minute. —
V. Ch. Defrénois, *op. cit.*, n° 318.

Quant à l'acte de réalisation, il opère sans
aucun doute l'honoraire proportionnel d'obligation.

Si cette réalisation n'a pas lieu, l'acte conditionnel devient caduc, à la manière du contrat
en vue d'un mariage qui n'est pas célébré, et
comme celui-ci, par application du tarif même,
puisqu'il y a identité de motifs, et non plus
en vertu d'un règlement amiable, rémunération par rôles de minute. — V. Amiaud et
Voland, *op. cit.*, n° 464 ; Cpr. Ch. Defrénois, *op. cit.*, n°s 191 et 318.

⟿ V. aussi *Bordereau d'inscription. Formalités hypothécaires*, et, sur le Droit de recette, *art. 1er et 3 des Dispositions générales*
(n°s 52017 et s.).

OBLIGATIONS DE SOCIÉTÉ

V. *Vente.*

OCTROIS

V. *Bail à loyer.*

OFFICES MINISTÉRIELS

V. *Vente.*
V. aussi n°s 52007 et s.

OPPOSITION

V. *Mainlevée.*

ORDRE

amiable

V. *Quittance d'ordre judiciaire.*

consensuel

(improprement nommé *amiable* dans le tarif)
Pau : 1 0/0 de 1 à 50,000 fr.; 0,50 cent. 0/0
au-dessus. — *Minimum :* 10 fr.;
Paris (*Ville de*) et Seine : 1 0/0 de 1 à
800,000 fr.; 0,50 cent. 0/0 de 800,000 à
2,000,000 de fr.; 0,25 cent. 0/0 au-dessus, sur
le montant total des collocations. — *Minimum :*
aucun ;
Partout ailleurs : honoraires comme en matière de distribution de deniers ;
Sur l'actif brut distribué. — V. Ch. Defrénois, *op. cit.*, n° 319.
Et ce, avec ou sans quittance, déclare le
tarif; c'est-à-dire que l'honoraire d'ordre
comprend celui de la quittance lorsqu'elle est
donnée par le même acte;
Dans un acte séparé, — tarif des quittances pures et simples. — V. *Quittance
d'ordre consensuel.*

judiciaire

V. *Quittance d'ordre.*

ORDRE PUBLIC

V. *art. 4 des Dispositions générales* (n^{os}
52064 et s.).

ORDRES SACRÉS

V. *Consentement.*

ORIGINE DE PROPRIÉTÉ

V. *Établissement de propriété.*

OUVERTURE

V. *Procès-verbal.*

OUVERTURE DE CRÉDIT

V. *Crédit.*

OUVRAGE

V. *Louage d'ouvrage et d'industrie.*

OUVRIER

V. *Congé d'acquit. Louage d'ouvrage et
d'industrie.*

PAIEMENT

V. *Contributions directes. Dation en paie-
ment. Distribution de deniers par contribution.
Droit de recette et de comptabilité. Ordre.
Quittance.*

PAIEMENT DE FRAIS ET HONORAIRES

V. *art. 9 des Dispositions générales* (n^{os}
52091 et s.).

PAPIER TIMBRÉ

V. n°s 52076, 52087 et s., 52174.

PAQUETS

V. *Envoi de pièces.*

PART

V. *Licitation.*

PART SOCIALE

V. *Vente.*

PARTAGE

anticipé ou d'ascendants

(C. civ., art. 1075 et s.)

Partage entre-vifs

Bastia : 1 0/0 de 1 à 10,000 fr.; 0,75 cent.
0/0 de 10,000 à 20,000 fr.; 0,50 cent. 0/0 de
20,000 à 50,000 fr.; 0,25 cent. 0/0 au-dessus ;
Caen : 1 0/0 de 1 à 50,000 fr.; 0,50 cent. 0/0
de 50,000 à 200,000 fr.; 0,25 cent. 0/0 de
200,000 à 5,000,000 de fr.; 0,125 0/0 au-dessus ;
Angers : 1 0/0 de 1 à 50,000 fr.; 0,50 cent.
0/0 de 50,000 à 500,000 fr.; 0,25 cent. 0/0 de
500,000 à 5,000,000 de fr.; 0,125 0/0 au-
dessus ;
Nancy, Riom : 1 0/0 de 1 à 50,000 fr.; 0,75
cent. 0/0 de 50,000 à 100,000 fr.; 0,50 cent. 0/0
de 100,000 à 300,000 fr.; 0,25 cent. 0/0 de
300,000 à 5,000,000 de fr.; 0,125 0/0 au-dessus ;

Besançon, Douai : 1 0/0 de 1 à 100,000 fr.; 0,50 cent. 0/0 de 100,000 à 200,000 fr.: 0,25 cent. 0/0 de 200,000 à 5,000,000 de fr.; 0,125 0/0 au-dessus ;

Amiens, Dijon, Montpellier : 1 0/0 de 1 à 100,000 fr.; 0,50 cent. 0/0 de 100,000 à 300,000 fr.; 0,25 cent. 0/0 de 300,000 à 5,000,000 de fr.; 0,125 0/0 au-dessus ;

Aix, Bourges, Chambéry, Grenoble, Limoges, Nîmes, Orléans, Poitiers, Rouen : 1 0/0 de 1 à 100,000 fr.; 0,50 cent. 0/0 de 100,000 à 500,000 fr.; 0,25 cent. 0/0 de 500,000 à 5,000,000 de fr.; 0,125 0/0 au-dessus ;

Pau : 1 0/0 de 1 à 150,000 fr.; 0,50 cent. 0/0 de 150,000 à 500,000 fr.; 0,25 cent. 0/0 de 500,000 à 5,000,000 de fr,; 0,125 0/0 au-dessus ;

Agen, Paris (*ressort*), Rennes, Toulouse : 1 0/0 de 1 à 200,000 fr.; 0,50 cent. 0/0 de 200,000 à 500,000 fr.; 0,25 cent. 0/0 de 500,000 à 5,000,000 de fr. ; 0,125 0/0 au-dessus ;

Lyon : 1 0/0 de 1 à 300,000 fr.; 0,50 cent. 0/0 de 300,000 à 600,000 fr.; 0,25 cent. 0/0 de 600,000 à 5,000,000 de fr.; 0,125 0/0 au-dessus ;

Paris (*Ville de*) et Seine : 1 0/0 de 1 à 500,000 fr.; 0,50 cent. 0/0 de 500,000 à 1,000,000 de fr.; 0,25 cent. 0/0 de 1,000,000 à 3,000,000 de fr.; 0,125 0/0 de 3,000,000 à 20,000,000 de fr,; 0,0625 0/0 au-dessus ;

Bordeaux : 1 0/0 de 1 à 500,000 fr.; 0,75 cent. 0/0 de 500,000 à 1,000,000 de fr.; 0,50 cent. 0/0 de 1,000,000 à 2,000,000 de fr.; 0,25 cent, 0/0 de 2,000,000 à 5,000,000 de fr.; 0,125 0/0 au-dessus ;

Sur le montant brut des biens et valeurs faisant l'objet du partage. — V. Amiaud et Voland, *op. cit.*, n⁰ 501 ; Ch. Defrénois, *op. cit.*, n⁰ 321 ;

Mais, — à la différence des partages ordinaires, — sans déduction des biens donnés en avancement d'hoirie qui seraient rétablis à la masse.

Toutefois, MM. Amiaud et Voland enseignent formellement le contraire (*op. cit.*, n⁰ 501). « Les motifs, disent-ils, qui obligent à déduire les rapports de la masse, dans un partage ordinaire, conservent ici toute leur force. »

C'est confondre, il nous semble, deux situations pourtant bien distinctes.

D'abord, le rapport à succession s'impose à l'héritier ; au lieu que le rétablissement à partage anticipé est facultatif pour l'ascendant, et volontaire de la part de l'enfant, en ce sens du moins que son consentement est indispensable pour la validité du partage ; de sorte que le rétablissement n'a lieu qu'en vertu d'un nouveau contrat ;

Ensuite et au fond, ce rétablissement n'est pas un rapport. La preuve ? Le rapport à succession, s'il est immobilier, s'opère franc et quitte de toutes charges créées par le donataire ; tandis que le rétablissement à partage d'ascendant entre-vifs ne peut nuire aux droits que des tiers auraient acquis auparavant du chef de l'enfant donataire ;

Et que dire des biens donnés par préciput et hors part, qui, nonobstant, figurent encore assez souvent dans les partages anticipés ?

Sans compter d'autres différences peut-être ; mais en voilà assez pour établir qu'il n'y a aucunement identité, mais à peine une vague analogie, entre un véritable rapport et un tel rétablissement.

Aussi, le tarif s'est-il bien gardé de les traiter de même. Au *Partage ordinaire*, il exclut les rapports ; au *Partage anticipé*, il n'en parle point.

Cette différence de rédaction, entre des textes qui se suivent immédiatement, est, à nos yeux, déterminante. Il en résulte, en effet, que le Conseil d'Etat n'a pas même eu l'idée d'assimiler les deux hypothèses : car, après nos explications, on ne saurait évidemment prétendre que la chose allait de soi.

Nous croyons donc qu'en matière de partage anticipé, l'honoraire est dû sur tous les biens et valeurs qui y sont compris.

En tout cas, l'opinion adverse serait trop générale, puisque les rapports eux-mêmes sont sujets à des distinctions ; notamment, pour que l'honoraire de partage ne leur soit pas applicable, il faut, comme on le verra plus loin, qu'ils aient déjà supporté l'honoraire proportionnel de donation, et qu'ils ne sortent pas du lot de l'enfant donataire.

⸺ S'il y a licitation dans le même acte de tout ou partie des biens donnés, il y a lieu à plusieurs droits d'enregistrement, et, par conséquent, à des honoraires distincts de partage anticipé et de licitation.

⸺ Lorsque le partage émane d'un époux survivant qui y comprend à la fois ses propres biens et ceux de son conjoint prédécédé, ou si les donataires partagent ainsi le tout, l'honoraire de partage d'ascendant n'est exigible que sur les biens transmis par celui-ci et le surplus ne donne lieu qu'à l'honoraire ci-après indiqué de partage volontaire. — V. Amiaud et Voland, *op. cit.*, n⁰ˢ 158 et 503 ; Ch. Defrénois, *op. cit.*, n⁰ 321.

V. aussi, plus loin, *Partage ordinaire* (de biens indivis).

⸺ En principe, les charges stipulées par le donateur à son profit, comme condition de la libéralité, constituent des dispositions dépendantes ; s'il en était autrement, ce qu'on reconnaîtrait à la pluralité de droits d'enregistrement, des honoraires particuliers seraient dus, en outre de l'honoraire de partage. — V., ci-dessus, art. 6 des Dispositions générales ; *Contrà* Amiaud et Voland, *op. cit.*, n⁰ 502.

Minimum :

Paris (*Ville de*) et Seine : aucun ;

Angers, Bordeaux, Dijon, Montpellier, Nancy, Poitiers, Rouen : 10 fr. ;

Aix, Amiens, Besançon, Paris (*ressort*), Pau. Rennes : 15 fr. ;
Partout ailleurs : 12 fr.

Partage testamentaire
Honoraires de rédaction

(exigibles au moment de l'acte)

Dans toute la France : honoraires par rôles de minute.

Minimum :

Paris (*Ville de*) et Seine : aucun ;
Nimes : 15 fr. ;
Partout ailleurs : 20 fr.

Comme il s'agit d'honoraires de rédaction du testament, il n'en peut être dû que pour un testament par acte public, à l'exclusion des testaments mystiques et olographes ;

Mais ceux-ci donnent lieu à certains autres honoraires. — V. ci-après *Testament mystique. Testament olographe.*

Honoraires dus au décès.

Dans toute la France : honoraires comme en matière de partage ordinaire (volontaire) 1º.

Ainsi, à Paris et dans la Seine, qu'il y ait ou non des mineurs parmi les enfants. — V. Amiaud et Voland, *op. cit.*, nº 506.

Minimum :

Aix : 20 fr. ;
Ailleurs : aucun.

⌁ Il se peut que le testateur fasse, en même temps que son partage d'ascendant, des legs au profit d'autres personnes que ses enfants. Le notaire aurait droit, dans ce cas : immédiatement, à l'honoraire de rédaction susindiqué, ou bien à celui fixé pour le testament authentique en général, à son choix, puisqu'il se trouve à la fois dans les deux hypothèses, — puis, après le décès, à l'honoraire de partage sur les biens répartis aux enfants, et à l'honoraire proportionnel de testament sur les legs. — V. Amiaud et Voland, *op. cit.*, nº 506.

⌁ Voilà pour le partage par testament public.

Lorsqu'il est contenu dans un testament mystique ou olographe, il ne saurait plus être question d'honoraires pour la rédaction du testament même, mais ceux relatifs aux formalités extérieures de ces deux sortes de testament sont respectivement encourus. — V. Amiaud et Voland, *op. cit.*, nº 508 ; Ch. Defrénois, *op. cit.*, nº 322.

⌁ Quant à l'honoraire proportionnel au décès, il est toujours le même, celui susindiqué, que le testament soit authentique, mystique ou olographe. — V. Ch. Defrénois, *op. cit.*, nºs 322.

Au contraire, selon MM. Amiaud et Voland (*op. cit.*, nº 508), « il est dû, sur un partage testamentaire, rédigé en la forme mystique, les mêmes honoraires que s'il était authentique, et *ces honoraires sont réduits à moitié, s'il est fait en la forme olographe* » !

Mais rien, absolument rien, à notre avis, ne permet d'amoindrir ainsi, d'un trait de plume, et souvent de plus de moitié ! la rémunération des notaires dans un grand nombre de cas.

Comment ! les décrets spécifient, dans leur nomenclature, le « partage testamentaire », sans ajouter à ces mots quoi que ce soit qui les restreigne, et ils ne les auraient pas employés dans leur sens général ?

Prétendra-t-on que cette restriction résulte précisément de ce qu'un droit de rédaction y est prévu, ce qui implique exclusivement un testament notarié ? Mais ce serait attribuer à un fait insignifiant une portée qu'il n'a point. Les décrets ont visé ce cas, tout simplement parce qu'il était à tarifer ; et, naturellement, ils n'ont pas parlé des autres, puisque ceux-ci ne pouvaient donner lieu à un honoraire semblable : voilà tout !

Pourquoi, du reste, allant maintenant au fond des choses, auraient-ils fait une différence ? On n'en trouve aucune bonne raison. Si l'honoraire est, en principe, plus élevé sur le testament portant partage que sur celui qui n'en contient pas, c'est que ce dernier réserve la possibilité d'un honoraire de partage en sus de l'honoraire de testament, tandis que l'honoraire de partage testamentaire englobe tout, de façon que le notaire ne peut jamais espérer plus. Or, il en est ainsi quelle que soit la forme du testament.

Aussi, les auteurs que nous combattons sont-ils réduits à aller ramasser, en quelque sorte, dans le fatras des controverses du droit civil sur le partage d'ascendant, une opinion subtile, au moins hasardée, en tout cas qui n'est pas généralement admise, et à laquelle, au surplus, le Conseil d'Etat n'a certainement point songé, pour pouvoir donner une raison telle quelle. En vérité, c'est un peu trop insuffisant ! Et d'ailleurs, si le partage testamentaire a le caractère d'un testament, comme ils disent pour tout raisonnement, est-ce que cela n'est pas indépendant de la forme testamentaire employée ?

Alors l'argument tombe ! Pour le répéter et conclure, c'est en tant que partage, dispensant d'un autre partage, que les décrets ont tarifé le partage d'ascendant ; donc, peu importe qu'il soit réalisé par testament notarié plutôt que par testament mystique ou olographe.

⌁ Sur les renonciations possibles, — V. *art.* 17 *des Dispositions générales.*

ordinaire
(volontaire ou judiciaire)

1º Avec ou sans liquidation de communauté, de succession ou de société

Paris (*Ville de*) et Seine : *Volontaire*, 1 0/0 de 1 à 500,000 fr. ; 0,50 cent. 0/0 de 500,000 à 1,000,000 de fr. : 0,25 cent. 0/0 de 1 à 3,000,000 de fr. ; 0,125 0/0 de 3,000,000 à 20,000,000 de fr. ; 0,0625 0/0 au-dessus ; *Judiciaire*, 1 0/0 de 1 à 300,000 fr. ; 0,50 cent. 0/0 de 300,000 à 600,000 fr.; 0,25 cent. 0/0 de 600,000 à 1.000,000 de fr.; 0,125 0/0 de 1,000,000 à 20,000,000 de fr.; 0,0625 0/0 au-dessus,

Sur l'actif *attribué*, déduction faite du montant des rapports dus par les héritiers en vertu d'actes authentiques et de tout le passif autre que les frais.

Ailleurs :

Nîmes : 1 0/0 de 1 à 50,000 fr. ; 0,60 cent. 0/0 de 50,000 à 100,000 fr.; 0.30 cent. 0/0 de 100,000 à 5,000,000 de fr.; 0,125 0/0 au-dessus ;

Riom : 1 0/0 de 1 à 50.000 fr. ; 0,75 cent. 0/0 de 50,000 à 100,000 fr. ; 0,50 cent. 0/0 de 100,000 à 300,000 fr. ; 0,25 cent. 0/0 de 300,000 à 5.000,000 de fr.; 0.125 0/0 au-dessus ;

Caen, Montpellier, Nancy : 1 0/0 de 1 à 100,000 fr. ; 0,50 cent. 0/0 de 100,000 à 300,000 fr.; 0,25 cent. 0/0 de 300,000 à 5.000,000 de fr.; 0,125 0/0 au-dessus ;

Douai : 1 0/0 de 1 à 100,000 fr.; 0,50 cent. 0/0 de 100,000 à 400,000 fr. ; 0,25 cent. 0/0 de 400,000 à 5,000,000 de fr. ; 0,125 0/0 au-dessus ;

Aix, Angers, Limoges, Orléans, Poitiers, Rouen : 1 0/0 de 1 à 100,000 fr. ; 0,50 cent. 0/0 de 100,000 à 500,000 fr. ; 0,25 cent. 0/0 de 500,000 à 5,000,000 de fr. ; 0,125 0/0 au-dessus ;

Amiens, Dijon : 1 0/0 de 1 à 100,000 fr. ; 0,75 cent. 0/0 de 100,000 à 200,000 fr. ; 0,50 cent. 0/0 de 200,000 à 500,000 fr. ; 0,25 cent. 0/0 de 500,000 à 5,000,000 de fr. ; 0,125 0/0 au-dessus ;

Pau : 1 0/0 de 1 à 150,000 fr.; 0,50 cent. 0/0 de 150,000 à 500,000 fr.; 0,25 cent. 0/0 de 500,000 à 5,000,000 de fr.; 0,125 0/0 au-dessus ;

Agen, Bastia, Besançon, Bourges, Chambéry, Grenoble, Paris (*ressort*), Rennes : 1 0/0 de 1 à 200,000 fr.; 0.50 cent. 0/0 de 200,000 à 500,000 fr.; 0,25 cent. 0/0 de 500,000 à 5,000,000 de fr.; 0,125 0/0 au-dessus ;

Toulouse : 1 0/0 de 1 à 300,000 fr. ; 0,50 cent. 0/0 de 300,000 à 600,000 fr. ; 0,25 cent. 0/0 de 600,000 à 5,000,000 de fr. ; 0,125 0/0 au-dessus ;

Lyon : 1 0/0 de 1 à 300,000 fr.; 0,75 cent. 0/0 de 300,000 à 600,000 fr.; 0,50 cent. 0/0 de 600,000 à 1,000,000 de fr.; 0,25 cent. 0/0 de 1,000,000 à 5,000,000 de fr. ; 0,125 0/0 au-dessus ;

Bordeaux : 1 0/0 de 1 à 500,000 fr. ; 0,75 cent. 0/0 de 500,000 à 1,000,000 de fr.; 0,50 cent. 0/0 de 1,000,000 à 2,000,000 de fr.; 0,25 cent. 0/0 de 2,000,000 à 5,000,000 de fr.; 0,125 0/0 au-dessus.

Et ce, (sauf Paris même et Seine, ainsi qu'on l'a vu) sur l'actif *brut*, rapports non compris, déduction faite des legs particuliers.

〜 Les reprises motivent quelquefois un honoraire particulier.

Rien de plus simple à l'égard des reprises en nature du conjoint survivant ; leur constatation lui en fait un titre, ou tout au moins consolide celui qu'il avait déjà : l'honoraire (à 0,10 cent. 0/0, bien modique) est donc pleinement justifié par le service rendu, et, au surplus, — nous espérons l'avoir établi plus haut, — le tarif l'accorde sans distinguer entre les divers cas possibles.

Certes, le principe ne varie pas pour les reprises en nature de la succession du prédécédé ; mais, comme elles figurent ensuite parmi les biens et valeurs de succession, l'art. 18 s'oppose à ce que l'honoraire spécial de liquidation soit pris sur elles en même temps que celui de partage.

Au contraire, les reprises en deniers ne sont pas sans présenter de sérieuses difficultés dans les liquidations de communauté et succession.

L'actif peut comprendre alors des indemnités et récompenses dues à la communauté, soit par le conjoint survivant, soit par la succession du prédécédé.

Considérons d'abord l'époux survivant. Si les indemnités et récompenses à sa charge dépassent les reprises en deniers auxquelles il a droit, l'excédant constitue une créance réelle sur lui, donc un actif, de sorte que l'honoraire de partage s'y applique, sans compter l'honoraire de libération ou autre selon les suites.

Quand c'est la succession qui se trouve débitrice pour cette cause, on porte sa dette à son passif et, une créance d'autant sur elle, à la masse active de communauté.

Si l'utilité de cette double écriture se borne à établir les droits du survivant dans la communauté, et que les biens et valeurs de cette communauté suffisent pour le remplir de ses droits, ce n'est qu'une opération d'ordre ; donc, aucun honoraire.

Mais il peut arriver que la succession soit réellement constituée débitrice, et alors sa dette a pour contre-partie une créance au profit de la communauté, ou plutôt des représentants de celle-ci ; puisqu'il en résulte un actif : honoraire de partage.

Ce n'est pas tout ; la succession, en cette circonstance, est obligée, soit de payer avec des propres, soit de rester débitrice. Dans le premier cas, honoraire de quittance, si le paiement est fait en espèces, ou bien de dation en paiement ; dans le second, honoraire de reconnaissance de dette, lorsqu'un droit d'obligation est exigible fiscalement, suivant ce que nous répéterons plus loin, à propos des conditions accessoires de partage.

Dans la dernière hypothèse prévue, l'honoraire est naturellement dû à Paris (*Ville de*) et Seine, comme ailleurs, sur la créance de la communauté ; mais, de ce que le passif s'y déduit, l'honoraire sur les biens et valeurs de la succession ne doit, alors, être calculé que déduction effectuée de sa dette correspondante. A première vue, les deux choses semblent s'annuler ; il y a lieu toutefois de procéder distributivement, si l'on veut faire supporter au conjoint survivant la part qui lui incombe strictement dans les frais de l'ensemble.

Les honoraires spéciaux susénoncés : quittance, dation en paiement, etc., sont d'ailleurs exigibles aussi, le cas échéant.

Nous venons de rappeler qu'à Paris le passif doit être déduit. Tel est, en effet, le principe ; mais, comme toujours, il convient de l'appliquer avec bon sens.

Aussi, pensons-nous que, sauf le cas où les créances auraient acquis date certaine antérieurement au décès, il n'y a pas à tenir compte des sommes dont des héritiers se prétendraient créanciers du défunt ;

Autrement, il leur serait loisible, en invoquant un passif purement imaginaire, de réduire à leur gré l'actif net de la succession, afin d'éluder l'honoraire de partage.

Cette particularité du tarif de Paris (*Ville de*) et Seine, que l'honoraire n'est dû que sur l'actif net, et même seulement sur l'actif attribué, amène l'examen d'un autre cas : celui où les biens et valeurs de communauté sont insuffisants pour faire face aux reprises en deniers de la femme.

Pas de difficulté en matière de liquidation amiable ; à nos yeux, du moins, puisque, le cas échéant, nous appliquons dans les partages la tarification spéciale aux reprises ; leur honoraire est donc alors dû sur moitié de la somme dont la femme demeure créancière, — sans parler d'autres honoraires, s'il y a lieu.

Mais, même notre opinion admise, nous avons vu mettre en doute cette applicabilité aux partages judiciaires, ou plutôt à certains partages judiciaires, et par une raison bien bizarre. Lorsque le tribunal a commis le notaire liquidateur pour procéder à une liquidation et à un partage de communauté et succession, sans ajouter expressément : et à la liquidation des reprises des époux, l'honoraire ne serait pas dû sur elles, attendu que le notaire n'aurait pas eu mission de les constater !

N'est-ce pas là une pure querelle de mots, et une interprétation par trop judaïque et même fausse de la commission donnée ? car le tribunal, non seulement a dû entendre commettre le notaire pour tout ce que la situation comportait, mais on ne voit pas qu'il ait pu faire autrement, tellement les diverses opérations de liquidation sont étroitement enchevêtrées et impossibles à scinder.

Quoi qu'il en soit, les notaires feront toujours bien d'éviter l'objection, en veillant à se faire commettre pour la liquidation et la constatation des reprises au besoin, en même temps que pour le reste.

⚹ Mais les biens qui sont réunis à la masse par pure fiction, comme ceux dont il a été disposé entre-vifs, afin de déterminer la quotité disponible et la réduction à exercer, s'il y a lieu, — ne sauraient entrer en ligne de compte pour le calcul de l'honoraire, puisque, n'étant

ni divisés ni attribués dans le partage, ils n'y sont pas vraiment compris. — V. Amiaud et Voland, *op. cit.*, n° 479.

Aussi, en cas de réduction des libéralités, l'honoraire porte-t-il sur ce qui rentre dans l'hérédité.

⚹ Le tarif excepte formellement les rapports. Mais lesquels ? On sait que l'art. 829 C. civ. reconnaît deux sortes de rapports : d'une part, les rapports de donations, d'autre part, les rapports des dettes, cette sorte d'énigme du droit civil actuel.

Il ne s'agit certainement ici que des premiers. — V. Amiaud et Voland, *op. cit.*, n°s 486 et s.; Saint-Gaudens, 19 nov. 1900 (*Rép. gén. prat. du Not.*, n° 11814) ; Narbonne, 13 juin 1901 (*Rev. du Not.*, n° 11137) ; *Contrà* Montpellier, 23 juin 1902 (*Rev. du Not., Ibid.*).

⚹ Pour que ces rapports échappent à l'honoraire, il faut que les biens qu'ils concernent aient déjà subi un honoraire proportionnel de donation, — c'est ce que signifient les mots *en vertu d'actes authentiques*, du tarif de la Seine, — et, de plus, qu'ils ne soient pas l'objet d'une nouvelle transmission.

Au premier point de vue, lorsque la libéralité n'a pas été constatée par acte notarié, ce qui est plus spécialement le cas des dons manuels, il n'y a pas à la déduire de la masse. — V. Amiaud et Voland, *op. cit.*, n° 485.

Il résulte du second que si les biens rapportés étaient attribués totalement ou en partie à un cohéritier autre que celui qui en a fait le rapport, ils seraient soumis à l'honoraire pour le tout ou partiellement. — V. Amiaud et Voland, *op. cit.*, n° 482.

Par identité de motif, il en serait encore ainsi, malgré l'attribution de tels biens au même cohéritier, si leur valeur surpassait la quotité disponible et pour ce dont elle l'excéderait, car, dans cette mesure, le cohéritier réduit reçoit à un titre nouveau. — V. Amiaud et Voland, *op. cit.*, n° 483.

⚹ La donation d'une somme non encore payée n'est pas à déduire, car cette somme constitue un passif, et l'honoraire se perçoit sur l'actif brut. — Cpr. Amiaud et Voland, *op. cit.*, n° 484, qui concluent dans le même sens, mais pour d'autres raisons, que nous croyons inexactes.

Aussi, cette donation devrait-elle être défalquée à Paris et dans la Seine.

⚹ MM. Amiaud et Voland (*Ibid.*) y assimilent la donation d'une part indivise d'un bien déterminé ; mais c'est une erreur, car, par le fait seul de la donation, l'objet même de cette part, droit réel, a passé du patrimoine du disposant dans celui du donataire, de sorte que la masse successorale ne peut plus comprendre que la portion restée au donateur ;

Sauf, s'il y a partage effectif du bien déterminé, à percevoir le tarif ci-après indiqué, 3°, pour les biens simplement indivis.

⚹ S'il faut déduire les legs particuliers,

c'est notamment qu'ils donnent lieu à un honoraire propre sur leur délivrance. — V. Amiaud et Voland, *op. cit.*, nº 489 ; Ch. Defrénois, *op. cit.*, nº 320.

Il existe, du reste, à cette déduction, une exception que nous allons signaler aussitôt après avoir parlé du passif.

〰 Quant au passif, on n'a pas, en principe, à en tenir compte, puisque l'honoraire porte sur l'actif brut.

Toutefois, il en est autrement à Paris et dans la Seine, aux termes formels du tarif, qui néanmoins alloue l'honoraire sur l'actif *attribué*, ce qu'il faut concilier.

Si donc il est fait à l'acquit du passif une affectation spéciale, — déduction des valeurs indivises y affectées ;

Mais, lorsque les droits héréditaires des cohéritiers ou de l'un d'eux sont augmentés de tout ou partie du passif, qu'ils auront dès lors à acquitter, ou qui leur est dû, et qu'il y a attribution de biens et valeurs pour l'ensemble, — l'honoraire reste exigible sur le montant de l'attribution telle quelle. — V. Amiaud et Voland, *op. cit.*, nº 490.

Pourtant, on devrait opérer la déduction, si cette attribution comprenait, en espèces, somme suffisante pour payer le passif, parce qu'alors il y aurait plutôt simple juxtaposition qu'attribution complexe. — V. Amiaud et Voland, *op. cit.*, nº 491.

〰 Mêmes décisions par analogie, — et cette fois applicables partout, — quand l'attribution en bloc est faite à un copartageant qui se trouve à la fois légataire à titre particulier, pour le remplir tant de son legs que de ses droits héréditaires ; le legs n'est plus à déduire. — V. Amiaud et Voland, *op. cit.*, nº 490.

〰 Rappelons enfin, en tant que de besoin, qu'une valeur ne doit pas supporter plusieurs fois l'honoraire, dans un même acte de liquidation, quel que soit le nombre des opérations successives où elle figure (Art. 18 des Dispositions générales, nºˢ 52162 et s., 52167 et s.).

〰 En cas de partage partiel, l'honoraire se borne naturellement aux biens et valeurs partagés. — V. Ch. Defrénois, *op. cit.*, nº 320 ;

Et le partage complémentaire ne produit l'honoraire que sur les biens non compris au partage précédent. — V. Saint-Gaudens, 19 nov. 1900, précité.

Par suite du même principe, lorsque, dans un partage, le notaire liquidateur a proposé deux manières de faire, l'honoraire est dû sur celle que le tribunal a sanctionnée, à l'exclusion de l'autre. — V. même jugement.

〰

Minimum :

Paris (*Ville de*) et Seine : aucun ;
Bordeaux : 10 fr. ;
Montpellier, Nîmes, Orléans : 12 fr. ;
Poitiers : 20 fr. ;
Partout ailleurs : 15 fr.

2º Liquidation sans partage

Dans toute la France : moitié des honoraires ci-dessus ;

Par conséquent, calculés de la même manière. — V. Amiaud et Voland, *op. cit.*, nº 495 ;

Minimum :

Paris (*Ville de*) et Seine : aucun ;
Montpellier : 6 fr. ;
Angers, Bourges, Toulouse : 7 fr. 50 ;
Bordeaux : 8 fr. ;
Agen, Besançon, Dijon, Nîmes, Orléans : 10 fr. ;
Amiens, Lyon : 15 fr. ;
Partout ailleurs : 12 fr.

Un cas de liquidation sans partage, et même le plus fréquent, échappe à ces bases, parce qu'il est spécialement tarifé : la *liquidation de reprises*. — V. ces mots.

3º Partage de biens indivis dans les cas autres que ceux prévus au 1º ci-dessus

Bourges : 0,75 cent. 0/0 de 1 à 50,000 fr.; 0,375 0/0 au-dessus ;

Agen, Chambéry, Grenoble : 0,75 cent. 0/0 de 1 à 50,000 fr.; 0,50 cent. 0/0 de 50.000 à 500,000 fr. ; 0,25 cent. 0/0 au-dessus ;

Angers, Limoges, Montpellier : 0,75 cent. 0/0 de 1 à 100,000 fr.; 0,375 0/0 au-dessus ;

Douai : 0,75 cent. 0/0 de 1 à 100,000 fr.; 0,375 0/0 de 100,000 à 400,000 fr.; 0,20 cent. 0/0 au-dessus ;

Dijon : 0,75 cent. 0/0 de 1 à 100 000 fr.; 0,50 cent. 0/0 de 100,000 à 200,000 fr.; 0,375 0/0 au-dessus ;

Amiens, Besançon : 0,75 cent. 0/0 de 1 à 100,000 fr.; 0,50 cent. 0/0 de 100,000 à 200,000 fr.; 0,25 cent. 0/0 au-dessus ;

Caen, Nancy, Orléans : 0,75 cent. 0/0 de 1 à 100,000 fr.; 0,50 cent. 0/0 de 100,000 à 300,000 fr.; 0,25 cent. 0/0 au-dessus ;

Aix : 0,75 cent. 0/0 de 1 à 100,000 fr.; 0,50 cent. 0/0 de 100,000 à 500,000 fr.; 0,25 cent. 0/0 au-dessus ;

Pau, Rennes : 0,75 cent. 0/0 de 1 à 150,000 fr.; 0,375 0/0 au-dessus ;

Bordeaux : 0,75 cent. 0/0 de 1 à 300,000 fr.; 0,50 cent. 0/0 de 300,000 à 1,000,000 de fr.; 0,25 cent. 0/0 au-dessus ;

Nîmes : 0,80 cent. 0/0 de 1 à 50,000 fr.; 0,50 cent. 0/0 de 50,000 à 100,000 fr.; 0,25 cent. 0/0 au-dessus ;

Poitiers : 1 0/0 de 1 à 5,000 fr.; 0,75 cent. 0/0 de 5,000 à 50,000 fr.; 0,50 cent. 0/0 de 50,000 à 500,000 fr.; 0.25 cent. 0/0 au-dessus ;

Toulouse : 1 0/0 de 1 à 20,000 fr.; 0,75 cent. 0/0 de 20,000 à 100,000 fr.; 0,50 cent. 0/0 au-dessus ;

Bastia, Lyon, Paris (*ressort*), Riom, Rouen : les trois quarts des honoraires alloués en matière de partage 1º ci-dessus ;

Paris (*Ville de*) et Seine : les trois quarts des honoraires susindiqués en matière de partage.

Le tout, même à Paris et dans la Seine, sur la valeur brute des biens. — V. Amiaud et Voland. *op. cit.*, n° 496 ; Ch. Defrénois, *op. cit.*, p. 155, note.

～ En principe, lorsque les biens indivis proviennent d'une donation à titre de partage anticipé faite précédemment, l'honoraire perçu sur cette donation ne fait aucun obstacle à l'exigibilité de l'honoraire de partage sur les biens effectivement partagés, puisque la donation et le partage ne s'opèrent pas par un même acte, comme l'exige l'art. 18 des Dispositions générales pour qu'un seul honoraire soit dû ; il n'en serait autrement qu'au cas où le notaire aurait scindé les opérations dans une intention frustratoire. — V. Bourges, 21 janv. 1903 ; Amiaud, *Journ. du Not.*, 1903, p. 337 ; *Contrà Revue du Not.*, n° 11209.

Minimum :

Paris (*Ville de*) et Seine : aucun ;
Orléans : 8 fr. ;
Douai, Paris (*ressort*) : 12 fr. ;
Angers, Besançon : 15 fr. ;
Partout ailleurs : 10 fr.

～ Les liquidations et partages donnent toujours lieu dans l'acte à des conditions accessoires, et ils y occasionnent souvent des conventions, des stipulations particulières plus importantes ; pour la pluralité possible d'honoraires, même critérium que dans toutes les autres matières : pluralité ou non de droits d'enregistrement. — V., ci-dessus, art. 6 des Dispositions générales ; *Contrà* Amiaud et Voland, *op. cit.*, n° 498.

～ Quant aux procès-verbaux d'ouverture et de lecture, même solution que pour la liquidation de reprises, c'est-à-dire que, d'après nous, ils produisent l'honoraire par rôles de minute. — Cpr. Ch. Defrénois, *op. cit.*, n° 306 ; *Contrà* Amiaud et Voland, *op. cit.*, n°s 441, 497 et 511.

Aucune dissidence, d'ailleurs, pour les procès-verbaux de difficultés, de dires et de protestations ; de l'avis unanime, cet honoraire est alors dû.

V. aussi *Procès-verbal de rectification.*

～ Dans ce qui précède, il s'agit de partages définitifs. Or, si toutes les parties n'étant pas majeures, elles procèdent cependant à un partage en se portant fort pour les mineurs, leur partage n'est que provisionnel à l'égard de ceux-ci.

Néanmoins, par le fait seul que le partage est définitif en ce qui concerne les majeurs, la totalité de l'honoraire nous paraît acquise. — V. Amiaud et Voland, *op. cit.*, n° 500 ; Ch. Defrénois, *op. cit.*, n° 320.

Toutefois, si le partage portait seulement sur la jouissance des biens, il n'opérerait que la moitié de l'honoraire, par application de l'art. 16 des Dispositions générales. — V. Ch. Defrénois, *op. cit.*, n° 320.

MM. Amiaud et Voland (*op. cit.*, n° 499)

proposent de percevoir alors l'honoraire sur une évaluation faite par les parties, sans dépasser dix années de revenu, par analogie avec les règles des contrats qui ont pour objet un usufruit viager ou un temps limité à la durée de la vie humaine.

V. aussi *Lotissement. Tirage au sort des lots.*

PARTAGE D'HONORAIRES

V. art. 11 et 12 des Dispositions générales (n°s 52105 et s., 52112 et s., 52185).

PASSIF

V. art. 17 des Dispositions générales (n°s 52156 et s.).

PATERNITÉ

V. Déclaration. Désaveu.

PÉAGE

V. Bail à loyer.

PÊCHE

V. Bail de pêche.

PEINES DISCIPLINAIRES

V. n°s 52028, 52061, 52066, 52088, 52096, 52105, 52173, 52212.

PENSION ALIMENTAIRE

V. Constitution de pension.

PENSION CIVILE OU MILITAIRE

V. Certificat de vie.

PERCEPTION DES HONORAIRES

V. Liquidation des honoraires.

PETIT ACTE

Acte n'excédant pas 500 fr.
V. ces mots.
V. aussi *Acte multiple.*

PIANO

V. Bail à loyer.

PIÈCES

V. Décharge. Dépôt. Envoi de pièces. Examen. Frais à débourser.

PLACARDS

La rémunération allouée pour les affiches s'applique naturellement aux placards, affiches légales, et toute tarification antérieure est abrogée (L. 20 juin 1896, art. 3).

PLAINTE

V. Désistement.

PLURALITÉ
d'affaires

V. Frais de voyage.

d'honoraires

V. Dispositions indépendantes (n°ˢ 52080 et s., 52162 et s.). *Quittance.*

POINÇONNAGE

V. Vente (Adjudication judiciaire de meubles).

PORT DE PIÈCES

V., notamment, *art. 8 des Dispositions générales* (n° 52087) et *Formalités hypothécaires. Frais à débourser.*

PORTE-FORT

V. Partage ordinaire (in fine). *Vente de gré à gré.*

POURPARLERS

V. art. 2 des Dispositions générales (n°ˢ 52024 et s., 52207).

POURVOI EN CASSATION

V. n° 52051.

POUVOIR

V. ci-contre *Déclaration de succession. Mandat. Procuration. Substitution.*

POUVOIR DU JUGE

V. Frais à forfait. Règlement amiable. Taxe.

PRÉCIPUT.

V. Contrat de mariage, 3°.

PRÉPARATION DE VENTE

V. Vente (Adjudication judiciaire de meubles).

PRESCRIPTION

V. n°ˢ 52065, 52075, 52077.

PRÉSENTATION DE TESTAMENT

V. Testament mystique. Testament olographe.

PRÉSIDENT DU TRIBUNAL

V. Taxe.

PRESTATIONS EN NATURE

V. art. 15 des Dispositions générales (n°ˢ 52138, 52142 et s.).

PRÉSUMÉ ABSENT

V. Représentation..

PRÊT

V. art. 1ᵉʳ et 3 des Dispositions générales (n°ˢ 52017, 52030 et s., 52051, 52057 et s.), et *Consignation à la Caisse des dépôts. Droit de recette et de comptabilité. Négociations. Obligation.*

PRÊT DU CRÉDIT FONCIER

V. Obligation.

PREUVE CONTRAIRE

V. art. 14 des Dispositions générales (n° 52139).

PREUVE DU MANDAT REÇU

V. art. 3 des Dispositions générales (n° 52032).

PRISÉE

V. Inventaire. Vente (Adjudication judiciaire de meubles).

PRIVILÈGE

V. Bordereau d'inscription. Déclaration. Désistement. Formalités hypothécaires. Mainlevée.

PRIVILÈGE DE SECOND ORDRE

V. Déclaration.

PRIX DE VENTE

V. Consignation à la Caisse des dépôts. Droit de recette et de comptabilité. Vente (de gré à gré d'immeubles, par adjudication de meubles, etc.).

PROCÈS-VERBAL

d'adjudication

V. Vente.

d'ajournement

V. Vente.

d'ouverture

V. Liquidation de reprises. Partage.

de bornage

Dans toute la France : honoraires par rôles de minute.

Toutefois, si le procès-verbal renfermait une cession ou un échange de terrain, il y aurait là des dispositions indépendantes opérant leur honoraire particulier, et dont le libellé serait naturellement à déduire de l'ensemble de l'acte pour la supputation des rôles de minute. — V. Amiaud et Voland, *op. cit.*, n° 277.

de carence

Dans toute la France : honoraire par vacations.

de comparution

A notre avis, il rentre dans les procès-verbaux de difficultés, de dires et protestations qui suivent, d'autant plus qu'il doit, selon nous, être toujours dressé en minute, même lorsque la partie sommée fait défaut.

de difficultés, de dires et protestations

Dans toute la France : honoraire par rôles de minute.

V. aussi *Cahier des charges, Dépôt... au greffe. Vente.*

de lecture

V. Liquidation de reprises. Partage.

de récolement

V. Récolement.

de rectification d'état liquidatif

Honoraire par rôles de minute, par analogie du procès-verbal de difficultés, à moins qu'il ne donne lieu à un honoraire proportionnel.— V. Amiaud et Voland, *op. cit.*, nᵒ 510.

〜 Il existe d'autres procès-verbaux. Dans le silence du tarif, nous leur appliquerions l'honoraire par rôles de minute ; au surplus, règlement amiable.

〜 *V.* aussi *Délivrance de seconde grosse. Dépôt de procès-verbal au greffe. Etat de lieux.*

PROCURATION

1ᵒ Spéciale

En brevet

Paris (*Ville de*) et Seine : 4 fr. 50 ;
Partout ailleurs : 4 fr.;

En minute

Paris (*Ville de*) et Seine : 9 fr.;
Partout ailleurs : 6 fr.

2ᵒ Générale ou prévue par l'art. 2, L. 21 juin 1843

En brevet

Paris (*Ville de*) et Seine : 4 fr. 50 ;
Poitiers : 8 fr.;
Partout ailleurs : 6 fr.

En minute

Paris (*Ville de*) et Seine : 9 fr.;
Poitiers : 12 fr.;
Partout ailleurs : 8 fr.

〜 L'honoraire est-il dû autant de fois qu'il y a de mandants, ou de mandataires, ou d'affaires diverses visées dans la procuration, ou encore deux honoraires sont-ils dus en cas de substitution contenue dans une procuration ? Toujours même principe : pluralité d'honoraires, s'il y a pluralité de droits d'enregistrement ; sinon, un seul émolument. — V. ci-dessus, art. 6 des Dispositions générales ; V. cepend. Amiaud et Voland, *op. cit.*, nᵒ 513.

〜 *V.* aussi *Révocation. Substitution de pouvoirs.*

PRODUITS NETS

V. art. 12 des Dispositions générales (nᵒˢ 52112 et s.).

PROJET D'ACTE

V. ci-dessus, art. 2 et 3 des Dispositions générales. (nᵒˢ 52025 et s., 52034, 52051, 52057 et s.).

〜 Un projet préliminaire dressé par un notaire, à la demande des parties, soit pour qu'elles se rendent mieux compte de l'affaire, soit pour servir de base à la discussion, donnerait lieu si rien n'aboutissait, et par analogie de l'acte imparfait, à des honoraires par

rôles de minute. — V. Amiaud et Voland, *op. cit.*, nᵒ 215.

〜 *V.* aussi *Acte sur modèle.*

PROJET DE TESTAMENT

V. nᵒ 52042.

PROLONGATION

V. Prorogation de bail. Prorogation de délai. Société.

PROMESSE

d'égalité

V. Contrat de mariage.

de bail

Il s'agit, comme il en sera tout à l'heure pour la promesse de vente, d'un engagement unilatéral de donner à bail, acte parfaitement juridique, et, à la différence de la pollicitation, obligatoire s'il est accepté, et qui peut l'être sans engagement réciproque, malgré les inexactitudes incroyables qui sont parfois débitées à cet égard.

Objet direct ou disposition indépendante d'un acte, nous la rétribuerions, vu l'analogie, sur les bases qui vont être indiquées pour la promesse de vente, mais, bien entendu, par l'honoraire de bail. — V. toutefois Amiaud et Voland, *op. cit.*, nᵒ 514.

d'échange

Mèmes observations et même principe de solution. — V. Amiaud et Voland, *op. cit.*, nᵒ 517.

de vente

Paris (*Ville de*) et Seine: un quart de l'honoraire alloué en matière de vente ;
Partout ailleurs : 0,25 cent. 0/0 ;
Le tout, avec imputation sur l'honoraire de vente, si la vente se réalise dans la même étude.

Minimum :

Paris (*Ville de*) et Seine : aucun ;
Bourges : 4 fr.;
Agen, Bastia, Douai, Limoges, Nancy : 6 fr.;
Caen : 8 fr.;
Partout ailleurs : 5 fr.

〜 Pour que l'honoraire de promesse de vente soit imputable sur l'honoraire de la vente, il faut, on l'a vu, que celle-ci se réalise dans la même étude. Or, d'après la plupart des règlements de chambres, la minute d'un bail, acte où se font habituellement les promesses de vente, est conservée par le notaire du bailleur, et la minute d'une vente par le notaire de l'acquéreur. Si nous supposons des notaires différents pour chacun des actes, la condition ne sera pas matériellement accomplie ; mais, pourvu que le notaire qui a reçu le bail concoure à la vente, l'imputation devra néanmoins avoir lieu, attendu que le client ne saurait subir aucun contre-coup des arrangements entre notaires. — V. Amiaud et Voland, *op. cit.*, n° 516.

⁓ Contenue dans un bail à ferme ou à loyer la promesse unilatérale de vente en est une disposition indépendante. — V. Ch. Defrénois, *op. cit.*, n° 68 ;

Qui, dès lors, donne ouverture à un droit particulier d'enregistrement, distinct du droit de bail ;

Elle entraine donc aussi son émolument spécial, par application de l'art 6. des Dispositions générales.

Un arrêt de la Cour suprême du 6 juin 1901 est contraire à cette opinion, mais il porte sur un bail antérieur au tarif légal.

⁓ Il se peut qu'avant sa réalisation, une promesse de vente soit cédée par le locataire ou fermier.

Si c'est moyennant un prix, — honoraire de vente de droits incorporels. — V. cepend. Amiaud et Voland, *op., cit.* n° 516 ;

Comprise dans la cession du bail même, elle en constitue, comme pour l'enregistrement, une disposition indépendante, opérant, par suite, un honoraire distinct. (Art. 6 des Dispositions générales) — V. *Contrà* Amiaud et Voland, *Ibid.*

PROPRIÉTÉ

V. Certificat de propriété. Établissement de propriété, et ci-après.

PROPRIÉTÉ ARTISTIQUE ET LITTÉRAIRE

V. Vente.

PROPRIÉTÉ INDUSTRIELLE

V. Cession de brevet d'invention.

PROROGATION

de bail

Dans toute la France, honoraire comme en matière de bail sur les années restant à courir, ou mieux : sur les années ajoutées à la durée primitive. — V. Amiaud et Voland, *op. cit.*, n° 520 ; Ch. Defrénois, *op. cit.*, n° 328 ;

Et en les considérant isolément, c'est-à-dire qu'à Paris et dans la Seine, où l'honoraire décroît sur ce qui excède les neuf premières années, il n'y a point à tenir compte de la durée du bail primitif pour le calcul de l'honoraire sur la prorogation, attendu que c'est là un nouveau contrat. — V. Amiaud et Voland, *op. cit.*, n° 520.

Minimum :

Comme pour le bail même. — *V. Bail.*

⁓ Si la prorogation n'était consentie que moyennant une augmentation de loyer, il est clair que l'honoraire devrait se calculer en tenant compte de cette augmentation. — V. Ch. Defrénois, *op. cit.*, n° 328.

de délai

Bordeaux : 0,25 cent. 0/0 ;

Bastia : 0,50 cent. 0/0 de 1 à 5,000 fr. ; 0,25 cent. 0/0 de 5,000 à 10,000 fr. ; 0,15 cent. 0/0 au-dessus ;

Nancy, Nîmes, Poitiers, Rennes : 0,50 cent. 0/0 de 1 à 20,000 fr. ; 0,25 cent. 0/0 au-dessus ;

Riom : 0,50 cent. 0/0 de 1 à 50,000 fr. ; 0,25 cent. 0/0 de 50,000 à 100,000 fr. ; 0,125 0/0 au-dessus ;

Angers, Bourges, Orléans : 0,50 cent. 0/0 de 1 à 50,000 fr. ; 0,25 cent. 0/0 au-dessus ;

Caen : 0,50 cent. 0/0 de 1 à 50,000 fr.; 0,30 cent. 0/0 au-dessus ;

Besançon : 0,50 cent. 0/0 de 1 à 100,000 fr.; 0,25 cent. 0/0 de 100,000 à 200,000 fr.; 0,125 0/0 au-dessus ;

Aix, Amiens, Douai, Limoges, Montpellier, Pau, Rouen : 0,50 cent. 0/0 de 1 à 100,000 fr.; 0,25 cent. 0/0 au-dessus ;

Dijon : 0,50 cent. 0/0 de 1 à 100,000 fr.; 0,375 0/0 de 100,000 à 200,000 fr.; 0,25 cent. 0/0 au-dessus ;

Agen, Chambéry, Grenoble : 0,50 cent. 0/0 de 1 à 150,000 fr.; 0,25 cent. 0/0 de 150,000 à 500,000 fr. ; 0,125 0/0 au-dessus ;

Paris (*ressort*) : 0,50 cent. 0/0 de 1 à 200,000 fr.; 0,25 cent. 0/0 de 200,000 à 500,000 fr. ; 0,125 0/0 au-dessus ;

Toulouse : 0,50 cent. 0/0 de 1 à 200,000 fr.; 0,25 cent. 0/0 au-dessus ;

Lyon : 0,50 cent. 0/0 de 1 à 300,000 fr.; 0,375 0/0 de 300,000 à 500,000 fr.; 0,25 cent. 0/0 au-dessus ;

Paris (*Ville de*) et Seine : 0,50 cent. 0/0 de 1 à 500,000 fr.; 0,25 cent. 0/0 de 500,000 à 1,000,000 de fr.; 0,125 0/0 au-dessus ;

Sur la somme pour laquelle la prorogation est accordée.

Minimum :

Paris (*Ville de*) et Seine : aucun ;

Chambéry, Grenoble, Rennes : 2 fr. 50 ;

Bordeaux, Bourges, Caen, Poitiers : 4 fr. ;

Agen, Aix, Besançon, Douai, Limoges : 6 fr.;

Partout ailleurs : 5 fr.

⁓ Pour la prorogation contenue soit dans une quittance subrogative par la volonté du créancier, soit dans un transport de créances, — *V. Quittance, 2°.*

de société

V. Sociétés.

PROTESTATIONS

V. Procès-verbal.

PROTÊT

Dans toute la France : D. 23 mars 1848.

(En tenant compte des dispositions postérieures : LL. 2 juill. 1862, art. 1er et 17 ; 8 juin 1864, art. 3 ; 23 août 1871, art. 2 ; D. 24 nov.

1871, art. 4 ; LL. 30 déc. 1873, art. 2, n° 1 ; 19 févr. 1874, art. 2 ; 26 janv. 1892, art. 7 ; L. 28 avril 1893, art. 22.)

Protêt simple.	Déboursés.	Total.
Original et copie....................	1 60	» f. c.
Droit de copie de l'effet sur l'origi-nal et la copie...................	0 75	»
Transcription sur le répertoire....		5 20
Timbre du protêt..	»	1 20
Timbre du registre...............	»	0 40
Enregistrement....................	»	1 25

Protêt à deux domiciles ou avec besoin.			
Le protêt simple..................	»	»	5 20
Pour le second domicile ou le besoin.	1 »	»	
Timbre............................	»	0 60	1 60
			6 80

Protêt de deux effets			
Le protêt simple..................	»	»	5 20
Emoluments pour le second effet...	0 50	»	0 70
Timbre............................	»	0 20	
			5 90

Protêt de perquisition.			
Original et copie........	5 »	»	
Droit de copies...................	1 25	»	
Des copies du titre...............	0 50	»	
Visa.............................	1 »	»	
Timbre des copies................	»	3 »	
Enregistrement...................	»	1 25	13 35
Transcription du titre au registre...			
Transcription du procès-verbal de perquisition et du protêt........	0 75	»	
Papier du registre pour la trans-cription.....................	»	0 60	

Protêt au parquet.			
Le protêt simple..................	5 20	»	
Deuxième copie au parquet........	0 60	»	
Troisième au tribunal et droit de la copie de titre...................	1 50	»	9 50
Visa.............................	1 »	»	
Timbre...........................	»	1 20	

Intervention.			
Original et copie.................	2 »	»	
Transcription au registre..........	0 25	»	3 75
Papier du registre................	»	0 25	
Enregistrement...................	»	1 25	

Dénonciation de protêt.			
Original.........................	2 »	»	
Copie de l'exploit................	0 50	»	
Copie du billet....	0 75	»	
Copie du protêt..................		»	
Copie d'intervention..............	0 25	»	6 80
Copie du compte de retour........	0 25	»	
Timbre...........................	»	1 80	
Enregistrement...................	»	1 25	

〜 Ce tarif sera sans doute modifié pour les notaires, s'il l'est pour les huissiers.

PUBLICATIONS

V. Dépôt (d'extraits de contrats de mariage, d'actes de société). Reprise de la vie commune.

PUBLICITÉ

V. Affiches et insertions. Vente.

PURGE LÉGALE

Dans toute la France : honoraires par vacations.

Les notaires peuvent, comme les avoués, procéder à l'accomplissement des formalités prescrites par la loi pour la purge des hypothèques légales.

Variable suivant l'affaire, le nombre de leurs vacations à cet effet n'est pas limité. — V. Amiaud et Voland, *op. cit.*, n° 522.

V. aussi *Dépôt de pièces. Renonciation à hypothèque légale.*

QUITTANCE

1° pure et simple, ou subrogative dans les cas prévus par les art. 1250 § 2, et 1251, C. civ.

Bastia, Rennes : 0,50 cent. 0/0 de 1 à 20,000 fr.; 0,25 cent. 0/0 au-dessus ;

Bourges, Chambéry, Grenoble, Nancy, Orléans, Riom : 0,50 cent. 0/0 de 1 à 50,000 fr.; 0,25 cent. 0/0 au-dessus ;

Caen : 0,50 cent. 0/0 de 1 à 50,000 fr.; 0,30 cent. 0/0 au-dessus ;

Besançon : 0,50 cent. 0/0 de 1 à 100,000 fr.; 0,25 cent. 0/0 de 100,000 à 200,000 fr.; 0,125 0/0 au-dessus ;

Aix, Amiens, Angers, Dijon, Douai, Limoges, Montpellier, Poitiers, Rouen : 0,50 cent. 0/0 de 1 à 100,000 fr.; 0,25 cent. 0/0 au-dessus ;

Paris (*ressort*) : 0,50 cent. 0/0 de 1 à 200,000 fr.; 0,25 cent. 0/0 de 200,000 à 500,000 fr.; 0,125 0/0 au-dessus ;

Bordeaux, Toulouse : 0,50 cent. 0/0 de 1 à 200,000 fr.; 0,25 cent. 0/0 au-dessus ;

Lyon : 0,50 cent. 0/0 de 1 à 300,000 fr,; 0,375 0/0 de 300,000 à 500,000 fr.; 0,25 cent. 0/0 au-dessus ;

Pau : 0,60 cent. 0/0 de 1 à 50,000 fr.; 0,30 cent. 0/0 au-dessus ;

Agen : 0,60 cent. 0/0 de 1 à 100,000 fr.; 0,30 cent. 0/0 au-dessus ;

Nîmes : 0,75 cent. 0/0 de 1 à 3,000 fr.; 0,50 cent. 0/0 de 3,000 à 50,000 fr.; 0,25 cent. 0/0 au-dessus ;

Paris (*Ville de*) et Seine : pure et simple ou dans les cas prévus par l'art. 1251 C. civ. : 0,50 cent. 0/0 de 1 à 800,000 fr.; 0,25 cent. 0/0 de 800,000 à 1,500,000 fr.; 0,125 0/0 au-dessus ; — moitié seulement de ces honoraires, si la quittance est la conséquence d'un acte reçu par le même notaire ou un autre notaire du département de la Seine ; — dans les cas prévus par l'art. 1250, § 2, C. civ. : 0,25 cent. 0/0 de 1 à 800,000 fr.; 0,125 0/0 de 800,000 à 1,500,000 fr.; 0,0625 0/0 au-dessus ;

Sur le montant de ce dont le débiteur se trouve libéré ;

〜 En bloc, si la quittance émane de plusieurs créanciers indivis ou solidaires ; mais en considérant chaque créancier isolément, comme s'il y avait autant de quittances que de créanciers, lorsque ceux-ci ont des droits distincts. — V. Ch. Defrénois, *ov. cit.*, n° 332 ;

〜 Il en est de même lorsque la quittance est donnée par un seul créancier à des débiteurs non coïntéressés. — V. Ch. Defrénois, *Ibid.*

Minimum :

Angers, Paris (*Ville de*) et Seine : aucun ;

Besançon, Bordeaux, Bourges, Caen, Nancy, Poitiers : 4 fr. ;

Aix, Chambéry, Douai, Grenoble, Lyon : 6 fr. ;

Partout ailleurs : 5 fr.

V. aussi Compensation. Vente.

⁓ Donnée dans un contrat de vente, en cas de paiement comptant, la quittance du prix en forme une disposition dépendante, non susceptible d'un honoraire particulier.

V., plus généralement, *art. 6 des Dispositions générales.*

⁓ Autrefois, suivant un usage constant, lorsque l'emprunt des fonds destinés à un paiement et la constatation de ce paiement avaient lieu par le même acte, l'honoraire d'obligation et celui de quittance se cumulaient.

Dans le silence des décrets, on enseigne généralement qu'ils n'ont rien modifié à cet égard, et que les deux honoraires continuent à être exigibles, d'autant plus, — ainsi qu'il résulte, dit-on, des travaux préparatoires, — que les rédacteurs du tarif ont certainement entendu maintenir cet usage, dont la consécration expresse par le Conseil d'Etat n'aurait pas dès lors été nécessaire. — V. Amiaud et Voland, *op. cit.*, n° 528 ; Ch. Defrénois, *op. cit.*, n° 332.

Nous voudrions pouvoir partager cette opinion, la plus favorable assurément aux intérêts matériels du Notariat ; mais la vérité nous force à confesser qu'elle est inadmissible et dangereuse.

En effet, — et nous l'avons assez nettement démontré plus haut, — l'art. 6 des Dispositions générales établit une connexion absolue entre la pluralité d'honoraires et celle des droits d'enregistrement. Donc, tant qu'il existera tel quel, et qu'au point de vue fiscal, le paiement, par le même acte que l'emprunt des fonds versés, sera tenu pour une simple disposition dépendante de celui-ci, l'honoraire d'obligation pourra seul être légalement réclamé ; c'est le système incontestable des décrets.

D'autre part, prétendre que le Conseil d'Etat a adopté tacitement l'avis de la Commission des tarifs, par cela seul qu'il ne l'a pas repoussé en termes exprès, c'est déjà d'une faible logique alors qu'il s'agit d'une commission purement préparatoire ; cependant, à l'extrême rigueur, pourrait-on le concéder, si le Conseil était vraiment resté muet ; mais n'a-t-il pas positivement répondu, et de la manière la plus péremptoire, à la proposition formelle qui lui était soumise : d'abord en ne l'insérant pas, ce qui était évidemment la rejeter ; ensuite et surtout, en posant un principe tout à fait inconciliable avec elle, précisément celui de l'art. 6 ?

MM. Amiaud et Voland terminent leur discussion en sens contraire par un argument, pour ne pas dire une insinuation bien regrettable. « Décider autrement, disent-ils, serait exposer les clients à subir les frais, d'ailleurs élevés, de deux actes... » En d'autres termes : si vous n'acceptez pas notre retouche au tarif, il en résultera que le notaire scindera l'acte, fera séparément une obligation et une quittance, ce qui sera encore plus onéreux.

Oui, peut-être, s'ils avaient raison lorsqu'ils ajoutent : « qui ne pourraient, en aucun cas, être considérés comme frustratoires ». Mais, c'est précisément la question ! Quant à nous, imbus d'une plus haute idée du Notariat, et qui, passionnément jaloux de son honneur, de son prestige, ne les espérons, outre le savoir et l'expérience, que d'une parfaite délicatesse, il est impossible de ne pas déclarer frustratoires, si ce n'est plus, des actes intimement liés l'un à l'autre, que le notaire n'aurait divisés que dans son unique intérêt, et contrairement à celui de son client, qui, par ce procédé, sans aucune autre raison que de procurer au notaire un supplément d'honoraires de cinquante centimes 0/0, ou moins, ou même beaucoup moins, se voit encore, par contre-coup, augmenté de soixante-deux centimes et demi 0/0 d'enregistrement, qu'en réalité il ne doit point, puisqu'il ne tient qu'au notaire de les lui éviter. Car, qu'est-ce qu'un acte frustratoire ? sinon celui fait inutilement par un officier ministériel dans le seul but d'augmenter ses propres gains. Or, ici, l'acte en sus se trouve, non seulement inutile, mais nuisible. Et il ne serait pas au moins frustratoire ! — Cpr. Nancy, 6 juill. 1901. (*Rép. gén. prat du Not.*, n° 12029).

2° Subrogative, dans le cas prévu par l'art. 1250, § 1er, C. civ.

Dans toute la France : honoraires comme en matière d'obligation.

Minimum :

Chambéry, Grenoble, Paris (*Ville de*) et Seine : aucun ;

Ailleurs : 5 fr.

L'acceptation par le débiteur dans la quittance même, en est une disposition dépendante, qui ne justifie dès lors aucun honoraire particulier ; mais donnée par acte séparé, elle opère un honoraire distinct, conformément à ce qui est dit plus haut sur les acceptations *in fine.*

Mais, ce qui constitue bien une disposition indépendante à tous les points de vue, c'est la prorogation de délai que le nouveau créancier y accorde parfois au débiteur.

Aussi MM. Amiaud et Voland (*op. cit.*, n° 81) sont-ils obligés de commencer par le reconnaître.

« Un tel acte, disent-ils, contient incontestablement, en principe, deux conventions in-

dépendantes : la cession et la prorogation. »
Vous croyez, sans doute, qu'ils vont, en conséquence, conclure conformément à l'art. 6,
second alinéa, des Dispositions générales ? Eh
bien, non ! Eux, qui tout à l'heure octroyaient
trop généreusement deux honoraires là où il
n'en est dû qu'un, refusent souvent ici l'honoraire de prorogation, alors pourtant que le
notaire y a certainement droit.

Et voici leurs prétendus motifs : « On
n'acquiert généralement pas une créance pour
en recevoir immédiatement le remboursement.
Cela est également vrai, que le nouveau
créancier ait cherché un placement ou qu'il
ait agi dans l'intérêt du débiteur. L'acquisition de la créance et la prorogation du délai
d'exigibilité ont été tellement unis dans la
pensée du débiteur et du nouveau créancier
qu'il n'est pas possible de les considérer comme
indépendantes. Il paraît conforme à l'esprit
du tarif de décider qu'il n'est pas dû un honoraire spécial pour la prorogation de délai contenue dans l'acte de cession, ou dans la quittance, lorsque l'époque de l'exigibilité était
très proche. Que faut-il entendre par *très
proche* ? C'est une question de fait. La nature
et les conditions du prêt doivent être prises
en considération. Eu égard à la durée habituelle des prêts hypothécaires et des formalités d'exécution, il semble que si la date
primitive d'exigibilité de la créance n'est pas
éloignée de plus de six mois de la date de
la quittance ou de la cession, la prorogation
doit être considérée comme une convention
indépendante. »

Or, autant de propositions, autant d'erreurs
ou d'équivoques.

D'abord : « On n'acquiert généralement pas
une créance pour en recevoir immédiatement
le remboursement... »

Il convient de retourner la phrase et de dire
plutôt : « On ne cède généralement pas une
créance dont on recevrait immédiatement le
remboursement. » Il faut, en effet, supposer,
même si le paiement est proche, qu'il ne va
pas avoir lieu tout de suite ; autrement, la
cession n'aurait aucune raison d'être.

Mais pour peu qu'un certain délai s'impose, pourquoi pas ? On dirait, en vérité, que
ces auteurs n'ont jamais fait de notariat ! Comment donc se passent les choses en pratique ?
Est-ce, ainsi qu'ils semblent le penser, que la
quittance subrogative, ou du moins cette
sorte particulière de quittance subrogative,
provient ordinairement de l'initiative du débiteur ? Certes, tout débiteur, qui sait ne pas
pouvoir payer à l'échéance son créancier, lequel exigera néanmoins d'être remboursé,
s'occupe à l'avance de lui substituer quelqu'un.
Mais, dans ce cas, il emprunte et il s'acquitte
en recourant au moyen de l'art. 1250-
2° C. civ. : avec promesse d'emploi, d'une
part, et déclaration d'origine des deniers,
d'autre part.

L'hypothèse de l'art. 1250-1°, celle sur laquelle nous raisonnons, est tout autre. C'est
le créancier, qui, ayant un besoin pressant
d'argent et ne pouvant absolument pas attendre
l'échéance même près d'arriver de sa créance,
transporte celle-ci, en subissant quelquefois
un rabais très dur. Et le capitaliste qui
l'acquiert voit avant tout l'avantage immédiat
qu'il retire de l'opération : 2, 3, 5, 10 0/0 d'es-
compte ou davantage encore ! Qu'ensuite, si la
créance est bonne, il cherche à faire coup
double, à l'aubaine d'un instant tâche d'ajouter la durée d'un placement avantageux, ou
que, de son côté, le débiteur profite de la circonstance pour obtenir des termes plus éten-
dus, oui vraiment, et alors arrive naturellement l'idée d'une prorogation ; mais on voit
qu'il y a là deux tractations bien séparées :
l'une entre le cédant et le cessionnaire,
l'autre entre celui-ci et le débiteur cédé ; au
point que même sans prorogation possible, le
transport ou la quittance équivalente n'en aurait pas moins presque toujours eu lieu. Où
donc, sauf de très rares exceptions, est
l'étroite subordination invoquée ?

Au surplus, une prorogation ne se conçoit
guère en fait que lorsque l'exigibilité s'avance.

Le principe du raisonnement adverse étant
ainsi réfuté, la suite tombe de soi, et nous
pourrions nous arrêter là.

Mais, il reste à protester contre le trop
commode appel que font MM. Amiaud et
Voland, pour les besoins de leur cause, à
l'esprit du tarif. Avec cette manière de discuter, tout pourrait aisément être remis en
question, et les récentes conquêtes du Notariat succomberaient bientôt, si l'on n'y prenait garde, sous de subtils et captieux com-
mentaires.

Le véritable esprit des décrets, le voici :
abolir l'arbitraire par l'établissement de règles simples et précises qui ne permettent
pas d'ergoter. — V. Montpellier, 23 juin 1902,
précité.

Or, quoi de plus clair que cette disposition
de l'art. 6 : « Si les conventions sont indépendantes et donnent lieu à des droits distincts
d'enregistrement, l'honoraire est dû pour
chacune d'elles » ? Eh bien, la quittance subrogative n'est point intimement liée à la
prorogation qui la suit, et l'une comme l'autre
opère son droit d'enregistrement spécial ; il
s'ensuit donc, dans tous les cas, deux honoraires.

En prétendant que cette solution est trop
rigoureuse, MM. Amiaud et Voland substi-
tuent leur appréciation personnelle à celle
de la loi ; ils oublient d'ailleurs que toutes
ses dispositions ont été pesées, non seulement en soi, isolément, mais souvent par re-
lation avec d'autres, pour arriver transaction-
nellement, par une sorte de cote mal taillée,
pour ainsi dire, au maximum d'équité possible.

C'est une question de fait, disent-ils enfin. Non, non, mille fois non, et rien de plus erroné en même temps que de plus dangereux qu'une telle affirmation, avec la tendance qu'elle manifeste. Non, les applications du tarif ne sont point maintenant des questions de fait; c'est en droit, en pur droit, qu'il a disposé, avec la Cour de cassation pour gardienne de son interprétation fidèle. Autrement, le Notariat retomberait vite sous l'ancien joug odieux du juge taxateur, dont il a voulu l'affranchir. Aussi les notaires doivent-ils énergiquement résister à de telles fantaisies, sous peine de se laisser peu à peu forger de nouvelles chaînes. Voilà pourquoi nous avons tellement pris la chose à cœur.

3° d'ordre
Ordre consensuel

Même tarif que ci-dessus 1°, pour la quittance pure et simple. — V. Amiaud et Voland, *op. cit.*, n° 527; Ch. Defrénois, *op. cit.*, n° 332.

Ordre judiciaire

Qu'il soit amiable (car l'ordre ainsi qualifié à tort par les décrets est l'ordre consensuel, l'ordre amiable se passant en justice) ou judiciaire proprement dit,

Rouen : 0,50 cent. 0/0 de 1 à 100,000 fr.; 0,25 cent. 0/0 au-dessus;

Paris (*Ville de*) et Seine : 0,50 cent. 0/0;

Bastia : 0,75 cent. 0/0 de 1 à 5,000 fr.; 0,50 cent. 0/0 de 5,000 à 30,000 fr. ; 0,25 cent. 0/0 au-dessus;

Rennes : 0,75 cent. 0/0 de 1 à 20,000 fr.; 0,375 0/0 au-dessus;

Nîmes : 0,75 cent. 0/0 de 1 à 30,000 fr.; 0,50 cent. 0/0 de 30,000 à 50,000 fr.; 0,25 cent. 0/0 au dessus;

Orléans, Riom : 0,75 cent. 0/0 de 1 à 50,000 fr.; 0,375 0/0 au dessus;

Nancy : 0,75 cent. 0/0 de 1 à 50,000 fr.; 0,50 cent. 0/0 de 50,000 à 150,000 fr.; 0,25 cent. 0/0 au-dessus;

Aix, Angers, Bourges, Caen, Chambéry, Grenoble, Limoges, Pau : 0,75 cent. 0/0 de 1 à 50,000 fr. ; 0,50 cent 0/0 au-dessus;

Besançon : 0,75 cent. 0/0 de 1 à 100,000 fr.; 0,375 0/0 de 100,000 à 200,000 fr.; 0,15 cent. 0/0 au-dessus;

Dijon, Douai, Montpellier : 0,75 cent. 0/0 de 1 à 100,000 fr.; 0,375 0/0 au-dessus;

Paris (*ressort*) : 0,75 cent. 0/0 de 1 à 100,000 fr.; 0,50 cent. 0/0 de 100,000 à 200,000 fr.; 0,375 0/0 au-dessus;

Amiens, Poitiers : 0,75 cent. 0/0 de 1 à 100,000 fr. ; 0,50 cent. 0/0 au-dessus;

Bordeaux, Toulouse : 0,75 cent. 0/0 de 1 à 200,000 fr.; 0,50 cent. 0/0 au-dessus;

Lyon : 0,75 cent. 0/0 de 1 à 300,000 fr.; 0,50 cent. 0/0 de 300,000 à 500,000 fr.; 0,25 cent. 0/0 au-dessus;

Agen : 1 0/0 de 1 à 10,000 fr.; 0,75 cent. 0/0 au-dessus;

Sur le montant des sommes pour lesquelles les créanciers ont été colloqués. — V. Ch. Defrénois, *op. cit.*, n° 332.

Minimum :

Angers, Besançon, Paris (*Ville de*) et Seine aucun;

Nîmes, Poitiers, Rouen : 5 fr.;

Nancy, Rennes, Toulouse : 8 fr.;

Partout ailleurs : 6 fr.

〰 Ce tarif est applicable à toutes les quittances qui sont l'exécution d'un ordre ou d'une contribution, même celles données à la Caisse des dépôts et consignations, lorsque la consignation a été validée par une simple ordonnance de libération, car alors cette quittance n'est que la conclusion de l'ordre, son dernier acte. — V. Sol. min. just., 18 oct. 1900; Cpr, Instr. de la Caisse, 8 nov. 1900.

4° de congément

Rennes : honoraires comme en matière de vente;

Partout ailleurs : sans indication spéciale.

QUOTITÉ DISPONIBLE

V. Abandon de la quotité disponible.
V. aussi *art. 17 des Dispositions générales* (n°ˢ 52158 et s.).

RACHAT PAR RÉMÉRÉ

Dans toute la France : honoraires comme en matière de quittance pure et simple.

Minimum

Besançon : 4 fr.;

Montpellier, Paris (*ressort*), Rennes : 5 fr.;

Ailleurs : le même que pour une quittance, puisque l'honoraire est fixé par référence à cet acte.

V. aussi *Échange. Vente à réméré.*

〰 C'est parce que l'acte qui constate le rachat dont il s'agit se ramène presque toujours au remboursement du prix de la vente antérieure, qu'il est rémunéré par l'honoraire de quittance;

Mais, à défaut de distinction dans le tarif, cet honoraire ne serait pas moins exigible, quand même le prix resterait dû. — V. Amiaud et Voland, *op. cit.*, n° 531;

Si même, pour son paiement, un délai ou des garanties étaient donnés, de manière à constituer une interversion de titre, le notaire pourrait légitimement réclamer l'honoraire d'obligation. — V. Amiaud et Voland, *Ibid.*

〰 Exercé en dehors des conditions strictes de la loi, le réméré constituerait une rétrocession, passible de l'honoraire de vente. — V. Amiaud et Volant, *op. cit.*, n° 532.

RADIATION

V. Formalités hypothécaires.

RAPPORT A SUCCESSION

V. Dispense de rapport. Partage anticipé. Partage ordinaire.

RAPPORT POUR MINUTE

Bastia, Orléans, Poitiers : 4 fr.;
Paris (*Ville de*) et Seine : 9 fr.;
Partout ailleurs : 6 fr.

RATIFICATION

En brevet

Paris (*Ville de*) et Seine : 4 fr. 50.;
Partout ailleurs : 4 fr.

En minute

Paris (*Ville de*) et Seine : 9 fr.;
Partout ailleurs : 6 fr.;
Plus, sans distinction entre les brevets et les minutes, 2 fr. par chaque partie ayant un intérêt distinct et intervenant dans l'acte, en sus de la première.
Le tout, quelle que soit la chose ratifiée. — *V.* Amiaud et Voland, *op. cit.*, n° 534.

RÉALISATION DE CRÉDIT

V. Crédit.

RÉCÉPISSÉ

V. Compte de tutelle.

RECETTE

V. art. 1er et 3 *des Dispositions générales.*
V. aussi *Consignation à la Caisse des dépôts. Droit de recette et de comptabilité. Vente par adjudication de meubles.*

RECHERCHES

V. Démarches. Droit de recherche.

RÉCOLEMENT

Dans toute la France : honoraires par vacations.

RÉCOLTES

V. Contributions directes. Droit de recette. Vente.

RÉCOMPENSES A LA COMMUNAUTÉ

V. Partage (ordinaire).

RECONNAISSANCE

d'écriture et de signature

V. Dépôt d'actes sous seing privé,

d'enfant naturel

Aix, Bastia, Lyon : 15 fr.;
Paris (*Ville de*) et Seine : 18 fr.;
Partout ailleurs : 10 fr.
Quel que soit le nombre des enfants recon-

---

nus, puisqu'un seul droit d'enregistrement est exigible dans tous les cas. — V. Ch. Defrénois, *op. cit.*, n° 342.
Mais gratis, si la reconnaissance concerne des enfants d'indigents. — *V.* ci-dessus *art. 23 des Dispositions générales.*

d'hypothèque

Agen, Bourges : 4 fr.;
Bastia, Caen, Orléans, Toulouse : 5 fr.;
Paris (*Ville de*) et Seine : 9 fr.;
Partout ailleurs : 6 fr.

de dette

Dans toute la France : honoraires comme en matière d'obligation ;

Minimum :

Paris (*Ville de*) et Seine : aucun ;
Ailleurs : 5 fr.
Il ne s'agit ici que des reconnaissances de dettes ayant pour but de fournir un titre au créancier.
Le tarif d'obligation n'est donc pas applicable, ainsi qu'on l'a vu d'ailleurs plus haut, à l'état des dettes prescrit en matière de donation ;
Ni à la reconnaissance par un cohéritier dans un inventaire ou un partage de sommes par lui dues au défunt ; à la condition toutefois que le partage constate l'extinction de sa dette ; autrement, et s'il y avait interversion de titre, l'honoraire d'obligation deviendrait exigible. — V. Amiaud et Voland, *op. cit.*, n° 543.

de dot, de droits paraphernaux, de reprises

Dans toute la France : honoraires comme en matière d'apports en mariage.

Minimum :

Paris (*Ville de*) et Seine : aucun ;
Agen : 5 fr.;
Angers : 8 fr.;
Ailleurs : 6 fr.

RECOUVREMENTS

V. n°s 52007 et s.
V. aussi *Droit de recette et de comptabilité,* et tout à la fin du présent tarif.

RECTIFICATION

V. Compte (Appendice). *Procès-verbal de rectification d'état liquidatif.*

RÉDACTION

V. art. 2 [*des Dispositions générales* (n°s 52024 et s.), et *Acte sur modèle. Honoraires de rédaction.*

REDEVANCES

V. Bail à ferme.

REDEVANCES A PERCEVOIR DANS LES FOIRES ET MARCHES

V. Bail à loyer.

RÉDUCTION

d'honoraires

V. art. 4 des Dispositions générales (nos 52064 et s., 52068 et s.).

d'hypothèque

V. Mainlevée d'inscription.

RÉFÉRÉ

Dans toute la France : honoraires par vacations ;

Outre des frais de voyage, s'il y a lieu, d'après la règle ordinaire. — V. Amiaud et Voland, *op. cit.*, no 544 ; Ch. Defrénois, *op. cit.*, no 346.

V. Inventaire. Testament. Vente (Adjudication judiciaire de meubles, etc.).

REFUS D'ACCEPTER

V. art. 17 des Dispositions générales (nos 52151 et s.).

V. aussi Renonciation.

RÈGLEMENT A FORFAIT

V. Frais à forfait.

RÈGLEMENT AMIABLE

V. art. 1er et 3 des Dispositions générales (nos 52002, 52022, 52057 et s., 52063, 52065, 52100, 52193), *et Transaction. Sociétés. Usufruit.*

RÈGLEMENT D'INDEMNITÉ

V. Expropriation pour cause d'utilité publique.

RÈGLEMENT DE COMPTE

V. art. 9 des Dispositions générales (nos 52091 et s.).

RÈGLEMENTS DE CHAMBRES

V. art. 3 et 11 des Dispositions générales (nos 52060, 52071, 52108 et s., 52117).

V. aussi Vente (par adjudication volontaire).

RÉGULARISATION DES ACTES

V. no 52090.

REMBOURSEMENT

V. Droit de recette et de comptabilité. Consignations à la Caisse des dépôts.

RÉMÉRÉ

V. Désistement. Echange. Rachat par réméré. Vente à réméré.

REMISE

d'honoraires

V. art. 4 des Dispositions générales (nos 52064 et s., 52068 et s.).

de dette

Dans toute la France : honoraires comme en matière de quittance pure et simple ;

Sans distinction entre la remise de dette à titre gratuit et la remise de dette à titre onéreux. — V. Amiaud et Voland, *op. cit.*, no 547 ; Ch. Defrénois, *op. cit.*, no 349 ;

A moins que la remise ne soit effectuée par donation entre-vifs proprement dite. — V. Amiaud et Voland, *Ibid.*

V. aussi Liquidation de reprises.

REMPLOI

V. Acceptation. Déclaration.

RÉMUNÉRATION

comprise dans l'honoraire

V. art. 2 des Dispositions générales (nos 52024 et s.).

particulière

V. art. 1er et 3 des Dispositions générales (nos 52022 et s., 52028 et s.).

RENDEZ-VOUS

V. art. 2, 3 et 22 des Dispositions générales (nos 52024 et s., 52030 et s., 52038, 52051, 52057 et s., 52207).

RENONCIATION

en général

Par acte où elle forme disposition dépendante

Aucun honoraire.

Par acte séparé

En brevet

Paris (*Ville de*) et Seine : 4 fr. 50 ;
Ailleurs : 4 fr.

En minute

Paris (*Ville de*) et Seine : 9 fr. ;
Ailleurs : 6 fr.

∿ La renonciation, ainsi tarifée à un honoraire fixe, est celle qui est purement abdicative. Tout acte qui, sous cette dénomination, masquerait une libération ou une transmission donnerait lieu à l'honoraire proportionnel de l'opération réalisée au fond. — V. Amiaud et Voland, *op. cit.*, no 548 ; Ch. Defrénois, *op. cit.*, no 350.

à honoraires

V. Gérance d'étude. Réduction d'honoraires. Remises d'honoraires.

à hypothèque légale

1o *A la suite d'un acte authentique, ou de dépôt, avec reconnaissance d'écriture, d'un acte de vente sous signature privée*

Poitiers : 4 fr. ;
Toulouse : 8 fr. ;
Paris (*Ville de*) et Seine : 9 fr. ;
Partout ailleurs : 6 fr.

Ainsi, simple honoraire fixe, parce qu'un honoraire proportionnel est alors pris soit sur l'acte authentique, soit sur le sous seing privé déposé.

2° Dans les autres cas

Partout : moitié de l'honoraire qui aurait été perçu sur l'acte de vente ;

Minimum :

Paris (*Ville de*) et Seine : aucun ;
Aix, Amiens, Angers, Bastia, Besançon, Bordeaux, Bourges, Chambéry : 5 fr. ;
Partout ailleurs : 6 fr.

Si le mari de la femme renonçante n'était que copropriétaire de l'immeuble aliéné, l'honoraire de renonciation ne semble dû que sur sa part dans le prix et non sur le prix total, puisque s'il avait aliéné isolément sa part indivise, l'honoraire proportionnel de vente n'aurait été exigible que sur elle.

⌁ Le tarif ne parle pas de la renonciation dans l'acte lui-même. Or, faite par la femme covenderesse ou cocréancière, dans une vente ou dans la quittance du prix de cette vente, c'est-à-dire, plus généralement, lorsqu'elle est la conséquence d'une autre disposition de l'acte qui la contient, elle constitue une disposition dépendante, ne donnant lieu, ni à un droit d'enregistrement distinct, ni, par suite, à un honoraire particulier.

à legs, à succession

V. Renonciation (en général).
V. aussi art. 17 des Dispositions générales (n⁰ˢ 52151 et s.).

à usufruit

V. Usufruit.

RENOUVELLEMENT

V. Acte récognitif. Bordereau d'inscription. Titre nouvel.

RENSEIGNEMENTS

V. art. 2 et 3 des Dispositions générales (n⁰ˢ 52024 et s., 52030 et s., 52050, 52057 et s., 52207).

RENTE

V. art. 1ᵉʳ, 16 et 17 des Dispositions générales (n⁰ˢ 52020, 52147, 52161), et *Constitution de rente perpétuelle ou viagère. Droit de recette et de comptabilité. Titre nouvel. Vente (de gré à gré d'immeubles).*

RENTES SUR L'ÉTAT

V. art. 3 des Dispositions générales (n⁰ 52055) et *Certificat de propriété.*

RÉPERTOIRE

V. art. 1ᵉʳ des Dispositions générales (n⁰ˢ 52015 et s.).

REPRÉSENTATION

d'aliéné non interdit

(L. 30 juin 1838, art. 36).

Dans toute la France : honoraires par vacations.

de non présent

(C. procéd. civ., art. 942)

Dans toute la France : honoraires par vacations.

de présumé absent

(C. civ., art. 113)

Dans toute la France : honoraires par vacations ;
Plus, frais de voyage, s'il y a lieu, d'après la règle ordinaire ;
Et même, droit de recette ou honoraire de gérance, au cas où le notaire commis serait, en sus de sa mission normale de représentation, chargé d'autres affaires : encaissement de revenus, garde de valeurs, etc. — V. Amiaud et Voland, *op. cit.*, n⁰ 51.

REPRISE DE LA VIE COMMUNE

(C. civ., art. 311)

Agen, Douai : 6 fr. ;
Caen, Chambéry, Dijon, Grenoble, Limoges, Nîmes, Orléans, Pau, Rouen : 8 fr. ;
Poitiers, Toulouse : 12 fr. ;
Amiens : 15 fr. ;
Paris (*Ville de*) et Seine : 18 fr. ;
Aix : 20 fr. ;
Ailleurs : 10 fr.

⌁ Quant à la publicité de l'acte, prescrite par la loi, le tarif étant muet, elle se trouve soumise au règlement amiable ; nous lui appliquerions, par analogie, une rémunération semblable à celle des dépôts et insertion en matière d'actes de société. — V. toutefois Amiaud et Voland, *op. cit.*, n⁰ 551.
V. aussi Rétablissement de communauté.

REPRISES

V. Déclaration de succession. Liquidation de reprises. Partage (ordinaire). Reconnaissance de reprises.

RÉQUISITIONS

V. art. 1ᵉʳ des Dispositions générales (n⁰ 52015). *Formalités hypothécaires.*

RESCISION

V. Formalités hypothécaires.

RÉSERVE

d'honoraires éventuels

V. n⁰ 52010.

d'usufruit

V. Donation. Vente.

RÉSERVE LEGALE

*V. art. 17 des Dispositions générales (n^{os}
52158 et s.).*
V. aussi Abandon de la quotité disponible.

RÉSILIATION

de bail

Dans toute la France : moitié de l'honoraire
de bail, sur les années restant à courir ;

Et, en sus, si la résiliation n'a lieu que
moyennant indemnité constatée par l'acte,
honoraire de quittance, d'obligation ou même
de vente, suivant que cette indemnité est payée
immédiatement, en argent ou autrement, ou
bien reste due ; en un mot, selon la nature du
droit spécial d'enregistrement exigible alors,
indépendamment du droit même de résiliation.
— V. toutefois Amiaud et Voland, *op. cit.*, n°
554.

Minimum :

Paris (*Ville de*) et Seine : aucun ;
Bordeaux, Douai, Nancy : 4 fr. ;
Aix, Amiens, Besançon, Lyon, Nimes, Riom :
6 fr. ;
Partout ailleurs : 5 fr.

de contrat de mariage

V. Contrat de mariage (Appendice).

de vente

1° Dans les vingt-quatre heures

Angers, Nancy : 5 fr. ;
Paris (*Ville de*) et Seine : 9 fr. ;
Partout ailleurs : 6 fr.

2° Après ce délai

Partout : moitié de l'honoraire de l'acte
résilié.

Minimum :

Aix, Amiens, Angers, Bastia, Bordeaux,
Bourges, Paris (*Ville de*) et Seine : aucun ;
Besançon, Caen, Chambéry, Dijon : 6 fr. ;
Ailleurs : 5 fr.

RÉSOLUTION

V. Formalités hypothécaires.

RESPONSABILITÉ NOTARIALE

V. Règlement amiable.

RESSORT

*V. Assistance comme conseil. Frais de
voyage. Notaire en second. Partage d'honoraires* (n°s 52038, 52103, 52107, 52194 et s.).

RESTITUTION

d'honoraires perçus en trop ou sur actes nuls

V. art. 4 et 5 des Dispositions générales (n^{os}
52065, 52067, 52073 et s., 52077, 52078 et s.).
V. aussi Frais à forfait. Taxe.

de dot

V. Liquidation de reprises.

RÉTABLISSEMENT

à la masse

*V. Partage anticipé ou d'ascendants. Par-
tage ordinaire.*

de communauté

(C. civ., art. 1451)

Amiens, Besançon : 15 fr. ;
Nancy : 16 fr. ;
Nimes : 20 fr. ;
Paris (*Ville de*) et Seine : 36 fr. ;
Partout ailleurs : un cinquième des hono-
raires du contrat de mariage, avec le minimum
suivant :
Angers : 8 fr. ;
Ailleurs : 6 fr.

Mais, aux termes des art. 1445 et 1451,
C. civ., une expédition de cet acte doit être af-
fichée au greffe du tribunal civil, et, si le mari
est commerçant, une autre au tribunal de commerce. Or, le tarif ne prévoit pas cette publicité. Si donc le notaire en est chargé, règlement amiable, et, suivant nous, il conviendrait
de lui allouer pour elle, par analogie, le quart
ou la moitié de l'honoraire pour dépôt d'extraits d'un contrat de mariage, puisqu'ici le
dépôt n'a lieu qu'à un ou deux endroits au lieu
de quatre.

M. Ch. Defrénois (*op. cit.*, n° 357) propose
3 ou 5 francs, sans dire sur quelle base ;
quant à MM. Amiaud et Voland, (*op. cit.* n° 556)
par une étrange inspiration, ils renvoient au
tarif des avoués.

Le rétablissement de communauté peut
avoir lieu dans l'acte qui constate la reprise
de la vie commune ; mais que ce soit
ainsi ou par acte distinct, les deux conventions étant indépendantes, elles opèrent chacune leur honoraire particulier. — V. Amiaud
et Voland, *op. cit.*, n° 552.

de la vie commune

V. Reprise de la vie commune.

RETRAIT

d'enfants

V. art. 23 des Dispositions générales (n^{os}
52208 et s.).

d'indivision, de droits litigieux, successoral

Dans toute la France : honoraires comme
en matière de quittance pure et simple ;

A moins que le remboursement à faire au retrayé n'ait pas lieu de suite, auquel cas l'honoraire d'obligation est exigible sur la somme dont le retrayant se constitue débiteur. — Cpr. Amiaud et Voland, *op. cit.*, n° 557.

On sait qu'à Paris et dans la Seine, l'honoraire de quittance est moindre, lorsqu'elle est la conséquence d'un acte reçu par le même notaire ou un autre du département ; il convient d'appliquer ici cette restriction, le cas échéant. — V. Amiaud et Voland, *op. cit.*, n° 558.

Minimum :

Paris (*Ville de*) et Seine : aucun ;
Caen : 4 fr.;
Angers, Dijon, Limoges, Orléans, Paris (*ressort*), Toulouse : 5 fr.;
Ailleurs : le même que pour une quittance, puisque l'honoraire est fixé par référence à cet acte.

de réméré

V., ci-dessus, *Rachat par réméré.*

de testament

V. Testament mystique. Testament olographe.

RETRAITES POUR LA VIEILLESSE

V. Caisse.

RÉTRIBUTION
comprise dans l'honoraire

V. art. 2. des Dispositions générales (n°ˢ 52024 et s).

particulière

V. art. 1ᵉʳ et 3 des Dispositions générales (n°ˢ 52022 et s., 52028 et s.).

RÉTROACTIVITÉ

V. Non rétroactivité.

REVENU

V. art. 15 des Dispositions générales (n°ˢ 52142 et s.).

RÉVOCATION
de conseil à la mère tutrice

Nîmes : *en brevet*, 4 fr.; *en minute*, 6 fr.;
Et, sans distinction :
Agen : 5 fr.;
Orléans, Rouen, Toulouse : 8 fr.;
Paris (*Ville de*) et Seine : 9 fr.;
Chambéry, Grenoble : 10 fr.;
Partout ailleurs : 6 fr.

de donation entre époux

Aix, Amiens, Besançon, Bordeaux, Bourges, Dijon, Lyon, Orléans, Paris (*ressort*), Rennes, Rouen, Toulouse : 8 fr.;
Paris (*Ville de*) et Seine : 9 fr.;
Chambéry, Grenoble, Limoges : 10 fr.;
Partout ailleurs : 6 fr.

de legs

V. n° 52155.
V. aussi *Révocation de testament.*

de mandat ou de substitution

En brevet

Paris (*Ville de*) et Seine : 4 fr. 50 ;
Partout ailleurs : 4 fr.

En minute

Paris (*Ville de*) et Seine : 9 fr.;
Partout ailleurs : 6 fr.

de testament

Angers, Bastia, Caen, Douai, Nancy, Pau, Poitiers, Riom : 6 fr.;
Paris (*Ville de*) et Seine : 9 fr.;
Chambéry, Grenoble, Limoges : 10 fr. :
Partout ailleurs : 8 fr.
V. aussi *Adoption testamentaire. Révocation de legs* (n° 52155).

ROLES
d'expédition ou de grosse

Au chef-lieu de la Cour d'appel et dans les villes dont la population excède 30,000 âmes : 3 fr.;
Partout ailleurs : 2 fr.
Mais, pour les expéditions dont le coût est à la charge de l'Etat, les établissements de bienfaisance et d'assistance et des bénéficiaires de la loi sur les habitations à bon marché : 75 centimes seulement ;
Et, pour les expéditions dont le coût est à la charge de l'Administration de l'enregistrement : 50 centimes.
V. Art. 21 des Dispositions générales, (n°ˢ 52186 et s.).
〰 Rôle commencé, — V. n° 52192.
〰 V., plus généralement, *Expédition. Expédition inutile. Grosse inutile.*
V. aussi *Honoraires par rôles d'expédition. Vente* (Adjudication judiciaire de meubles, etc.).

d'extraits

Extraits analytiques : 3 fr. par rôle ;
Extraits littéraux : comme les expéditions.
V. plus généralement *Extrait.*

de copie

Rôles d'expédition ou de grosse.
V. ces mots.

de minute

Pour les cahiers des charges de vente judiciaire, immobilière : 3 fr. chacun ;
Dans les autres cas : 5 fr.
V. aussi *art. 1ᵉʳ, 2, 11, 13 et 21 des Dispositions générales* (n°ˢ 52015, 52027, 52034, 52105 et s., 52110, 52119 et s., 52132 et s., 52186 et s., 52191).
Rôle commencé, — V. n° 52192.

V. aussi *Déclaration de succession. Honoraires par rôles de minute. Servitudes.*

SAISIES

V. Formalités hypothécaires. Mainlevées.

SCEAU NOTARIAL

V. art. 1er des Dispositions générales (nᵒˢ
52015 et s.).

SCELLÉS

V. art. 3 des Dispositions générales (nᵒˢ 52030
et s., 52047, 52057 et s.).

SECOND NOTAIRE

V. art. 10 et 11 des Dispositions générales
(nᵒˢ 52101 et s., 52105 et s.).
V. aussi *Frais de voyage.*

SECONDE GROSSE

V. Délivrance de seconde grosse.

SECRÉTAIRES DE MAIRIE

Partage d'honoraires avec eux, interdit.
V. art. 11 des Dispositions générales (nᵒ
52106).

SÉPARATION DE BIENS

V. Rétablissement de communauté.

SÉPARATION DE CORPS

*V. Reprise de la vie commune. Rétablisse-
ment de communauté.*

SÉQUESTRE

(Nomination de)

Poitiers : 4 fr. ;
Paris (*ressort*), Pau, Toulouse : 8 fr. ;
Paris (*Ville de*) et Seine : 9 fr.;
Partout ailleurs : 6 fr.
V. aussi *Compte de séquestre,* et *art. 3 des
Dispositions générales* (nᵒˢ 52030 et s., 52052,
52057 et s.);
V. encore (nᵒ 51986) *Administrateurs judi-
ciaires à Paris.*

SERVITUDES

Abandon de fonds grevé de servitude

V. ces mots.

Constitution de servitude

Par analogie de la convention de mitoyenneté, nous allouerions pour honoraires les rôles
de minute.
V. Règlement amiable.

SIGNATURE

*V. Certification de signature. Dépôt d'actes
sous seing privé. Reconnaissance d'écriture et
de signature.*

SIGNIFICATION

V. Dispense. Frais à débourser (nᵒ 52087).

SOCIÉTÉ D'HABITATION OU DE TRAVAIL

V. Communauté d'habitation ou de travail.

SOCIÉTÉ DE MÉNAGE

V. Contrat de mariage.

SOCIÉTÉS

**1ᵉᵘᵗ Société anonyme ou en commandite par
actions**

Acte de société ou statuts

Limoges : 0,25 cent. 0/0 de 1 à 500,000 fr.;
0,125 0/0 au-dessus;
Pau : 0,30 cent. 0/0 de 1 à 500,000 fr. ; 0,125
0/0 au-dessus ;
Orléans : 0,50 cent. 0/0 de 1 à 20,000 fr.;
0,25 cent. 0/0 de 20,000 à 500,000 fr. ; 0,125 0/0
au-dessus ;
Angers, Bastia, Poitiers : 0,50 cent. 0/0 de
1 à 50,000 fr. ; 0,25 cent. 0/0 de 50,000 à 500.000
fr. ; 0,125 0/0 au-dessus :
Rouen : 0,50 cent. 0/0 de 1 à 50,000 fr. ; 0,25
cent. 0/0 de 50,000 à 1,000,000 de fr. ; 0,125
0/0 au-dessus ;
Agen, Chambéry, Grenoble, Paris (*ressort*) :
0,50 cent. 0/0 de 1 à 200,000 fr. ; 0,25 cent. 0/0
de 200,000 à 500,000 fr. ; 0,125 0/0 au-dessus ;
Bordeaux, Toulouse : 0,50 cent. 0/0 de 1 à
300,000 fr. ; 0,25 cent. 0/0 de 300,000 à 1,000,000
de fr. ; 0,125 0/0 au-dessus ;
Paris (*Ville de*) et Seine : 0,50 cent. 0/0 de
1 à 500,000 fr. ; 0,25 cent. 0/0 de 500,000 à
1,000,000 de fr.; 0,125 0/0 de 1,000,000 à
3,000,000 de fr. ; 0,0625 0/0 au-dessus;
Nîmes : 1 0/0 de 1 à 5,000 fr.; 0,50 cent. 0/0
de 5,000 à 50,000 fr.; 0,25 cent. 0/0 de 50,000 à
500,000 fr. ; 0,125 0/0 au-dessus;
Caen : 1 0/0 de 1 à 10,000 fr. ; 0,50 cent. 0/0
de 10,000 à 30,000 fr. ; 0,25 cent. 0/0 de 30,000
à 500,000 fr. ; 0,125 0/0 au-dessus ;
Douai : 1 0/0 de 1 à 10,000 fr. ; 0,50 cent.
0/0 de 10,000 à 50,000 fr. ; 0,25 cent. 0/0 de
50,000 à 200,000 fr. ; 0,125 0/0 au-dessus;
Besançon, Bourges : 1 0/0 de 1 à 10,000 fr. ;
0,50 cent. 0/0 de 10,000 à 50,000 fr. ; 0,25 cent.
0/0 de 50,000 à 500,000 fr.; 0,125 0/0 au-dessus ;
Riom : 1 0/0 de 1 à 10,000 fr. ; 0,75 cent. 0/0
de 10,000 à 50,000 fr.; 0,50 cent. 0/0 de 50,000
à 100,000 fr.; 0,25 cent. 0/0 de 100,000 à 500,000
fr.; 0,125 0/0 au-dessus;
Nancy : 1 0/0 de 1 à 20,000 fr. ; 0,50 cent. 0/0
de 20,000 à 100,000 fr. ; 0,25 cent. 0/0 de
100,000 à 300,000 fr. ; 0,125 0/0 au-dessus ;
Aix, Montpellier : 1 0/0 de 1 à 30,000 fr.:
0,50 cent. 0/0 de 30,000 à 100,000 fr. ; 0,25
cent. 0/0 de 100,000 à 500,000 fr. ; 0,125 0/0
au-dessus ;
Dijon : 1 0/0 de 1 à 50,000 fr. ; 0,50 cent.

0/0 de 50,000 à 200,000 fr.; 0,25 cent. 0/0 de 200,000 à 500,000 fr. ; 0,125 0/0 au-dessus ;

Lyon : 1 0/0 de 1 à 50,000 fr. ; 0,50 cent. 0/0 de 50,000 à 200,000 fr. ; 0,25 cent. 0/0 de 200 000 à 1,000,000 de fr.; 0,10 cent. 0/0 au-dessus ;

Amiens : 1 0/0 de 1 à 50,000 fr. ; 0,50 cent. 0/0 de 50,000 à 300,000 fr. ; 0,25 cent. 0/0 de 300,000 à 500,000 fr. ; 0,125 0/0 au-dessus ;

Rennes : 1 0/0 de 1 à 100,000 fr.; 0,50 cent. 0/0 de 100,000 à 200,000 fr.; 0,25 cent. 0/0 de 200,000 à 500,000 fr. ; 0,125 0/0 au-dessus ;

Sur le capital social exprimé en l'acte, qu'il soit formé au moyen d'apports en nature contre attribution d'actions, ou par souscription d'actions en numéraire. — V. Ch. Defrénois, *op. cit.*, n° 364.

Lorsqu'un apport en nature a lieu moyennant, pour tout ou partie, un prix en espèces, et, plus généralement, non laissé aux risques de la société, il constitue une vente, totale ou partielle, et opère, par conséquent, en ce qui le concerne, l'honoraire de vente au lieu de celui de société. — V. Ch. Defrénois, *Ibid.* ; *Contrà* Amiaud et Voland, *op. cit.*, n°s 83 et 84.

Minimum :

Bourges, Paris (*Ville de*) et Seine : aucun ;
Aix : 8 fr.;
Amiens : 10 fr.;
Angers : 12 fr.;
Agen, Nancy : 15 fr.;
Partout ailleurs : 20 fr.

⁓ D'après certains auteurs, l'honoraire susindiqué ne serait acquis au notaire que si la société se constitue définitivement ; autrement, les statuts ne donneraient lieu qu'à un honoraire par rôle de minute, et au remboursement, bien entendu, des déboursés qui auraient été faits. — V. Amiaud et Voland, *op. cit.*, p. 380, note 2 ; Ch. Defrénois, *op. cit.*, n° 364.

Cette opinion repose sur une identité de situation avec les actes demeurés imparfaits, au sens notarial du mot, et les projets d'acte qui n'ont pas abouti. Or, non seulement il n'y a pas identité, mais l'analogie même n'est qu'apparente. Au fond, ici, l'acte, en tant qu'acte, ne constitue aucunement un acte demeuré incomplet, un projet resté non avenu ; en soi, il est parfait, c'est-à-dire jouit d'une pleine existence légale ; ce sont seulement les suites *de fait* qu'on s'en était promis, qu'on avait à tort espérées, qui ne se sont pas réalisées, ce qui est une tout autre chose. — Cpr. *Rép. gén. prat. du not.*, n° 11170.

Aussi, à l'occasion du dépôt pour minute des statuts sous seing privé d'une société anonyme, le tribunal de Saint-Etienne nous paraît-il avoir apprécié plus juridiquement la situation dans un jugement du 8 juill. 1901, ainsi conçu :

« LE TRIBUNAL, — Attendu que le juge taxateur paraît avoir fait une juste appréciation du tarif applicable aux notaires du ressort ; que le décret du 25 août 1898 qui donne force de loi à ce tarif, dispose en effet, dans son art. 7, que les actes dressés sur projet présenté par les parties donnent droit aux mêmes honoraires que s'ils étaient rédigés par le notaire lui-même ; que ce tarif déclare, d'autre part, que si le dépôt d'un acte sous seing privé est fait par toutes les parties avec reconnaissance de leurs écritures, l'honoraire perçu sera celui auquel aurait donné lieu l'acte authentique contenant la convention ; — Attendu que si Me X... avait dressé les statuts qu'on déposait en son étude, il aurait eu droit, pour un capital social de ...... francs, à .... francs d'honoraires ; que l'art. 7 précité du décret de 1898 lui donne le même droit pour avoir reçu le dépôt de ces statuts ; — Attendu que nulle part il n'est dit dans le tarif légal que ces honoraires ne sont pas dus si la société dont le notaire dresse ou reçoit les statuts, n'est pas définitivement constituée ; que le travail du notaire rédacteur des statuts d'une société est indépendant de la constitution définitive de cette société et doit, dans tous les cas, être rémunéré suivant le tarif légal ; — Qu'aux termes du décret susvisé, il doit en être de même quand le notaire a simplement reçu le dépôt de ces statuts.... » (*La Basoche*, 1902, p. 135).

Ce jugement, il est vrai, a été réformé par l'arrêt suivant rendu par la Cour de Grenoble le 9 juin 1903 :

« Attendu qu'aux termes de l'art. 3, § 2, L. 24 déc. 1897, la taxe pour les notaires doit être arrêtée conformément au tarif, s'il s'agit d'actes qui y sont compris, et s'il s'agit d'actes non tarifés suivant leur nature et leur importance, les difficultés que leur rédaction a présentées et la responsabilité qu'ils peuvent entraîner ; que le magistrat taxateur a alloué à Me X... une somme de .... francs pour honoraires proportionnels sur le capital de ..... indiqué dans les statuts ..... comme devant former le fonds social de la société anonyme ..... ; qu'aux termes du tarif des notaires de la Cour d'appel de Grenoble, les actes de sociétés anonymes et en commandite par actions donnent droit, en effet, à un honoraire proportionnel qui se perçoit sur le fonds social à raison de 0 fr. 50 0/0 de 1 à 200,000 francs, et de 0 fr. 25, de 200,000 à 500,000 francs ; — Attendu qu'il est constant que les statuts de la société anonyme en formation ont été rédigés par Me X... sous la forme d'un acte sous seing privé en date du ....., et que le dépôt en a été opéré dans son étude par ......, pour lui faire acquérir les effets d'un acte authentique ; mais qu'il est également certain que ces statuts, distincts de tout acte de constitution de la société dont l'art. 51 prévoyait la publication ultérieure, n'étaient qu'un simple projet subordonné à la constitution définitive de ladite société par l'accomplissement des formalités spécifiées dans l'art. 50, notamment par la souscription des actions et le versement d'un quart sur chacune d'elles ; — Attendu que cette constitution définitive n'a jamais eu lieu et qu'il n'y a eu, par conséquent, ni société, ni capital social pouvant donner ouverture à l'honoraire proportionnel établi par le tarif ; qu'il y a donc lieu de rejeter de la taxe l'honoraire de ..... francs, indûment accordé à Mᵉ X... à raison d'un acte préparatoire qui est demeuré sans effet, puisqu'il n'a pas été suivi de la formation de la société dont il contenait les statuts et qui ne rentre pas, d'autre part, puisqu'il ne constitue point un acte de société, dans la catégorie des actes sous seing privé dont le dépôt peut, d'après les termes du tarif, donner lieu au même honoraire que l'acte authentique ou à la moitié de cet honoraire, suivant qu'il est fait ou non par toutes les parties, avec reconnaissance de leurs écritures ; — Attendu, cependant, que la taxe entreprise par l'opposition de ..... ne doit pas être réduite à l'honoraire par rôle de minute fixé par l'art. 21, D. 25 août 1898, et que la Cour pourrait puiser dans les conclusions de ....., si les art. 2, L. 20 juin 1896, et 3, § 2, L. 24 déc. 1897 ne le lui attribuaient formellement, le droit d'allouer à Mᵉ X... pour l'acte non tarifé dont s'agit, un honoraire proportionnel à ses peines et soins ; qu'il lui sera suffisamment fait droit de ce chef par l'allocation d'une somme de 500 francs en rémunération du travail que lui ont imposé la préparation et la rédaction d'un acte, qui ne lui a d'ailleurs fait encourir aucune responsabilité..... »

Mais n'est-il pas évident que tout cela procède de la confusion que nous avons signalée tout à l'heure entre des statuts définitivement *consommés*, quoi qu'il arrive ensuite, et des actes *imparfaits en soi* ou de simples projets *d'acte* ? Et ce qui prouve bien qu'en prononçant ainsi la Cour méconnaissait le véritable caractère de l'acte, c'est qu'elle n'a pas osé aller jusqu'au bout de son interprétation ; car, si les statuts en question constituaient seulement un acte imparfait ou un pur projet, ils ne pouvaient opérer que l'honoraire par rôles de minute, qui lui a pourtant, et très justement, semblé dérisoire ; aussi a-t-elle alloué un honoraire supérieur, mais arbitraire, par violation en même temps, à notre avis du moins, de l'art. 3 des Dispositions générales, le cas impliquant alors, s'il était exactement qualifié, un règlement amiable sous le contrôle de la Chambre de discipline, à l'exclusion d'une taxation par le juge.

Dira-t-on que l'exigibilité, à tout événement, de l'honoraire proportionnel empêchera quantité de tentatives de sociétés, dont les statuts ne sont que le préliminaire indispensable, à l'effet de chercher et de trouver des fonds, dont les promoteurs n'ont généralement pas le premier sou ? Loin d'avoir à le redouter, ce serait au contraire un immense bienfait. Il restera tou-

jours infiniment trop de ces flibustiers d'affaires, pour qui la formation d'une société par actions n'a qu'un but : battre monnaie sur les gens crédules, exploiter la bêtise humaine.

Au surplus, c'est le tarif, à le lire tout uniment, sans y ajouter des conditions, des restrictions, que la loi n'y a pas mises.

Déclaration de souscription du capital social

1° Si l'acte de société a été reçu dans l'étude

Agen : 5 fr. ;
Aix : 6 fr. ;
Bastia : 15 fr. ;
Partout ailleurs : 20 fr.

2° Dans le cas contraire

C'est-à-dire, soit que les statuts aient été dressés ailleurs par acte notarié, soit, ce qui est infiniment plus fréquent, qu'ils aient été établis sous seing privé et qu'on les annexe à la déclaration de souscription :

Agen, Aix, Angers, Nancy, Paris (*ressort*), Paris (*Ville de*) et Seine, Poitiers, Toulouse : l'honoraire entier qui aurait été perçu sur l'acte de société ;

Partout ailleurs : moitié de cet honoraire.

2ᵉⁿᵗ Autres sociétés : en nom collectif ou en commandite simple, société civile, etc.

Rouen : 0,50 cent. 0/0 de 1 à 50,000 fr.; 0,10 cent. 0/0 de 50,000 à 1,000,000 de francs ; 0,05 cent. 0/0 au dessus ;

Nancy : 0,50 cent. 0/0 de 1 à 50,000 fr.; 0,25 cent. 0/0 de 50,000 à 300,000 fr.; 0,125 0/0 au-dessus ;

Amiens (société en nom collectif sans énonciation des autres sociétés, sauf celles ci-après indiquées à capital variable et en participation) : 0,50 cent. 0/0 de 1 à 100,000 fr.; 0,25 cent. 0/0 de 100,000 à 500,000 fr.; 0,125 0/0 au dessus ;

Paris (*Ville de*) et Seine : 0,50 cent. 0/0 de 1 à 100,000 fr.; 0,25 cent. 0/0 de 100,000 à 1,000,000 de fr.; 0,125 0/0 de 1,000,000 à 3,000,000 de fr.; 0,0625 0/0 au-dessus ;

Nîmes : 1 0/0 de 1 à 5,000 fr.; 0,50 cent. 0/0 de 5,000 à 50,000 fr.; 0,25 cent. 0/0 au-dessus ;

Bourges : 1 0/0 de 1 à 10,000 fr.; 0,50 cent. 0/0 de 10,000 à 50,000 fr.; 0,25 cent. 0/0 au-dessus ;

Partout ailleurs : même tarif que pour les sociétés par actions ;

Sur le capital social ;

Si aucun capital n'est exprimé, et au cas d'apport en industrie, l'honoraire se perçoit sur la même base que le droit d'enregistrement. — V. Amiaud et Voland, *op. cit.*, n° 560 ; Ch. Defrénois, *op. cit.*, n° 364.

Minimum :

Amiens, Besançon, Caen, Dijon, Limoges, Montpellier, Nîmes, Paris (*Ville de*) et Seine : aucun ;

Aix : 8 fr. ;

Angers, Rouen : 12 fr.;
Agen, Bourges, Nancy, Orléans : 15 fr.;
Partout ailleurs : 20 fr.

Quant aux sociétés à capital variable et en participation,

Amiens : même honoraire que pour les sociétés anonymes ;
Minimum : **10 fr.**
Partout ailleurs : sans indication spéciale.

Dans les sociétés en participation, l'honoraire se liquide, à défaut de capital social, sur les biens et valeurs mis en société d'après la déclaration estimative qui en est faite pour l'enregistrement. — V. Amiaud et Voland, *op. cit.*, n° 560 ; Ch. Defrénois, *op. cit.*, n° 364.

3^{ont} **Associations**.

Le tarif est resté muet sur les associations qui ne sont pas des sociétés proprement dites. Comment, dans son silence, rétribuer leur constitution ?

Il faut distinguer si elles se proposent un résultat pécuniaire, soit contribution à une dépense, comme la plupart des associations syndicales, soit répartition d'une perte, comme les compagnies d'assurances mutuelles, ou bien, si étrangères à toute idée d'intérêt matériel, elles ont un but purement intellectuel ou de sentiment : bienfaisance, religion, beaux-arts, littérature, politique, sports divers, etc.

Dans le premier cas, honoraires de société, et suivant la forme employée, sur les biens qui peuvent profiter de l'association. — V. Ch. Defrénois, *Rép. gén. prat. du Not.* n° 11604; Péronne, 20 déc. 1898; *Contrà* Amiens, 18 juin 1899 (*J. du Not.*, 1900, p. 561), infirmatif et n'accordant que des vacations.

Dans le second également, honoraires de société sur les biens et valeurs consacrés à l'œuvre, lorsque les parties ont employé pour réaliser leur dessein la forme d'une société civile; autrement, règlement amiable sous le contrôle de la Chambre de discipline, conformément à l'art. 3 des Dispositions générales.

Cpr. Amiaud et Voland, *op. cit.*, n°s 567 et s.

Appendice

Augmentation du capital social

Même honoraire que précédemment, sur le montant de l'augmentation, conformément à ce qui va être dit pour le cas où l'augmentation a lieu en même temps qu'une prorogation. — V. Amiaud et Voland, *op. cit.*, n° 562 ; Ch. Defrénois, *op, cit.*, n° 364.

Prorogation de société

Bordeaux : 0,15 cent. 0/0 ;
Limoges : 0,25 cent. 0/0 de 1 à 50,000 fr.; 0,125 0/0 au-dessus;
Ailleurs, sauf Paris (*Ville de*) et Seine, moitié des honoraires susindiqués pour la société même;

Le tout, plus honoraire entier, comme pour acte de société originaire, sur les nouveaux apports, s'il y en a ;
Paris (*Ville de*) et Seine : moitié des honoraires de l'acte de société.

Minimum :

Angers : 12 fr. ;
Toulouse : 20 fr. ;
Ailleurs : aucun, s'il n'y a pas de minimum pour la société originaire, mais, s'il en existe un, moitié ou totalité de ce minimum, suivant que la prorogation est simple ou avec de nouveaux apports.

Transformation ou fusion de sociétés

A raison des difficultés de rédaction qu'elles présentent, souvent plus grandes que pour l'acte primitif, elles doivent, d'après M. Ch. Defrénois (*op. cit.*, n° 364), être traitées comme une constitution de société nouvelle et, par suite, justifient les mêmes honoraires.

Or, ce serait, dans bien des cas, d'une exagération manifeste.

Aussi MM. Amiaud et Voland (*op. cit.*, n° 563 et s.), distinguent-ils avec raison, suivant le degré de la transformation opérée ; mais, faute de préciser à quel signe certain on reconnaîtra que la modification est ou non suffisamment grave pour entraîner de nouveaux honoraires de constitution, leur opinion, trop vague, aboutit à l'arbitraire.

Il existe pourtant un criterium, auquel l'esprit de l'art. 6 des Dispositions générales invite à se référer dans la circonstance : l'exigibilité du droit proportionnel d'enregistrement. Ou ce droit est dû, et l'honoraire proportionnel s'ensuit, parallèlement ; ou l'acte n'est passible que du droit fixe, alors rôles de minute seulement.

⁓ A la fusion, se rattache naturellement la cession de l'actif social à une autre société. C'est une vente, soit mobilière, soit immobilière suivant les cas, (ou un mélange des deux), à tarifer comme telle. — V. Amiaud et Voland, *op. cit.*, n° 565.

Dissolution de société

Amiens : 6 fr.;
Aix, Nancy : 8 fr.;
Paris (*Ville de*) et Seine : 9 fr.;
Bastia, Montpellier, Nîmes, Pau, Toulouse : 10 fr.;
Paris (*Cour de*) : 15 fr.;
Rennes : 18 fr.;
Chambéry, Grenoble : 20 fr.;
Partout ailleurs : 12 fr.;
Sous réserve du cas où il y a lieu à honoraire proportionnel à raison des conventions que renferme l'acte : liquidation, partage, etc.

Diminution du capital social

Sans aller jusqu'à la dissolution, une société ramène parfois son capital à un chiffre inférieur au capital primitif.

On peut considérer cette réduction comme une dissolution partielle et la rémunérer, en conséquence, par l'honoraire qui vient d'être indiqué. — V. Amiaud et Voland, *op. cit.*, nᵒ 563.

⌁ Sur l'administration et la liquidation des sociétés, — V. aussi *art. 3 des Dispositions générales* (nᵒˢ 52057 et s.) et *Frais et honoraires des administrateurs judiciaires* (nᵒ 51986).

V. aussi *Dépôt (d'actes de société)*. *Partage*, Et *art. 6 des Dispositions générales*.

⌁ V. encore *Communauté d'habitation ou de travail. Société de ménage*, vᵒ *Contrat de mariage*.

SOINS

V. art. 2 des Dispositions générales (nᵒˢ 52024 et s.).

SOLIDARITÉ

V. Décharge. Vente de gré à gré.

SOMMES

V. Calcul des honoraires. Consignation à la Caisse des dépôts. Décharge. Dépôt. Droit de recette et de comptabilité. Garde de fonds.

SOUS–BAIL

Dans toute la France : honoraires comme en matière de bail ;

Sur le loyer ou le fermage cumulé des années restant à courir. — V. Amiaud et Voland, *op. cit.*, nᵒ 573 ; Ch. Defrénois, *op. cit.*, nᵒ 366 ;

Avec même minimum que pour le bail, puisque l'honoraire est fixé par référence à cet acte.

SOUS SEING PRIVÉ

V. Acte sous seing privé.

SOUSCRIPTION DU CAPITAL SOCIAL

V. Sociétés.

STATUTS

V. Dépôt. Sociétés.

SUBROGATION

V. Formalités hypothécaires. Quittance.

SUBSTITUTION DE POUVOIRS

En brevet

Paris (*Ville de*) et Seine : 4 fr. 50 ; Ailleurs : 4 fr.

En minute

Paris (*Ville de*) et Seine : 9 fr.; Ailleurs : 6 fr.

V. aussi Révocation.

SUBSTITUTION FIDÉICOMMISSAIRE

V. Abandon des biens.

SUCCESSION

V. Acceptation. Administrateurs judiciaires (nᵒ 51986). *Déclaration de succession. Dispense de rapport. Partage. Renonciation. Retrait successoral.*
V. aussi nᵒ 52035.

SUCCESSION BÉNÉFICIAIRE

V. Abandon de biens. Administrateurs judiciaires à Paris (nᵒ 51986). *Compte de bénéfice d'inventaire.*

SUCCESSION VACANTE

V. Curatelle.
V. aussi Administrateurs judiciaires (nᵒ 51986).

SUCCESSIONS CONFONDUES

V. art. 18 des Dispositions générales (nᵒ 52164).

SUPPLÉMENT D'HONORAIRES

V. nᵒ 52072.

SURENCHÈRE

Nouvel honoraire, mais seulement sur la différence entre les deux prix (Arg. Tarif des avoués, D. 15 août 1903, art. 34). — V. cepend. Amiaud et Voland. *op. cit.*, nᵒ 601, note.

Aux termes du texte cité, cette différence est considérée comme prix principal, c'est-à-dire comme prix nouveau ; l'honoraire se liquide donc sur elle isolément, abstraction faite du prix antérieur, avec lequel on n'a pas à l'additionner pour le calcul de l'honoraire dégressif.

Quant au notaire qui a reçu la première vente, il conserve sans aucun doute l'honoraire y afférent.

SUSPENSION

V. art. 12 des Dispositions générales (nᵒˢ 52112 et s.).

SYLLABES

V. art. 21 des Dispositions générales (nᵒˢ 52186 et s.).

TAILLIS

V. Vente.

TARIF OFFICIEUX

V. nᵒ 52060.

TAUX UNIFORME

V. Honoraires fixes.

TAXE

V. art. 1ᵉʳ, 3, 9, 13, 19 et 20 des Dispositions générales (nᵒˢ 52002 et s., 52022 et s.,

52057 et s., 52063, 52065, 52100, 52134, 52175, 52183].

V. aussi *Règlement amiable. Transaction. Vente* (Adjudication judiciaire de meubles).

TENTATIVE D'ADJUDICATION

V. Bail. Vente.

TESTAMENT

authentique ou public

1° Droit fixe exigible lors de la rédaction de l'acte

A l'étude

Montpellier : 6 fr. ;

Agen, Caen, Nimes, Pau : 8 fr. ;

Aix, Bastia, Besançon, Dijon, Limoges, Lyon, Rennes, Rouen : 10 fr. ;

Amiens, Angers, Bordeaux, Bourges, Chambéry, Douai, Grenoble, Nancy, Orléans, Paris (*ressort*), Poitiers, Riom, Toulouse : 12 fr.;

Paris (*Ville de*) et Seine : 36 fr.

Hors l'étude

Montpellier, Nimes : 10 fr. ;

Agen, Pau : 12 fr;

Aix, Bastia, Besançon, Caen, Dijon, Limoges, Lyon, Nancy, Paris (*ressort*), Poitiers, Rennes, Rouen, Toulouse : 15 fr. ;

Amiens, Angers, Bordeaux, Bourges, Chambéry, Douai, Grenoble, Orléans, Riom : 18 fr.;

Paris (*Ville de*) et Seine : 36 fr.

La nuit

Agen, Amiens, Caen, Limoges, Montpellier, Nimes, Pau, Rouen : 20 fr;

Aix, Bastia, Besançon, Dijon, Lyon, Nancy, Paris (*ressort*), Poitiers, Rennes, Toulouse : 25 fr. ;

Angers, Bordeaux, Bourges, Chambéry, Douai, Grenoble, Orléans, Riom : 30 fr. ;

Paris (*Ville de*) et Seine : 36 fr. ;

Sans qu'il y ait à distinguer, du moment que c'est de nuit, si le testament est reçu *en* ou *hors* l'étude. — V. Amiaud et Voland, *op. cit.*, n° 580.

2° Droit dû au décès du testateur

« Sur les dispositions contenues dans le testament », porte le tarif, conformément à l'art. 17 des Dispositions générales ;

Disons, en précisant davantage, *sur l'actif net recueilli par chaque légataire,* c'est-à-dire que l'honoraire se calcule sur chaque legs séparément et non pas sur l'ensemble, ce qui peut donner des résultats très différents avec la décroissance du taux ; et cette interprétation s'impose, puisqu'en cas de plusieurs légataires, il arrive souvent que le taux de l'honoraire n'est pas le même pour tous. — V. Ch. Defrénois, *op. cit.*, n° 370.

〰 Le notaire a le droit d'établir l'importance des dispositions du testament, à la condition de ne pas user de documents confidentiels. — V. Trib. Bayonne, 30 juill. 1901 ; ·

Il peut prendre pour base notamment la déclaration de succession, en remplaçant les évaluations spéciales au fisc par la valeur réelle des biens.

〰 C'est au notaire en exercice au moment du décès que revient l'honoraire proportionnel, comme nous l'avons déjà expliqué ci-dessus. — V. n°s 52007 et s.

En ligne directe et entre époux

Paris (*Ville de*) et Seine : 0,50 cent. 0/0 jusqu'à 1,000,000 de fr. ; 0,25 cent. 0/0 de 1,000,000 à 3,000,000 de fr. ; 0,125 0/0 au-dessus ;

Bastia : 1 0/0 de 1 à 10,000 fr. ; 0,75 cent. 0/0 de 10,000 à 20,000 fr. ; 0,50 cent. 0/0 de 20,000 à 50,000 fr. ; 0,25 cent. 0/0 au-dessus ;

Douai : 1 0/0 de 1 à 50,000 fr. ; 0,50 cent. 0/0 de 50,000 à 100,000 fr. ; 0,25 cent. 0/0 au-dessus ;

Caen : 1 0/0 de 1 à 50,000 fr. ; 0,50 cent. 0/0 de 50,000 à 200,000 fr. ; 0,25 cent. 0/0 au-dessus ;

Angers, Orléans : 1 0/0 de 1 à 50,000 fr. ; 0,50 cent. 0/0 de 50,000 à 500,000 fr. ; 0,25 cent. 0/0 au-dessus ;

Riom : 1 0/0 de 1 à 50,000 fr. ; 0,75 cent. 0/0 de 50,000 à 100,000 fr. ; 0,50 cent. 0/0 de 100,000 à 300,000 fr. ; 0,25 cent. 0/0 au-dessus ;

Amiens, Besançon, Dijon, Montpellier : 1 0/0 de 1 à 100,000 fr. ; 0,50 cent. 0/0 de 100,000 à 300,000 fr. ; 0,25 cent. 0/0 au-dessus ;

Aix, Bourges, Chambéry, Grenoble, Limoges, Nimes, Pau, Poitiers, Rouen : 1 0/0 de 1 à 100,000 fr. ; 0,50 cent. 0/0 de 100,000 à 500,000 fr. ; 0,25 cent. 0/0 au-dessus ;

Agen, Bordeaux, Nancy, Paris (*ressort*), Rennes, Toulouse : 1 0/0 de 1 à 200,000 fr. ; 0,50 cent. 0/0 de 200,000 à 500,000 fr. ; 0,25 cent. 0/0 au-dessus ;

Lyon : 1 0/0 de 1 à 300,000 fr. ; 0,50 cent. 0/0 de 300,000 à 600,000 fr. ; 0,25 cent. 0/0 au-dessus.

En ligne collatérale

Paris (*Ville de*) et Seine : 0,50 cent. 0/0 jusqu'à 1,000,000 de fr. ; 0,25 cent. 0/0 de 1,000,000 à 3,000,000 de fr. ; 0,125 0/0 au-dessus ;

Bastia : 1 0/0 de 1 à 10,000 fr. ; 0,75 cent. 0/0 de 10,000 à 20,000 fr. ; 0,50 cent. 0/0 de 20,000 à 50,000 fr. ; 0,25 cent. 0/0 au-dessus ;

Douai : 1 0/0 de 1 à 100,000 fr. ; 0,50 cent. 0/0 de 100,000 à 200,000 fr. ; 0,25 cent. 0/0 au-dessus ;

Amiens, Montpellier : 1 0/0 de 1 à 100,000 fr. ; 0,50 cent. 0/0 de 100,000 à 300,000 fr. ; 0,25 cent. 0/0 au-dessus ;

Pau, Rouen : 1 0/0 de 1 à 100,000 fr. ; 0,50 cent. 0/0 de 100,000 à 500,000 fr. ; 0,25 cent. 0/0 au-dessus ;

Caen, Orléans : 1 0/0 de 1 à 100,000 fr. ; 0,50 cent. 0/0 au-dessus ;

Agen, Angers, Bordeaux, Paris (*ressort*) : 1 0/0 de 1 à 200,000 fr. ; 0,50 cent. 0/0 de

200,000 à 500,000 fr. ; 0,25 cent. 0/0 au-dessus ;

Riom : 1 fr. 25 0/0 de 1 à 50,000 fr. ; 0,75 cent. 0/0 de 50,000 à 100,000 fr. ; 0,50 cent. 0/0 au-dessus;

Aix, Bourges : 1 fr. 25 0/0 de 1 à 50,000 fr. ; 1 0/0 de 50,000 à 100,000 fr. ; 0,50 cent. 0/0 au-dessus;

Toulouse : 1 fr. 25 0/0 de 1 à 50,000 fr. ; 1 0/0 de 50,000 à 200,000 fr. ; 0,50 cent. 0/0 au-dessus;

Dijon : 1 fr. 25 0/0 de 1 à 100,000 fr. ; 0,50 cent. 0/0 au-dessus ;

Rennes : 1 fr. 25 0/0 de 1 à 100,000 fr. ; 0,75 cent. 0/0 de 100,000 à 200,000 fr. ; 0,50 cent. 0/0 au-dessus;

Besançon : 1 fr. 25 0/0 de 1 à 100,000 fr. ; 0,75 cent. 0/0 de 100,000 à 300,000 fr. ; 0,25 cent. 0/0 au-dessus ;

Limoges : 1 fr. 25 0/0 de 1 à 100,000 fr. ; 1 0/0 de 100,000 à 200,000 fr. ; 0,50 cent. 0/0 au-dessus;

Poitiers : 1 fr. 25 0/0 de 1 à 100,000 fr. ; 1 0/0 de 100,000 à 200,000 fr. ; 0,75 cent. 0/0 de 200,000 à 500,000 fr. ; 0,50 cent. 0/0 au-dessus;

Nancy : 1 fr. 25 0/0 de 1 à 200,000 fr. ; 0,50 cent. 0/0 de 200,000 à 500,000 fr. ; 0,25 cent. 0/0 au-dessus ;

Lyon : 1 fr. 25 0/0 de 1 à 300,000 fr. ; 0,75 cent. 0/0 de 300,000 à 600,000 fr. ; 0,50 cent. 0/0 au-dessus;

Nîmes : 1 fr. 50 0/0 de 1 à 50,000 fr. ; 1 0/0 de 50,000 à 100,000 fr. ; 0,50 cent. 0/0 au-dessus;

Chambéry, Grenoble : 1 fr. 50 0/0 de 1 à 100,000 fr. ; 1 0/0 de 100,000 à 200,000 fr. ; 0,50 cent. 0/0 au-dessus.

Entre étrangers

Paris (*Ville de*) et Seine : 0,50 cent. 0/0 jusqu'à 1,000,000 de fr. ; 0,25 cent. 0/0 de 1,000,000 à 3,000,000 de fr.; 0,125 0/0 au-dessus;

Bastia : 1 0/0 de 1 à 10,000 fr. ; 0,75 cent. 0/0 de 10,000 à 20,000 fr. ; 0,50 cent. 0/0 de 20,000 à 50,000 fr. ; 0,25 cent. 0/0 au-dessus ;

Douai : 1 0/0 de 1 à 100,000 fr. ; 0,50 cent. 0/0 de 100,000 à 200,000 fr. ; 0,25 cent. 0/0 au-dessus ;

Amiens, Montpellier : 1 0/0 de 1 à 100,000 fr.; 0,50 cent. 0/0 de 100,000 à 300,000 fr. ; 0,25 cent. 0/0 au-dessus ;

Pau, Rouen : 1 0/0 de 1 à 100,000 fr. ; 0,50 cent. 0/0 de 100,000 à 500,000 fr. ; 0,25 cent. 0/0 au-dessus ;

Caen, Orléans : 1 0/0 de 1 à 100,000 fr. ; 0,50 cent. 0/0 au-dessus ;

Agen, Angers, Bordeaux, Paris (*ressort*) : 1 0/0 de 1 à 200,000 fr. ; 0,50 cent. 0/0 de 200,000 à 500,000 fr. ; 0,25 cent. 0/0 au-dessus;

Toulouse : 1 fr. 25 0/0 de 1 à 50,000 fr. ; 1 0/0 de 50,000 à 200,000 fr. ; 0,50 cent. 0/0 au-dessus ;

Bourges : 1 fr. 25 0/0 de 1 à 100,000 fr. ; 0,50 cent. 0/0 au-dessus ;

Rennes : 1 fr. 25 0/0 de 1 à 100,000 fr. ; 0,75

cent. 0/0 de 100,000 à 200,000 fr.; 0,50 cent. 0/0 au-dessus ;

Besançon : 1 fr. 25 0/0 de 1 à 100,000 fr.; 0,75 cent. 0/0 de 100,000 à 300,000 fr. ; 0,25 cent. 0/0 au-dessus ;

Limoges : 1 fr. 25 0/0 de 1 à 100,000 fr.; 1 0/0 de 100,000 à 200,000 fr. ; 0,50 cent. 0/0 au-dessus ;

Poitiers : 1 fr. 25 0/0 de 1 à 100,000 fr.; 1 0/0 de 100,000 à 200,000 fr. ; 0,75 cent. 0/0 de 200,000 à 500,000 fr. ; 0,50 cent. 0/0 au-dessus ;

Nancy : 1 fr. 25 0/0 de 1 à 200,000 fr. ; 0,50 cent. 0/0 de 200,000 à 500,000 fr.; 0,25 cent 0/0 au-dessus ;

Aix, Nîmes, Riom : 1 fr. 50 0/0 de 1 à 50,000 fr.; 1 0/0 de 50,000 à 100,000 fr. ; 0,50 cent. 0/0 au-dessus;

Dijon : 1 fr. 50 0/0 de 1 à 100,000 fr. ; 0,75 cent. 0/0 de 100,000 à 300,000 fr. ; 0,50 cent. 0/0 au-dessus ;

Chambéry, Grenoble : 1 fr. 50 0/0 de 1 à 100,000 fr. ; 1 0/0 de 100,000 à 200,000 fr.; 0,50 cent. 0/0 au-dessus;

Lyon : 1 fr. 50 0/0 de 1 à 300,000 fr. ; 1 0/0 de 300,000 à 600,000 fr. ; 0,50 cent. 0/0 au-dessus.

Minimum, commun à toutes les lignes :

Aix : 8 fr. ;

Agen : 12 fr.;

Partout ailleurs : aucun.

V. aussi *art. 17 des Dispositions générales* (nᵒˢ 52149 et s.).

mystique

Acte de suscription

Paris (*Ville de*) et Seine : 36 fr. ; Ailleurs : 20 fr.

Présentation au président et retrait

Paris (*Ville de*) et Seine : 18 fr. ; Ailleurs : 8 fr.;

Frais de voyage en sus, s'il y a lieu, d'après la règle ordinaire. — V. Amiaud et Voland, *op. cit.*, nᵒ 583 ; Ch. Defrénois, *op. cit.*, nᵒ 368.

Observation étant faite que cet honoraire est dû malgré toute révocation du testament, parce que le notaire n'en reste pas moins tenu d'accomplir la formalité de présentation et de retrait. — V. Amiaud et Voland, *Ibid.*; Ch. Defrénois, *Ibid.*

Le tarif n'a pas prévu le dépôt du testament mystique, qui est pourtant prescrit comme celui du testament olographe (C. civ., art. 1007); mais, même honoraire que celui ci-après indiqué pour ce dernier, par identité absolue de motif.

Sur les dispositions du testament au décès

Partout : honoraires comme en matière de testament authentique.

V. aussi *art. 17 des Dispositions générales* (nᵒˢ 52007 et s., 52149 et s.);

V. encore ci-après nos observations sur la garde du testament olographe, qui sont naturellement applicables à celle du testament mystique.

olographe

Présentation au président du tribunal et retrait
(C. civ., art. 1007)

Besançon : 6 fr.;
Paris (*Ville de*) et Seine : 18 fr.;
Ailleurs : 8 fr.;

Outre des frais de voyage, le cas échéant, conformément à la règle ordinaire. — V. Amiaud et Voland, *op. cit.*, nº 575 ; Ch. Defrénois, *op. cit.*, nº 369.

⚬⚬ Le tarif statue dans l'hypothèse la plus fréquente, celle où le testament est à la fois présenté et retiré par le notaire; mais l'honoraire ne varierait pas parce que le testament aurait été adressé ou déposé au président par toute autre personne, car c'est toujours le notaire commis qui doit en effectuer le retrait. — V. Amiaud et Voland, *Ibid.*; Ch. Defrénois, *Ibid.*

Acte de dépôt, s'il y a lieu,

Paris (*Ville de*) et Seine : sans indication spéciale;
Poitiers : 4 fr.;
Ailleurs : 6 fr.

S'il y a lieu, porte le tarif! c'est-à-dire si un acte de dépôt est vraiment nécessaire, ce qui survient exceptionnellement lorsque la présentation au président n'a pas été faite par le notaire, mais émane du juge de paix ou d'une autre personne, ou bien quand le greffier du tribunal a été commis pour effectuer le dépôt. — V. Amiaud et Voland, *op. cit.*, nº 576; Ch. Defrénois, *op. cit.*, nº 369.

Sur les dispositions du testament

Dans toute la France : moitié des honoraires alloués en matière de testament authentique. V. aussi nºs 52007 et s., 52149 et s.

⚬⚬ Toutefois, d'après un étrange jugement rendu par le tribunal de Boulogne-sur-Mer, le 16 nov. 1900, le notaire dépositaire d'un testament olographe n'aurait droit à cet honoraire proportionnel que dans les deux cas suivants : 1º si, ayant reçu et gardé ce testament à lui confié en qualité de dépositaire public, à charge de le représenter et d'en requérir l'ouverture, il s'en trouve, sur la volonté des intéressés, dépossédé par le dépôt ordonné dans une autre étude; 2º s'il a effectué, non seulement le retrait et le dépôt du testament, mais aussi sa présentation, celle-ci étant nécessaire pour établir la détention et la garde antérieures au dépôt, indispensables pour justifier l'honoraire proportionnel, qui ne serait pas dû lorsque le testament est resté, par exemple, aux mains du défunt.

Cette opinion, exhumée d'un passé déjà loin, et inadmissible comme ne résultant que d'une pure confusion, même avant les décrets, est certainement inconciliable avec eux, qui accordent l'honoraire sans distinction aucune : le notaire dépositaire y a donc droit dans tous les cas. C'est ce qu'a, quelques jours après, implicitement reconnu le tribunal de Toulouse, par un jugement du 27 novembre.

Ajoutons, à cette occasion, que lorsqu'un testateur retire à son notaire le testament qu'il lui avait confié, ou quand, après son décès, ce testament est déposé aux mains d'un confrère, le notaire évincé peut réclamer une rémunération pour la garde provisoire du testament, sans que son abstention première de se faire payer puisse lui être opposée (nº 52042). — V. Amiaud et Voland, *op. cit.*, nº 52.

⚬⚬ Il arrive parfois qu'un testateur fait son testament olographe en plusieurs originaux, absolument identiques, — supposons en deux, — qu'il remet à des notaires différents. Chacun de ceux-ci, lors du décès, remplit sur l'exemplaire qu'il détient, les formalités prescrites, ce qui lui donne droit aux rétributions fixes qu'elles comportent; mais *quid* de l'honoraire proportionnel ? La réponse est bien simple. Il n'y a au fond, dans les circonstances, qu'un testament unique, ou plutôt qu'une seule disposition, d'où un seul honoraire proportionnel; mais, testament qui se trouve en quelque sorte déposé à deux notaires conjointement ; or, *concursu partes fiunt;* il revient donc à l'un et à l'autre d'eux la moitié de ce qu'il aurait touché s'il eût été seul, c'est-à-dire un honoraire à son taux personnel, (si les tarifs diffèrent), sur la moitié des dispositions. — Cpr. en sens divers Amiaud, *J. du Not.*, 1900, p. 177; Nivelle (Belgique), 5 août 1875; Condom, 21 mai 1880; Fontenay-le-Comte, 19 juin 1891; Nice, 9 janv. 1894; Meaux, 29 déc. 1899 (*J. du Not., Ibid.*); Angers, 18 fév. 1901 (*Rép. gén. prat. du Not.*, nº 11902).

⚬⚬ Même décision évidemment au cas d'une donation entre époux pendant le mariage et d'un testament semblable déposé à un autre notaire ou reçu par un notaire différent.

⚬⚬ Que si la donation avait eu lieu par contrat de mariage, comme elle est irrévocable et qu'une disposition postérieure ne peut qu'y ajouter, le notaire saisi d'une autre donation pendant le mariage ou d'un testament, ne saurait prétendre à un honoraire que sur ce qui excède la première libéralité;

Sauf honoraire complémentaire, à son profit, si la donation par contrat de mariage venant à être annulée ou caduque, c'est en vertu de l'autre disposition que l'époux survivant recueillerait.

V. aussi plus haut, à *Contrat de mariage* (Instit. contract.), et à *Donation entre époux*.

Mais il est possible que la différence entre les divers actes consiste simplement dans une dispense de caution et d'emploi; nous croyons qu'alors, les deux titres opérant, chaque notaire doit percevoir sur la moitié de la libéralité, et à

son taux personnel, comme dans la première
hypothèse susénoncée.

Cpr. Loches, 21 janv. 1901 (*Rép. gén. prat.
du Not.*, n° 11803).

〜 Dans le cas où la reproduction photogra-
phique d'un testament olographe est judiciairement ordonnée, les peines et soins qui en
résultent pour le notaire dépositaire donnent
lieu à des vacations. — V. Amiaud et Voland,
op. cit., n° 53.

〜 Quant aux projets de testaments, — V.
ci-dessus, n° 52042.

〜 *V.* aussi *Adoption testamentaire. Consentement à exécution. Dispense de rapport.
Partage anticipé ou d'ascendant. Renonciation. Révocation.*

THÉATRES

V. Engagement théâtral.

TIERS

Partage d'honoraires avec eux, interdit.
V. art. 11 des Dispositions générales (n°ˢ
52105 et s.).

TIMBRE

V. Papier timbré.

TIRAGE AU SORT DES LOTS

Dans toute la France : moitié des honoraires
alloués en matière de partage, mais seulement
dans le cas où cette opération est la seule à laquelle le notaire ait à procéder. — V. Bourges,
21 janv. 1903, (*Rép., gén. prat, du Notariat,* n°
13040);

Autrement le tirage au sort, n'étant qu'une
opération du partage, est compris dans les
honoraires de partage. — V. Amiaud et Voland, *op. cit.*, n° 586 ; Ch. Defrénois, *op. cit.,*
n° 371.

Fait postérieurement au lotissement, le tirage
au sort des lots opère le complément de ces
honoraires. — V. Amiaud et Voland, *op. cit.,*
n° 442.

Mais, le notaire spécialement commis pour
procéder au tirage au sort d'immeubles indivis, n'a droit sur eux qu'audit honoraire de
moitié, eût-il aussi, sur autre commission distincte, procédé à la liquidation mobilière, si
cette liquidation n'a été d'aucune utilité pour
la formation de la masse immobilière, dont le
lotissement et le tirage au sort étaient uniquement la suite des opérations d'expertise. — V.
Bourges, 21 janv. 1903, précité ; V. cepend.
Revue du Not., n° 11209.

Minimum :

Paris (*Ville de*) et Seine : aucun;
Bastia : 8 fr. ;
Ailleurs : 10 fr.
V. aussi n° 52168 *et Lotissement.*

TITRE NOUVEL

Dans toute la France : moitié des honoraires
alloués sur le titre originaire ;

Minimum :

Paris (*Ville de*) et Seine : aucun;
Partout ailleurs : 5 fr.
V. aussi *Acte récognitif. Prorogation de dé-
lai.*

TITRES

V. Valeurs.

TONNEAUX

V. Bail de futailles.

TOURBAGES

V. Vente.

TRADUCTION

V. Frais à débourser (n° 52087).

TRANSACTION

Dans toute la France : l'honoraire spécial
de la convention à laquelle aboutit l'acte :
vente, donation, quittance ; plus, s'il y a lieu,
un honoraire particulier réglé d'après les difficultés de l'affaire et les soins donnés à sa
conclusion, conformément à l'art. 2, L. 20 juin
1896 ;

Et ce, par dérogation à l'art. 2 des Dispositions générales ; donc, quand même le notaire n'aurait pas négocié la transaction, c'est-
à-dire qu'ici, par exception, les « soins, conseils, consultations, conférences, examens de
pièces, projets et autres travaux relatifs à la
rédaction de l'acte », ne sont pas de plein
droit compris dans l'honoraire ; par conséquent, avec taxe possible ;

Mais si le notaire a été le négociateur de la
transaction, il lui serait loisible, à notre avis,
de réclamer sa rémunération supplémentaire
en vertu de l'art. 3, afin de bénéficier du règlement amiable ;

V. cependant MM. Amiaud et Voland, *op. cit.,*
n° 589 ; Ch. Defrénois, n° 373.

〜 *V.* aussi *Acquiescement. Désistement.
Règlement amiable.*

TRANSCRIPTION

V. n° 52015, *et Formalités hypothécaires.*

TRANSFERT

d'hypothèque

V. Translation d'hypothèque.

de valeurs

V. art. 1ᵉʳ et 3 des Dispositions générales
(n°ˢ 52015, 52030 et s., 52055, 52057 et s.).
V. aussi *Certification de signature.*

TRANSFORMATION

V. Sociétés.

TRANSLATION D'HYPOTHÈQUE

1° Portant sur la totalité du gage

Dans toute la France : honoraires comme en matière d'affectation hypothécaire.

2° Partielle

Mêmes honoraires, sur une somme à fixer en égard au montant de la créance, en tenant compte du rapport existant entre la valeur des biens dégrevés et celle de la totalité du gage.

En d'autres termes plus simples, les honoraires sont proportionnels à l'opération.

Pour les déterminer, il faut donc diviser le montant de la créance, soit 10,000 fr., par la valeur des immeubles précédemment affectés, soit 20,000 fr., et multiplier le quotient obtenu, soit 0,5 par celle des biens rendus libres, soit, par exemple, 5,000 fr.; ce qui, avec ces chiffres, donnerait 2,500 fr. pour base de l'honoraire. — V. Amiaud et Voland, *op. cit.*, n° 591; Ch. Defrénois, *op. cit.*, n° 375.

Il s'agit ici de la valeur vénale. — V. Amiaud et Voland, *Ibid.*

Minimum :

Paris (*Ville de*) et Seine : aucun;
Bordeaux, Montpellier, Rennes, Toulouse : 5 fr.;
Ailleurs : 6 fr.

〰 L'hypothèse, ainsi réglée, est qu'il y a nouvelle affectation hypothécaire et mainlevée de tout ou partie de l'ancienne par un seul et même acte. Mais on doit presque toujours, au contraire, scinder l'exécution, car il est imprudent de dégrever les biens engagés avant de savoir si l'inscription sur ceux offerts en remplacement viendra bien dans les conditions convenues. S'il est procédé de cette manière, chacun des deux actes entraîne naturellement son honoraire particulier. — V. Amiaud et Voland, *op. cit.*, n° 592.

TRANSPORT

de créances

Dans toute la France : honoraire comme en matière d'obligation;

Et, à Paris et dans la Seine, l'honoraire plein, à moins que le cessionnaire n'ait déjà payé son prix au cédant. — V. Amiaud et Voland, *op. cit.*, n° 595;

Sur le prix énoncé dans l'acte, et non sur le montant nominal des créances cédées. (Art. 14 des Dispositions générales). — V. Amiaud et Voland, *op. cit.*, n°s 594, 605 et s.;

Et, abstraction faite de toute acceptation ou signification du transport. — V. Ch. Defrénois, *op. cit.*, n° 376.

Minimum :

Paris (*Ville de*) et Seine : aucun;
Partout ailleurs : 5 fr., même où il n'y en a pas d'indiqué, l'honoraire étant fixé par référence aux obligations.

V. aussi *Acceptation de cession. Délégation. Dispense de signification.*

〰 Pour la prorogation de délai contenue dans un transport, — *V. Quittance, 2°.*

de droits litigieux ou successifs

Dans toute la France : honoraires comme en matière de vente;

Sur le prix augmenté des charges, — V. Amiaud et Voland, *op. cit.*, n° 597; Ch. Defrénois, *op. cit.*, n° 377;

Avec même minimum que pour la vente, puisque l'honoraire est fixé par référence à cet acte.

V. aussi, plus haut, *Retrait.*

〰 Le transport de droits successifs appelle une observation particulière.

On sait que ce transport, lorsqu'il a pour objet une succession à la fois mobilière et immobilière, entraîne la perception du droit fiscal immobilier sur la totalité du prix; même, au moins en principe, malgré la fixation de prix distincts pour les droits mobiliers, d'une part, et ceux immobiliers, d'autre part.

Aussi, est-il d'usage en pratique, — pourvu que les conventions des parties ne risquent pas de s'en trouver altérées, et si la chose en vaut la peine, — de scinder la réalisation du contrat en deux actes : l'un, limité aux droits successifs mobiliers; l'autre, exclusif aux droits successifs immobiliers; avec, chacun, son propre prix.

Dans ces divers cas, l'exigibilité de l'honoraire se règle d'après celle des droits d'enregistrement, soit pour vente immobilière globale, soit pour vente immobilière et vente mobilière séparées, avec les sous-distinctions, s'il y a lieu, que cette dernière comporte parfois.

A la condition, bien entendu, que la manière de procéder ne soit inspirée que par l'intérêt des parties, c'est-à-dire reste pure de toute intention frustratoire.

TRANSPORT A DISTANCE

V. Frais de voyage.

TRAVAIL

V. Communauté d'habitation ou de travail. Dissolution.

TRAVAUX DIVERS

V. art. 2 et 3 des Dispositions générale0 (n°s 52015 et s., 52024 et s., 52028, 5203s et s., 52057 et s.).

V. aussi *Cahier des charges. Devis et marchés.*

TUTELLE D'INTERDIT OU DE MINEUR

V. Compte de tutelle.
V. aussi *art. 3 des Dispositions générales* (nᵒˢ 52028 et s., 52056, 52057 et s.).

TUTELLE OFFICIEUSE

V. Adoption testamentaire. Consentement.

TUTEUR

(Nomination, par acte spécial, de)

(C. civ., art. 397 et s.)

Agen, Bordeaux, Bourges, Montpellier, Pau, Toulouse : 8 fr.;
Paris (*Ville de*) et Seine : 9 fr.;
Chambéry, Grenoble, Limoges, Lyon, Paris (*ressort*), Riom, Rouen : 10 fr.;
Amiens : 12 fr.;
Partout ailleurs : 6 fr.
V. aussi *Compte de tutelle. Tutelle.*

TUTRICE

V. Conseil à une mère tutrice (Nomination de). Révocation de conseil.
V. aussi *Compte de tutelle.*

USAGES ANTÉRIEURS OU CONTRAIRES

En ordonnant l'établissement du tarif légal des notaires, la loi du 20 juin 1896 a déclaré par son art. 3 : « Toutes dispositions contraires aux décrets qui seront rendus en exécution de la présente loi seront abrogées à partir de la promulgation de ces décrets. »
Les textes les plus positifs, les plus formels, s'étant ainsi trouvés, *ipso facto*, abrogés purement et simplement, à plus forte raison en a-t-il été de même des simples usages.
Le tarif est donc la règle unique, exclusive; sauf les cas où, en y renvoyant expressément, il maintient par exception des dispositions antérieures.
V. passim.

USUFRUIT

Pour les généralités, — *V. art. 16 et 17 des Dispositions générales* (nᵒˢ 52147 et s., 52161).

Cession ou don d'usufruit

Dans toute la France : honoraires, selon le cas :
Comme en matière de vente, et, malgré les particularités de l'enregistrement, sur le prix exprimé au contrat, augmenté des charges s'il en est imposé. — V. Amiaud et Voland, *op. cit.*, nᵒˢ 598 et 645; Ch. Defrénois, *op. cit.*, nᵒ 378;
Comme en matière de donation, sur moitié de la valeur en pleine propriété du bien soumis à l'usufruit. — V. Amiaud et Voland, *op. cit.*, nᵒ 598; Ch. Defrénois, *op. cit.*, nᵒ 378;
Et, par conséquent, avec même minimum que sur une donation ou une vente.

⁓ Pour la conversion d'un usufruit en rente viagère, — *V. Constitution de rente.*
⁓ Les décrets ne s'expliquent pas sur la renonciation à usufruit, donc règlement amiable ; par analogie, nous appliquerions à ce cas le tarif établi pour l'abandon d'une substitution. — *V. Abandon de biens.*
V. toutefois Amiaud et Voland, *op. cit.*, nᵒ 599.
⁓ Quant à la donation et à la vente sous réserve d'usufruit, — *V. art. 16 des Dispositions générales* (nᵒˢ 52147 et s.). *Vente* (de gré à gré d'immeubles).
V. aussi *Bail à loyer. État de biens. État de lieux.*

UTILITÉ PUBLIQUE

V. Expropriation.

VACATIONS

Au chef-lieu de la Cour d'appel et dans les villes de plus de 30,000 âmes : 8 fr. ;
Partout ailleurs : 6 fr.
V. aussi *art. 1ᵉʳ, 3, 10, 11, 13, 20 et 22 des Dispositions générales* (nᵒˢ 52015, 52034, 52036, 52037, 52046, 52051, 52101 et s., 52111, 52119 et s., 52129 et s., 52178 et s., 52194), *Déclaration de succession. Honoraires par vacations,* et aux *diverses matières.*
Plus frais de voyage, s'il y a lieu, en vertu de l'art. 22 des Dispositions générales. -- V. Ch. Defrénois, *op. cit.*, nᵒ 144.

VALEUR COMMERCIALE

V. Effets de commerce.

VALEUR N'EXCÉDANT PAS 500 FR.

V. art. 19 des Dispositions générales (nᵒˢ 52170 et s.). *Acte multiple. Grosse. Minimums.*

VALEUR NON EXPRIMÉE

V. art. 14 et 15 des Dispositions générales (nᵒˢ 52138 et s., 52142 et s.).

VALEUR REELLE

V. nᵒˢ 52139, 52157.

VALEURS

V. Certificat de propriété. Certification de signature. Consignation à la Caisse des dépôts. Décharge. Dépôt. Droit de recette et de comptabilité. Garde de fonds et de valeurs. Liquidation des honoraires. Transfert.

VALEURS FICTIVES

V. Déclaration de succession. Partage (ordinaire).

VALEURS FIGURANT DANS PLUSIEURS OPÉRATIONS SUCCESSIVES D'UN MÊME ACTE

V. art. 18 des Dispositions générales (nᵒˢ 52162 et s.).

VENTE

Vente de gré à gré

1° d'immeubles

Immeubles proprement dits

Bastia : 1 0/0 de 1 à 20,000 fr.; 0,50 cent. 0/0 de 20,000 à 100,000 fr. ; 0,25 cent. 0/0 au-dessus ;

Riom : 1 0/0 de 1 à 50,000 fr.; 0,75 cent, 0/0 de 50,000 à 100,000 fr.; 0,50 cent. 0/0 de 100,000 à 300,000 fr.; 0,25 cent. 0/0 au-dessus ;

Besançon : 1 0/0 de 1 à 100,000 fr. ; 0,50 cent. 0/0 de 100,000 à 200,000 fr. ; 0,25 cent. 0/0 au-dessus ;

Amiens, Caen, Chambéry, Grenoble, Montpellier, Nancy, Nîmes, Orléans : 1 0/0 de 1 à 100,000 fr.; 0,50 cent. 0/0 de 100,000 à 300,000 fr.; 0,25 cent. 0/0 au-dessus ;

Pau, Rouen : 1 0/0 de 1 à 100,000 fr. ; 0,50 cent. 0/0 de 100,000 à 500,000 fr. ; 0,25 cent. 0/0 au-dessus;

Dijon : 1 0/0 de 1 à 100,000 fr. ; 0,75 cent. 0/0 de 100,000 à 200,000 fr. ; 0,50 cent. 0/0 de 200,000 à 300,000 fr. ; 0,25 cent. 0/0 au-dessus ;

Aix, Bourges : 1 0/0 de 1 à 150,000 fr. ;0,50 cent. 0/0 de 150,000 à 500,000 fr. ; 0, 25 cent. 0/0 au-dessus ;

Poitiers : 1 0/0 de 1 à 200,000 fr.; 0,50 cent. 0/0 de 200,000 à 400,000 fr.; 0,25 cent. 0/0 au-dessus;

Agen, Angers, Douai, Limoges, Paris (*ressort*), Rennes, Toulouse : 1 0/0 de 1 à 200,000 fr.; 0,50 cent. 0/0 de 200,000 à 500,000 fr. ; 0,25 cent. 0/0 au-dessus ;

Bordeaux : 1 0/0 de 1 à 300,000 fr. ; 0,50 cent. 0/0 de 300,000 à 600,000 fr. ; 0,25 cent. 0/0 au-dessus;

Lyon : 1 0/0 de 1 à 300,000 fr. ; 0,75 cent. 0/0 de 300,000 à 500,000 fr. ; 0,50 cent. 0/0 de 500,000 à 1,000,000 de fr. ; 0,25 cent. 0/0 au-dessus ;

Paris (*Ville de*) et Seine : 1 0/0 de 1 à 800,000 fr.; 0,50 cent. 0/0 de 800,000 à 1.500,000 fr.; 0,25 cent. 0/0 de 1,500,000 à 3,000,000 de fr. ; 0,125 0/0 au-dessus.

〰 L'honoraire se liquide, de la même manière que le droit d'enregistrement, sur le prix augmenté des charges. — V. Ch. Defrénois, *op. cit.*, n° 386 ; Trib. Narbonne, 13 juin 1901 (*Rev. du Not.*, n° 10845) ; Cpr. Amiaud et Voland, *op. cit.*, n° 637.

Ces charges peuvent consister à servir une rente viagère ou perpétuelle à un tiers en sus du prix; la base des droits d'enregistrement exigibles sur cette rente, est également alors celle de l'honoraire y afférent. — V. Amiaud et Voland, *op. cit.*, n° 638.

〰 Lorsque le prix, au lieu d'être d'une somme d'argent, consiste en créances, en objets mobiliers, en valeurs, ou est représenté par des prestations en nature, l'honoraire se perçoit suivant les règles exposées sous les art. 14

et 15 des Dispositions générales (n°s 52138 et s., 52142 et s.). — Cpr. Amiaud et Voland, *op. cit.*, n° 641 ; Ch. Defrénois, *op. cit.*, n° 386 ;

〰 Si c'est moyennant une rente que l'immeuble est aliéné, l'honoraire se liquide de la même manière que pour la constitution de rente à titre onéreux, car c'en est une. — V. Ch. Defrénois, *op. cit.*, n° 386 ; V. cepend. Amiaud et Voland, *op. cit.*, n° 640 ;

Mais si la rente n'était établie que par conversion, quoique dans l'acte même, d'un prix stipulé d'abord en argent, ce prix resterait, pensons-nous, la base de l'honoraire. — V. Amiaud et Voland, *op. cit.*, n° 639.

〰 Quand la vente a lieu sous réserve d'usufruit ou d'une certaine jouissance partielle et temporaire au profit du vendeur, cette fois, à la différence de la liquidation du droit d'enregistrement, le prix seul supporte l'honoraire, attendu que, civilement, il comprend la réunion éventuelle de l'usufruit ou de la jouissance, et que le second alinéa de l'art. 16 des Dispositions générales (n°s 52147 et s.) n'est pas susceptible d'extension. — V. Amiaud et Voland, *op. cit.*, n°s 642 et s. ; Ch. Defrénois, *op. cit.*, n° 386 ; *Revue du Not.*, n° 10845, p. 884.

〰 Réciproquement, aucune déduction n'a lieu dans le cas d'une vente faite *contrat en mains*, parce que la convention relative aux honoraires, dont les parties sont de plein droit tenues solidairement envers lui, est, pour le notaire, *res inter alios acta*. — Cpr. Amiaud et Voland, *op. cit.*, n° 644.

〰 Il arrive qu'une vente immobilière comprenne en même temps des meubles. Si c'est moyennant un prix en bloc, honoraire de vente d'immeubles sur le tout. En cas de prix distincts, l'honoraire de vente immobilière et celui de vente mobilière sont respectivement exigibles, c'est-à-dire sans cumul pour la décroissance, comme à l'égard de deux ventes par actes séparés. Cela se trouve forcé dans les cours où le taux de ces ventes diffère ; mais, par cela seul, il doit en être de même pour les autres, car s'il est concevable que le taux varie suivant la région, comment admettre que la base du calcul de l'honoraire ne soit pas la même partout? — V. toutefois Amiaud et Voland, *op. cit.*, n° 646.

Cpr. l'observation finale relative au transport de droits successifs, ci-dessus.

Minimum :

Paris (*Ville de*) et Seine : aucun ;
Partout ailleurs : 5 fr.

〰 Les garanties données par l'acquéreur lui-même pour le paiement de son prix constituent des dispositions dépendantes qui ne produisent, dès lors, aucun honoraire particulier. — V. Ch. Defrénois, *op. cit.*, n° 386 ;

Fournies par d'autres, elles opèrent, en principe, un honoraire spécial. — V. Amiaud et Voland, *op. cit.*, n° 650 ; Ch. Defrénois, *op. cit.*, n° 386.

V. aussi *Affectation hypothécaire. Antichrèse. Cautionnement. Gage et nantissement.*

〜〜 Il n'y a pas cautionnement, opérant un honoraire spécial, dans le fait notamment :

Par une femme mariée, de vendre solidairement avec son mari un immeuble de leur communauté ;

Par des copropriétaires, de vendre solidairement un bien indivis ;

Ni dans la vente que consent un tuteur d'un immeuble appartenant à son pupille, en se portant fort pour lui.

Cpr. Amiaud et Voland, *op. cit.,* n⁰ˢ 651 et s.

V. art. 6 des Dispositions générales, et *Renonciation à hypothèque légale.*

〜〜 Strictement, la délégation du prix aux créanciers du vendeur est une disposition dépendante de la vente ; néanmoins, le tarif y a, par exception, attaché un honoraire distinct : moitié de celui d'obligation, si elle est acceptée ; fixe, dans le cas contraire. — V. Ch. Defrénois, *op. cit.,* n⁰ˢ 262 et 386 ; V. cepend. Amiaud et Voland, *op. cit.,* n⁰ 649.

V. au surplus *Délégation de créances.*

〜〜 Reste le paiement du prix.

Constaté par le contrat même, disposition dépendante, sans honoraire spécial ;

À moins qu'il ne soit fait, non au vendeur lui-même, mais à ses créanciers, auquel cas l'honoraire de quittance est exigible sur les sommes à eux versées. — V. Amiaud et Voland, *op. cit.,* n⁰ 648 ; Ch. Defrénois, *op. cit.,* n⁰ 386.

Enfin, effectué par un tiers avec subrogation, il donne lieu à l'honoraire d'obligation ; plus un honoraire accessoire en cas d'acceptation du débiteur, si elle n'intervient que dans un acte séparé. — V. ci-dessus *Quittance subrogative 2⁰.*

〜〜 Quant à des honoraires de négociation, — V. n⁰ˢ 52051, 52057 et s.

〜〜 *V.* aussi *Acte multiple. Promesse de vente. Résiliation.*

〜〜 Il peut sembler étrange d'avoir à faire observer ici que, sauf les rôles d'expédition (art. 21 des Dispositions générales), les honoraires ne varient pas suivant qui les doit ; l'observation n'est pourtant pas inutile, car certaines compagnies de chemins de fer ont prétendu à un tarif réduit sur leurs acquisitions, sous prétexte, d'abord qu'elles représentent l'Etat ou lui sont subrogées, ce qui est inexact comme on l'a vu sous ledit art. 21, et qu'il leur est loisible, si on leur résiste, de recourir à la procédure d'expropriation pour cause d'utilité publique. Dussent les notaires en souffrir, tout compromis direct ou indirect de leur part sur ce point tomberait sous le coup de l'art. 4, en ajoutant qu'à notre avis, leurs Chambres ne sauraient même les y autoriser, le pouvoir accordé à celles-ci ne l'étant

que pour de tout autres hypothèses. — V. n⁰ 52071 ci-dessus.

Mines et carrières

. *ces mots.*

2⁰ de meubles

Sur le prix augmenté des charges, afin de n'avoir pas à le redire pour chaque espèce de vente. — V. Amiaud et Voland, *op. cit.,* n⁰ 600.

Actions commerciales et industrielles et autres droits incorporels

Paris (*Ville de*) et Seine : 1 0/0 de 1 à 20,000 fr. ; 0,50 cent. 0/0 de 20,000 à 100,000 fr. ; 0,25 cent. 0/0 au-dessus ;

Douai : 0,50 cent. 0/0 de 1 à 50,000 fr. ; 0,25 cent. 0/0 au-dessus ;

Nancy : 1 0/0 de 1 à 100,000 fr. ; 0,50 cent. 0/0 de 100,000 à 300,000 fr. ; 0,25 cent. 0/0 au-dessus ;

Rouen : 1 0/0 de 1 à 100,000 fr. ; 0,50 cent. 0/0 de 100,000 à 500,000 fr. ; 0,25 cent. 0/0 au-dessus ;

Minimum :

Paris (*Ville de*) et Seine, Nancy, Rouen : aucun ;

Douai : 5 fr. ;

Partout ailleurs : même tarif que celui ci-dessus pour les ventes d'immeubles de gré à gré, dès lors avec même minimum.

Bois taillis, futaies, fruits et récoltes

Nancy : 0,50 cent. 0/0 de 1 à 100,000 fr. ; 0,25 cent. 0/0 au-dessus, sans minimum ;

Paris (*Ville de*) et Seine : 1 0/0 de 1 à 20,000 fr. ; 0,50 cent. 0/0 de 20,000 à 100,000 fr. ; 0,25 cent. 0/0 au-dessus, sans minimum ;

Partout ailleurs : même tarif que celui ci-dessus pour les ventes d'immeubles de gré à gré, par conséquent avec même minimum.

Fonds de commerce

Nancy : 0,50 cent. 0/0 de 1 à 100,000 fr. ; 0,25 cent. 0/0 au-dessus ;

Paris (*Ville de*) et Seine : 1 0/0 de 1 à 20,000 fr. ; 0,50 cent. 0/0 de 20,000 à 100,000 fr. ; 0.25 cent. 0/0 au-dessus ;

Angers, Limoges, Orléans, Poitiers : 1 0/0 de 1 à 20,000 fr. ; 0,50 cent. 0/0 au-dessus ;

Paris (*ressort*) : 1 0/0 de 1 à 200,000 fr. ; 0,50 cent. 0/0 de 200,000 à 500,000 fr. ; 0,25 cent. 0/0 au-dessus ; mais seulement moitié de ces honoraires sur la valeur des marchandises ;

Douai : 1 0/0 ; et 0,50 cent. 0/0 sur la valeur des marchandises ;

Rennes : même tarif que celui ci-dessus pour les ventes d'immeubles de gré à gré ; toutefois, sur la valeur des marchandises : 0,50 cent. 0/0 de 1 à 50,000 fr.; 0,25 cent. 0/0 au-dessus ;

Amiens, Bourges : même tarif également que pour les ventes d'immeubles ; mais 0,50 cent. 0/0 seulement, sur la valeur des marchandises ;

Ailleurs : ce tarif encore, mais tant sur les marchandises que sur le prix du fonds.

Minimum:

Angers, Douai, Limoges, Nancy, Orléans, Paris (*ressort*), Paris (*Ville de*) et Seine, Poitiers : aucun ;

Partout ailleurs : 5 fr.

V. aussi *Cession de bail, Engagement solidaire à rapporter.*

Meubles et objets mobiliers corporels

Nancy : 0,50 cent. 0/0 de 1 à 100,000 fr. ; 0,25 cent. 0/0 au-dessus ;

Paris (*Ville de*) et Seine : 1 0/0 de 1 à 20,000 fr. ; 0,50 cent. 0/0 de 20,000 à 100,000 fr. ; 0,25 cent. 0/0 au-dessus ;

Ailleurs : même tarif que celui ci-dessus pour les ventes d'immeubles de gré à gré.

Minimum :

Nancy, Paris (*Ville de*) et Seine : aucun ; Partout ailleurs : 5 fr.

Navires

Bastia, Limoges : même tarif que ci-dessus pour les ventes d'immeubles de gré à gré ;

Douai (navires et bateaux), Rouen : 0,25 cent. 0/0 ;

Bordeaux, Rennes : 0,50 cent. 0/0 ;

Ailleurs : même tarif que celui qui précède pour les ventes de meubles et objets mobiliers.

Minimum :

Bordeaux, Nancy, Paris (*Ville de*) et Seine, Rennes, Rouen : aucun ;

Ailleurs : 5 fr.

Offices ministériels

Bordeaux : 0,50 cent. 0/0, sans minimum ;

Limoges : même tarif que celui susénoncé pour les ventes d'immeubles de gré à gré.

Ailleurs : aucune indication spéciale, d'où soumission implicite au tarif précédent des ventes de droits incorporels, sauf Paris (*Ville de*) et Seine, où tarif sus-indiqué de la vente de meubles et objets mobiliers. —V. Amiaud et Voland, *op. cit.*, n° 660 ; Cpr. Ch. Defrénois, *op, cit.*, n° 387.

V. aussi *Engagement solidaire à rapporter.*

⌇ Sur l'ensemble des ventes de gré à gré, — *V.* encore *Promesse de vente.*

Vente par adjudication

ADJUDICATION JUDICIAIRE

1° d'immeubles

Immeubles proprement dits

Conformément à l'art. 14, Ord. 10 oct. 1841, — et sauf le dégrèvement d'un quart effectué par L. 23 oct. 1884 pour les ventes judiciaires inférieures à 1,000 fr. :

1 0/0 de 1 à 10,000 fr.; 0,50 cent. 0/0 de 10,000 à 50,000 fr.; 0,25 cent. 0/0 de 50,000 à 100,000 fr.; 0,125 0/0 au-dessus ;

Sur le prix d'adjudication augmenté des charges, directes ou indirectes. — V. Amiaud et Voland, *op. cit.*, n° 600 ; Ch. Defrénois, *op. cit.*, n° 384 ;

Sans minimum.

⌇ Au cas d'un même immeuble vendu en plusieurs lots, l'honoraire se calcule en bloc sur le montant des divers prix d'adjudication totalisés. — V. Amiaud et Voland, *op. cit.*, n°s 625 et s.; Ch. Defrénois, *op. cit.*, n° 384 ;

Mais il est perçu sur le prix de chaque lot séparément, lorsque les lots sont composés d'immeubles distincts ;

A moins qu'en vertu d'une clause du cahier des charges, il ne soit ensuite prononcé une nouvelle adjudication sur réunion, laquelle fait disparaître les adjudications partielles précédentes, de sorte que le prix de cette adjudication finale reste seul à considérer. — V. Ch. Defrénois, *op, cit.*, n° 384.

⌇ Il se peut que certains lots n'excèdent pas 500 fr.; comment, en sus de l'honoraire proprement dit, leur appliquer l'art. 19 des Dispositions générales ?

Cette application ne semble guère possible littéralement ; on ne peut donc que s'en rapprocher, en s'inspirant de son esprit. Voici comment nous considérons juridique et équitable de procéder en cette circonstance :

Expédition ou grosse complète du procès-verbal pour la transcription, à la charge commune et proportionnelle de tous les adjudicataires sans distinction ;

Extrait analytique pour chacun d'eux, moins un (celui auquel sera ultérieurement remise l'expédition ou la grosse transcrite) ;

Et imputation de deux rôles seulement à tout adjudicataire dont le prix ne dépasse pas 500 fr., outre sa part dans l'expédition ou la grosse générale, ainsi que dans les frais généraux de la mise en vente.

⌇ Ici, l'honoraire de vente ne comprend pas celui du cahier des charges, puisque le tarif l'alloue ; il est de 3 fr. par rôle de minute.

A plus forte raison, les affiches et insertions sont-elles rémunérées en sus. — V. plus haut *Affiches et insertions.*

⌇ A notre avis, les procès-verbaux de dires, d'ajournement de la vente et autres, sauf celui d'adjudication, sont chacun passibles d'un honoraire particulier. — V. Ch. Defrénois, *op. cit.*, n° 384 ; Cpr. Amiaud et Voland, *op. cit.*, n° 627.

Pour le montant de cet honoraire, — V. ci-dessus *Procès-verbal*.

⟿ Quant aux questions de command, — V. plus haut *Déclaration de command*.

⟿ A *Adjudication volontaire*, ci-après, on verra qu'en un certain sens, les frais peuvent y être fixés à forfait ; jugé qu'aucune clause de ce genre n'est admissible dans les adjudications judiciaires d'immeubles sur renvoi devant notaire. — V. Bar-sur-Aube, 7 août 1902 (*Rép. gén. prat.*, n° 13110).

⟿ Notons enfin que toute personne qui, à l'occasion d'une vente judiciaire annoncée, va prendre les conseils d'un notaire ou s'en fait assister, lui doit de ce chef, qu'elle se rende ensuite adjudicataire ou non, des honoraires particuliers, indépendants de ceux fixés par le tarif, susindiqués, qui appartiennent exclusivement au notaire commis. — V. Amiaud et Voland, *op. cit.*, n° 628.

Mines et carrières

Limoges : 1 fr. 25 0/0 de 1 à 25,000 fr. ; 1 0/0 de 25,000 à 50,000 fr. ; 0,50 cent. 0/0 de 50,000 à 100,000 fr. ; 0,25 cent. 0/0 au-dessus ; sans minimum ;

Riom : 2 0/0 de 1 à 5,000 fr. ; 1 0/0 de 5,000 à 50,000 fr. ; 0,75 cent. 0/0 de 50,000 à 100,000 fr. ; 0,50 cent. 0/0 au-dessus ; sans minimum ;

Le tout, cahier des charges compris ;

Ailleurs, aucune indication spéciale ; nous appliquerions à ces régions la distinction faite plus haut, à *Mines et carrières* (*Cession ou exploitation de*), en traitant la vente mobilière par adjudication comme une vente mobilière de gré à gré, car la loi du 18 juin 1843, étant spéciale aux ventes en détail ou quasi-détail, son honoraire de 6 0/0 ne saurait être applicable ici. — Cpr. Amiaud et Voland, *op. cit.*, n° 621.

2° de meubles

Toujours, sur le prix augmenté des charges, pour n'avoir pas à répéter l'observation sur chaque espèce de vente. — V. Amiaud et Voland, *op. cit.*, n° 600.

V. aussi plus loin, à l'*Adjudication volontaire*, nos observations sur le cas où les choses mises aux enchères sont adjugées au vendeur.

Arbres au détail, meubles et objets mobiliers corporels (excepté les choses qui suivent, tarifées à part)

Paris (*Ville de*) et Seine : 2 0/0 de 1 à 20,000 fr. ; 1 0/0 de 20,000 à 100,000 fr. ; 0,50 cent. 0/0 au-dessus ; indépendamment des honoraires qui peuvent être dus à l'avoué ;

Partout ailleurs, L. 18 juin 1843, c'est-à-dire 6 0/0 (Art. 1er-3° ;

Sur le produit de l'adjudication (*Ibid.*) ;

Aucun minimum ;

Et sans distinction entre la vente au comptant et la vente à terme. — V. Ch. Defrénois, *op. cit.*, n° 383.

⟿ Dans ce dernier cas, si le recouvrement du prix est opéré par le notaire, il a droit supplémentairement, selon nous, à 1 0/0 sur les sommes recouvrées, tant en vertu des art. 1er et 3 des Dispositions générales, que par identité de motifs avec l'allocation ci-après de cet honoraire, en matière d'adjudication de fruits et récoltes, etc. — V. Amiaud et Voland, *op. cit.*, n° 613 ; Ch. Defrénois, *op. cit.*, n° 383.

⟿ Le tout, non compris les déboursés (Même art. 1er-3°),

⟿ Ni la rétribution fixée par le tarif pour affiches (placards ou autres) et insertions, (Même art.-3°),

Et pour déclaration préalable à la vente. — V. Ch. Defrénois, *op. cit.*, n° 383.

⟿ Plus, le cas échéant, des vacations de prisée (Même art.-1°),

Et d'assistance :

Aux référés (2°),

A l'essai ou au poinçonnage des matières d'or et d'argent (4°) ;

Il peut, en outre, être alloué une ou plusieurs vacations sur la réquisition des parties, constatée par le procès-verbal du notaire, à l'effet de préparer les objets mis en vente ; vacations extraordinaires qui ne sont passées en taxe qu'autant que le produit de la vente s'élève à 3,000 fr. (Même art.-3°) ;

Ces diverses vacations sont maintenant réglées par l'art. 20 des Dispositions générales (n°s 52178 et s.), abrogeant implicitement, en ce qu'elle a de contraire, la disposition dud. art. 1er-3°, L. 1843, d'après l'art. 3 précité, L. 20 juin 1896.

⟿ Enfin, le même art.-4°, accorde au notaire les rôles d'expédition ou d'extrait, s'il en est requis, des procès-verbaux de vente ; et ce, non plus au tarif réduit de 1843, mais sur le pied du tarif ordinaire.

En effet, les droits de rôles ayant été fixés à nouveau par l'art. 21 des Dispositions générales, et, comme on l'a vu (n°s 52191 et s.), d'ensemble, d'une manière aussi générale que précise, sans restrictions ni réserves, il s'ensuit que les dispositions antérieures y relatives se trouvent abrogées, *ipso facto*, conformément du reste à l'art. 3, L. 20 juin 1896, de même que l'ancien taux des vacations. — V. *Contrà* Amiaud et Voland (*op. cit.*, n°s 180 et 612), qui contredisent ainsi leur note, p. 405, *op. cit.*, car si le décret de 1851 est abrogé *parte in quâ*, il en est forcément de même, par identité de motifs, pour la loi de 1843.

⟿ Sur le paiement des impôts à effectuer par le notaire, s'il en est dû, — V. *Contributions directes* ;

⟿ Quant à la consignation du prix, s'il y a

lieu, — *V. Consignation à la Caisse des dépôts.*

La vacation autrefois allouée, pour faire taxer préalablement les frais, n'existe plus, par suite encore dudit art. 3, L. 20 juin 1896.

⁓ *V.* aussi *Vente sur gage ou nantissement.*

Bateaux de mer

V. ci-après *Navires.*

Bateaux de rivière

Douai : 2 0/0 de 1 à 100,000 fr.; 1 0/0 de 100,000 à 300,000 fr.; 0,50 cent. 0/0 au-dessus ; sans minimum ;

Ailleurs, — comme pour les arbres au détail, meubles et objets mobiliers.

MM. **Amiaud et Voland** (*op. cit.*, n° 622) soumettent à la loi de 1843 les adjudications de bateaux de rivière, sans en excepter Douai ; mais le tarif de cette Cour ayant énoncé les bateaux concurremment avec les navires, et n'ayant pas, comme celui de Limoges, répété le mot aux meubles et objets mobiliers, il nous paraît l'avoir pris dans son sens général, d'où, pour ce ressort, aucune différence entre les diverses sortes de bateaux, tous assimilés aux navires.

Coupes de bois taillis et de futaies aménagées ou non aménagées, fruits et récoltes pendants par branches ou racines, tourbages

D. 5 nov. 1851;

Donc,

Sauf à **Paris** et dans la **Seine**, puisque le tarif fixe à leur égard un honoraire spécial pour les ventes judiciaires de meubles, celui qui vient d'être indiqué à *Arbres au détail, meubles et objets mobiliers,* — V. Amiaud et Voland, *op. cit.*, n° 608,

Partout ailleurs : 2 0/0 de 1 à 10,000 fr.; 0,25 cent 0/0 au-dessus (Art. 1er, D. 1851) ;

Sur le produit de la vente, et, en cas d'adjudication par lots, consentie au nom du même vendeur, sur le prix total des lots réunis (Même art.) ;

Que la vente soit faite au comptant ou à terme (Même art.) ;

Minimum: 6 fr. (Même art.) ;

Non compris les déboursés (même art.).

⁓ En cas de recouvrement opéré par le notaire dans une vente à terme : 1 0/0 en sus sur le montant des sommes recouvrées. (Art. 2).

⁓ S'il est requis expédition ou extrait des procès-verbaux de vente, — droits de rôles au tarif actuel (Art. 3, modifié par l'art. 21 des Dispositions générales), suivant ce que nous avons expliqué tout à l'heure, sur la vente d'arbres au détail, de meubles et d'objets mobiliers.— V. Amiaud et Voland, *op. cit.*, p. 405, note ; Ch. Defrénois, *op. cit.*, n° 381 ; *Contrà* Amiaud et Voland, *op. cit.*, n° 180.

⁓ Des émoluments peuvent encore être dus pour versement à la Caisse des consignations et assistance aux référés (Art. 4) ; mais également sur le pied du nouveau tarif (*vis Consignation* et *Référé*), par les mêmes motifs que pour les rôles. — V. Amiaud et Voland, *op. cit.*, p. 405, note ; Ch. Defrénois, *Ibid.*

⁓ Quant au paiement obligatoire des impôts, — *V. Contributions directes.*

Créances, droits incorporels

Poitiers : 1 fr. 25 0/0 de 1 à 10,000 fr.; 1 0/0 de 10,000 à 50,000 fr.; 0,50 cent. 0/0 de 50,000 à 100,000 fr.; 0,25 cent. 0/0 au-dessus ;

Agen : 1 fr. 25 0/0 de 1 à 10,000 fr.; 1 0/0 de 10,000 à 300,000 fr.; 0,50 cent. 0/0 au-dessus ;

Limoges : 1 fr. 25 0/0 de 1 à 25,000 fr.; 1 0/0 de 25,000 à 50,000 fr.; 0,50 cent. 0/0 de 50,000 à 100,000 fr.; 0,25 cent. 0/0 au-dessus ;

Bordeaux, Toulouse : 1 fr. 50 0/0 de 1 à 10,000 fr.; 0,75 cent. 0/0 au-dessus ;

Bastia : 1 fr. 50 0/0 de 1 à 10,000 fr.; 1 0/0 de 10,000 à 50,000 fr.; 0,50 cent. 0/0 au-dessus ;

Orléans : 1 fr. 50 0/0 de 1 à 10,000 fr.; 1 0/0 de 10,000 à 300,000 fr.; 0,50 cent. 0/0 au-dessus ;

Caen, Rouen : 1 fr. 50 0/0 de 1 à 20,000 fr.; 1 0/0 de 20,000 à 100,000 fr.; 0,50 cent. 0/0 au-dessus ;

Aix : 1 fr. 50 0/0 de 1 à 30,000 fr.; 1 0/0 de 30,000 à 150,000 fr.; 0,50 cent. 0/0 au-dessus ;

Chambéry, Grenoble : 1 fr. 50 0/0 de 1 à 100,000 fr.; 0,50 cent. 0/0 au-dessus ;

Besançon : 1 fr. 50 0/0 de 1 à 100,000 fr.; 0,75 cent. 0/0 de 100,000 à 200,000 fr.; 0,375 0/0 au-dessus ;

Riom : 2 0/0 de 1 à 5,000 fr.; 1 0/0 de 5,000 à 50,000 fr.; 0,75 cent. 0/0 de 50,000 à 100,000 fr.; 0,50 cent. 0/0 au-dessus ;

Nîmes : 2 0/0 de 1 à 10,000 fr.; 1 0/0 de 10,000 à 50,000 fr.; 0,50 cent. 0/0 de 50,000 à 100,000 fr.; 0,30 cent. 0/0 au-dessus ;

Montpellier, Pau : 2 0/0 de 1 à 10,000 fr.; 1 0/0 de 10,000 à 100,000 fr.; 0,50 cent. 0/0 au-dessus ;

Nancy : 2 0/0 de 1 à 10,000 fr.; 1 fr. 50 0/0 de 10,000 à 50,000 fr.; 1 0/0 de 50,000 à 300,000 fr.; 0,50 cent. 0/0 au-dessus ;

Lyon : 2 0/0 de 1 à 10,000 fr.; 1 fr. 50 0/0 de 10,000 à 100,000 fr.; 1 0/0 de 100,000 à 300,000 fr.; 0,50 cent. 0/0 au-dessus ;

Paris (*Ville de*) et Seine : 2 0/0 de 1 à 20,000 fr.; 1 0/0 de 20,000 à 100,000 fr.; 0,50 cent. 0/0 au-dessus ;

Dijon, Rennes : 2 0/0 de 1 à 20,000 fr.; 1 fr. 50 0/0 de 20,000 à 100,000 fr.; 1 0/0 de 100,000 à 300,000 fr.; 0,50 cent. 0/0 au-dessus ;

Angers : 2 0/0 de 1 à 20,000 fr.; 1 fr. 50 0/0 au-dessus ;

Paris (*ressort*) : 2 0/0 de 1 à 50,000 fr.; 1 0/0 de 50,000 à 300,000 fr.; 0,50 cent. 0/0 au-dessus ;

Amiens, Douai : 2 0/0 de 1 à 100,000 fr.;
1 0/0 de 100,000 à 300,000 fr.; 0,50 cent. 0/0
au-dessus ;

Bourges : 2 0/0 de 1 à 100,000 fr.; 1 fr. 50
0/0 de 100,000 à 150,000 fr.; 1 0/0 de 150,000
à 300,000 fr.; 0,50 cent. 0/0 au-dessus ;

Sur le prix d'adjudication, et non sur le montant nominal des créances (Art. 14 des Dispositions générales). — V. Amiaud et Voland, *op. cit.*, nᵒˢ 605 et s.

Minimum:

Agen : 6 fr.;
Bordeaux : 15 fr.;
Partout ailleurs : aucun.

Le tout, cahier des charges compris, à moins que l'adjudication n'aboutisse pas. — V. *Cahier des charges.*

∿ V. aussi *Vente sur gage ou nantissement.*

Fonds de commerce

Amiens, Bourges, Nîmes, Pau, Rennes : mêmes honoraires que ceux qui viennent d'être indiqués pour les créances et droits incorporels ; mais 0,50 cent. 0/0 seulement sur la valeur des marchandises ;

Paris (*ressort*) : mêmes honoraires aussi ; mais, 1 0/0 de 1 à 50,000 fr.; 0,50 cent. 0/0 de 50,000 à 300,000 fr.; 0,25 cent. 0/0 au-dessus, sur la valeur des marchandises ;

Angers, Orléans : 1 0/0 de 1 à 20,000 fr.; 0,50 cent. 0/0 au-dessus ; sur le tout, sans distinction ;

Caen : 1 fr. 50 0/0 de 1 à 20,000 fr.; 0,50 cent. 0/0 au-dessus ; sur le tout, sans distinction ;

Ailleurs : même tarif que celui ci-dessus pour les ventes par adjudication de créances et droits incorporels.

Minimum :

Agen : 6 fr.;
Bordeaux : 15 fr.;
Ailleurs : aucun.

Partout, cahier des charges compris, sauf le cas où la tentative d'adjudication échoue.— V. *Cahier des charges.*
V. aussi *Vente sur gage ou nantissement.*

Navires et bateaux de mer ou assimilés

Limoges : 1 fr. 25 0/0 de 1 à 25,000 fr.; 1 0/0 de 25,000 à 50,000 fr.; 0,50 cent. 0/0 de 50,000 à 100,000 fr.; 0,25 cent. 0/0 au-dessus; cahier des charges compris ; sans minimum ;

Douai : 2 0/0 de 1 à 100,000 fr.; 1 0/0 de 100,000 à 300,000 fr.; 0,50 cent. 0/0 au-dessus; cahier des charges compris ; sans minimum ;

Ailleurs, — aucune indication spéciale. Or, par la nécessité pour leur aliénation de la mutation en douane, sorte de transcription, par l'hypothèque dont ils sont susceptibles, lors-

qu'ils atteignent 20 tonneaux, enfin, par leur mode de saisie, qui participe encore de la saisie immobilière de l'ancien droit, les navires et bateaux de mer sont presque assimilables aux immeubles ; aussi semble-t-il logique, à première vue, de leur appliquer l'honoraire des ventes d'immeubles par adjudication. — V. Amiaud et Voland, *op. cit.*, nᵒ 622 ;

Mais partout où il en parle, et même lorsqu'il lui applique un tarif égal à celui des ventes d'immeubles, le tarif traite la vente de gré à gré des navires comme une vente mobilière ; il ne peut dès lors avoir entendu lui donner un autre caractère, parce qu'elle est faite aux enchères.

Cette sorte de vente doit donc être rémunérée à titre d'adjudication mobilière, et comme les navires ne rentrent pas dans l'esprit de la loi du 18 juin 1843, nous appliquerions le tarif des droits incorporels. On semble être d'autant plus dans le vrai, en agissant ainsi, que c'est précisément ce tarif que reproduit l'honoraire susindiqué pour Limoges et Douai.

Néanmoins, la mutation en douane et ses accessoires sont rétribués comme il est dit à *Formalités hypothécaires.*

∿ V. aussi *Cahier des charges. Déclaration préalable aux ventes de meubles. Vente sur gage ou nantissement.*

ADJUDICATION VOLONTAIRE

1ᵒ d'immeubles

Immeubles proprement dits

Bastia : 1 fr. 50 0/0 de 1 à 10,000 fr.; 1 0/0 de 10,000 à 50,000 fr.; 0,50 cent. 0/0 au-dessus ;

Limoges : 1 fr. 50 0/0 de 1 à 25,000 fr.; 1 0/0 de 25,000 à 500,000 fr.; 0,50 cent. 0/0 au-dessus ;

Aix : 1 fr. 50 0/0 de 1 à 30,000 fr.; 1 0/0 de 30,000 à 150,000 fr.; 0,50 cent. 0/0 au-dessus ;

Riom : 2 0/0 de 1 à 5,000 fr.; 1 0/0 de 5,000 à 50,000 fr.; 0,75 cent. 0/0 de 50,000 à 100,000 fr.; 0,50 cent. 0/0 au-dessus ;

Poitiers : 2 0/0 de 1 à 5,000 fr.; 1 fr. 50 0/0 au-dessus ;

Nîmes : 2 0/0 de 1 à 10,000 fr.; 1 0/0 de 10,000 à 50,000 fr.; 0,50 cent. 0/0 au-dessus ;

Montpellier, Pau : 2 0/0 de 1 à 10,000 fr.; 1 0/0 de 10,000 à 100,000 fr.; 0,50 cent. 0/0 au-dessus ;

Agen, Toulouse : 2 0/0 de 1 à 10,000 fr.; 1 0/0 de 10,000 à 300,000 fr.; 0,50 cent. 0/0 au-dessus ;

Lyon : 2 0/0 de 1 à 10,000 fr.; 1 fr. 50 0/0 de 10,000 à 100,000 fr.; 1 0/0 de 100,000 à 300,000 fr.; 0,50 cent. 0/0 au-dessus ;

Caen : 2 0/0 de 1 à 10,000 fr.; 1 fr. 50 0/0 de 10,000 à 100,000 fr.; 1 0/0 de 100,000 à 500,000 fr.; 0,50 cent. 0/0 au-dessus ;

Bordeaux : 2 0/0 de 1 à 10,000 fr.; 1 fr. 50 0/0 de 10,000 à 500,000 fr.; 1 0/0 de 500,000 à 1,000,000 de fr.; 0,50 cent. 0/0 au-dessus ;

Rennes : 2 0/0 de 1 à 20,000 fr.; 1 fr. 50 0/0 de 20,000 à 100,000 fr.; 1 0/0 de 100,000 à 300,000 fr.; 0,50 cent. 0/0 au-dessus ;

Dijon : 2 0/0 de 1 à 20,000 fr.; 1 fr. 50 0/0 de 20,000 à 100,000 fr.; 1 0/0 de 100,000 à 500,000 fr.: 0,50 cent. 0/0 au-dessus ;

Angers : 2 0/0 de 1 à 20,000 fr.; 1 fr. 50 0/0 de 20,000 à 500,000 fr.; 1 0/0 de 500,000 à 1.000,000 de fr.; 0,50 cent. 0/0 au-dessus ;

Besançon : 2 0/0 de 1 à 30,000 fr.; 1 fr. 50 0/0 de 30,000 à 100,000 fr.; 1 0/0 de 100,000 à 500,000 fr.; 0,50 cent. 0/0 au-dessus ;

Chambéry, Grenoble : 2 fr. 50 0/0 de 1 à 5,000 fr.; 1 fr 50 0/0 de 5,000 à 20,000 fr.; 1 0/0 de 20,000 à 100,000 fr.; 0,50 cent. 0/0 au-dessus ;

Bourges : 2 fr. 50 0/0 de 1 à 5,000 fr. ; 2 0/0 de 5,000 à 50,000 fr.; 1 0/0 de 50,000 à 500,000 fr.; 0,50 cent. 0/0 au-dessus;

Rouen : 2 fr. 50 0/0 de 1 à 10,000 fr.; 2 0/0 de 10,000 à 50,000 fr. ; 1 0/0 de 50,000 à 150,000 fr.; 0,50 cent. 0/0 au-dessus ;

Nancy : 2 fr. 50 0/0 de 1 à 10,000 fr.; 2 0/0 de 10,000 à 50,000 fr.; 1 fr. 50 0/0 de 50,000 à 100,000 fr.; 1 0/0 de 100,000 à 500,000 fr.; 0,50 cent. 0/0 au-dessus ;

Orléans : 3 0/0 de 1 à 5,000 fr.; 2 0/0 de 5,000 à 50,000 fr.; 1 fr. 50 0/0 de 50,000 à 100,000 fr.; 1 0/0 de 100,000 à 500,000 fr.; 0,50 cent. 0/0 au-dessus ;

Amiens : 3 0/0 de 1 à 25,000 fr.; 2 fr. 50 0/0 de 25,000 à 50,000 fr.; 2 0/0 de 50,000 à 100,000 fr.; 1 0/0 de 100,000 à 500,000 fr.; 0,50 cent. 0/0 au-dessus ;

Paris (*ressort*) : 3 fr. 50 0/0 de 1 à 5,000 fr.; 3 0/0 de 5,000 à 25,000 fr.; 2 fr. 50 0/0 de 25,000 à 50,000 fr.; 2 0/0 de 50,000 à 100,000 fr.; 1 0/0 de 100,000 à 500,000 fr.; 0,50 cent. 0/0 au-dessus ;

Douai : 3 fr. 50 0/0 de 1 à 10,000 fr.; 3 0/0 de 10,000 à 25,000 fr.; 2 fr. 50 0/0 de 25,000 à 50,000 fr.; 2 0/0 de 50,000 à 100,000 fr.; 1 0/0 de 100,000 à 500,000 fr.; 0,50 cent. 0/0 au-dessus ;

Paris (*Ville de*) et Seine :

A la Chambre des notaires, — 1 fr. 50 0/0 jusqu'à 1,000,000 de fr.; 1 0/0 de 1 à 2,000,000 de fr.; 0,75 cent 0/0 de 2,000,000 à 6,000,000 de fr.; 0,50 cent. 0/0 au-dessus ; sans qu'il soit rien dû pour le cahier des charges, lorsque l'adjudication n'est pas suivie d'effet.

Au cas où, sur licitation, l'adjudication est prononcée au profit d'un colicitant, 1 fr. 25 0/0 jusqu'à 1,000,000 de fr.; 0,75 cent, 0/0 de 1,000,000 à 2,000,000 de fr.; 0,50 cent. 0/0 au-dessus ;

Vente partout ailleurs qu'à la Chambre des notaires, — 1° Terrain de culture : 4 0/0 de 1 à 3,000 fr.; 3 0/0 de 3,000 à 20,000 fr.; 2 0/0 de 20,000 à 50,000 fr.; 1 0/0 de 50,000 à 100,000 fr.; 0,50 cent. 0/0 au-dessus ; 2° Terrain à bâtir : 3 0/0 de 1 à 20,000 fr.; 2 0/0 de 20,000 à 50,000 fr.; 1 0/0 de 50,000 à 200,000 fr.; 0,50 cent. 0/0 au-dessus ; 3° Autres immeubles ou maisons : 2 0/0 de 1 à 200,000 fr.; 1 0/0 de 200,000 à 600,000 fr.; 0,50 cent. 0/0 au-dessus;

〰 Y compris le cahier des charges ;

Qui, toutefois, donne lieu à un honoraire par rôles de minute, si la tentative d'adjudication ne réussit pas ;

Sauf Paris (*Ville de*) et Seine, en cas de vente à la Chambre des notaires, ainsi qu'il vient d'être dit. — *V. Cahier des charges*;

〰 Sur le prix d'adjudication augmenté des charges.

Minimum

Rennes : 5 fr.;

Angers : 15 fr.;

Partout ailleurs : aucun.

〰 Parmi les charges possibles, se trouve l'obligation parfois imposée à l'adjudicataire de conserver pour une somme de *tant*, le mobilier qui garnit l'immeuble vendu ;

Cette somme s'ajoute, en s'y confondant, au prix de l'immeuble lui-même, de sorte que l'honoraire d'adjudication immobilière est exigible sur le tout. — V. Amiaud et Voland, *op. cit.*, n° 633 ;

Mais c'est que l'affaire, ainsi effectuée, a quelque chose d'indivisible ; si donc la reprise du mobilier restait facultative, elle ne pourrait donner lieu qu'à l'honoraire de vente mobilière de gré à gré. — V. mêmes auteurs, *Ibid.*

〰 A la différence de l'adjudication judiciaire et aux termes mêmes du tarif, dans toute adjudication volontaire d'immeubles divisés par lots, l'honoraire se calcule séparément sur le prix de chaque lot, qu'il s'agisse d'un immeuble unique divisé, ou bien d'immeubles distincts. — V. Amiaud et Voland, *op. cit.*, n° 631 ; Ch. Defrénois, *op. cit.*, n° 385 ;

La même personne, par exemple un notaire agissant pour le compte de divers clients, se fût-elle rendue successivement adjudicataire de tous les lots. — V. Amiaud et Voland, *Ibid*; Trib. Lyon, 23 nov. 1899 (*Rev. du Not.*, n° 10624) ;

Mais sauf le cas d'adjudication finale pour un prix unique, sur réunion des lots, en vertu du cahier des charges.

〰 Pour l'application de l'art. 19 des Dispositions générales, en cas de lots ne dépassant pas 500 fr., — V. ci-dessus à *Adjudication judiciaire*.

〰 L'honoraire est dû au même taux, c'est-à-dire sans diminution, lorsqu'après une tentative d'adjudication restée infructueuse, la vente est réalisée de gré à gré dans les quatre mois, lesquels commencent à courir du jour même de l'adjudication avortée. — V. Ch. Defrénois, *op. cit.*, n° 385 ;

A la condition cependant que le contrat soit reçu par le notaire qui a préparé la vente ; aucun honoraire ne lui serait dû si ce contrat était passé devant un autre notaire, ou fait sous seing privé par les parties, sans son concours. — V. Ch. Defrénois, *op. cit.*, n° 385 ;

Sauf, dans le premier cas, règlement contraire de la Chambre. — V. Douai, 22 mars 1900 ; Cass., 29 oct. 1902 (*Rép. gén. prat. du Not.*, n° 12760).

~~ Il se peut aussi qu'avisé par la publicité faite, un acquéreur se présente et traite de gré à gré avant le jour fixé pour l'adjudication ; l'honoraire est alors dû comme en cas de vente dans les quatre mois après tentative infructueuse d'adjudication. — V. Amiaud et Voland, *op. cit.*, n° 632 ; Cpr. Ch. Defrénois, n° 385 ;

~~ Avec imputation, dans les deux cas, de l'honoraire du cahier des charges, puisqu'il est compris dans l'honoraire d'adjudication ; en supposant toujours, bien entendu, que c'est le même notaire qui reçoit les deux actes. — V. Amiaud et Voland, *op. cit.*, n° 632.

~~ Il arrive encore que le vendeur, se ravisant, ne veuille pas donner suite à la vente ; le notaire doit alors être rémunéré de tout ce qu'il a fait en vue de l'adjudication projetée : soins, démarches, cahier des charges, affiches, insertions, etc. — V. Ch. Defrénois, *op. cit.*, n° 385.

~~ Si, tout en y persistant, le vendeur porte capricieusement son affaire dans une autre étude, on a vu plus haut (n°s 52027, 52034) qu'il convient dans ce cas d'allouer au notaire un certain dédommagement, outre, bien entendu, le remboursement de ses déboursés possibles. — V. Ch. Defrénois, *op. cit.*, n°s 35 et 385 ; Cpr. Douai, 22 mars 1900.

~~ Répétons ici, ce que nous avons dit à propos des adjudications judiciaires d'immeubles : l'acquéreur doit personnellement rémunérer le notaire, non instrumentant, qu'il amène ou dont il prend conseil ;

Sauf toutefois dans la Seine, pour les ventes qui sont faites à la Chambre des notaires, parce qu'alors le notaire de l'acquéreur participe à l'honoraire d'adjudication. — V. Amiaud et Voland, *op. cit.*, n° 635.

~~ Il reste à parler de la fixation des *frais à forfait*, c'est-à-dire d'une clause de cahier des charges usitée dans certaines régions, et aux termes de laquelle il est formellement stipulé, comme condition de la vente, que le ou les adjudicataires paieront, à forfait, tant pour cent du montant et en sus de leurs prix, aux vendeurs, qui, en conséquence, supporteront tous les frais et honoraires de l'adjudication et de ses formalités complémentaires, suivant énumération. Son utilité, dit-on, est évidente, car, grâce à elle, les amateurs voient immédiatement jusqu'où ils peuvent aller, et sont ainsi plus disposés à porter des enchères, ce qui fait monter le prix, de sorte qu'elle est dans l'intérêt commun de toutes les parties, et tellement qu'elle devrait être rendue obligatoire dans les ventes de biens d'incapables.

On ajoute que, d'un autre côté, c'est le seul moyen, dans les adjudications comprenant des lots d'une valeur minime, d'affranchir ceux-ci de frais qui, autrement, dépasseraient toute mesure, puisqu'ils peuvent arriver jusqu'à près de cent pour cent. — V. Albert Pecqueur, *La Basoche*, 1899, p. 289.

Mais, il ne faut point oublier non plus que la mise des frais à la charge du vendeur n'est pas sans inconvénients possibles pour l'acquéreur, en cas d'existence de privilèges ou d'hypothèques, et que la responsabilité du notaire peut s'en trouver engagée. — *V.*, ultérieurement, *Vente contrat en mains.*

Quoi qu'il en soit, le procédé a, paraît-il, occasionné des abus. De là, le 7 juin 1901, une circulaire du ministre de la justice qui l'autorise, pourvu « qu'elle ne soit pas pour le notaire chargé de la vente, un moyen de se procurer la perception d'honoraires supérieurs à ceux alloués par le tarif. Il importe en conséquence que toutes les fois que le montant des frais exposés est inférieur au produit du forfait, la différence en soit remise au vendeur, à qui elle appartient, puisqu'elle est perçue en vertu d'une convention qui ne saurait profiter au notaire.

« Il serait à ce point de vue désirable que les notaires, dans les cahiers de charges où la clause du forfait est insérée, la complètent par la disposition suivante :

« *Ces frais seront calculés conformément au* « *tarif du 25 août 1898, ils seront taxés à la* « *première réquisition de la partie intéressée* « *et pour le compte du vendeur.* »

« Cependant je suis informé que souvent des abus se produisent ; certains notaires, alors même que l'apurement du compte des frais accuse un boni, s'abstiendraient d'aviser les intéressés de cet excédent et le conserveraient même par devers eux.

« Il n'est pas besoin de démontrer combien de tels errements sont contraires à la dignité professionnelle et aux prescriptions formelles du tarif. Ils ne peuvent être tolérés... » — Cpr. Amiaud et Voland, *op. cit.*, n° 636 ; Ch. Defrénois, *op. cit.*, n° 385.

Il est indispensable d'ajouter à la formule ci-dessus qu'en cas d'évaluation insuffisante, le vendeur sera tenu de parfaire la différence ; autrement, l'art. 4, alinéa 2, des Dispositions générales pourrait parfois se trouver violé.

Mines et carrières

De même que ci-dessus, par adjudication judiciaire.

2° de meubles

Comme précédemment, et dans les diverses ventes mobilières, sur le prix augmenté des charges.

~~ Une autre observation domine encore ce qui va suivre.

Dans les ventes mobilières par adjudication,

il arrive fréquemment que le vendeur pousse lui-même, tant qu'il trouve insuffisant le prix offert par d'autres et, finalement, reste adjudicataire.

Après avoir, néanmoins, perçu longtemps son droit, la Régie y a renoncé. L'honoraire attendu par le notaire disparaît-il également ?

Oui, lorsque, sentant d'avance que telle chose ne montera pas au prix qu'il en désire, le vendeur la retire avant l'ouverture des enchères ; mais, si celui-ci les laisse commencer, la vente a lieu, pensons-nous, au sens du tarif, et par conséquent l'honoraire se trouve acquis.

La pratique fiscale différente ne constitue pas une objection, car elle n'est ici d'aucune portée ; comment, en effet, percevoir un impôt de transmission, là où il ne s'opère aucune transmission ? Tandis que l'honoraire, lui, n'est point basé sur une mutation ; il a pour seul but de rémunérer les peines et soins du notaire, son travail, en un mot le service rendu par lui ; or, ce service est à peu près le même quelque soit l'adjudicataire, d'autant plus que très souvent, la mise en vente, les enchères mêmes ayant attiré, excité des amateurs, le vendeur, séance tenante, revend, de gré à gré et de la main à la main, la chose à lui adjugée. C'est donc au fond le notaire qui procure l'acheteur. Quoi dès lors de plus juste qu'il jouisse de l'émolument sur lequel il a légitimement dû compter ?

Arbres au détail, meubles et objets mobiliers corporels
(Excepté les choses qui suivent, tarifées à part.

Partout : 6 0/0, sans minimum ;
En vertu de la loi du 18 juin 1843, applicable de la même manière que celle susindiquée pour la vente par adjudication judiciaire.

Bateaux de mer

V. ci-après *Navires*.

Bateaux de rivière

Comme ci-dessus, par adjudication judiciaire.

Coupes de bois taillis et de futaies aménagées ou non aménagées, fruits et récoltes pendants par branches ou racines, tourbages

Comme ci-dessus, par adjudication judiciaire.

Créances, droits incorporels

Comme ci-dessus, par adjudication judiciaire.

Fonds de commerce

Comme ci-dessus, par adjudication judiciaire.

Navires et bateaux de mer ou assimilés

Comme ci-dessus, par adjudication judiciaire.

~~~ V. aussi *Affiches et insertions. Cahier des charges. Déclaration préalable aux ventes de meubles. Dispense de notification. Folle enchère. Formalités hypothécaires. Licitation. Promesse de vente. Purge légale. Résiliation. Surenchère.*

VENTE A RÉMÉRÉ

Dans toute la France : honoraires comme en matière de vente.
V aussi *Désistement. Rachat par réméré.*

VENTE EN DÉTAIL

V. *Négociations.*

VENTE SUR GAGE OU NANTISSEMENT

Lorsqu'un notaire est commis en vertu de l'art. 93, C. comm., pour procéder à la vente de choses formant l'objet d'un gage commercial, il continue bien à être soumis aux dispositions qui régissent les courtiers relativement aux formes et à la responsabilité de la vente ; mais il ne l'est plus quant aux honoraires.

Toute tarification antérieure aux décrets-lois du 25 août 1898, et différente, s'est en effet trouvée abrogée par le fait seul de leur promulgation, aux termes formels de l'art. 3, L. 20 juin 1896, ainsi que nous l'avons plus amplement démontré, v° *Certificat de propriété*, et *passim.*

C'est donc l'honoraire fixé par le tarif actuel pour les ventes judiciaires de meubles, qu'en ce cas le notaire peut et doit percevoir, à l'exclusion de tout autre (Art. 4 des Dispositions générales), lors même que par l'emploi irréfléchi d'une ancienne formule de requête, sa commission se référerait encore au tarif des courtiers.

VERSEMENTS

V. *Consignation à la Caisse des dépôts.*

VIE COMMUNE

V. *Reprise de la vie commune.*

VISITES D'AFFAIRES

V. art. 2, 3 et 22 des *Dispositions générales* (n°s 52024 et s., 52030 et s., 52038, 52051, 52057 et s., 52207*).*

YOYAGES

V. *Frais de voyage.*

———◦◦———
~~~

Quant aux recouvrements à opérer. — *V.* dans la suite de l'ouvrage, *Recouvrement de frais et honoraires.*

Voici toutefois, dès maintenant, le texte de la loi du 24 décembre 1897, y relative :

«Art. 1er. — Le droit des notaires au payement des sommes à eux dues pour les actes de leur ministère se prescrit par cinq ans à partir de la date des actes. Pour les actes dont l'effet est subordonné au décès, tels que les testaments et les donations entre époux pendant le mariage, les cinq ans ne courront que du jour du décès de l'auteur de la disposition.

«Il n'est pas innové, en ce qui concerne les huissiers et les avoués, aux dispositions édictées par les art. 2272 et 2273, C. civ.

« La prescription a lieu, quoiqu'il y ait eu continuation d'actes de leur ministère de la part des notaires, avoués et huissiers. Elle ne cesse de courir que lorsqu'il y a eu compte arrêté, reconnaissance, obligation ou signification de taxe, en conformité de l'art. 4 ci-après.

« Les art. 2275 et 2278, C. civ., sont applicables à ces prescriptions.

« Art. 2. — Les demandes en taxe et les actions en restitution de frais dus aux notaires, avoués et huissiers, pour les actes de leur ministère, se prescrivent par deux ans du jour du paiement ou du règlement par compte arrêté, reconnaissance ou obligation.

« Art. 3. — Les notaires, avoués et huissiers ne pourront poursuivre le payement des frais s'appliquant aux actes de leur ministère qu'après en avoir obtenu la taxe et suivant les formes établies à l'article suivant.

« La demande de taxe pour les notaires est portée devant le président du tribunal civil de la résidence des notaires ou, en cas d'empêchement, devant un juge commis par lui. La taxe sera arrêtée conformément au tarif, s'il s'agit d'actes qui y sont compris, et, s'il s'agit d'actes non tarifés, suivant la nature et l'importance ds ces actes, les difficultés que leur rédaction a présentées et la responsabilité qu'ils peuvent entraîner.

(Cette dernière disposition, abrogée par l'art. 3 des Dispositions générales, conformément à L. 20 juin 1896, art. 3, et remplacée par le règlement amiable sous le contrôle de la chambre de discipline. — V. notamment nos 52003, 52022).

«Pour les avoués et les huissiers, la taxe sera faite par le président du tribunal ou par le premier président de la Cour d'appel où les frais ont été faits, ou, à leur défaut, par un juge qu'ils désigneront. S'il s'agit de frais relatifs à une instance, le magistrat taxateur devra, à moins d'empêchement, avoir pris part au jugement ou à l'arrêt.

« Pour les notaires et les avoués, en matière de compte, liquidation et partage, les frais faits devant le tribunal seront taxés, à moins d'empêchement, par le juge-commissaire.

« Art. 4. — Les notaires, avoués et huissiers devront signifier à la partie débitrice, par acte d'avoué à avoué, s'il y a avoué constitué, sinon à personne ou domicile, l'état détaillé des frais taxés et l'ordonnance du magistrat taxateur revêtue, sur minute, de la formule exécutoire.

« Cette signification contiendra, en outre, à peine de nullité : 1° constitution d'avoué pour le requérant ; 2° la déclaration que cette ordonnance deviendra définitive si elle n'est pas frappée d'opposition dans les délais déterminés au paragraphe suivant :

«Dans les quinze jours de la signification, sauf l'application des dispositions des art. 73, 74 et 1033, C. proc. civ., l'ordonnance de taxe est susceptible d'opposition de la part tant de la partie débitrice que de la partie qui en est bénéficiaire. Cette opposition est motivée et faite par acte d'avoué à avoué, s'il y a avoué constitué ; sinon, par ajournement.

«Le délai imparti par le paragraphe précédent est suspendu par la mort de l'une des parties ayant le droit d'opposition. Il reprend son cours après une nouvelle signification faite au domicile du défunt, et à compter de l'expiration des délais pour faire inventaire et délibérer, si cette signification a eu lieu avant que ces derniers délais fussent expirés. Cette signification pourra être faite aux héritiers collectivement et sans désignation des noms et qualités.

« Les débats auront lieu en chambre du conseil, sans procédure, le ministère public entendu.

« Le jugement sera rendu en audience publique ; il sera susceptible d'appel dans les formes et dans les cas ordinaires.

« La signification de l'ordonnance de taxe, faite conformément aux prescriptions de la présente loi, à la requête des notaires, avoués et huissiers, interrompt la prescription et fait courir les intérêts.

« L'ordonnance de taxe vaut titre exécutoire ; elle emporte hypothèque judiciaire ; mais elle ne pourra être exécutée et l'inscription ne pourra être prise valablement qu'après l'expiration du délai d'opposition.

« Art. 5. — Les mêmes règles s'appliquent aux frais, non liquidés par le jugement ou l'arrêt, réclamés par un avoué, distractionnaire des dépens, contre la partie adverse condamnée à les payer.

« Toutefois, en ce cas :

« 1° Le délai d'opposition ne sera pas augmenté à raison des distances, si le jugement ou l'arrêt sur le fond est contradictoire ;

« 2° L'appel ne sera recevable que s'il y a appel de quelque disposition sur le fond ;

« 3° L'ordonnance de taxe pourra être exécutée dès qu'elle aura été signifiée, et l'inscription de l'hypothèque judiciaire pourra être valablement prise, avant même la signification.

« L'exécution de l'ordonnance de taxe sera

suspendue s'il y est fait opposition ou si la décision sur le fond est frappée d'opposition ou d'appel.

« Art. 6. — La présente loi est applicable aux payements et règlements effectués, aux actes passés et aux frais faits antérieurement à sa promulgation.

« Art. 7. — La loi du 5 août 1881 est abrogée.

« L'art. 30 de la loi du 22 frimaire an VII, l'art. 51 de la loi du 25 ventôse an XI et les décrets du 16 février 1807 sont abrogés dans celles de leurs dispositions qui sont contraires à la présente loi.

« Art. 8. — La présente loi est applicable à l'Algérie et aux colonies. »

———— ·❊· ————

V. aussi, non plus dans la série qui précède, mais parmi le RÉPERTOIRE en général, — *Droit de rétention. Expédition. Frais de justice. Mandat. Privilège. Solidarité. Taxe.*

ANNEXES

Principaux actes ministériels précités relatifs au tarif

Lettre min. just. 10 juill. 1899

Sur la réglementation des honoraires de négociation pouvant être dus aux notaires, lorsqu'ils se sont entremis pour leurs clients en matière de bail, d'emprunt ou de vente.

52213. La Chambre des notaires de Saint-Omer ayant pris une délibération d'après laquelle les honoraires de négociation seraient fixés à l'avenir comme il suit :
Pour les ventes immobilières, à 1 0/0 ;
Pour les dations en paiement, rétrocessions, retraits successoraux, transports de droits successifs, à 1 0/0 ;
Pour les ventes de fonds de commerce, actions industrielles, rentes perpétuelles et viagères, marchés, créances, meubles, récoltes et bois taillis, à 1 0/0 ;
Pour les obligations, transports de créances, ouvertures de crédit, titres nouvels, à 1 0/0;
Pour les baux, la moitié en sus de l'honoraire déterminé par le tarif légal ;
Et le parquet ayant estimé que cette tarification absolue constituait, de la part de la Chambre, un excès de pouvoirs, il en référa au Garde des sceaux qui a adressé au Procureur général de Douai la réponse suivante :

« Monsieur le Procureur général, j'ai reçu l'expédition de la délibération par laquelle la chambre des notaires de Saint-Omer a réglementé les honoraires de négociation qui peuvent être dus aux notaires, lorsque ces officiers publics se sont entremis pour leurs clients, en matière de vente, d'emprunt ou de bail.

« Cette délibération vous paraît entachée d'excès de pouvoirs, et vous me demandez...

« D'après l'art. 3 du décret du 25 août 1898, les dispositions du tarif légal ne sont pas exclusives des émoluments qui peuvent être réclamés par les notaires, soit pour des travaux autres que la rédaction des actes, soit pour des missions dont ils seraient chargés, et parmi lesquelles on doit comprendre les négociations de vente ou d'emprunt.

« Ces émoluments, d'après le même article 3, doivent être réglés à l'amiable, sous le contrôle de la chambre de discipline.

« En présence de ces textes, on ne saurait méconnaître que les chambres aient le droit de se concerter et de donner leur avis sur les conditions dans lesquelles pourront être réclamés des honoraires spéciaux de négociation, et d'en fixer l'importance.

« Sans doute, on ne saurait admettre que les chambres, en vue de cette réglementation, fixent à l'avance un honoraire invariable, sans tenir compte des circonstances particulières de chaque affaire.

« Mais, pour éviter des conflits ou des faits de concurrence, toujours regrettables, entre les officiers publics d'une même compagnie, je ne vois aucun inconvénient à ce que les chambres, par une délibération réglementaire, rappellent les usages suivis traditionnellement par les notaires en cette matière, invitent les membres de la corporation à s'y conformer et fixent même, au besoin, le chiffre maximum de rémunération qui ne pourrait être dépassé.

« Toutefois, dans l'espèce, la chambre des notaires de Saint-Omer me paraît avoir outrepassé ses pouvoirs, en donnant à sa délibération un caractère de décision absolue qu'elle ne saurait avoir.

« Vous voudrez bien inviter M. le président de la Chambre à en provoquer la modification dans le sens des observations qui précèdent, en lui faisant remarquer que, si la décision de la Chambre lie moralement les membres de la compagnie, elle ne peut être obligatoire pour les clients, qui conservent toujours le droit de discuter l'honoraire de négociation et d'en fixer amiablement l'importance avec leur notaire. »

Circ. min. just. 3 mai 1900
Sur l'application de l'art. 3 des Dispositions générales

52214. « Monsieur le Procureur général,
« Depuis la promulgation des décrets qui ont fixé les droits et honoraires dus aux notaires, mon attention a été appelée, à plusieurs reprises, sur des résolutions votées par quelques compagnies notariales et qui constituent des abus que ma Chancellerie ne saurait tolérer.

« S'autorisant des prescriptions de l'article 3 des Dispositions générales du tarif, ces compagnies ont cru devoir édicter, sous la dénomination d'*appendice* ou *annexe* aux décrets et de *tarifs complémentaires*, de véritables tarifs officieux, fonctionnant à côté du tarif légal, et dans lesquels elles déterminent le chiffre des émoluments à percevoir pour honoraires de négociation, de gestion, de recette, etc...

« Dans certaines compagnies même, la Chambre a décidé que les notaires seraient tenus d'exiger de toute personne qui ferait encaisser des intérêts dans leurs études un droit de recette de 2 ou 2,50 0/0 sur le montant de ces intérêts.

« J'estime que de pareilles résolutions sont illégales.

« Les actes, les opérations, non prévus au tarif et dont les notaires seraient chargés, ne peuvent donner lieu qu'à une rémunération réglée à l'amiable sous le contrôle de la chambre de discipline. Le chiffre de cette rémunération doit être fixé en tenant compte de l'importance du service rendu, ainsi que des peines et soins que le notaire a assumés et qui varient nécessairement dans chaque cas particulier.

« Il ne saurait donc être question, en pareille matière, d'appliquer une tarification invariable, arrêtée d'avance, soit par les assemblées générales de notaires, soit par la chambre de discipline et s'imposant d'une façon absolue aux membres de la compagnie. On ne peut enlever aux notaires le droit de ne demander, suivant les circonstances, qu'une rémunération très modérée, ou même de ne rien réclamer, s'ils estiment qu'un honoraire ne serait pas suffisamment justifié. Ce régime, sagement appliqué, exclut d'ailleurs les pratiques abusives des notaires qui, oublieux de l'honneur et de la dignité professionnels, feraient de leurs services gratuits ou offerts à bas prix un moyen de concurrence déloyale.

« Tel est l'esprit dans lequel ont été préparés les décrets portant établissement des tarifs. Ma Chancellerie a le devoir de veiller à ce qu'il n'y soit point dérogé ; je n'hésiterai pas à prononcer l'annulation de toutes les délibérations qui y seraient contraires ; je vous prie de vouloir bien procéder à une revision des délibérations relatives à cet objet, qui ont pu être prises jusqu'à ce jour et de me rendre compte du résultat de cette enquête.

« Mais, si l'on ne peut laisser aux compagnies de notaires le droit de formuler un tarif obligatoire pour rémunérer soit les actes omis dans les décrets, soit les mandats et gestions prévus par l'article 3 des Dispositions générales, il convient de reconnaître, au contraire, que la surveillance et l'intervention des chambres doivent, en cette matière, s'exercer activement, en vertu du droit de contrôle qui leur est expressément conféré.

« L'étendue de ce contrôle n'a pas toujours été bien comprise et la portée même du premier paragraphe de l'article 3 des Dispositions générales a fait l'objet d'interprétations in-exactes qu'il me paraît utile de rectifier, dans l'intérêt du public et des notaires.

« I. Les décrets n'ont pas indiqué et ne pouvaient pas indiquer dans quel cas il y aurait lieu à la perception d'un honoraire de négociation, de mandat, de gestion d'affaire. Le législateur s'est borné à poser le principe que ces missions particulières ne sont pas nécessairement gratuites, et, à défaut d'un règlement amiable, il a laissé aux tribunaux le soin d'apprécier l'importance et de déterminer le chiffre de l'émolument.

« Il importe de ne pas oublier que les missions particulières, dont les notaires peuvent être chargés aux termes de l'article 3, ne se confondent pas avec les soins, conseils, consultations, conférences, l'examen de pièces et de projets, visés dans l'article 2 des Dispositions générales et qui ne sauraient donner lieu à une rémunération spéciale. C'est ainsi, par exemple, que l'honoraire de négociation, en usage dans certaines régions, ne peut s'appliquer qu'aux soins et démarches effectués par le notaire en vue, non pas de réaliser le contrat, mais de rapprocher les parties dont l'une cherche un placement ou un immeuble et l'autre un bailleur de fonds ou un acquéreur et de préparer une convention qui, sans l'intermédiaire de l'officier public, n'aurait sans doute pas abouti.

« Les honoraires prévus par l'article 3, comme les mandats dont ils sont la rémunération, ne doivent d'ailleurs être admis qu'à titre exceptionnel. La vraie mission du notaire, celle que le législateur de l'an XI a voulu conférer à ces « juges volontaires qui obligent irrévocablement les contractants », est de conseiller les parties et de formuler impartialement leurs volontés dans les actes authentiques, — et non pas d'être ou de se faire, à propos de tout, les mandataires ou les gérants d'affaires de leurs clients.

« Ma Chancellerie n'a cessé de réagir contre ces habitudes fâcheuses de certains notaires, qui ont pour effet de dénaturer le caractère de leurs fonctions et qui n'ont pas été étrangères aux catastrophes que la corporation a eu à déplorer depuis un certain nombre d'années.

« Il est indispensable de mettre fin à des pratiques regrettables, et c'est principalement dans ce but que les décrets ont placé sous le contrôle et la surveillance des Chambres de discipline, le règlement des honoraires dus à l'occasion des missions extra-professionnelles.

« II. Quelle est l'étendue de ce contrôle ?

« Il n'est pas douteux que les Chambres aient le droit, que leur attribuait déjà l'article 2, § 4, de l'ordonnance du 4 janvier 1843, de donner leur avis sur les difficultés entre clients et notaires relativement au règlement des honoraires de négociation ou de gestion, et sur les différends soumis, en cette matière, au tribunal civil.

« Tout en s'abstenant d'établir un tarif impératif et de fixer les cas où des honoraires spéciaux devraient être réclamés, les Chambres ont la faculté de donner leur appréciation sur les conditions dans lesquelles il peut être formé une demande d'honoraires, de rappeler les usages suivis dans l'arrondissement en vertu d'une longue tradition, et de tracer ainsi, d'une manière générale, aux notaires, une règle de conduite. Il leur appartient, d'une part, de veiller à ce que les réclamations des membres de la Compagnie soient toujours modérées, et, d'autre part, de réprimer les agissements qui auraient pour objet d'attirer la clientèle par des procédés incompatibles avec la dignité du notariat. Elles sauront faire une distinction entre le vrai désintéressement, qu'il convient d'encourager, et cette fausse générosité, qui ne cache qu'un désir de lucre et avilit ceux qui y ont recours.

« III. J'ai eu le regret de constater que plusieurs délibérations d'assemblées générales avaient abusivement réglementé les droits de recette. Elles ont méconnu la disposition du paragraphe 3 de l'article 3, qui interdit formellement aux notaires de percevoir un droit de recette et de comptabilité, pour l'encaissement et la garde des fonds et des valeurs déposés en conséquence ou pour l'exécution directe d'un acte de vente ou d'emprunt passé dans leur étude.

« J'estime qu'aucun droit n'est dû et ne peut être perçu sur le prix des ventes de gré à gré ou par adjudication payé comptant et déposé au notaire, en attendant l'accomplissement des formalités de purge hypothécaire, ni même sur les prix de vente payés à terme et versés en l'étude du notaire, lorsque cet officier public est appelé à dresser quittance authentique du payement.

« Je ne saurais admettre non plus, et cette solution est, je crois, celle généralement suivie dans le notariat, qu'un droit de recette puisse être exigé sur les intérêts déposés dans l'étude d'un notaire, en vertu d'une élec-

tion de domicile contenue dans un acte reçu par lui ou par un de ses prédécesseurs.

« Dans ces divers cas, les payements ne sont, en effet, que l'exécution directe d'actes passés par l'officier public et ils tombent sous le coup de l'interdiction écrite dans l'article 3.

« Sans doute, les notaires ne sont point obligés d'accepter ces dépôts d'argent ; ils peuvent refuser un mandat qui ne rentre pas dans leurs fonctions normales et ne fait qu'accroître leur responsabilité ; mais s'ils l'acceptent dans les circonstances prévues par l'article 3, § 3, du décret, ils n'ont droit à aucun émolument.

« J'ajoute que, dans tous les cas où les notaires seraient chargés, par leurs clients, de travaux particuliers ou de négociations et gestions pouvant donner lieu à des honoraires exceptionnels, ils devront, autant que possible, se faire autoriser par écrit, de façon à pouvoir, en cas de difficultés, justifier de la mission qui leur aura été confiée. »

Notre appréciation juridique de cette circulaire a été suffisamment exprimée dans le commentaire qui précède, mais il reste à en porter un jugement général. Voici le nôtre : elle donne la désolante impression d'une sourde hostilité contre le notariat chez ceux qui devraient, au contraire, le défendre. Si le Gouvernement a sur les bras la proposition Clémenceau pour le rachat des offices, il n'a peut-être pas été sans la provoquer inconsciemment, en discréditant à plaisir une corporation — (indispensable pourtant au bien public et qui a conservé le droit d'être hautement fière d'elle-même), — par son attitude cassante, agressive, son style envers elle de pion grincheux qui morigène des gamins, ses procédés vexatoires, à commencer par les ineptes et illégaux décrets de 1890, que nous avons déjà stigmatisés comme ils le méritent (V. t. III, nº 20253).

SECTION II

ALGÉRIE

1^{ent} NOTAIRES FRANÇAIS

Législation usuelle. — Arrêté 30 déc. 1842 ; DD. 18 janv. 1875, 3 sept. 1884, 28 nov. 1899 ; L. 24 déc. 1897

52215. L'extension à l'Algérie du tarif légal des notaires, avec les modifications convenables, a été faite par un décret du 28 nov. 1899.

Si l'on en compare les dispositions avec celles des décrets pour la France, on remarque qu'elles sont à peu près les mêmes, de sorte que nos explications sur ces décrets leur sont en principe applicables ; nous signalerons au fur et à mesure les différences de quelque importance qui les distinguent, autres que celles de taux.

Constatons toutefois, dès maintenant, que

l'honoraire fixe ou proportionnel constitue la règle générale du tarif, que la rémunération par rôles de minute n'y figure qu'exceptionnellement, et que, pour aucune des taxes qu'il établit, si ce n'est en matière de contrats de mariage, il ne fixe de minimum.

Ceci posé, le décret du 28 nov. 1899 est ainsi conçu :

Dispositions générales

« Art. 1er. — Les honoraires, vacations, frais de rôle et de voyages et autres droits qui peuvent être dus, à l'occasion des actes de leur ministère, aux notaires ainsi qu'aux greffiers-notaires, sans distinction entre ceux qui ont et ceux qui n'ont pas la plénitude des fonctions notariales, sont fixés pour l'Algérie conformément au tarif ci-annexé. »

« Art. 2. — L'honoraire tarifé d'un acte comprend l'émolument de tous les soins, conseils, consultations, conférences, examens de pièces, projets et autres travaux relatifs à la confection de l'acte. »

(Cet article n'est pas suivi de la disposition qui forme l'art. 3 du tarif français, relative aux émoluments qui peuvent être réclamés par les notaires, soit pour des travaux autres que la rédaction des actes, soit pour des missions dont ils seraient chargés à titre exceptionnel;

Mais peu importe; les notaires et greffiers-notaires d'Algérie n'en ont pas moins droit, le cas échéant, à une rémunération spéciale, car cela va de soi ; les 93° et 126° du tarif alphabétique qui suit, la prévoient même et la fixent quant aux gérances d'affaires ou exécutions de mandat et aux recettes qui ne sont pas la conséquence ou pour l'exécution directe d'un acte de vente ou d'emprunt passé dans leur étude).

« Art. 3. — Il est interdit aux notaires, sous peine de restitution et de poursuites disciplinaires, d'exiger des droits et honoraires plus élevés que ceux portés au tarif. »

« Art. 4. — Les notaires peuvent faire remise de la totalité des honoraires; ils ne peuvent en accorder la remise partielle. »

(Cette prohibition nous paraît absolue, car si l'organisation spéciale du notariat en Algérie ne permettait pas d'y appliquer purement et simplement le second alinéa de l'article correspondant des Dispositions générales pour la France, la loi eût très bien pu confier l'appréciation des remises partielles admissibles, soit au syndic des notaires, soit aux magistrats; or, elle ne l'a point fait).

« Art. 5. — Aucun honoraire n'est dû pour l'acte, la copie ou l'extrait déclarés nuls par la faute d'un notaire. »

« Art. 6. — Lorsqu'un acte contient plusieurs conventions dérivant ou dépendant les unes des autres, il n'est perçu d'honoraires que sur la convention principale.

« Si les conventions sont indépendantes et donnent lieu à des droits distincts d'enregistrement, l'honoraire est dû pour chacune d'elles. »

« Art. 7. — Les actes dressés sur projets rédigés et présentés par tous les intéressés donnent droit à la moitié des honoraires alloués pour ces actes par le tarif. »

(Il est évident que si le notaire, instrumentant alors pour ainsi dire matériellement, n'est pas toujours, par le fait seul, affranchi de toute responsabilité, sa responsabilité s'en trouve du moins considérablement atténuée.

En France, ces actes opèrent le même honoraire que s'ils étaient rédigés par le notaire lui-même ; pour qu'il en soit autrement en Algérie, il faut d'ailleurs, on le voit, que le projet soit présenté par tous les intéressés ; lors donc qu'un seul d'entre eux ne se l'approprie pas intégralement, ou si, même présenté par tous, il reçoit des modifications sur les observations du notaire ou dans une nouvelle discussion devant lui, les honoraires entiers redeviennent dus.)

« Art. 8. — Les notaires doivent réclamer la consignation des frais qu'ils auront à débourser pour les actes qu'ils sont chargés de dresser. »

« Art. 9. — Avant tout règlement les parties peuvent réclamer le compte détaillé des sommes dont elles sont redevables.

« Ce compte est établi sur deux colonnes : l'une destinée aux déboursés, l'autre aux honoraires.

« Il n'est délivré qu'une fois. » .

« Art. 10. — Le concours d'un second notaire à un même acte n'en augmente pas l'honoraire. Toutefois, si l'acte est rétribué par vacation, il est dû une vacation à chaque notaire instrumentant. »

« Art. 11. — Il est interdit aux notaires de partager leurs honoraires avec un tiers.

« Entre notaires, le partage se fait de la manière suivante : le notaire qui garde la minute a droit à la moitié de l'honoraire, et le notaire en second à l'autre moitié; les droits de rôle appartiennent exclusivement au notaire détenteur de la minute. »

(L'article ne parle naturellement pas de règlement contraire de la Chambre, puisqu'il n'y a point en Algérie de chambres des notaires.)

« Art. 12. — En cas de décès, démission, suspension, destitution, le notaire provisoirement commis en remplacement du titulaire aura droit à tous les produits de l'étude du notaire qu'il remplacera, à charge par lui d'en supporter les frais. »

(*A la différence de l'art. 12 des Dispositions générales pour la France, ce texte statue d'une manière identique pour toutes les hypothèses de vacance ; c'est que la vénalité des offices n'existe pas en Algérie. Aussi le notaire gérant conserve-t-il à son profit la totalité des produits ; mais, corrélativement, toutes les charges, fussent-elles supérieures , lui incombent, absolument comme s'il s'agissait de sa propre étude*).

« Art. 13. — Il est alloué aux notaires et greffiers-notaires, suivant la nature des actes compris dans le tarif, des honoraires fixes ou gradués, des honoraires proportionnels, des vacations ou des honoraires par rôle de minute.

« En outre, il leur est alloué des droits de rôle pour les expéditions qui leur seront réclamées. »

« Art. 14. — L'honoraire proportionnel est perçu sur le capital énoncé dans les actes. Lorsqu'il porte sur des sommes excédant 100 francs, le calcul se fait par fraction et par chaque somme ronde de 20 francs en 20 francs.

« Art. 15. — Dans les contrats ayant pour objet des prestations en nature, l'honoraire est calculé d'après l'évaluation faite pour la perception du droit d'enregistrement.

« Lorsque la valeur de l'immeuble n'est pas exprimée dans l'acte, elle est obtenue en multipliant le revenu annuel par 25 pour les immeubles ruraux, et par 20 pour les immeubles urbains. »

« Art. 16. — L'usufruit et la nue propriété sont respectivement évalués à la moitié de la valeur de la propriété.

« Toutefois, la donation avec réserve d'usufruit au profit du donateur donne droit à la perception du même honoraire que celle qui porte sur la propriété. »

« Art. 17. — L'honoraire alloué à l'occasion d'un testament ou de dispositions dont l'exécution est subordonnée au décès est calculé sur l'actif net que reçoit le bénéficiaire.

« Si celui-ci a droit à une réserve, il n'est rien dû sur ce qu'il recueille à ce titre.

« L'honoraire proportionnel est dû au moment où la disposition reçoit son exécution et il appartient au notaire qui est alors en fonction. »

(*Ce dernier alinéa consacre expressément, pour l'Algérie, l'interprétation que nous avons donnée plus haut pour la France*).

« Art. 18. — L'honoraire n'est perçu qu'une fois sur des valeurs qui figurent dans plusieurs opérations successives comprises dans un même acte de liquidation. »

Art. 19. — Pour les actes relatifs à des biens ou droits dont la valeur n'excède pas 500 francs, quelle que soit la longueur de l'expédition, le notaire ne peut avoir droit qu'à l'émolument de deux rôles. »

« Art. 20. — Il est alloué aux notaires et greffiers-notaires, par vacation de trois heures, 8 francs.

(*Ainsi sans distinguer, comme en France, d'après les localités*).

« La première vacation commencée est due en entier. Les autres se payent en proportion du temps écoulé.

« Les actes rétribués par vacations constatent l'heure du commencement et celle de la fin des opérations, ainsi que les interruptions. Dans les cas où il est dû des frais de voyage, le temps employé au voyage ne compte pas dans le calcul des vacations. »

« Art. 21. — L'honoraire par rôle de minute est de 4 fr. 50 par rôle de 35 lignes à la page et de 20 syllabes à la ligne.

« Toutefois, pour les cahiers des charges de ventes judiciaires, il est seulement de 2 fr. 70.

« Les honoraires pour rôles de copie de 25 lignes à la page et de 15 syllabes à la ligne sont fixés :

« A 2 fr. 70 pour les expéditions et les grosses et pour les extraits analytiques ;

« A 75 centimes pour les expéditions dont le coût est à la charge de l'État, des établissements de bienfaisance et d'assistance, et des bénéficiaires de la loi sur les habitations à bon marché ;

« A 50 centimes pour les expéditions dont le coût est à la charge de l'Administration de l'enregistrement.

« Les copies collationnées donnent lieu à un droit fixe de 4 fr. 50 en sus du droit de rôle.

« Le rôle commencé est dû en entier, s'il est seul ; par portions non inférieures à la moitié, s'il y a plusieurs rôles. »

« Art. 22. — Lorsque le notaire est obligé de se transporter dans une localité éloignée de plus de 2 kilomètres de sa résidence, il perçoit pour frais de voyage, par kilomètre parcouru en allant et en revenant :

« 1o, 20 centimes si le transport a été effectué ou pouvait s'effectuer en chemin de fer ;

« 2o, 40 centimes si le transport a eu lieu autrement.

« Si le déplacement exige plus d'une journée, il est alloué, en outre, 10 francs par journée.

« Tout voyage requis la nuit est payé double.

« Il n'est alloué qu'un seul droit de transport pour la totalité des actes que le notaire aura faits dans un même déplacement. »

« Art. 23. — Tous actes, quelle que soit leur nature, ayant pour objet le mariage des indigents, le retrait de leurs enfants des hospices et la reconnaissance de leurs enfants naturels sont reçus gratuitement par les notaires, sur la production, par les parties intéressées, du certificat prévu par l'art. 6, L. 10 déc. 1850.

« La gratuité s'applique même aux frais de voyage.

« Il en est de même des actes reçus dans l'intérêt des personnes qui ont obtenu le bénéfice de l'assistance judiciaire, lorsqu'ils sont passés à l'occasion ou en exécution des instances dans lesquelles elles ont figuré, mais seulement dans les cas où ils doivent être visés pour timbre et enregistrés en débet.

« Lorsqu'il s'agit des actes compris au paragraphe précédent, les honoraires des notaires peuvent être recouvrés ultérieurement dans les conditions et les formes prescrites par L. 22 janv. 1851. »

« Art. 24. — Pour les actes qui n'auraient pas été compris dans le tarif, les frais seront, à défaut de règlement amiable entre les notaires et les parties, taxés par le président du tribunal de la résidence du notaire. »

(*Il ne pouvait être question, comme dans l'art. 3 des Dispositions générales pour la France, du contrôle des chambres de discipline, puisqu'il n'en existe pas en Algérie*).

« Art. 25. — Les notaires doivent tenir, dans leur étude, à la disposition de toute personne qui en fera la demande, un exemplaire du tarif fixant leurs honoraires. »

« Art. 26. (Modificatif du cautionnement, et étranger au tarif).

« Art. 27.— (Il porte le tarif que nous allons reproduire, lequel, pour le dire en passant, ressemble beaucoup à celui de la Ville de Paris et du département de la Seine).

Enfin, l'art. 28 déclare que « toutes les dispositions contraires au présent décret sont abrogées ».

Tarif

(Art. 27 du décret)

1° *Abandon de biens par un héritier bénéficiaire* (art. 802 C. civ.) : moitié des honoraires perçus en matière de vente.

2° *Abandon des biens d'une substitution* (art. 1053 C. civ.) :
A titre onéreux : honoraires comme en matière de vente ;
A titre gratuit : moitié des honoraires perçus en matière de donation.

3° *Abandon d'immeubles grevés de servitude* (art. 699 C. civ.) :
Unilatéral : 8 fr.;
Conventionnel : honoraires comme en matière de vente.

4° *Abandon de la quotité disponible* (art. 917 C. civ.), par acte séparé :
Unilatéral : 8 fr.;
Accepté : honoraires comme en matière de délivrance de legs.

5° *Acceptation d'abandon* (par acte séparé) :
4 fr. en brevet ; 8 fr. en minute ; et 2 fr. en plus par chaque créancier intervenant dans le même acte en sus du premier.

6° *Acceptation de cession, de communauté, de délégation, de legs, de nantissement, de succession, et toutes les acceptations autres que celles qui seront nommément tarifées,* (par acte séparé) : 4 fr. en brevet ; 8 fr. en minute.

7° *Acceptation de lettres de change ou autre valeur commerciale* : 0,25 cent. 0/0 de 1 à 200,000 fr.; 0,125 0/0 au-dessus.

8° *Acceptation d'emploi* (par acte séparé) :
A. — Lorsque l'emploi ou le remploi a été fait au moyen d'un achat ou d'un placement ayant donné lieu à un honoraire proportionnel dans l'étude : 8 fr.;
B. — Dans le cas contraire : 0,25 cent. 0/0 de 1 à 200,000 fr.; 0,125 0/0 au-dessus.

9° *Acquiescement pur et simple* (par acte séparé) : 4 fr. en brevet ; 8 fr. en minute ; et en plus 2 fr. par chaque partie, en sus de la première, ayant un intérêt distinct et intervenant dans l'acte.

10° *Acte complémentaire, interprétatif, rectificatif* : 8 fr.

11° *Acte imparfait* : honoraire par rôle de minute.

12° *Acte respectueux* : réquisition : 8 fr.; notification : 16 fr.; non compris les rôles de copie.

13° *Adhésion pure et simple* (par acte séparé) : 4 fr. en brevet ; 8 fr. en minute ; et en plus 2 fr. par chaque partie, en sus de la première, ayant un intérêt distinct et intervenant dans l'acte.

14° *Adoption testamentaire* (au décès de l'adoptant) :
Si le testament est authentique ou mystique : 0,50 cent. 0/0 de 1 à 200,000 fr.; 0,25 cent. 0/0 de 200,000 fr. à 400,000 fr,; 0,125 0/0 au-dessus ; — sans préjudice du droit fixe dû à l'occasion de la rédaction du testament ;
Si le testament est olographe : moitié des honoraires ci-dessus.

15° *Affectation hypothécaire* :
1° Par acte séparé : moitié de l'honoraire de l'acte principal sans pouvoir dépasser 0,25 cent. 0/0 pour les baux et 0,50 cent. 0/0 pour les autres actes ;
2° Par un tiers dans l'acte principal : pas d'honoraires.

16° *Affiches et insertions* :
Affiches manuscrites : 0,50 cent. chacune ;
Affiches imprimées : pour la rédaction, 6 fr.;
Insertions dans les journaux : pour la rédaction, 6 fr.

17° *Affrétement* : 0,25 cent. 0/0 de 1 à 200,000 fr.; 0,125 0/0 au-dessus.

18° *Ampliation* (art. 844 C. procéd. civ.) : 8 fr.

19° *Antériorité* (*Consentement à*) : 0,25 cent. 0/0 de 1 à 200,000 fr.; 0,125 0/0 au-dessus;
Sur la somme profitant d'une façon effective de l'antériorité.

20° *Antichrèse* (par acte séparé) : honoraires comme en matière d'affectation hypothécaire.

21° *Apprentissage* (L. 22 fév. 1851) : 2 fr.

22° *Arbitres et experts* (*Nomination d'*) : 8 fr.

23° *Assurance* (*Contrat d'*) : 0,10 cent. 0/0 sur le montant de la valeur assurée.

24° *Autorisation* : 4 fr. en brevet ; 8 fr. en minute.

25° *Aval* : 0,25 cent. 0/0 de 1 à 200,000 fr. 0,125 0/0 au-dessus.

26° *Bail* :
A. — De gré à gré, à loyer, à ferme, par adjudication, cahier des charges compris : 0,25 cent. 0/0 sur les loyers cumulés des neuf premières années ; 0,125 0/0 sur les loyers cumulés des années suivantes ;
B. — A vie : 1 0/0 de 1 à 200,000 fr.; 0,50 cent. 0/0 de 200,000 à 400,000 fr.; 0,25 cent. 0/0 de 400,000 à 800,000 fr.; 0,125

0/0 au-dessus ; sur le capital au denier dix de la redevance annuelle ;
C. — Bail à durée illimitée, emphytéotique : mêmes droits sur le capital au denier vingt de la redevance annuelle ;
D. — Louage d'ouvrage et d'industrie : 1 0/0 de 1 à 200,000 fr. ; 0,50 cent. 0/0 de 200,000 à 400,000 fr. ; 0,25 cent. 0/0 de 400,000 à 800,000 fr.; 0,125 0/0 au-dessus.

27° *Billet simple à ordre, au porteur* : 0,25 cent. 0/0 de 1 à 200,000 fr.; 0,125 0/0 au-dessus.

28° *Bordereau d'inscription* (*Rédaction du*) : lorsqu'il est dressé en exécution immédiate d'un acte reçu par le notaire: 4 francs dans tous les autres cas : 0,10 cent. 0/0.

29° *Pour les renouvellements d'inscription* : 0,10 cent. 0/0 ;
Si l'hypothèque doit être inscrite dans plusieurs arrondissements : 4 fr. sur le double envoyé à chaque bureau, en sus du premier.

30° *Bornage* (*Procès-verbal de*) : honoraires par rôle de minute.

31° *Carence* (*Procès-verbal de*) : honoraires, par vacations.

32° *Cautionnement* :
A. — Par acte séparé : moitié de l'honoraire de l'acte principal sans pouvoir excéder 0,25 cent. 0/0 pour les baux et 0,50 cent. 0/0 pour les autres actes;
B. — Dans l'acte contenant l'engagement principal : pas d'honoraires.

33° *Certificat de caution* (par acte séparé) : 4 fr. en brevet ; 8 fr. en minute.

34° *Certificat de propriété* :
Lorsqu'il est délivré pour l'exécution d'un acte contenant partage ou mutation de propriété sur lequel un honoraire proportionnel a été perçu dans la même étude : 8 fr. ;
Au cas contraire : 0,25 cent. 0/0 de 1 à 200,000 fr.; 0,125 0/0 au-dessus ;
Dans tous les autres cas : 5 fr. en sus pour chacun des notaires ayant concouru au certificat de propriété.

35° *Certificat de vie* :
A. — Pour les certificats dressés dans la forme des actes notariés : 4 fr.;
B. — Pour tous autres certificats : tarif de l'ord. du 6 juin 1839, des décrets des 9 nov. 1853 et 2 août 1860.

36° *Cession de bail* : honoraires comme en matière de bail, sur les années restant à courir.

37° *Cession de biens par un débiteur à ses créanciers* (art. 1265 et s. C. civ.) :

Avec mutation de propriété : honoraires comme en matière de vente de gré à gré, sur la valeur des biens abandonnés ;

Sans mutation de propriété : 0,50 cent. 0/0 de 1 à 200,000 fr.; 0,25 cent. 0/0 de 200,000 à 400,000 fr.; 0,125 0/0 au-dessus.

38° *Codicille* : honoraires comme en matière de testament.

39° *Communauté d'habitation ou de travail (Acte de)* :

Sans apports : 8 fr. ;

Avec apports : honoraires comme pour acte de société.

40° *Compensation* : honoraires comme en matière de quittance sur la somme compensée.

41° *Compromis* : 8 fr.

42° *Compte de bénéfice d'inventaire, compte d'administration légale, d'antichrèse, de copropriété, d'exécution testamentaire, de gestion, de mandat, de séquestre, compte entre héritiers et tous autres comptes non dénommés au présent tarif* : 0,50 cent. 0/0 de 1 à 200,000 fr.; 0,25 cent. 0/0 de 200,000 à 400,000 fr.; 0,125 0/0 au-dessus ;

Sur le chapitre le plus élevé en recettes ou en dépenses, et, pour le compte entre héritiers, sur les rapports à faire.

43° *Compte de tutelle* : mêmes honoraires que ci-dessus ;

S'il y a liquidation préalable dans le même acte, il est perçu, en outre, l'honoraire de liquidation sur la part revenant à l'oyant-compte, sans toutefois que l'honoraire puisse être cumulé en ce qui touche les valeurs figurant à la fois dans la liquidation et dans le compte.

Récépissé de compte : pas d'honoraires.

Arrêté de compte : 8 fr., sous réserve du cas où il y aurait lieu à honoraire proportionnel à raison des conventions que renferme l'acte.

44° *Compulsoire* : honoraires par vacations.

45° *Congé d'acquit, de bail* : 4 fr. en brevet ; 8 fr. en minute.

46° *Consentement à adoption, à entrer dans les ordres, à mariage* : 4 fr. en brevet ; 8 fr. en minute.

47° *Consentement à exécution de testament ou à exécution de donation entre époux* : 8 fr. ;

Si le consentement vaut délivrance de legs, il est perçu l'honoraire de délivrance.

48° *Consignation à la Caisse des dépôts* : 8 fr.

49° *Constitution de pension alimentaire* :

A. — En vertu de l'art. 205 C. civ. : 0,25 cent. 0/0 de 1 à 200,000 fr.; 0,125 0/0 au-dessus ; sur le capital formé de dix fois la prestation annuelle ;

B. — Dans les autres cas : 0,50 cent. 0/0 de 1 à 200,000 fr.; 0,25 cent. 0/0 de 200,000 à 400,000 fr. ; 0,125 0/0 au-dessus ; sur le capital formé de dix fois la prestation annuelle.

50° *Constitution d'une rente à titre onéreux* (perpétuelle et viagère) : 1 0/0 de 1 à 200,000 fr.; 0,50 cent 0/0 de 200,000 400,000 fr.; 0,25 cent. 0/0 de 400,000 à 800,000 fr.; 0,125 0/0 au-dessus ;

Sur le prix ou sur le capital formé de dix fois la rente pour la rente viagère, et vingt fois la rente pour la rente perpétuelle.

51° *Constitution de rente à titre gratuit* : honoraires comme en matière de donation ou de testament.

52° *Contrat de mariage* :

A. — Sur les apports cumulés des époux (déduction faite des charges) : 0,25 cent. 0/0 de 1 à 200,000 fr.; 0,125 0/0 au-dessus;

B. — Sur les dots : 0,50 cent. 0/0 de 1 à 200,000 fr.; 0,25 cent. 0/0 de 200,000 à 400,000 fr.; 125 0/0 au-dessus ;

C. — Donation éventuelle. — Promesse d'égalité : pas de droit de rédaction ou d'honoraires au décès ;

D. — Institution contractuelle : pas de droit fixe de rédaction, mais honoraire proportionnel au décès, comme en matière de testament.

Minimum du contrat : 24 fr.

Si le contrat n'est pas suivi de célébration : 12 fr.

Résiliation de contrat de mariage : 12 fr.

53° *Contre-lettre à contrat de mariage* : honoraires comme à contrat de mariage.

54° *Contributions (Paiement de), après adjudication de fruits et récoltes* : 4 fr.

55° *Crédit (Ouverture de)* :

Avec réalisation du crédit : honoraires comme en matière d'obligation ;

Sans réalisation : moitié des honoraires ci-dessus.

56° *Dation en paiement* : honoraires comme en matière de vente de gré à gré.

57° *Décharge (par acte séparé) de cautionnement, d'exécution testamentaire, de mandat, d'objets mobiliers, de pièces, de solidarité* : 4 fr. en brevet ; 8 fr. en minute.

58° *Décharge de dépôt de sommes ou valeurs* : 0,125 0/0.

59° *Déclaration pure et simple* : 8 fr.

60° *Déclaration de command* :
8 fr., si la déclaration ne contient aucune disposition nouvelle et se fait à la suite d'un acte reçu par le même notaire ;
Dans le cas contraire : 0,10 cent. 0/0.

61° *Déclaration d'emploi (par acte séparé)* : honoraires comme en matière d'acceptation d'emploi.

62° *Déclaration d'apport ou de fortune ; déclaration de grossesse ou de paternité ; déclaration d'hypothèque ou de privilège ; déclaration de mobilier pour éviter une confusion* : 8 fr.

63° *Déclaration de privilège de second ordre* :
A. — Si elle est faite à la suite d'un acte d'emprunt reçu dans l'étude : 8 fr. ;
B. — Dans les autres cas : 0,50 cent. 0/0 de 1 à 200,000 fr. ; 0,25 cent. 0/0 de 200,000 à 400,000 fr. ; 0,125 0/0 au-dessus.

64° *Déclaration préalable aux ventes de meubles* : 4 fr.

65° *Déclaration de succession* : 8 fr.

66° *Délégation de créance* :
A. — Parfaite (par acte séparé) : honoraires comme en matière d'obligation ;
B. — Imparfaite : 8 fr. ;
C. — Lorsque la délégation parfaite intervient dans un acte dont elle n'est pas l'objet principal : pas d'honoraires.

67° *Délivrance de legs* : 0,25 cent. 0/0 de 1 à 200,000 fr. ; 0,125 0/0 au-dessus ;
Avec ou sans décharge.

68° *Délivrance de seconde grosse (Procès-verbal de)* : 8 fr. ; non compris les rôles de copies.

69° *Dépôts d'actes sous seing privé autres que les testaments olographes* :
A. — Si le dépôt est fait par toutes les parties avec reconnaissance de leurs écritures, l'honoraire perçu sera de la moitié de celui auquel aurait donné lieu l'acte authentique contenant les conventions ;
B. — Dans le cas où le dépôt n'est pas fait par toutes les parties, l'honoraire sera seulement du quart.

70° *Dépôts d'extraits de contrats de mariage* (art. 67-68 C. comm.) :
Pour les dépôts faits en dehors de la résidence du notaire : 6 fr. pour les quatre extraits ;
Non compris le coût des extraits.

71° *Dépôt et insertion en matière de société* (art. 55, 56, 59, L. 24 juill. 1867) :
Pour les dépôts faits en dehors de la résidence du notaire :
I. — Dépôt : 5 fr. par localité, non compris le coût de l'expédition ;
II. — Insertion : 6 fr. pour la rédaction de l'envoi.

72° *Dépôt de pièces authentiques et autres (Acte de)* : 8 fr.

73° *Dépôt au greffe de procès-verbal de difficultés et autres actes* : 8 fr.

74° *Dépôt de sommes ou valeurs ou objets à un particulier* : 8 fr.

75° *Désaveu de paternité* : 8 fr.

76° *Désistement d'appel, d'instance, d'hypothèque ou de privilège, de plainte, de réméré, etc.* : 4 francs en brevet ; 8 fr. en minute.

77° *Devis et marchés* : honoraires comme en matière de vente ou de louage, suivant le cas.

78° *Dispense de notification de contrat, de signification, de transport, de congé, etc.* : 4 fr. en brevet ; 8 fr. en minute ; en plus 2 fr. par chaque partie, en sus de la première, ayant un intérêt distinct et intervenant dans l'acte.

79° *Dispense de rapport par le donateur (faite par acte séparé)* : 8 fr.

80° *Dissolution de société d'habitation et de travail* : honoraires comme en matière de dissolution de société.

81° *Distribution de deniers par contribution* :
1 0/0 de 1 à 200,000 fr. ; 0,50 cent. 0/0 de 200,000 à 400,000 fr. ; 0,25 cent. 0/0 de 400,000 à 800,000 fr. ; 0,125 0/0 au-dessus ;
Sur le montant total des collocations.

82° *Donation entre vifs avec ou sans partage* :
I. — Acceptée : 1 0/0 de 1 à 200,000 fr. ; 0,50 cent. 0/0 de 200,000 à 400,000 fr. ; 0,25 cent. 0/0 de 400,000 à 800,000 fr. ; 0,125 0/0 au-dessus ; sur la valeur nette des sommes ou biens donnés ;

II. — Non acceptée : les trois quarts de l'honoraire de la donation acceptée ;

III. — Acceptation de donation : le quart de l'honoraire de la donation acceptée.

83° *Donation entre époux pendant le mariage :*
Honoraires de rédaction de l'acte : 8 fr. ;
Honoraires dus au décès : 0,25 cent. 0/0 de 1 à 200,000 fr. ; 0,125 0/0 au-dessus ; sur la valeur de l'actif recueilli.

84° *Echange* : honoraires comme en matière de vente immobilière ou mobilière, suivant le cas, sur la valeur la plus importante des immeubles ou meubles échangés.

85° *Endossement* : 0,25 cent. 0/0 de 1 à 200,000 fr.; 0,125 0/0 au-dessus.

86° *Engagement des gens de mer* : mêmes honoraires.

87° *Engagement théâtral* : mêmes honoraires.

88° *Etablissement d'origine de propriété* (par acte séparé) : 8 fr.

89° *Etat de dettes, de meubles* : 8 fr.

90° *Etat de lieux (Procès-verbal d')* : honoraires par rôles de minute.

91° *Formalités hypothécaires* :
Pour les réquisitions de transcription d'actes translatifs de propriété, y compris les réquisitions d'états d'inscriptions de saisies et de transcriptions et les certificats de non-transcription et de non-résolution ou rescision (En ce non compris l'envoi des pièces) :

	Notaires résidant	Notaires ne résidant pas
	au siège de la conservation des hypothèques	
Sur les actes représentant :		
Un capital de moins de 500 fr.	1 50	1 50
Un capital de moins de 1,000 fr.	2 50	2 50
Un capital de moins de 2,000 fr.	3 50	3 50
Un capital de moins de 5,000 fr.	6 »	6 »
Un capital au-dessus de 5,000 francs..............	8 »	8 »
Pour les réquisitions d'états d'inscriptions et de radiations..............	2 »	3 »
Pour toutes les autres réquisitions..............	1 »	1 50
Pour port de chaque envoi de pièces..............	» »	1 »

92° *Gage et nantissement* : honoraires comme en matière d'affectation hypothécaire.

93° *Gestion d'affaires ou exécution de mandat :*
A. — 1 0/0 de 1 à 200,000 fr. ; 0,50 cent. 0/0 de 200,000 à 400,000 fr. ; 0,25 cent. 0/0 de 400,000 fr. à 1,000,000 de fr. ; 0,125 au-dessus ; sur les intérêts et autres revenus encaissés ;
B. — 0,50 cent. 0/0 de 1 à 200,000 fr. ; 0,25 cent. 0/0 de 200,000 à 400,000 fr. ; 0,125 0/0 au-dessus ; sur les capitaux recouvrés.

94° *Indivision (Convention d')* : 8 fr.

95° *Inventaire* : honoraires par vacations.

96° *Légalisation par le juge de paix ou le président du tribunal de première instance* : 0,25 cent. par pièce légalisée.

97° *Légalisation dans un ministère, une ambassade ou un consulat* : 1 fr. par pièce légalisée.

98° *Lettre de change* : 0,25 cent. 0/0 de 1 à 200,000 fr. ; 0,125 0/0 au-dessus.

99° *Licitation* :
A. — De gré à gré : honoraires comme en matière de vente, sur la part acquise.
Si l'indivision cesse, honoraires comme en matière de *Partage C* sur l'ensemble des biens licités ;
B. — Par adjudication volontaire : honoraires comme en matière d'adjudication volontaire ; l'honoraire est perçu sur le prix total des immeubles licités ;
C. — Judiciaire : Art. 14, Ord. 10 oct. 1841 et Loi 23 oct. 1884.

100° *Liquidation de reprises* : 1 0/0 de 1 à 200,000 fr. ; 0,50 cent. 0/0 de 200,000 à 400,000 fr. ; 0,25 cent. 0/0 de 400,000 à 800,000 fr. ; 0,125 0/0 au-dessus ; sur les sommes payées ou garanties, augmentées de la moitié du surplus de la créance de la femme ;
0,10 cent. 0/0 sur les reprises en nature.

101° *Lotissement* :
A. — Avec tirage au sort : honoraires comme en matière de partage volontaire ou judiciaire A ;
B. — Sans tirage au sort : moitié des honoraires ci-dessus.

102° *Mainlevée d'écrou ou de saisie* : 4 fr. en brevet ; 8 fr. en minute.

103° *Mainlevée d'inscription hypothécaire, de privilège, de nantissement :*
A. — Définitive ou partielle réduisant la créance : 0,10 cent. 0/0 ;

B. — Réduisant le gage : 8 fr. ;
Lorsqu'il y a eu une ou plusieurs mainlevées partielles réduisant la créance, l'honoraire pour mainlevée définitive est perçu seulement sur la somme qui restait garantie.

104° *Mention marginale* : 3 fr.

105° *Mines et carrières* (Cession ou exploitation de) : honoraires comme en matière de vente.

106° *Mitoyenneté* :
Abandon : 8 fr. ;
Cession : Honoraires comme en matière de vente ;
Convention de : 8 fr.

107° *Nomination* :
De conseil à une mère tutrice ou de tuteur (art. 391-397 C. civ.) : 8 fr. ;
D'exécuteur testamentaire : 8 fr.
De séquestre, gardien ou dépositaire : 8 fr.

108° *Notoriété* (*Acte de*) : 4 fr. en brevet; 8 fr. en minute.

109° *Obligation* : 1 0/0 de 1 à 200,000 fr. ; 0,50 cent. 0/0 de 200,000 à 400,000 fr. ; 0,25 cent. 0/0 de 400,000 à 800,000 fr. ; 0,125 0/0 au-dessus;
Lorsque les fonds sont remis hors la vue des notaires, moitié des honoraires ci-dessus.

110° *Ordre amiable* ou, plus exactement, *consensuel* (avec ou sans quittance) :
1 0/0 de 1 à 200,000 fr. ; 0,50 cent. 0/0 de 200,000 à 400,000 fr. ; 0,25 cent 0/0 de 400,000 à 800,000 fr. ; 0,125 0/0 au-dessus ;
Sur le montant total des collocations.

111° *Partage volontaire ou judiciaire* :
A. — Avec ou sans liquidation de communauté, de succession ou de société : 1 0/0 de 1 à 200,000 fr. ; 0,50 cent. 0/0 de 200,000 à 400,000 fr. ; 0,25 cent. 0/0 de 400,000 à 800,000 fr. ; 0,125 0/0 au-dessus;
Les honoraires sont perçus sur l'actif attribué, déduction faite du montant des rapports dus par les héritiers en vertu d'actes authentiques et de tout le passif autre que les frais. (V. plus haut, à cet égard, nos observations sur le tarif de la Seine, *v° Partage ordinaire, 1°*) ;
B. — Liquidation sans partage : moitié des honoraires ci-dessus ;
C. — Partage de biens indivis dans les cas autres que ceux prévus au paragraphe A ci-dessus : les trois quarts des honoraires perçus en matière de partage volontaire ou judiciaire sur l'actif net.

112° *Partage anticipé ou d'ascendants* : 1 0/0 de 1 à 200,000 fr. ; 0,50 cent. 0/0 de 200,000 à 400,000 fr. ; 0,25 cent. 0/0 de 400,000 à 800,000 fr. ; 0,125 0/0 au-dessus.

113° *Partage testamentaire* :
I. — Droit exigible au moment de la rédaction de l'acte : 32 fr. ;
II. — Au décès : honoraires comme en matière de partage volontaire ou judiciaire A.

114° *Procès-verbal de dires et protestations, de difficultés* : honoraires par rôle de minute.

115° *Procuration* (spéciale ou générale) : 4 fr. en brevet; 8 fr. en minute.

116° *Promesse de vente* : 1/4 de l'honoraire prévu en matière de vente, avec imputation sur l'honoraire de vente, si elle se réalise dans la même étude.

117° *Prorogation de délai* :
A. — Pure et simple : 24 fr.
B. — Contenant des dispositions nouvelles : honoraires proportionnels d'obligation sur la somme ou valeur, objet de la disposition nouvelle.

118° *Prorogation de bail* : honoraires comme en matière de bail, sur les années restant à courir.

119° *Protêt* : D. 23 mars 1848.

120° *Purge légale* : honoraires par vacations.

121° *Quittance* :
A. — Pure et simple ou dans les cas prévus par l'art. 1251 C. civ. : 0,50 cent. 0/0 de 1 à 200,000 fr. ; 0,25 cent. 0/0 de 200,000 à 400,000 fr. ; 0,125 0/0 au-dessus ;
Moitié des honoraires ci-dessus, si elle est la conséquence d'un acte reçu par le même notaire ;
B. — Dans les cas prévus par l'art. 1250, § 2, C. civ. : 0,25 cent. 0/0 de 1 à 200,000 fr.; 0,125 0/0 au-dessus ;
C. — Quittance d'ordre judiciaire : 0,50 cent. 0/0 de 1 à 200,000 fr. ; 0,25 cent. 0/0 de 200,000 à 400,000 fr. ; 0,125 0/0 au-dessus ;
D. — Subrogative (art. 1250, § 1er, C. civ. : honoraires comme en matière d'obligation.

122° *Rachat par réméré* : honoraires comme en matière de quittance pure et simple.

123° *Rapport pour minute* : 8 fr.

124º *Ratification* : 4 fr. en brevet; 8 fr. en minute ; et en plus 2 fr. par chaque partie, en sus de la première, ayant un intérêt distinct et intervenant dans l'acte.

125º *Réalisation de crédit* : moitié des honoraires perçus en matière d'obligation.

126º *Recette (Droit de)* :
A. — 1 0/0 de 1 à 200,000 fr. ; 0,50 cent. 0/0 de 200,000 à 400,000 fr. ; 0,25 cent. 0/0 de 400,000 à 1,000,000 de fr.; 0,125 0/0 au-dessus ;
Sur les intérêts et autres revenus encaissés ;
B. — 0,50 cent. 0/0 de 1 à 200,000 fr.; 0,25 cent. 0/0 de 200,000 à 400,000 fr. 0,125 0/0 au-dessus ;
Sur les capitaux recouvrés ;
Il n'est dû aucun droit de recette pour l'encaissement et la garde des fonds et valeurs déposés en conséquence ou pour l'exécution directe d'un acte de vente ou d'emprunt passé dans l'étude des notaires.

127º *Recherche (Droit de)* :
Si l'année est indiquée : 0,50 cent.;
Au cas contraire : 1 fr.;
Si la recherche a pour objet la délivrance d'une expédition ou la réception d'un acte, l'honoraire n'est pas dû.

128º *Récolement* : honoraires par vacations.

129º *Reconnaissance de dot, de reprises, de droits paraphernaux* : honoraires comme en matière d'apports en mariage.

130º *Reconnaissance d'enfant naturel* : 16 fr.

131º *Reconnaissance d'hypothèque ou de privilège* : 8 fr.

132º *Reconnaissance de dettes* : honoraires comme en matière d'obligation.

133º *Réduction d'hypothèque* (*V.* Mainlevée).

134º *Référé* : honoraires par vacations.

135º *Règlement d'indemnité en cas d'expropriation pour cause de déclaration d'utilité publique* :
A. — Avant le jugement d'expropriation : honoraires comme en matière de vente ;
B. — Après le jugement : honoraires comme en matière de quittance pure et simple.

136º *Réméré (Vente à)* : honoraires comme en matière de vente.

137º *Remise de dette* : honoraires comme en matière de quittance pure et simple.

138º *Renonciation* (par acte séparé) : 4 fr. en brevet; 8 fr. en minute.

139º *Renonciation à hypothèque légale* :
A. — A la suite d'un acte authentique ou de dépôt, avec reconnaissance d'écriture, d'un acte de vente sous signature privée : 8 fr.;
B. — Dans les autres cas : moitié de l'honoraire qui aurait été perçu sur l'acte de vente.

140º *Représentation de présumé absent* (art. 113 C. civ.) *de non présent* (art. 942, C. procéd. civ.), *d'aliéné non interdit* (art. 36, L. 30 juin 1838) : honoraires par vacations.

141º *Reprise de la vie commune* (art. 311, C. civ.) : 16 fr.

142º *Résiliation* :
A. — De vente dans les vingt-quatre heures : 8 fr.; après ce délai, moitié de l'honoraire de l'acte résilié ;
B. — De bail : moitié de l'honoraire de bail, sur les années restant à courir.

143º *Rétablissement de communauté (Acte de)* (art. 1451 C. civ.) : 32 fr.

144º *Retrait des droits litigieux, d'indivision, successoral* : honoraires comme en matière de quittance pure et simple.

145º *Révocation* :
De conseil à la mère tutrice : 8 fr.;
De donation entre époux : 8 fr.;
De mandat ou de substitution : 4 fr. en brevet; 8 fr. en minute ;
De testament : 8 fr.

146º *Société (Acte de)* : 0,50 cent. 0/0 de 1 à 200,000 fr.; 0,25 cent. 0/0 de 200,000 à 400,000 fr.; 0,125 0/0 au-dessus ;
Déclaration de souscription du capital social :
A. — Si l'acte de société a été reçu dans l'étude : 18 fr.;
B. — Si l'acte de société est sous seing privé ou reçu dans une autre étude, l'honoraire est perçu en entier ;
Prorogation de société : moitié des honoraires ci-dessus ;
Dissolution de société : 8 fr.; sous réserve du cas où il y a lieu à honoraire proportionnel, à raison des conventions que renferme l'acte.

147º *Sous-bail* : honoraires comme en matière de bail.

148° *Substitution de pouvoirs* : 4 fr. en brevet;
8 fr. en minute.

149° *Testament olographe* :
Présentation au président du tribunal et
retrait (art. 1007 C. civ.) : 16 fr.;
Sur les dispositions du testament :
moitié des honoraires perçus en matière
de testament authentique.

150° *Testament public ou authentique*:
Droit fixe pour la rédaction de l'acte :
32 fr.;
Droit dû au décès du testateur sur les
dispositions contenues dans le testament
(art. 17 des Dispositions générales) en
ligne directe, entre époux, en ligne colla-
térale, entre étrangers : 0,50 cent. 0/0 de
1 à 200,000; 0,25 cent. 0/0 de 200,000 à
400,000 fr.; 0,125 0/0 au-dessus.

151° *Testament mystique* :
A. — Acte de suscription : 32 fr.;
B. — Présentation au président et retrait : 16 fr.;
C. — Sur les dispositions du testament
au décès : honoraires comme en matière
de testament authentique.

152° *Tirage au sort des lots* : moitié des honoraires perçus en matière de partage, mais
seulement dans le cas où l'opération a
été la seule pour laquelle le notaire a été
commis.

153° *Titre nouvel* : moitié des honoraires perçus sur le titre originaire.

154° *Transaction*. — Cet acte donne ouverture à l'honoraire spécial de la convention à laquelle il aboutit, et de plus, s'il
y a lieu, à un honoraire particulier réglé
à l'amiable entre les notaires et les parties 'd'après les difficultés de l'affaire et
les soins donnés à sa conclusion.

155° *Translation d'hypothèque* :
A. — Portant sur la totalité du gage :
honoraires comme en matière d'affectation hypothécaire ;
B. — Partielle : mêmes honoraires, perçus sur la somme pour laquelle le transfert
a lieu.

156° *Transport de créance* : honoraires comme
en matière d'obligation.

157° *Transport de droits litigieux et successifs* : honoraires comme en matière de
vente.

158° *Usufruit (Cession ou don d')* : honoraires

comme en matière de vente ou de donation, selon le cas.

159° *Vente par adjudication judiciaire ou
volontaire de créances, droits incorporels,
fonds de commerce, etc.* (cahier des charges compris) : 1 0/0 de 1 à 200,000 fr.;
0,50 cent. 0/0 de 200,000 à 400,000 fr.:
0,25 cent. 0/0 de 400,000 à 800,000 fr.;
0,125 0/0 au-dessus.

160° *Vente par adjudication de fruits et récoltes pendants par racines, de coupes de
bois taillis, de futaies aménagées ou non
aménagées et de tourbages* (cahier des
charges compris) : 1 0/0 de 1 à 200,000 fr.;
0,50 cent. 0/0 de 200,000 à 400,000 fr.;
0,25 cent. 0/0 de 400,000 à 800,000 fr.;
0,125 0/0 au-dessus :
Lorsque l'officier public qui a procédé
à une vente à terme est chargé d'opérer
le recouvrement du prix, il a droit, en
outre, sur la somme par lui recouvrée, à
la remise suivante : 1 0/0 de 1 à 200,000 fr.:
0,50 cent. 0/0 de 200,000 à 400,000 fr.:
0,25 cent. 0/0 de 400,000 à 800,000 fr.;
0,125 0/0 au-dessus ;
Pour versement à la Caisse des consignations, payement des contributions, ou
assistance aux référés, s'il y a lieu, il est
alloué sans distinction : 4 fr.

161° *Vente par adjudication volontaire de
meubles et objets mobiliers, d'arbres au
détail et de bateaux* (cahier des charges
compris),
Il est alloué :
1° Pour droits de prisée, — pour chaque
vacation : 6 fr.;
2° Pour assistance aux référés, — pour
chaque vacation: 5 fr.;
3° Pour tout droit de vente, non compris les déboursés pour y parvenir et en
acquitter les droits, non plus que la rédaction des placards : 6 0/0 sur le produit
des ventes ;
Il pourra, en outre, être alloué une ou
plusieurs vacations sur la réquisition des
parties, constatée par procès-verbal, à
l'effet de préparer les objets mis en
vente;
Ces vacations extraordinaires ne seront
passées en taxe qu'autant que le produit
de la vente s'élèvera à 3,000 fr.;
Chacune de ces vacations de trois heures donnera droit aux émoluments fixés
par le n° 1 du présent article ;
4° Pour expédition ou extrait des procès-verbaux de vente, s'ils sont requis,
outre le timbre et pour chaque rôle de
25 lignes à la page et 15 syllabes à la ligne:
1 fr. 50 ;
Pour consignation à la Caisse, s'il y a
lieu: 6 fr.;

Pour assistance à l'essai ou au poinçonnage des matières d'or et d'argent : 6 fr.;
Pour payement des contributions, conformément aux dispositions des LL. 5-18 août 1791 et 12 nov. 1808 : 4 fr.

162° *Vente par adjudication judiciaire d'immeubles* (cahier des charges compris) : Ord. 10 oct. 1841 et L. 23 oct. 1884 ;
L'honoraire sera perçu sur le prix de chaque lot séparément, lorsque les lots seront composés d'immeubles distincts.

163° *Vente par adjudication volontaire d'immeubles* (cahier des charges compris) : 1 0/0 de 1 à 200,000 fr.; 0,50 cent. 0/0 de 200,000 à 400,000 fr.; 0,25 cent. 0/0 de 400,000 à 800,000 fr.; 0,125 0/0 au-dessus;
L'honoraire est perçu, dans toute adjudication, séparément sur le prix de chaque lot ;
Le même honoraire est dû, lorsque la vente est réalisée de gré à gré, dans les quatre mois de la tentative d'adjudication.

164° *Vente d'immeubles de gré à gré* : 1 0/0 de 1 à 200,000 fr. ; 0,50 cent. 0/0 de 200,000 à 400,000 fr. ; 0,25 cent. 0/0 de 400,000 à 800,000 fr. ; 0,125 0/0 au-dessus.

165° *Vente mobilière de gré à gré* : 1 0/0 de 1 à 20,000 fr. ; 0,50 cent. 0/0 de 20,000 à 100,000 fr. ; 0,25 cent. 0/0 au-dessus.

166° *Vente par adjudication judiciaire de meubles* (cahier des charges compris) : mêmes droits, indépendamment des honoraires qui peuvent être dus à l'avoué.

167° *Vente* (*Tentative de*) *aux enchères de meubles ou immeubles* : 32 fr., cahier des charges et procès-verbal de tentative de vente réunis.

~~~

Le Gouvernement a profité de l'établissement d'un tarif légal en faveur des notaires d'Algérie, pour augmenter le cautionnement de ceux nommés postérieurement à sa promulgation, mais sans toucher aux plus anciens, ni aux greffiers-notaires. (Art. 26, D. 28 nov. 1899).

2^{ent} MUSULMANS

Législation usuelle. — D. 17 avril 1889.

Tarif

(Annexé au décret du 17 avril 1889).

Cadis, bachadels et adels.

« N° 1. — Acte constatant la qualité de chérif, 25 fr.

« N° 2. — Contrat de mariage, y compris la procuration de la mariée, les certificats constatant son âge, le degré de parenté de son représentant et tout ce qui est nécessaire à l'accomplissement du mariage, 5 fr.

« N° 3. — Renouvellement du mariage avec une femme divorcée d'une manière définitive, 5 fr.

« N° 4. — Acte de reprise en mariage de la même femme, 2 fr.

« N° 5. — Acte de divorce absolu, 5 fr.

« N° 6. — Acte de divorce, avec la faculté de reprendre la femme, 5 fr.

« N° 7. — Déclaration de témoins constatant les sévices subis par la femme et tendant à lui faire restituer la somme donnée pour obtenir le divorce (dit *khela*), 4 fr.

« N° 8. — Acte de pension, 2 fr.

« N° 9. — Acte désignant la femme qui prendra soin d'un enfant en bas âge, après le décès de sa mère ou son mariage en secondes noces, 1 fr.

« N° 10. — Acte par lequel la femme désignée pour prendre soin d'un enfant en bas âge est remplacée par une autre femme, 1 fr.

« N° 11. — Acte de vente :
« Au-dessous de 200 fr., 5 fr.;
« De 200 à 500 fr., 8 fr. ;
« De 500 à 1,000 fr., 12 fr. ;
« De 1,000 à 1,500 fr., 15 fr. ;
« De 1,500 à 2,000 fr., 20 fr. ;
« De 2,000 à 4,000 fr., 25 fr. ;
« De 4,000 à 10,000 fr., 30 fr. ;
« Au-dessus de 10,000 fr., 40 fr. ;
« Plus 0 fr. 25 par millier de francs au-dessus de 10,000 fr.

« N° 12. — Acte d'échanges d'immeubles (même tarif que pour les ventes).

« N° 13. — Cession d'un bien en paiement
~~~

d'une dette (même tarif que pour l'acte de vente).

« Nᵒ 14. — Cession d'un objet vendu au prix de la vente, 5 fr.

« Nᵒ 15. — Acte établissant la preuve d'un vice rédhibitoire existant soit dans un immeuble, soit chez une bête de somme, 4 fr.

« Nᵒ 16. — Résiliation de vente (un quart du droit perçu pour la vente).

« Nᵒ 17. — Acte en avance de paiement pour marchandises à livrer :
« Au-dessous de 500 fr., 3 fr. ;
« Au-dessous de 1,000 fr., 5 fr. ;
« Au-dessous de 2,000 fr., 7 fr. ;
« Au-dessous de 3,000 fr., 8 fr. ;
« Au-dessus de 3,000 fr., 10 fr, ;
« Plus 0 fr. 25 par millier de francs au-dessus de 3,000 fr.

« Nᵒ 18. — Acte de prêt, 2 fr.

« Nᵒ 19. — Acte de quittance définitive pour achat d'un immeuble après des paiements successifs, 3 fr.

« Nᵒ 20. — Acte de prêt sur gage d'un immeuble ou autre :
« Au-dessous de 200 fr., 3 fr. ;
« De 200 à 500 fr., 6 fr. ;
» De 500 à 1,000 fr. et au-dessus, 10 fr.

« Nᵒ 21. — Certificat d'indigence (doit être délivré gratuitement, exempt de droit de timbre et de traduction).

« Nᵒ 22. — Interdiction, 10 fr.
« Les actes d'interdiction doivent être communiqués aux notaires et publiés dans toute l'étendue du ressort.

« Nᵒ 23. — Acte d'émancipation, 10 fr.

« Nᵒ 24. — Acte par lequel un cadi nomme un gardien chargé de gérer, sous son contrôle, la tutelle d'un interdit ou d'un mineur, 2 fr.

« Nᵒ 25. — Arrangement à l'amiable, 5 fr.

« Nᵒ 26. — Transport de créances, 3 fr.

« Nᵒ 27. — Acte de garantie, 2 fr.

« Nᵒ 28. — Acte d'association, 5 fr.

« Nᵒ 29. — Dissolution d'association et règlement de comptes. Si les sommes qui en font l'objet sont inférieures à 200 fr., 5 fr. ;
« Au-dessus de 200 fr., 10 fr.

« Nᵒ 30. — Procuration, 2 fr.

« Nᵒ 31. — Révocation d'un mandataire, 2 fr.

« Nᵒ 32. — Reconnaissance d'un enfant, 5 fr.

« Nᵒ 33. — Reconnaissance d'une obligation :
« Au-dessous de 200 fr., 2 fr. ;
« De 200 à 500 fr., 4 fr. ;
« Au-dessus de 500 fr., 6 fr.

« Nᵒ 34. — Acte de dépôt, 3 fr.

« Nᵒ 35. — Déclaration relative à l'exercice du droit de préemption, 5 fr.

« Nᵒ 36. — Acte de partage (même tarif proportionnel que pour l'acte de vente).

« Nᵒ 37. — Acte de société en commandite, 5 fr.

« Nᵒ 38. — Acte d'association entre le propriétaire d'un immeuble et celui qui y fait des plantations ou autres travaux améliorant la propriété, à condition de partager l'immeuble, 5 fr.

« Nᵒ 39. — Acte de convention entre le propriétaire d'un immeuble et celui qui le cultive pour le partage des fruits, 3 fr.

« Nᵒ 40. — Acte de convention pour la fixation d'un salaire, 2 fr.

« Nᵒ 41. — Acte de location :
« Location perpétuelle, au même taux que la vente ;
« Au-dessus de dix-huit ans, la moitié du taux de la vente ;
« De neuf à dix-huit ans, un tiers du même taux ;
« De trois à neuf ans, un quart du même taux ;
« Au-dessous de trois ans, 2 fr.

« Nᵒ 42. — Acte de constitution de habous, 10 fr.

« Nᵒ 43. — Acte d'annulation de habous, 10 fr.

« Nᵒ 44. — Acte de don et aumône :
« Au-dessous de 200 fr., 3 fr. ;
« Au-dessus de 200 fr., 5 fr.
« Pour un immeuble (droit fixe), 10 fr.

« Nᵒ 45. — Révocation d'une donation, 5 fr.

« Nᵒ 46. — Droit de jugement, dû indépendamment de toute demande d'expédition :

« Si le litige est inférieur à 200 fr. de capital, 5 fr. ;

« Au-dessus de 200 fr. de capital, 10 fr.

« N° 47. — Lettre d'un cadi à un autre cadi, 2 fr.

« N° 48. — Acte d'avération d'écritures, 2 fr.

« N° 49. — Acte qui établit la filiation d'une personne et son droit à un héritage :
« Pour acte de filiation remontant au grand-père ou aïeul, 5 fr. ;
« Si on remonte au bisaïeul, 7 fr. ;
« Si la filiation part du trisaïeul, 9 fr. ;
« Quel que soit l'auteur commun au delà du cinquième degré, 12 fr.

« N° 50. — Acte constatant un droit par la déclaration de témoins :
« S'il s'agit d'un immeuble, 6 fr. ;
« S'il s'agit de plusieurs immeubles, 10 fr. ;
« Dans les autres cas, 4 fr.

« N° 51. — Délimitation d'un immeuble, 5 fr.

« N° 52. — Acte testamentaire pour le tiers des biens du testateur (quotité disponible en droit musulman), 5 fr. ;
« Au-dessus de 2,000 fr., 20 fr.

« N° 53. — Constitution d'exécuteur testamentaire, 3 fr.

« N° 54. — Retour sur une donation faite par testament, 3 fr.

« N° 55. — Répartition d'héritage, fixation des parts, énumération des héritiers, constatation de leurs droits, 10 fr.

« N° 56. — Droits à percevoir sur l'héritage vendu :
« 3 0/0 sur les premiers 10,000 fr. ;
« 0 fr. 50 0/0 de 10,000 à 100,000 fr. ;
« 0 fr. 25 0/0 pour le surplus.
« Liquidation, estimation suivie de partage, même tarif.
« (Les frais à payer aux dellahs et aux experts sont à la charge des mahakmas, dont les membres se partagent les droits perçus conformément aux n°s 65 et 66).

« N° 57. — Dissolution de mariage, 5 fr.

« N° 58. — Acte constatant le droit d'un tiers sur un immeuble, 6 fr.

« N° 59. — Reçu fait par devant le cadi, 2 fr.

« N° 60. — Tout acte non spécialement dénommé, 1 fr.

« N° 61. — Toute expédition de jugement ou d'acte donne lieu à la perception d'un droit de copie égal au quart du droit de jugement ou d'acte, sans que ce droit puisse excéder 10 fr.

« N° 62. — Extrait d'un acte authentique si, en y faisant connaître la portée de l'acte, on y indique l'usage auquel l'extrait est destiné : moitié du coût de l'acte, sans que ce droit puisse en aucun cas excéder 10 fr.

« N° 63. — Recherches d'actes :
« Pour les actes de l'année courante, 0 fr. 50 ;
« Pour ceux de l'année d'avant, 1 fr. :
« Pour chaque année en sus, 0 fr. 50, sans pouvoir dépasser 3 fr.

« N° 64. — Indemnité pour frais de déplacement de magistrats. Indemnités de l'adel lorsqu'il est mandé par les parties dans l'intérieur de la ville :
« A Alger, 2 fr. ;
« Autre ville qu'Alger, 1 fr. :
« En dehors de la ville, 4 fr. par jour de voyage ou de séjour pendant le temps de son déplacement.
« Indemnité pour le déplacement de l'âoun, moitié de ce qui est accordé à l'adel.
« Indemnité pour le déplacement du cadi, lorsqu'il est mandé par les parties, 5 fr. par jour de voyage pendant le temps de son déplacement.

« N° 65. — Le partage des sommes perçues conformément aux art. 1er à 64 se fait de la manière suivante :
« Les cadis reçoivent deux huitièmes des sommes perçues, conformément au présent tarif, et les bachadels trois huitièmes.
« Les adels et l'âoun se partagent les trois huitièmes restants, de façon que l'âoun n'ait que la moitié de la part d'un adel.

« N° 66. — Dans les mahakmas annexes, le bachadel reçoit cinq dixièmes, les adels quatre dixièmes et l'âoun un dixième.
« Il est alloué au cadi-notaire, sept dixièmes et à l'adel trois dixièmes.

« N° 67. — Les sommes perçues dans chaque mahakma sont recueillies par les soins d'un adel et partagées, à la fin du mois, d'après les règles ci-dessus indiquées, Il en est dressé un acte indiquant le total des sommes encaissées pendant le mois et la part de chacun. Les membres de la mahakma attestent l'exactitude du contenu de cet acte, apposent leur signature au bas et l'enregistrent sur les registres d'inscription des actes.

« N° 68. — Les cadis délivrent gratuitement et sur papier libre les actes destinés à tenir lieu d'actes de l'état civil, ainsi que les copies de jugements réclamés par l'administration civile ou militaire.

52127. A ce qui précède, il y a lieu d'ajouter les dispositions suivantes du décret dont il s'agit, relativement aux liquidations et partages :

« Art. 59. — Les cadis procèdent aux opérations de compte, liquidation et partage des successions musulmanes purement mobilières. — Si les successions comprennent à la fois des meubles et des immeubles, ou si elles sont purement immobilières, il est procédé aux opérations de compte, liquidation et partage par les soins des notaires français, ou des greffiers-notaires, sans distinction entre ces derniers...... Les notaires ou greffiers-notaires procèdent également aux opérations de compte, liquidation et partage des successions mozabites mobilières ou immobilières qui viennent à s'ouvrir en dehors du M'Zab.

ww Mais ce, en appliquant les règles du droit musulman. — V. Cass. 20 nov. 1900 (S. 1902. 1. 345) ; Cpr. Cass. 20 déc. 1893 (S. 94. 1. 133).

Or, les successions musulmanes sont dévolues d'après le statut personnel du *de cujus*, conformément aux règles de succession des musulmans entre eux. (L. 26 juill. 1873, art. 7.) — V. Cass. 4 avril 1882 (S. 84. 1. 369) ;

Et, a le caractère de succession musulmane, la succession de tout musulman (art. 40, D. 31 déc. 1866) ;

Alors même que tous les héritiers ne seraient pas eux-mêmes musulmans. — V. Alger, 5 avril 1876 (S. 76. 2. 231) ;

Qu'il s'agisse d'une succession *ab intestat* ou autre. — V. Cass. 20 nov. 1900, précité.

ww Quant aux israélites indigènes, c'est selon la loi française, à l'exclusion du droit rabbinique, que se déterminent l'ordre et la dévolution des successions, comme se rattachant au statut réel et non au statut personnel, sans distinctions à faire. — V. Cass. 5 déc. 1871 (S. 71. 1. 189) ; Alger, 22 déc. 1871 (S. 71. 2.

196), 20 nov. 1873 (S. 74. 2. 166) ; Cass. 31 mars 1874 (S. 74. 1. 346).

« 61. — Les notaires ou greffiers-notaires ne peuvent recevoir soit à titre d'honoraires, soit à titre de remise proportionnelle, que les frais actuellement attribués aux cadis par le tarif ci-dessus.

« 65. — Les actes publics entre musulmans sont reçus, suivant le choix des parties, par les cadis ou par les notaires......

« 66. — ...... Les actes reçus par les cadis et les copies ou expéditions délivrées par eux sont payés par les parties, conformément au tarif. Ce tarif imprimé en français et traduit en arabe, demeure exposé à l'entrée du local dans lequel les cadis tiennent leurs audiences. — Le produit des actes appartient au cadi, au bachadel et aux adels. Il est réparti entre eux dans des proportions déterminées par le tarif dont il vient d'être fait mention. — Le montant des droits dus ou perçus doit être inscrit en toutes lettres au bas de chaque acte, expédition ou copie d'acte, sous peine, pour l'adel copiste, d'une amende de cinq francs par contravention. — Cette amende est prononcée par le tribunal qui constate la contravention. — Tout agent de la justice musulmane qui reçoit ou exige d'autres rétributions que celles portées dans le tarif peut être suspendu ou révoqué, sans préjudice des poursuites qui peuvent être dirigées contre lui, conformément aux dispositions du Code pénal.

« 67. — Dans les circonscriptions de justices de paix où ne réside pas un cadi investi des fonctions de juge, un cadi-notaire peut être institué, par arrêté du garde des sceaux, pour remplir les fonctions de notaire : il sera assisté d'un adel. — Dans les mahakmas annexes, le bachadel exerce les mêmes fonctions sous la surveillance du cadi.

« 68. — Le produit des actes reçus par les cadis-notaires est réparti entre eux et leurs adels conformément au tarif. — Le produit des actes reçus par les bachadels, dans les mahakmas annexes, est réparti entre les membres de ces mahakmas.

Suit le **Barême des honoraires :**

BARÊME
POUR LE CALCUL DES HONORAIRES

HONORAIRES

SUR	AU TAUX DE					
	0,05 cent. 0/0	0,06cent.1/4 0/0	0,10 cent. 0/0	0,12cent.1/2 0/0	0,15 cent. 0/0	0,20 cent. 0/0
100	0.05	0.0625	0.10	0.125	0.15	0.20
120	0.06	0.075	0.12	0.15	0.18	0.24
140	0.07	0.0875	0.14	0.175	0.21	0.28
160	0.08	0.10	0.16	0.20	0.24	0.32
180	0.09	0.1125	0.18	0.225	0.27	0.36
20C	0.10	0.125	0.20	0.25	0.30	0.40
300	0.15	0.1875	0.30	0.375	0.45	0.60
400	0.20	0.25	0.40	0.50	0.60	0.80
500	0.25	0.3125	0.50	0.625	0.75	1 ..
600	0.30	0.375	0.60	0.75	0.90	1.20
700	0.35	0.4375	0.70	0.875	1.05	1.40
800	0.40	0.50	0.80	1 ..	1.20	1.60
900	0.45	0.5625	0.90	1.125	1.35	1.80
1 000	0.50	0.625	1 ..	1.25	1.50	2 ..
1 020	0.51	0.6375	1.02	1.275	1.53	2.04
1 040	0.52	0.65	1.04	1.30	1.56	2.08
1 060	0.53	0.6625	1.06	1.325	1.59	2.12
1 080	0.54	0.675	1.08	1.35	1.62	2.16
2 000	1 ..	1.25	2 ..	2.50	3 ..	4 ..
3 000	1.50	1.875	3 ..	3.75	4.50	6 ..
4 000	2 ..	2.50	4 ..	5 ..	6 ..	8 ..
5 000	2.50	3.125	5 ..	6.25	7.50	10 ..
6 000	3 ..	3.75	6 ..	7.50	9 ..	12 ..
7 000	3.50	4.375	7 ..	8.75	10.50	14 ..
8 000	4 ..	5 ..	8 .	10 ..	12 ..	16 ..
9 000	4.50	5.625	9 ..	11.25	13.50	18 ..
10 000	5 ..	6.25	10 ..	12.50	15 ..	20 ..
20 000	10 ..	12.50	20 ..	25 ..	30 ..	40 ..
25 000	12.50	15.625	25 ..	31.25	37.50	50 ..
30 000	15 ..	18.75	30 ..	37.50	45 ..	60 ..
40 000	20 ..	25 ..	40 ..	50 ..	60 ..	80 ..
50 000	25 ..	31.25	50 ..	62.50	75 ..	100 ..
60 000	30 ..	37.50	60 ..	75 ..	90 ..	120 ..
70 000	35 ..	43.75	70 ..	87.50	105 ..	140 ..
80 000	40 ..	50 ..	80 ..	100 ..	120 ..	160 ..
90 000	45 ..	56.25	90 ..	112.50	135 ..	180 ..
100 000	50 ..	62.50	100 ..	125 ..	150 ..	200 ..
200 000	100 ..	125 ..	200 ..	250 ..	300 ..	400 ..
300 000	150 ..	187.50	300 ..	375 ..	450 ..	600 ..
400 000	200 ..	250 ..	400 ..	500 ..	600 ..	800 ..
500 000	250 ..	312.50	500 ..	625 ..	750 ..	1000 ..
600 000	300 ..	375 ..	600 ..	750 ..	900 ..	1200 ..
700 000	350 ..	437.50	700 ..	875 ..	1050 ..	1400 ..
800 000	400 ..	500 ..	800 ..	1000 ..	1200 ..	1600 ..
900 000	450 ..	562.50	900 ..	1125 ..	1350 ..	1800 ..
1 000 000	500 ..	625 ..	1000 ..	1250 ..	1500 ..	2000 ..

BARÊME
POUR LE CALCUL DES HONORAIRES

HONORAIRES

SUR	AU TAUX DE					
	0,25 cent. 0/0	0,30 cent. 0/0	0,33 cent. 0/0	0,35 cent. 0/0	0,37 cent. 1/2 0/0	0,40 cent. 0/0
100	0.25	0.30	0.33	0.35	0.375	0.40
120	0.30	0.36	0.396	0.42	0.45	0.48
140	0.35	0.42	0.462	0.49	0.525	0.56
160	0.40	0.48	0.528	0.56	0.60	0.64
180	0.45	0.54	0.594	0.63	0.675	0.72
200	0.50	0.60	0.66	0.70	0.75	0.80
300	0.75	0.90	0.99	1.05	1.125	1.20
400	1 ..	1.20	1.32	1.40	1.50	1.60
500	1.25	1.50	1.65	1.75	1.875	2 ..
600	1.50	1.80	1.98	2.10	2.25	2.40
700	1.75	2.10	2.31	2.45	2.625	2.80
800	2 ..	2.40	2.64	2.80	3 ..	3.20
900	2.25	2.70	2.97	3.15	3.375	3.60
1 000	2.50	3 ..	3.30	3.50	3.75	4 ..
1 020	2.55	3.06	3.366	3.57	3.825	4.08
1 040	2.60	3.12	3.432	3.64	3.90	4.16
1 060	2.65	3.18	3.498	3.71	3.975	4.24
1 080	2.70	3.24	3.564	3.78	4.05	4.32
2 000	5 ..	6 ..	6.60	7 ..	7.50	8 ..
3 000	7.50	9 ..	9.90	10.50	11.25	12 ..
4 000	10 ..	12 ..	13.20	14 ..	15 ..	16 ..
5 000	12.50	15 ..	16.50	17.50	18.75	20 ..
6 000	15 ..	18 ..	19.80	21 ..	22.50	24 ..
7 000	17.50	21 ..	23.10	24.50	26.25	28 ..
8 000	20 ..	24 ..	26.40	28 ..	30 ..	32 ..
9 000	22.50	27 ..	29.70	31.50	33.75	36 ..
10 000	25 ..	30 ..	33 ..	35 ..	37.50	40 ..
20 000	50 ..	60 ..	66 ..	70 ..	75 ..	80 ..
25 000	62.50	75 ..	82.50	87.50	93.75	100 ..
30 000	75 ..	90 ..	99 ..	105 ..	112.50	120 ..
40 000	100 ..	120 ..	132 ..	140 ..	150 ..	160 ..
50 000	125 ..	150 ..	165 ..	175 ..	187.50	200 ..
60 000	150 ..	180 ..	198 ..	210 ..	225 ..	240 ..
70 000	175 ..	210 ..	231 .	245 ..	262.50	280 ..
80 000	200 ..	240 ..	264 ..	280 ..	300 ..	320 ..
90 000	225 ..	270 ..	297 ..	315 ..	337.50	360 ..
100 000	250 ..	300 ..	330 ..	350 ..	375 ..	400 ..
200 000	500 ..	600 ..	660 ..	700 ..	750 ..	800 ..
300 000	750 ..	900 ..	990 ..	......	1125 ..	1200 ..
400 000	1000 ..	1200 ..	1320 ..	......	1500 ..	1600 ..
500 000	1250 ..	1500 ..	1650 ..	......	1875 ..	2000 ..
600 000	1500 ..	1800 ..	1980 ..	......	2250 ..	2400 ..
700 000	1750 ..	2100 ..	2310 ..	......	2625 ..	2800 ..
800 000	2000 ..	2400 ..	2640 ..	......	3000 ..	3200 ..
900 000	2250 ..	2700 ..	2970 ..	......	3375 ..	3600 ..
1 000 000	2500 ..	3000 ..	3300 ..	......	3750 ..	4000 ..

BARÊME
POUR LE CALCUL DES HONORAIRES

HONORAIRES

SUR	AU TAUX DE					
	0,50 cent. 0/0	0,60 cent. 0/0	0,70 cent. 0/0	0,75 cent. 0/0	0,80 cent. 0/0	1 fr. 0/0
100	0.50	0.60	0.70	0.75	0.80	1 ..
120	0.60	0.72	0.84	0.90	0.96	1.20
140	0.70	0.84	0.98	1.05	1.12	1.40
160	0.80	0.96	1.12	1.20	1.28	1.60
180	0.90	1.08	1.26	1.35	1.44	1.80
200	1 ..	1.20	1.40	1.50	1.60	2 ..
300	1.50	1.80	2.10	2.25	2.40	3 ..
400	2 ..	2.40	2.80	3 ..	3.20	4 ..
500	2.50	3 ..	3.50	3.75	4 ..	5 ..
600	3 ..	3.60	4.20	4.50	4.80	6 ..
700	3.50	4.20	4.90	5.25	5.60	7 ..
800	4 ..	4.80	5.60	6 ..	6.40	8 ..
900	4.50	5.40	6.30	6.75	7.20	9 ..
1 000	5 ..	6 ..	7 ..	7.50	8 ..	10 ..
1 020	5.10	6.12	7.14	7.65	8.16	10.20
1 040	5.20	6.24	7.28	7.80	8.32	10.40
1 060	5.30	6.36	7.42	7.95	8.48	10.60
1 080	5.40	6.48	7.56	8.10	8.64	10.80
2 000	10 ..	12 ..	14 ..	15 ..	16 ..	20 ..
3 000	15 ..	18 ..	21 ..	22.50	24 ..	30 ..
4 000	20 ..	24 ..	28 ..	30 ..	32 ..	40 ..
5 000	25 ..	30 ..	35 ..	37.50	40 ..	50 ..
6 000	30 ..	36 ..	42 ..	45 ..	48 ..	60 ..
7 000	35 ..	42 ..	49 ..	52.50	56 ..	70 ..
8 000	40 ..	48 ..	56 ..	60 ..	64 ..	80 ..
9 000	45 ..	54 ..	63 ..	67.50	72 ..	90 ..
10 000	50 ..	60 ..	70 ..	75 ..	80 ..	100 ..
20 000	100 ..	120 ..	140 ..	150 ..	160 ..	200 ..
25 000	125 ..	150 ..	175 ..	187.50	200 ..	250 ..
30 000	150 ..	180 ..	210 ..	225 ..	240 ..	300 ..
40 000	200 ..	240 ..	280 ..	300 ..	320 ..	400 ..
50 000	250 ..	300 ..	350 ..	375 ..	400 ..	500 ..
60 000	300 ..	360 ..	420 ..	450 ..	480 ..	600 ..
70 000	350 ..	420 ..	490 ..	525 ..	560 ..	700 ..
80 000	400 ..	480 ..	560 ..	600 ..	640 ..	800 ..
90 000	450 ..	540 ..	630 ..	675 ..	720 ..	900 ..
100 000	500 ..	600 ..	700 ..	750 ..	800 ..	1000 ..
200 000	1000 ..	1200 ..	......	1500 ..	1600 ..	2000 ..
300 000	1500 ..	1800 ..	......	2250 ..	......	3000 ..
400 000	2000 ..	2400 ..	......	3000 ..	......	4000 ..
500 000	2500 ..	3000 ..	......	3750 ..	......	5000 ..
600 000	3000 ..	3600 ..	......	4500 ..	......	6000 ..
700 000	3500 ..	4200 ..	......	5250 ..	......	7000 ..
800 000	4000 ..	4800 ..	......	6000 ..	......	8000 ..
900 000	4500 ..	5400 ..	......	6750 ..	......	9000 ..
1 000 000	5000 ..	6000 ..	......	7500 ..	......	10000 ..

BARÊME
POUR LE CALCUL DES HONORAIRES

HONORAIRES

SUR	AU TAUX DE							
	1 fr. 25 0/0	1 fr. 50 0/0	2 fr. 0/0	2 fr. 50 0/0	3 fr. 0/0	3 fr. 50 0/0	4 fr. 0/0	6 fr. 0/0
100	1.25	1.50	2 ..	2.50	3 ..	3.50	4 ..	6 ..
120	1.50	1.80	2.40	3 ..	3.60	4.20	4.80	7.20
140	1.75	2.10	2.80	3.50	4.20	4.90	5.60	8.40
160	2 ..	2.40	3.20	4 ..	4.80	5.60	6.40	9.60
180	2.25	2.70	3.60	4.50	5.40	6.30	7.20	10.80
200	2.50	3 ..	4 ..	5 ..	6 ..	7 ..	8 ..	12 ..
300	3.75	4.50	6 ..	7.50	9 ..	10.50	12 ..	18 ..
400	5 ..	6 ..	8 ..	10 ..	12 ..	14 ..	16 ..	24 ..
500	6.25	7.50	10 ..	12.50	15 ..	17.50	20 ..	30 ..
600	7.50	9 ..	12 ..	15 ..	18 ..	21 ..	24 ..	36 ..
700	8.75	10.50	14 ..	17.50	21 ..	24.50	28 ..	42 ..
800	10 ..	12 ..	16 ..	20 ..	24 ..	28 ..	32 ..	48 ..
900	11.25	13.50	18 ..	22.50	27 ..	31.50	36 ..	54 ..
1 000	12.50	15 ..	20 ..	25 ..	30 ..	35 ..	40 ..	60 ..
1 020	12.75	15.30	20.40	25.50	30.60	35.70	40.80	61.20
1 040	13 ..	15.60	20.80	26 ..	31.20	36.40	41.60	62.40
1 060	13.25	15.90	21.20	26.50	31.80	37.10	42.40	63.60
1 080	13.50	16.20	21.60	27 ..	32.40	37.80	43.20	64.80
2 000	25 ..	30 ..	40 ..	50 ..	60 ..	70 ..	80 ..	120 ..
3 000	37.50	45 ..	60 ..	75 ..	90 ..	105 ..	120 ..	180 ..
4 000	50 ..	60 ..	80 ..	100 ..	120 ..	140 ..	......	240 ..
5 000	62.50	75 ..	100 ..	125 ..	150 ..	175 ..	......	300 ..
6 000	75 ..	90 ..	120 ..	150 ..	180 ..	210 ..	......	360 ..
7 000	87.50	105 ..	140 ..	175 ..	210 ..	245 ..	......	420 ..
8 000	100 ..	120 ..	160 ..	200 ..	240 ..	280 ..	......	480 ..
9 000	112.50	135 ..	180 ..	225 ..	270 ..	315 ..	......	540 ..
10 000	125 ..	150 ..	200 ..	250 ..	300 ..	350 ..	......	600 ..
20 000	250 ..	300 ..	400 ..	500 ..	600 ..	......	......	1200 ..
25 000	312.50	375 ..	500 ..	625 ..	750 ..	......	......	1500 ..
30 000	375 ..	450 ..	600 ..	.....	......	......	......	1800 ..
40 000	500 ..	600 ..	800 ..	......	......	......	......	2400 ..
50 000	625 ..	750 ..	1000 ..	......	......	......	......	3000 ..
60 000	750 ..	900 ..	1200 ..	......	......	......	......	3600 ..
70 000	875 ..	1050 ..	1400 ..	......	......	......	......	4200 ..
80 000	1000 ..	1200 ..	1600 ..	......	......	......	......	4800 ..
90 000	1125 ..	1350 ..	1800 ..	.. ....	......	......	......	5400 ..
100 000	1250 ..	1500 ..	2000 ..	......	......	......	......	6000 ..
200 000	2500 ..	3000 ..	4000 ..					
300 000	3750 ..	4500 ..						
400 000	5000 ..	6000 ..						
500 000	6250 ..	7500 ..						
600 000	7500 ..	9000 ..						
700 000	8750 ..	10500 ..						
800 000	10000 ..	12000 ..						
900 000	11250 ..	13500 ..						
1 000 000	12500 ..	15000 ..						

FRAIS ET HONORAIRES

DES

AVOUÉS

Législation usuelle. — L. 24 déc. 1897; D. 15 août 1903

PRÉLIMINAIRES

Pour donner au moins une idée générale du nouveau tarif, il convient de le faire précéder du rapport ministériel sur lequel le décret a été rendu :

« Les tarifs des frais et dépens, en matière civile, tels qu'ils ont été établis par les décrets du 16 fév. 1807, soulèvent depuis de nombreuses années les plus vives critiques. Les magistrats, les publicistes, les justiciables et les officiers ministériels n'ont cessé de demander une réglementation plus en harmonie avec la législation actuelle.

« Aussi, par un arrêté du 4 déc. 1900, le Garde des sceaux a-t-il institué une commission extraparlementaire en vue de donner satisfaction à l'opinion publique.

« Le résultat des travaux de cette commission, soumis au Conseil d'Etat, délibéré et adopté par cette haute assemblée dans ses séances des 29 et 31 mai 1902, 11 et 25 juin, 1er, 22, 23 et 30 juill. 1903, après une étude longue et consciencieuse, a été résumé dans le projet de décret dont voici les principales innovations.

« Les tarifs qu'il s'agit de remplacer créent une blessante inégalité entre les plaideurs. Ils sont compliqués et d'une application souvent difficile.

« Un tarif simplifié ne pouvait être obtenu qu'en prenant une base de rémunération applicable à toutes les affaires. Pour atteindre ce résultat, le système adopté a été celui de la proportionnalité qui constitue une plus juste rémunération du service rendu par l'avoué et la contrepartie plus exacte de sa responsabilité. Le principe fondamental du nouveau tarif est donc l'allocation aux avoués d'un émolument proportionnel à l'intérêt pécuniaire des procès ou à l'importance de la procédure engagée.

« Par cette première innovation, le tarif est appliqué sans distinction de matières; il est unifié pour tout le territoire et la distinction des avoués par classe est abolie.

« Parmi les natures d'affaires sur lesquelles va porter la nouvelle tarification, il en est une à mentionner spécialement: il s'agit des accidents du travail. La matière des accidents du travail a été envisagée par le législateur de 1898 avec une faveur spéciale. Les procès auxquels cette loi peut donner lieu bénéficient actuellement d'un tarif réduit. Il était légitime de leur accorder, par une disposition exceptionnelle, les mêmes avantages. Le projet, en maintenant à cette catégorie d'affaires le principe de la proportionnalité, a su concilier l'intérêt de l'industrie patronale et les droits de l'ouvrier.

« L'innovation pour les ventes judiciaires porte sur deux points. Un droit proportionnel unique remplace, tout d'abord, les différentes remises applicables, d'après le tarif actuel, aux diverses natures de ventes.

« Le projet réalise, en outre, une réforme qui sera favorablement accueillie : il affranchit de tout émolument les ventes qui n'excèdent pas 500 fr.

« La réduction des frais de vente des immeubles de peu de valeur a toujours éveillé la sollicitude des pouvoirs publics. Il existe un intérêt de raison, de justice et d'humanité à rendre plus léger l'impôt qui pèse sur ceux auxquels la Justice doit surtout sa protection. Cette réforme constitue un progrès nouveau sur la loi du 23 octobre 1884, qui a eu pour but d'alléger sensiblement les charges que les formalités légales de l'adjudication font peser sur la petite propriété.

« La loi du 21 mai 1858, qui a réglementé les ordres amiables et modifié la procédure des ordres judiciaires, n'a pas taxé les formalités nouvelles résultant de ces divers changements, comme il avait été fait en 1841 après la loi sur les ventes judiciaires d'immeubles. Cette œuvre incomplète du législateur de 1858 a produit de véritables inconséquences, puisque les conditions d'uniformité de la procédure, au grand détriment des créanciers, grevaient, de la même somme de frais, les ordres judiciaires d'une importance très inégale. Le projet comble cette lacune et l'application à la matière des règles de la proportionnalité fait disparaître cette anomalie.

« Il a paru équitable d'assimiler l'ordre amiable à l'ordre judiciaire, lorsque l'intervention de l'avoué se produit, et d'étendre le même tarif proportionnel à la procédure de contribution analogue à la procédure d'ordre, laquelle donne lieu à la même responsabilité.

« Il n'y a à signaler dans les dispositions applicables aux avoués d'appel que l'assimilation faite, au point de vue des émoluments, entre les affaires civiles et les affaires commerciales.

« Avant la réforme que consacre le projet, les affaires commerciales bénéficiaient d'un tarif réduit. Cette distinction, qui pouvait avoir sa raison d'être en 1807, alors que les affaires commerciales étaient peu nombreuses et d'une importance secondaire, ne se justifie plus aujourd'hui que ces mêmes affaires, depuis un demi-siècle, ont pris une importance et un développement exceptionnels. On comprend difficilement que deux litiges portant sur un même intérêt, entraînant par suite pour l'avoué la même préparation et la même responsabilité, soient grevés de frais inégaux, suivant que la cause est civile ou commerciale, et que tel plaideur pourvu de capitaux soit traité, parce qu'il est commerçant, plus favorablement que tel autre peu fortuné dont le procès a été jugé par la juridiction civile. Le projet fait disparaître cette contradiction. En soumettant les justiciables aux mêmes règles d'égalité, il a été possible d'imposer aux avoués d'appel des réductions d'émoluments dans d'autres matières et d'arriver ainsi à une répartition plus équitable des frais.

« Une exception a été faite cependant pour les affaires de faillite lorsqu'elles se rattachent, par certains côtés, à l'intérêt général.

« Rien n'a pu être changé à la taxe des dépens qui reste soumise aux articles du Code de procédure civile qui la visent et à la loi du 24 déc. 1897.

« Enfin, le projet comprend quelques dispositions spéciales à certains auxiliaires de la justice dont le concours est nécessaire dans les mesures d'instruction.

« Telles sont les idées dominantes du projet. En résumé, le nouveau tarif, par sa clarté, sa simplicité et la facilité de son mécanisme, la suppression d'un certain nombre d'abus et une meilleure répartition des frais judiciaires, offre aux justiciables, autant que l'ont permis la prudence et la justice, des garanties certaines et des avantages appréciables. Il constitue à ce titre une œuvre de progrès, son application va enfin rendre possible la revision et la refonte des lois de la procédure civile réclamée depuis longtemps par les hommes compétents. »

Voici maintenant ce tarif que, pour la commodité des recherches, nous faisons précéder d'un sommaire analytique absolument complet.

Sommaire :

Abandon de la procédure, articles 25, 30, 48.
Abréviations, art. 74.
Abrogations, art. 107.
Acceptation de communauté, legs ou succession, art. 70.
Accidents du travail, art. 6, 9, 25, 26, 76, 78.
Accord sur ces accidents, art. 25.
Actes :
d'avoué à avoué, art. 74 ;
de procédure, art. 1, 18, 23, 27, 28, 32, 60, 71, 77 ;
non tarifés, art. 101.
Adjudication immobilière, art. 37 et s.
Administrateur, art. 60 et s.
Affaires correctionnelles et criminelles, art. 71.
Alliance, art. 23.

Appel :
d'interlocutoire de juge de paix, art. 17 ;
incident, art. 80 et s. ;
sur avant faire droit, art. 16, 82, 84 ;
sur compétence du juge de paix, art. 17 ;
sur déclaration de faillite, art. 85 ;
sur homologation, annulation ou résolution de concordat, art. 86 ;
sur incident, art. 16, 82, 83, 84 ;
sur jugement de compétence ou de renvoi, art. 85 ;
sur jugement de juge de paix, art. 76 ;
sur référé ou sur requête, art. 85.
Arrérages, art. 9.

Arrêt :
définitif, art. 82 ;
sur requête, art. 87.
Assistance de l'avoué, art. 27, 60, 67, 71, 88 et s.
Assurances art. 9.
Autorisation de la Chambre des avoués, art. 104.
Autorisations en Chambre du conseil, art. 60.
Avis de la Chambre des avoués, art. 11, 12, 80, 102 et s.
Avoué :
adjudicataire, art. 37 et s. ;
contestant, art. 55 ;
contesté, art. 55 ;
d'intervenant, art. 24 ;
de garant, art. 24 ;
de garanti, art. 24 ;
défendeur, art. 29, 44, 52 ;

Avoué (suite) :
demandeur, art. 29, 43, 54, 60 et s. ;
du dernier créancier colloqué, art. 56 ;
du fol enchérisseur, art. 43 ;
du saisi, art. 43, 55 ;
du saisissant, art. 43 ;
en cause, art 1, 3, 23, 27, 28 et s., 46, 48 et s., 52, 55, 58, 60 et s., 65 et s., 77 et s., 83, 99 ;
enchérisseur, art. 40 ;
le plus ancien, art. 56, 99 ;
poursuivant, art. 32, 33, 34, 35, 36, 42, 43, 48 et s., 52, 54 ;
produisant, art. 52 et s. ;
qui appelle en intervention, art. 24 ;

Avoué (suite):
qui n'assiste pas à l'audience, art. 71;
qui obtient le jugement de renvoi, art. 42;
qui suit l'audience, art. 55, 71;
s'en rapportant à justice, art. 86;
surenchérisseur, art. 43;
unique, art. 5.
Avoués:
d'appel, art. 77 et s.;
de première instance, art. 1 et s.;
distincts, art. 5, 46. — V. aussi Avoué en cause.
Baisse de mise à prix, art. 33.
Baux, art. 9.
Bordereaux:
de collocation, art. 52;
hypothécaires, art. 72.
Cahier des charges, art. 32, 48 et s.
Calcul:
de l'intérêt du litige, art. 47, 80 et s.;
de la remise proportionnelle, art. 46;
du droit d'instruction, art. 8 et s., 29, 32, 55, 60, 77, 79 et s.;
du droit gradué, art. 46;
du droit proportionnel de purge, art. 50 et s.
Capacité des personnes, art. 12, 80.
Cas non prévus, art. 99.
Certificats:
de signification, art. 1, 77;
du greffier, art. 36;
hypothécaires, art. 50.
Chambre des avoués. — V. Autorisation. Avis.
Chambre du conseil, art. 60 et s.
Chiffre:
de la condamnation, art. 14;
de la demande, art. 14.
Colicitant, art. 38.
Communauté. — V. Acceptation. Liquidations et partages. Renonciation.
Communication:
d'actes, pièces et titres, art. 103;
du registre, art. 100.
Comparution personnelle, art. 89.
Compétence, art. 17.
Compte:
de frais, art. 100 et s;
détaillé préalable, art. 101.
Conclusions, art. 1er, 23;
au criminel, art. 71;
incidentes, art. 8;
non contredites, art. 8;
non soutenues, art. 8;
principales, art. 8;
prises, art. 25, 80;
reconventionnelles, art. 8.
Concordat, art. 86.
Concussion, art. 100.
Connexité, art. 23.
Conseil. — V. Droit de conseil.
Conseiller délégué, art. 102.
Consignations, art. 59.
Constitution de rente, art. 9.
Contributions, art. 52 et s., 56, 99
Conversion de saisie, art. 43.
Copies:
collationnées, art. 73, 74;

Copies (suite):
d'actes de procédure, art. 1, 77;
de pièces à signifier, art. 73, 74.
Corrections, art. 74.
Correspondance. — V. Frais de correspondance.
Cour d'assises, art. 71.
Curateur, art. 60 et s.
Déboursés, art. 1, 31, 41, 73 et s., 77, 101.
Déclaration:
d'adjudicataire, art. 37 et s.;
de command, art. 37 et s.;
estimative, art 11, 12, 80;
rectificative, art. 11, 12.
Déclinatoires, art. 23.
Défaut. — V. Instances par défaut. Jugement par défaut.
Délivrances de legs, art. 62 et s.
Demande:
à la Chambre du conseil, art. 60 et s.;
accessoire, art. 14, 15;
accueillie, art. 60;
additionnelle, art. 8, 14 et s., 80;
en condamnation de frais, art. 100;
non contestée, art. 4, 8, 16, 28;
principale, art. 14;
reconventionnelle, art. 12, 14, 80;
rejetée, art. 60, 64.
Demandes:
diverses. — V. au nom des choses demandées;
qui auraient pu être réunies, art. 13;
séparées, art. 5, 13.
Démarches, art. 102.
Démembrements de la propriété, art. 10, 81.
Dépositaires de pièces, art. 94 et s.
Dépôt aux hypothèques, art. 52.
Désistement, art. 25.
Difficultés d'application du tarif, art. 105.
Dispositions transitoires, art. 106.
Distance. — V. Frais de séjour. Frais de voyage.
Distribution de prix d'immeubles, art. 52.
Distributions. — V. Contributions. Ordres.
Dommages-intérêts, art. 14, 23, 100.
Droit:
d'habitation, art. 10, 81;
d'instruction, art. 1, 7 et s., 18 et s., 23, 24, 25, 26, 27, 29, 30, 47, 52, 55, 60 et s., 67, 77 et s.;
de conseil, art. 1, 2 et s., 6, 17, 18 et s., 28, 34, 36, 47, 55, 60, 64, 69, 77 et s.;
de formalités, art. 1, 4 et s., 6, 17, 18 et s., 23, 24, 25, 26, 27, 28, 29, 30, 33, 37, 40, 45, 47, 50 et s., 52 et s., 55 et s., 58, 60 et s., 62 et s., 65, 70, 71, 77 et s.;
de rétention, art. 103;
gradué, art. 32, 33, 34, 36, 41, 42, 44, 46, 49 et s.
Droit proportionnel:
d'adjudication, art. 37 et s.
— V. aussi Remise proportionnelle;

Droit proportionnel (suite):
d'envoi en possession, art. 63, 64;
d'inscription, art. 72;
d'instruction, art. 7 et s.;
de legs, art. 62;
de libération, art. 59;
de purge, art. 50 et s.
Droits:
civils et civiques, art. 12, 80;
fixes, art. 1, 2 et s., 4 et s., 68 et s., 72;
incorporels, art. 46.
Ecriture, art. 74.
Elévation du droit de formalités, art. 5.
Emoluments, art. 101 et s.
— V., plus spécialement, au nom de chaque matière ci-contre.
Emoluments extraordinaires, art., 102.
Entrée en vigueur, art. 106.
Envoi:
de pièces, art. 76;
en possession de legs, art. 63;
en possession de successions irrégulières, art. 64.
Etat civil, art. 12, 80.
Etat de frais, art. 101.
Evaluation d'honoraires supplémentaires, art. 102.
Evocation, art. 16, 84.
Exaction, art. 100.
Excédent de (tant) à (tant):
Droit d'adjudication, art. 37;
Droit d'instruction, art. 7, 79;
Droit de libération, art. 59;
Droit gradué, art. 32;
Purge d'hypothèques inscrites, art. 51;
Purge d'hypothèques légales, art. 50;
Remise proportionnelle, art 32.
Excédents de droits alloués, art. 20.
Exceptions, art. 23.
Exécution:
de baux, art. 9;
de jugement, art. 23
Experts, art. 90 et s.
Expertise, art. 32, 52.
Exploit, art. 74.
Extrait à dénoncer aux créanciers inscrits, art. 73, 74.
Extraits de pièces à signifier, art. 73, 74.
Faillite, art. 86.
Fermages, art. 9.
Fins de non-recevoir, art. 23.
Folle enchère, art. 36, 43.
Formalités. — V. Droit de formalités.
Formalités:
d'ordre, art. 32, 59;
de purge, art. 50 et s.;
postérieures à la vente, art. 37;
préalables à l'envoi en possession, art. 64;
préalables à la vente, art. 32, 37.
Frais:
d'envoi de pièces, art. 76;
d'impressions, art. 73;
de correspondance, art. 73, 76;
de séjour, art. 75;
de séjour des parties, art. 88 et s.;
de voyage, art. 41, 73, 75;

Frais (suite):
de voyage des parties, art. 88 et s.;
exagérés, art. 100;
frustratoires, art. 100.
Fruits, art. 23.
Garantie, art. 3, 24.
Garde d'enfant, art. 23.
Habilitation d'incapables, art. 60.
Homologation.
d'ordre, art. 54;
de liquidations et partages, art 29.
Honoraires. — V. Emoluments.
Illisibilité, art. 74.
Immeubles distincts, art. 52.
— V. aussi Vente par lots.
Importance de l'affaire. — V Intérêt du litige.
Impressions autorisées, art. 73.
Imputation, art. 20.
Incidents, art. 3, 16, 23 et s., 83, 99;
d'ordre, art. 55, 57;
de saisie ou de vente, art. 23, 47;
Incompétence:
du juge de paix, art. 17;
du tribunal, art. 23.
Indivision. — V. Liquidations et partages.
Inscriptions hypothécaires, art. 72.
Instances:
accessoires, art. 76;
contradictoires, art. 1, 2 et s., 4 et s., 23, 26, 62, 65, 77 et s.;
par défaut, art. 1, 18 et s., 23, 26, 62, 65, 77 et s.;
sur demandes principales, 2 et s., 52, 77, 99;
terminées par désistement ou d'autre manière anticipée, art. 25, 30, 48, 76.
Instruction. — V. Droit d'instruction. Mesures d'instruction.
Interdiction disciplinaire, art. 100.
Intérêt commun, art. 3.
Intérêt du litige, art. 2 et s., 4 et s., 6, 7 et s., 47, 76, 77 et s., 99.
Intérêt excédant:
1.500 fr., art. 2, 4, 7, 77;
3.000 fr., art. 4, 77;
1.000.000 de fr., art. 7, 79.
Intérêt n'excédant pas:
1.500 fr., art. 2, 4, 7, 76, 77;
3.000 fr., art. 4, 78 et s.
5.000 fr., art. 7;
10.000 fr., art. 7, 79;
50.000 fr., art. 37, 79;
100.000 fr., art. 7, 79;
1.000.000 de fr., art. 7, 79.
Intérêt non pécuniaire, art. 12, 80, 87.
Intérêt pécuniaire, art. 11, 80, 87, 99.
Intérêts distincts, art. 3, 5.
Interprétation de jugement, art. 23.
Intervention, art. 24;
d'appelés en garantie, art. 3.
Jonction de causes, art. 5.
Juge délégué, art. 102.
Jugement:
avant faire droit, art. 16, 27;
contradictoire, art. 29, 60;

Jugement (*suite*) :
 d'envoi en possession définitif, art. 64 ;
 par défaut, art, 18 et s., 27, 29, 60, 76 ;
 par défaut profit-joint, art. 19 ;
 préparatoire, art. 25 ;
 sur incident, art. 16, 23 ;
 sur requête, art. 4, 76 ;
 unique, art. 5 ;
 validant surenchère, art. 35.
Juridiction gracieuse, art. 60 et s.
Jury d'expropriation, art. 60 et s.
Legs. — *V. Acceptation. Délivrance. Renonciation.*
Levée :
 de jugement, etc., art. 1, 18 et s., 26, 28, 45, 60, 64, 65 ;
 de jugement d'adjudication, art. 37 ;
 de jugement sur incident, art. 23 ;
 du jugement définitif, art. 1, 77.
Libération prononcée, art. 59.
Licitation, art. 38. — *V.* aussi *Liquidations et partages.*
Lignes à la page, art. 74.
Liquidation :
 de dommages-intérêts, art. 23 ;
 de fruits, art. 23 ;
 du droit d'instruction, art. 8 et s.
Liquidation judiciaire, art. 86.
Liquidations et partages, art. 28 et s.
 non exécutés, art. 30.
Litispendance, art. 23.
Livre de caisse, art. 100.
Lots, art. 29, 37, 40, 46.
Loyers, art. 9.
Mandataire de justice, art. 60 et s.
Matières :
 diverses, art. 70 et s. ;
 gracieuses, art. 60 et s. ;
 ordinaires, art. 1er ;
 sommaires, art. 1er ;
 spéciales, art. 99, 102.
Maximum du droit d'instruction, art. 12, 81, 99.
Même cause, art. 3, 5, 13.
Même intérêt, art. 3, 5.
Mesures d'instruction, art. 26, 27, 60, 67, 78, 82 ;
 devant un autre tribunal, art. 27 ;
 suivies d'instance, art. 67.
Meubles, art. 46.
Minimum du droit d'instruction, art. 12, 81.
Mise à prix, art. 48.
Nature des incidents, art. 3.
Nomination d'administrateur, curateur, etc., art. 60 et s.
Non-recevabilité, art. 100.

Notification aux créanciers inscrits, art. 51.
Nue propriété, art. 10.
Nullités d'actes de procédure ou d'exploits, art. 23.
Obtention de jugement, etc., art. 1er, 18 et s., 28, 35, 45, 60, 64 ;
 du jugement définitif, art. 1er, 77.
Opposition :
 à délivrance de certificat, art. 36 ;
 à jugement par défaut, art. 20 et s. ;
 à taxe, art. 60.
Ordonnances :
 de prélèvement, art. 58 ;
 sur référés, art. 65 et s., 76 ;
 sur requête, art. 76. — *V.* aussi *Requête.*
Ordres, art. 52 et s., 99 ;
 amiables, art. 52, 54 ;
 judiciaires, art. 52, 55.
Parenté, art. 23.
Partage :
 d'émoluments ou honoraires, art. 104. — *V.* aussi *Répartition* ;
 de communauté, succession, etc. — *V. Liquidations et partages.*
Partie unique, art. 13.
Parties distinctes, art. 13.
Peines disciplinaires, art. 100.
Pension, art. 9, 23 ;
 alimentaire, art. 9.
Péremption d'instance, non suivie de désistement ou contestée, art. 23.
Placets :
 contradictoires, art. 65 ;
 par défaut, art. 65.
Plaidoiries, art. 25.
Pluralité :
 d'incidents, art. 3 ;
 de défendeurs, art. 3 ;
 de demandes, art. 13 ;
 de demandeurs, art. 3 ;
 de parties, art. 5.
Plus de deux parties, art. 5.
Police correctionnelle, art. 71.
Possession, art. 10, 81.
Pouvoir pour accepter ou renoncer, art. 70.
Premier président, art. 102.
Président du tribunal, art. 102.
Prestations en nature, art. 9.
Primes, art. 9.
Procédures :
 abandonnées, art. 25, 30, 48 ;
 diverses, art. 60 et s. ;
 en Chambre du conseil, art. 60 et s ;
 en cours, art. 106 ;
 particulières, art. 99 ;
 reprises, art. 49.
Propriété, art. 10, 81.
Provision, art. 23.

Purge :
 d'hypothèques inscrites, art. 51 ;
 d'hypothèques légales, art. 50, 73, 74.
Qualités. — *V. Rédaction. Règlement. Signification.*
Radiation d'inscriptions, art. 59.
Recouvrement de frais, art. 100.
Rectification, art. 11 et s., 80.
Rédaction de qualités, art. 1er, 77.
Réduction :
 de la remise proportionnelle, art. 32 ;
 du droit d'instruction, art. 16, 84 ;
 du droit de conseil, art. 6, 78 ;
 du droit de formalités, art. 6, 78 ;
 du droit gradué, art. 32.
Référés, art. 36, 45, 65 et s. ;
 avec solution des dépens, art. 65 ;
 renvoyés à l'audience, art. 66 ;
 sur placets, art. 65 ;
 sur procès-verbaux, art. 65.
Registre, art. 100.
Règlement :
 amiable d'ordre, art. 54 ;
 amiable de frais, art. 102 ;
 de frais, art. 101 ;
 de qualités, art. 1er, 77.
Remise :
 d'émoluments ou honoraires, art. 104 ;
 proportionnelle de vente, art. 32, 33, 34, 36, 41, 42, 46.
Rémunération unique, art. 1er.
Renonciation à communauté, legs, succession, art. 70.
Renouvellement d'inscription, art. 72.
Rente, art. 9.
 viagère, art. 9.
Répartition :
 de la remise proportionnelle, art. 42, 43, 48 et s. ;
 du droit d'adjudication, art. 39 ;
 du droit d'instruction, art. 29, 30, 99.
Représentation du registre, art. 100.
Reprise de la procédure, art. 49.
Requête civile, art. 22.
Requêtes, art. 68 et s. ;
 d'envoi en possession, art. 63 ;
 de nomination, art. 60 et s. ;
 en dehors d'instance, art. 68 ;
 préliminaires d'instance, art. 69.
Réquisition d'états, art. 37.
Résiliation :
 de baux, art. 9 ;
 de rente, art. 9.

Restitution, art. 11 et s., 20, 74, 100.
Retranchement, art. 99.
Réunion de lots, art. 37, 40, 46.
Rôles, art. 74.
Saisie immobilière, art. 32, 43.
Séjour. — *V. Frais de séjour.*
Séquestre, art. 60 et s.
Servitudes, art. 10, 81.
Signification :
 d'extraits et de pièces, art. 74 ;
 de conclusions, art. 1er, 23, 71 ;
 de qualités, art. 1, 77 ;
 du jugement à avoué et à partie, art. 1, 77.
Sociétés. — *V. Liquidations et partages.*
Soins particuliers, art. 102.
Successions. — *V. Acceptation. Liquidations et partages. Renonciation.*
Surenchère, art. 34, 43.
Syllabes à la ligne, art. 74.
Taxe, art. 11, 12, 60, 74 et s., 80, 89, 99, 102.
Témoins, art. 97 et s.
Tierce opposition, art. 22.
Tirage au sort des lots, art. 29.
Transaction : art. 25 ;
 avec concours de l'avoué, art. 25.
Transcription hypothécaire, art. 37.
Travaux exceptionnels, art. 102.
Tribunal de police correctionnelle, art. 71.
Unité :
 du droit de conseil, art. 5 ;
 du droit de formalités, art. 5.
Usufruit et usage, art. 10, 81.
Vacations, art. 1er, 77.
Valeur :
 d'un immeuble, art. 10.
 de la chose, art. 9 et s.
Valeurs mobilières, art. 46.
Ventes :
 abandonnées, art. 48 ;
 judiciaires de meubles ou d'immeubles, art. 31 et s., 44, 45, 46 ;
 n'excédant pas 500 fr., art. 31 ;
 par lots, art. 37, 40, 46 ;
 renvoyées devant notaire, art. 41 ;
 renvoyées devant un autre tribunal, art. 42 ;
 sur conversion. — *V. Conversion de saisie* ;
 sur référé, art. 45 ;
 sur requête, art. 45.
Ventilation de prix, art. 52.
Voyage. — *V. Frais de voyage*

Tarif légal

TITRE PREMIER

Droits et émoluments alloués aux avoués des tribunaux de première instance.

« Art. 1er. — Dans toute instance contradictoire ou par défaut, en matière sommaire ou ordinaire,

« Il est alloué aux avoués en cause, indépendamment de leurs déboursés :

« 1° Un droit de conseil;

« 2° Un droit de formalités ;

« 3° Un droit d'instruction.

« Ces différents droits constituent la seule rémunération due à l'avoué pour tous les actes de procédure, copies de ces mêmes actes et vacations de toute nature, y compris l'obtention et la levée du jugement définitif.

« L'obtention d'un jugement comprend la rédaction et la signification des qualités, leur règlement, la signification du jugement à avoué et à partie et le certificat de signification dudit jugement.

CHAPITRE PREMIER

Instances sur demandes principales.

SECTION PREMIÈRE

Instances contradictoires.

§ 1er. — DROIT DE CONSEIL

« Art. 2. — Le droit de conseil dû à tout avoué constitué dans les instances contradictoires est de 10 fr. lorsque l'intérêt du litige n'excède pas 1,500 fr., et de 20 fr. au-dessus de cette somme.

« Art. 3. — Il ne peut être accordé plus d'un droit par chaque avoué et par cause, quel que soit le nombre des parties demanderesses ou défenderesses ayant le même intérêt ou des intérêts distincts. Les incidents qui se produisent au cours de l'instance, quels qu'en soient le nombre et la nature, et l'intervention d'un ou plusieurs appelés en garantie ne donnent pas lieu à un nouveau droit de conseil.

§ 2. — DROIT DE FORMALITÉS

« Art. 4. — Le droit de formalités dans les instances contradictoires est de 40 fr.

« Il est réduit :

« 1° A 15 fr., lorsque l'intérêt du litige n'excède pas 1,500 fr.;

« 2° A 30 fr., lorsque l'intérêt du litige est supérieur à 1,500 fr. et ne dépasse pas 3,000 fr.

« Lorsque la demande n'est pas contestée ou

lorsque le jugement est rendu sur requête, il n'est alloué que la moitié du droit de formalités fixé suivant les distinctions ci-dessus.

« Art. 5. — Il n'est dû qu'un droit de formalités dans une même cause.

« Sont considérées comme formant une même cause toutes les demandes introduites séparément, mais sur lesquelles, par suite de jonction, il est statué par un seul et même jugement.

« S'il y a plus de deux parties dans une instance sur demande principale, le droit de formalités perçu par l'avoué qui a suivi ou conclu contre plusieurs parties est élevé d'un quart, par chacune de ces parties, en sus de la première, pourvu qu'elles aient des avoués différents et des intérêts distincts.

§ 3. — DISPOSITION COMMUNE AU DROIT DE CONSEIL ET AU DROIT DE FORMALITÉS

« Art. 6. — Par exception aux règles ci-dessus prescrites dans les affaires relatives aux accidents du travail régis par la loi du 9 avril 1898, quel que soit l'intérêt du litige, le droit de conseil est toujours de 10 fr. et le droit de formalités de 15 fr.

§ 4. — DROIT D'INSTRUCTION

« Art. 7. — Le droit d'instruction est proportionnel à l'intérêt du litige.

Il est fixé comme suit :

Jusqu'à	1,500 fr.	2,50 p. 100
Sur l'excédent jusqu'à	5,000 fr.	1,50 p. 100
Sur l'excédent jusqu'à	10,000 fr.	0,50 p. 100
Sur l'excédent jusqu'à	100,000 fr.	0,25 p. 100
Sur l'excédent jusqu'à	1 million	0,15 p. 100
Sur l'excédent au-dessus de 1 million indéfiniment.		0,05 p. 100

« Art. 8. — Le droit d'instruction est calculé sur le montant des conclusions tant principales qu'incidentes et reconventionnelles, déduction faite de la partie de ces conclusions qui n'a pas été contredite ou n'a pas été soutenue.

« Art. 9. — L'intérêt du litige est déterminé, à défaut d'éléments d'appréciation résultant de la demande elle-même :

« 1° Pour les demandes en exécution ou résiliation de baux, par une valeur égale au montant cumulé des loyers ou fermages soit échus, soit à échoir, sans toutefois que le chiffre global, sur lequel doit porter le droit d'instruction, soit supérieur à cinq années ;

« 2° Pour les demandes en constitution de rente viagère ou en résiliation du contrat,

« Par le capital exprimé au titre ou par une valeur égale à dix fois la rente annuelle demandée ou déjà existante, ou au montant cumulé des annuités si la durée de la rente est inférieure à dix années ;

« 3° Pour les demandes relatives aux rentes ou pensions dérivant, soit d'accidents du travail dans les cas prévus par la loi du 9 avril 1898 ou autres dispositions s'y rattachant, soit de l'obligation alimentaire, en vertu des articles 205 et suivants du Code civil,

« Par une valeur égale à quatre fois la rente annuelle demandée jusqu'à 250 fr., et pour le surplus par une valeur égale à quatre fois le chiffre résultant de la condamnation ;

« 4° Pour les demandes relatives aux contrats d'assurance, de toute nature,

« Par une valeur égale au montant cumulé soit des primes échues, soit des arrérages restant à courir, sans toutefois que cette valeur globale excède dix années ;

« 5° Pour les demandes relatives à des prestations en nature,

« Par l'évaluation faite pour la perception du droit d'enregistrement.

« Art. 10. — La valeur d'un immeuble, lorsqu'elle n'est pas exprimée dans l'acte, est obtenue en multipliant le revenu annuel par vingt-cinq pour les immeubles ruraux et par vingt pour les immeubles urbains.

« L'usufruit et la nue propriété sont respectivement évalués à la moitié de la valeur de la propriété.

« Dans les demandes relatives soit à la possession, soit à la propriété immobilière ou à ses démembrements, l'évaluation de l'intérêt du litige ne peut être inférieure à 1,600 francs.

« Art. 11. — Pour les demandes portant sur un intérêt pécuniaire, lorsque l'intérêt du litige ne peut être établi d'après les bases indiquées aux articles précédents, il est déterminé, sauf taxe ultérieure, par une déclaration que font les avoués de la cause, au moment de la mise au rôle, de la manière et dans les formes prescrites par la chambre de discipline. En cas de divergence, la chambre donne son avis.

« Le chiffre déclaré peut toujours être rectifié d'un commun accord entre les avoués.

« Art. 12. — Pour les demandes qui, par leur nature ou leur objet, ne peuvent être évaluées en argent, et notamment pour les demandes concernant l'état civil, les droits civils et civiques et la capacité juridique des personnes, l'intérêt du litige est déterminé par une déclaration que font les avoués conformément aux dispositions de l'article précédent.

« Le droit d'instruction ne peut être inférieur à 100 fr. ni supérieur à 1,000 fr.

« Ce droit est augmenté de moitié en cas de demande reconventionnelle.

« Art. 13. — Lorsque plusieurs demandes fondées sur une même cause et dirigées soit contre une même partie, soit contre des parties différentes, ont été introduites séparément, au lieu d'être réunies dans le même exploit, le droit d'instruction n'est dû que sur celle des demandes procurant l'émolument le plus élevé.

« Art. 14. — L'intérêt du litige est déterminé par le chiffre de la demande jusqu'à 5,000 francs et, pour le surplus, par le chiffre de la condamnation dans les demandes principales en dommages-intérêts qui ne résultent d'aucune convention.

« Lorsque la demande en dommages-intérêts est soit l'accessoire d'une demande principale, soit l'objet ou l'accessoire d'une demande reconventionnelle, elle entre en ligne de compte pour le calcul de l'émolument, mais jusqu'à concurrence seulement du chiffre de la condamnation.

« Art. 15. — Sauf le cas prévu au deuxième paragraphe de l'article précédent, n'est pas soumise au droit d'instruction la demande qui est l'accessoire d'une demande principale, lorsqu'elle est formée au cours d'une instance rémunérée par un droit de même nature.

« Art. 16. — Le droit d'instruction est réduit pour chaque avoué et par cause :

« D'un tiers, si, après l'appel d'un jugement avant faire droit ou sur incident, la cour évoquant l'affaire, statue au fond ;

« De moitié, si la demande n'est pas contestée.

« Art. 17. — Pour les appels des jugements interlocutoires rendus par les juges de paix, il est alloué :

« Le droit de conseil ;

« Le droit de formalités ;

« Le quart du droit d'instruction.

« Lorsque l'appel porte sur une question de compétence, l'évaluation de l'intérêt du litige ne peut être inférieure à 1,000 francs.

SECTION II

Instances par défaut

« Art. 18. — Il est alloué pour tous les actes de procédure, y compris l'obtention et la levée des jugements par défaut contre partie ou avoué :

« La moitié des droits de conseil et de formalités ;

« Le quart du droit d'instruction.

« Art. 19. — Il est alloué pour l'obtention et la levée d'un jugement de défaut profit-joint,

« Le quart du droit de formalités.

« Art. 20. — En cas d'opposition au jugement par défaut, les droits alloués ci-dessus sont imputés sur les droits de même nature alloués pour le jugement définitif, sans que l'avoué puisse être tenu à restitution en cas d'excédent.

« Art. 21. — Les dispositions de l'art. 20 sont applicables au cas où le jugement sur l'opposition est lui-même rendu par défaut.

SECTION III

De la tierce opposition et de la requête civile

« Art. 22. — La tierce opposition et la requête civile donnent lieu aux mêmes droits que les instances sur demandes principales.

CHAPITRE II

Incidents.

§ 1er. — EXCEPTIONS, NULLITÉS ET FINS DE NON-RECEVOIR

« Art. 23. — Dans toute instance contradictoire ou par défaut, s'il y a jugement sur l'incident, et pour tous actes et formalités jusques et y compris la levée dudit jugement,
« Il est alloué à chacun des avoués en cause :
« § I. — Pour les incidents ci-après :
« 1º Déclinatoires fondés sur l'incompétence, la connexité, la litispendance, la parenté ou l'alliance ;
« 2º Exceptions de nullités d'exploits ou d'actes de procédure ;
« 3º Incidents de garde d'enfant, de pension et de provision, d'exécution ou d'interprétation de jugement, de péremption d'instance non suivie de désistement, ou contestée ;
« 4º Demandes en liquidation de dommages-intérêts ou de fruits :
« Le droit de formalités de 10 francs ;
« Le sixième du droit d'instruction.
« § II. — Pour tous autres incidents non énumérés dans le paragraphe précédent ou non prévus dans les articles suivants,
« Le droit de formalités de 20 francs.

§ 2. — GARANTIE, INTERVENTION

« Art. 24. — Les avoués des parties intervenantes (que leur intervention soit volontaire ou forcée) et ceux des parties appelées en garantie ont droit aux émoluments alloués dans les instances sur demandes principales.
« L'avoué qui appelle en garantie ou en intervention reçoit, outre les émoluments qui peuvent lui être dus au titre de la cause principale,
« La moitié des droits de formalités et d'instruction, quel que soit le nombre des appelés.

§ 3. — DÉSISTEMENT, TRANSACTION

« Art. 25. — § I. — Pour toute affaire terminée par désistement ou par toute autre cause, avant qu'elle soit en état ou avant qu'un jugement par défaut soit intervenu,
« Il est alloué :
« Le quart du droit de formalités ;
« Et, s'il y a transaction avec le concours de l'avoué,
« Le quart des droits de formalités et d'instruction.
« Ces droits sont également acquis à l'avoué,

en matière d'accidents du travail, lorsque l'affaire se termine par un accord.
« § II. — Si l'affaire est terminée après conclusions prises avant ou après plaidoirie, avec ou sans jugement préparatoire,
« Il est alloué :
« Les trois quarts des droits de formalités et d'instruction.

§ 4. — MESURES D'INSTRUCTION

« Art. 26. — Dans toutes instances contradictoires ou par défaut, y compris les instances relatives aux accidents du travail, lorsqu'elles nécessitent, avant faire droit, une mesure d'instruction, de quelque nature quelle soit,
« Il est alloué à l'avoué qui lève le jugement ·
« Le droit de formalités de 10 francs.
« Art. 27. — Si les mesures ordonnées comportent l'assistance de l'avoué,
« Il est alloué à chacun des avoués, pour l'accomplissement des formalités et actes de procédure relatifs à la mesure ordonnée :
« Le droit de formalités de 10 francs ;
« Le quart du droit d'instruction, sans qu'il y ait lieu à réduction si le jugement avant faire droit est rendu par défaut.
« L'allocation est perçue par les avoués qui assistent les parties, s'il est procédé à la mesure d'instruction devant un autre tribunal.

CHAPITRE III

Demandes en partage et en homologation

« Art. 28. — Pour les actes de la procédure jusques et y compris l'obtention et la levée du jugement contradictoire ou par défaut qui n'a d'autre objet que d'ordonner les comptes, liquidation et partage d'une communauté, d'une succession, d'une société, et, en général, de toute indivision, la licitation de valeurs mobilières ou immobilières, ainsi que la liquidation des reprises et indemnités après décès,
« § I. — Si la demande n'est pas contestée, ou lorsque la contestation porte exclusivement sur la forme du partage ou la manière d'y procéder, le droit de conseil et le droit de formalités de 40 francs sont seuls alloués à chacun des avoués en cause.
» § II. — Dans le cas contraire, les droits perçus sont ceux d'une instance contradictoire ou par défaut.
« Art. 29. — Pour l'homologation d'une liquidation, que le jugement rendu soit contradictoire ou par défaut, y compris le tirage au sort des lots devant le juge-commissaire ou devant le notaire,
« § I. — Si la liquidation n'est pas contestée,
« Il est alloué à chacun des avoués en cause :
« La moitié du droit de formalités ;
« Et pour être réparti entre eux, par égales fractions, le droit d'instruction calculé sur la

valeur des biens partagés, rapports non compris ;

« § II. — Si la liquidation est contestée,

« Il est alloué aux avoués demandeur et défendeur :

« Le droit de formalités ;

« Et, en sus de la fraction du droit d'instruction prévue au paragraphe 1er du présent article, un droit de même nature calculé sur les sommes contestées.

« Art. 30. — Si la liquidation ordonnée n'est pas faite ou si elle n'est pas soumise à l'homologation, le droit d'instruction à répartir est réduit de moitié, et le droit de formalités n'est pas perçu.

CHAPITRE IV

Ventes judiciaires de meubles ou d'immeubles

SECTION PREMIÈRE

Émoluments dans les diverses espèces de ventes

§ 1er. — NATURE ET TAUX DES ÉMOLUMENTS

« Art. 31. — Il n'est passé aucun émolument pour les ventes judiciaires de meubles ou d'immeubles, auxquelles il est procédé conformément aux dispositions du C. civ. ou du C. de procéd. civ., lorsque le montant de l'adjudication n'excède pas 500 francs.

« Les avoués n'ont droit qu'à la répétition de leurs déboursés dûment justifiés.

« Art. 32. — Lorsque le montant de l'adjudication excède 500 francs,

« Il est alloué à l'avoué poursuivant :

« Sur le prix des biens adjugés, pour les actes de la procédure, avec ou sans expertise, la rédaction du cahier des charges et l'accomplissement des diverses formalités prescrites par la loi pour parvenir à l'adjudication, l'un des droits gradués et une remise proportionnelle qui sont fixés comme suit :

	Remise proportionnelle.	Droit gradué.
	p. 100 :	francs :
Jusqu'à 5,000 fr. (y compris les premiers 500 fr.)	3	60
Sur l'excédent jusqu'à 15,000 fr.	1,50	70
Sur l'excédent jusqu'à 100,000 fr.	1	80
Sur l'excédent jusqu'à 500,000 fr.	0,50	100
Sur l'excédent jusqu'à 2 millions	0,25	100
Sur l'excédent au-dessus de 2 millions, indéfiniment.	0,10	100

« Toutefois, en matière de saisie immobilière non suivie de conversion, la remise proportionnelle, allouée en vertu de ce tarif sur les sommes supérieures à 30,000 fr., est réduite de moitié.

§ 2. — BAISSE DE MISE A PRIX

« Art. 33. — En cas de baisse de mise à prix,

« Il est alloué à l'avoué poursuivant :

« La moitié du droit gradué ;

« La remise proportionnelle calculée sur le prix d'adjudication définitif.

§ 3. — SURENCHÈRE

« Art. 34. — En matière de surenchère, quelle que soit la vente,

« Il est alloué à l'avoué poursuivant :

« Le droit de conseil ;

« Le droit gradué et la remise proportionnelle calculés sur la différence entre les deux prix d'adjudication, cette différence étant considérée comme prix principal.

« Art. 35. — Pour obtenir le jugement qui valide la surenchère,

« Il est alloué à l'avoué poursuivant :

« Le droit de formalités de 40 fr.

§ 4. — FOLLE ENCHÈRE

« Art. 36. — En matière de folle enchère,

« Il est alloué à l'avoué poursuivant :

« Le droit de conseil ;

« La moitié du droit gradué et le tiers de la remise proportionnelle, lesdits droits calculés sur le prix de la nouvelle adjudication.

« Ces droits comprennent l'émolument du référé, en cas d'opposition à la délivrance, par le greffier, du certificat constatant l'inexécution des conditions de l'adjudication.

SECTION II

Adjudication.

« Art. 37. En matière d'adjudication immobilière, pour la déclaration d'adjudicataire et celle de command, l'accomplissement de toutes les formalités jusques et y compris la levée, la transcription du jugement d'adjudication et la réquisition des états hypothécaires,

« Il est alloué sur le prix d'adjudication de chaque lot ou sur leur réunion, si l'adjudication a lieu pour un prix unique :

« Le droit de formalités de 10 fr. ;

« Un droit proportionnel.

« Jusqu'à 5.000 fr., de. . . . . . 1 p. 100

Sur l'excédent jusqu'à 50,000 fr., de. . . . . 0,75 p. 100

Sur l'excédent jusqu'à un million, de. . . . . 0,50 p. 100

Sur l'excédent au-dessus d'un million, indéfiniment, de. . . . . 0,25 p. 100

« Art. 38. — Si l'adjudicataire sur licitation est un colicitant, le droit proportionnel est réduit de moitié.

« Art. 39. — En cas de déclaration de command, le droit proportionnel, alloué à l'avoué qui se rend adjudicataire, se partage, par égales portions, entre l'avoué de l'adjudicataire primitif et l'avoué du command.

« Art. 40. — Il est alloué à l'avoué chargé d'enchérir et qui a mis des enchères, sans rester adjudicataire, quel que soit le nombre de lots enchéris pour une même personne :

« Le droit de formalités de 20 fr.

SECTION III
Vente renvoyée devant notaire.

« Art. 41. — En cas de renvoi de vente devant notaire, et dans toute espèce de vente mobilière ou immobilière,

« Il est alloué, outre les déboursés et les frais de voyage :

« Le droit gradué ;

« La moitié de la remise proportionnelle.

SECTION IV
Vente renvoyée devant un autre tribunal.

« Art. 42. — Si la vente est renvoyée devant un autre tribunal,

« Il est alloué :

« Le droit gradué ;

« La remise proportionnelle, dont le montant appartient pour moitié aux avoués qui procèdent à la vente, la seconde moitié étant attribuée aux avoués qui obtiennent le jugement.

SECTION V
Dispositions communes à toutes les ventes.

« Art. 43. — Le montant de la remise proportionnelle, lorsqu'il y a lieu à partage, appartient, à l'exclusion de l'avoué du fol enchérisseur :

« § I. — Si la vente a lieu après conversion de saisie,

« Aux avoués du créancier saisissant et de la partie saisie par moitié ;

« § II. — Dans toute autre vente,

« Moitié à l'avoué poursuivant, demandeur ou surenchérisseur ;

« La seconde moitié aux autres avoués, par égales fractions, y compris l'avoué poursuivant qui a sa part, comme les autres, dans cette seconde moitié.

« Art. 44. — Il est alloué à chacun des avoués défendeurs la moitié du droit gradué accordé à l'avoué poursuivant.

« Art. 45. — Dans les ventes mobilières et immobilières ordonnées en référé ou sur requête, le droit de formalités de 20 fr. est alloué pour l'obtention et la levée de la décision rendue.

« Art. 46. — § I. — En cas de vente par lots, lorsque les lots sont composés d'immeubles distincts, le droit gradué est augmenté, pour chaque avoué, d'un dixième par lot, mais seulement jusqu'à concurrence de quatre lots ; et la remise proportionnelle est calculée séparément sur le prix d'adjudication de chaque lot ;

« § II. — Elle est calculée sur le prix des lots réunis, si l'adjudication a lieu après réunion totale ou partielle des lots mis en vente ;

« § III. — Lorsque les lots sont composés de valeurs mobilières et autres droits incorporels, la remise proportionnelle est calculée sur la totalité du prix d'adjudication des lots sans augmentation du droit gradué ;

« § IV. — Lorsque l'adjudication comprend des immeubles et des meubles, le prix des objets mobiliers vendus avec les immeubles s'ajoute au prix des immeubles pour le calcul des droits.

SECTION VI
Incidents.

« Art. 47. — § I. — Tout incident dans une procédure de vente ou de saisie, s'il n'a pas le caractère d'une instance sur demande principale, donne lieu au droit de conseil et aux émoluments alloués par l'art. 23, § I ;

« § II. — A défaut d'éléments d'appréciation résultant du litige lui-même, l'intérêt en est fixé par le chiffre de la créance du demandeur ou du poursuivant.

SECTION VII
Abandon de la procédure

« Art. 48. — Lorsque la procédure de vente est arrêtée,

« § I. — Avant le dépôt du cahier des charges,

« Il est alloué :

« A l'avoué poursuivant,

« La moitié du droit gradué ;

« A chacun des autres avoués,

« Le quart du même droit.

« § II. — Après le dépôt du cahier des charges,

« Il est alloué :

« A l'avoué poursuivant,

« Le droit gradué ;

« A chacun des autres avoués,

« La moitié du même droit ;

« Et à répartir entre eux, conformément à l'article 43,

« Le quart de la remise proportionnelle établie d'après le chiffre de la mise à prix.

« Art. 49. — Si la procédure de vente est reprise, les droits perçus par les avoués, en vertu de l'article précédent, leur restent acquis.

CHAPITRE V
Purge des hypothèques

« Art. 50. — Il est alloué, en matière de purge d'hypothèques légales :

« Pour l'accomplissement de toutes les formalités, y compris l'obtention du certificat des hypothèques,

« Le droit de formalités de 20 fr. ;

« Un droit proportionnel calculé sur le prix de l'immeuble ou sur la totalité du prix des lots,

« Jusqu'à 50,000 fr. de . . . . . 0,20 p. 100

« Sur l'excédent au-dessus de 50,000 fr., indéfiniment, de. . . . 0,10 p. 100

« Art. 51. — Il est alloué, en matière de purge d'hypothèques inscrites :

« Pour l'accomplissement de toutes les formalités, y compris la composition de l'extrait à dénoncer aux créanciers inscrits,

« Le droit de formalités de 20 fr. ;

« Un droit proportionnel calculé sur le prix de l'immeuble ou sur la totalité du prix des lots,

« Jusqu'à 20,000 fr., de. . , . . .   0,50 0/0

« Sur l'excédent jusqu'à 50,000 fr., de . . . , ...   0,25 0/0

« Sur l'excédent au-dessus de 50,000 fr., indéfiniment, de. 0,15 0/0

CHAPITRE VI

Ordres et Contributions

« Art. 52. — En matière de contribution, d'ordre amiable ou judiciaire, ou de distribution de prix d'immeuble par instance sur demande principale, pour l'accomplissement de toutes les formalités prescrites par le Code de procédure civile, depuis l'ouverture de la contribution ou de l'ordre jusqu'à la clôture définitive des opérations et de la procédure, y compris la procédure d'expertise en cas de ventilation du prix de plusieurs immeubles vendus collectivement et le dépôt de toutes pièces au bureau des hypothèques,

« Il est alloué :

« § I. — A l'avoué poursuivant ou demandeur, quel que soit le nombre des avoués en cause,

« Les droits de formalités et d'instruction calculés sur le montant de la somme en distribution ;

« § II. — A l'avoué de chaque créancier produisant ou défendeur, même s'il est déjà rémunéré comme avoué poursuivant la contribution ou l'ordre,

« La moitié des droits de formalités et d'instruction calculés sur le montant du bordereau de collocation.

« Art. 53. — L'avoué produisant, dont la demande en collocation n'est pas placée en rang utile ou est rejetée, ne perçoit que le droit de formalités de 10 fr.

« Art. 54. — En cas de règlement amiable, si le procès-verbal est soumis à l'homologation,

« Il est alloué à l'avoué poursuivant ou demandeur :

« Le droit de formalités de 20 fr.

« Art. 55. — En cas de contestation, et pour tous les incidents portant sur le fond du droit,

« Il est alloué :

« § 1. — A l'avoué qui suit l'audience,

« Le droit de conseil ;

« Le droit de formalités augmenté d'un dixième par chaque partie en cause ;

« Le quart du droit d'instruction calculé sur l'ensemble des créances contestées ;

« § II. — A chacun des autres avoués contestants ou contestés, y compris celui de la partie saisie,

« Le quart des droits de formalités et d'instruction calculés sur le chiffre contesté de la créance.

« Art. 56. — En matière de contribution, l'avoué le plus ancien et, en matière d'ordre, l'avoué du dernier créancier colloqué reçoivent la moitié du droit de formalités.

« Art. 57. — Les incidents de procédure sont tarifés comme il est dit à l'article 23.

« Art. 58. — Pour obtenir l'ordonnance de prélèvement au profit du propriétaire,

« Il est alloué aux avoués en cause :

« Le droit de formalités de 10 fr.

« Art. 59. — Pour la libération prononcée au cours de la procédure et pour l'accomplissement de toutes les formalités prescrites par le Code de procédure civile jusqu'à la radiation des inscriptions,

« Il est alloué, sur le montant de la somme consignée, un émolument,

« Jusqu'à 2,000 fr., de . . . . . . ,   0,75 0/0

« Sur l'excédent jusqu'à 50,000 fr., de. 0,25 0/0

« Sur l'excédent au-dessus de 50,000 fr., indéfiniment, de. 0,15 0/0

CHAPITRE VII

Procédures diverses

SECTION PREMIÈRE

Chambre du conseil

« Art. 60. — Pour tous les actes de la procédure en chambre du conseil, que la demande soit accueillie ou rejetée, jusques et y compris l'obtention et la levée du jugement,

« Il est alloué :

« § I. — Pour toute requête tendant soit à la nomination d'un curateur, administrateur, séquestre ou mandataire de justice, soit à la nomination du jury d'expropriation,

« A l'avoué demandeur :

« Le droit de conseil ;

« Le droit de formalités de 10 fr. ;

« § II. — Pour toute autre demande, soit qu'elle relève de la juridiction gracieuse, soit que la décision contradictoire ou par défaut intervienne en matière contentieuse,

« A chacun des avoués en cause :

« Le droit de conseil ;

« La moitié du droit de formalités ;

« Le quart du droit d'instruction calculé ainsi qu'il est dit aux art. 8 à 12 du présent décret ;

« § III. — Le droit d'instruction n'est pas dû si l'instance a pour objet d'habiliter un incapable ou son représentant à ester en justice sur une demande à former ou déjà formée ;

« § IV. — En cas d'opposition à taxe, il est alloué pour tous les actes de cette procédure, y compris l'obtention et la levée de la décision rendue, un droit de formalités de 10 fr.

« Art. 61. — Les droits de formalités et d'instruction, prévus par l'art. 27, sont alloués si une mesure d'instruction, comportant l'assistance de l'avoué, est ordonnée.

SECTION II

Délivrance de legs et envoi en possession

« Art. 62. — Pour la demande en délivrance de legs universel, à titre universel ou particulier,

« Il est alloué :

« § I. — Si le legs donne lieu à contestation,

« L'émolument fixé pour les instances contradictoires ou par défaut ;

« § II. — Dans le cas contraire,

« La moitié du droit de formalités ;

« Et, en outre, à partager entre les avoués en cause, par égales fractions, 0,10 p. 100 sur le montant net de la déclaration de succession, si le legs est universel ; et sur le montant du legs, déduction faite de toutes les charges, si le legs est à titre universel ou à titre particulier.

« Art. 63. — Pour la requête d'envoi en possession prévue par l'art. 1008 du Code civil,

« Il est alloué :

« Le droit de formalités de 10 fr. ;

« Le droit proportionnel de 0,10 p. 100 fixé par l'art. 62, paragraphe 2 ;

« En cas de rejet de la requête,

« Le droit de formalités de 10 fr.

« Art. 64. — S'il s'agit de l'envoi en possession d'un successeur irrégulier,

« Il est alloué, pour l'obtention et la levée du jugement prescrivant les formalités préalables :

« Le droit de conseil,

« La moitié du droit de formalités ;

« Pour le jugement d'envoi en possession définitif :

« Le droit proportionnel de 0,10 p. 100 fixé par l'art. 62, paragraphe 2.

SECTION III

Ordonnances sur référés

« Art. 65. — Il est alloué, jusques et y compris la levée de l'ordonnance :

« § I. — Dans les référés sur placets contradictoires ou par défaut :

« A chacun des avoués en cause,

« Le droit de formalités de 20 fr. ;

« § II. — Dans les référés sur procès-verbaux,

« Le droit de formalités de 10 fr. ;

« § III. — Dans les matières où le juge a le droit de statuer sur les dépens,

« La moitié de l'émolument fixé pour les instances contradictoires ou par défaut, sans que l'émolument puisse être inférieur à celui prévu par le paragraphe I.

« Art. 66. — Si le référé est renvoyé à l'audience,

« L'avoué perçoit, en outre, les mêmes droits que ceux alloués par l'article précédent, suivant les distinctions ci-dessus.

« Art. 67. — Pour assistance dans les mesures d'instruction ordonnées par le juge,

« Il est alloué à chacun des avoués en cause :

« § I. — Si les mesures d'instruction sont suivies d'une instance,

« Le droit de formalités de 10 fr.,

« Le quart du droit d'instruction ;

« § II. — Dans le cas contraire,

« Le droit de formalités de 20 fr.

SECTION IV

Ordonnances sur requêtes

« Art. 68. — Pour toute requête présentée en dehors d'une instance,

Il est alloué :

Un droit fixe de 6 francs.

« Art. 69. — Pour les requêtes préliminaires d'une instance, si l'assignation n'est pas délivrée,

« Il est alloué :

« Le droit de conseil,

« Un droit fixe de 6 francs.

SECTION V

Acceptations et renonciations

« Art. 70. — Pour tous actes d'acceptation ou de renonciation de succession, de communauté ou de legs, y compris la rédaction du pouvoir,

« Il est alloué :

« Le droit de formalités de 10 francs.

« Ce droit ne peut être perçu plusieurs fois, quel que soit le nombre des acceptants ou des renonçants, s'il s'agit de la même succession ou communauté, et si les formalités ont été remplies le même jour.

SECTION VI

Matières diverses

§ 1er. — AFFAIRES CRIMINELLES ET CORRECTIONNELLES

« Art. 71. — Si une partie se fait assister par un avoué devant la juridiction criminelle ou correctionnelle,

« Il est alloué :

« § I. — A l'avoué, pour chaque jour d'assistance à l'audience, y compris tous actes de conclusions à déposer et à signifier,

« Le droit de 20 francs ;

« § II. — Pour tous actes de conclusions signés, si l'avoué n'assiste pas à l'audience, sans qu'il puisse être taxé plus d'un droit de cette nature par affaire, sous quelque prétexte que ce soit,

« Le droit de 10 francs.

§ 2. — BORDEREAUX HYPOTHÉCAIRES

« Art. 72. — § I. — Pour la rédaction d'un

bordereau d'inscription hypothécaire ou de renouvellement, dressé en exécution d'un jugement ou d'un acte notarié,

« Il est alloué :

« Jusqu'à 20,000 francs. . . . 0,10 p. 100

« Sur l'excédent au-dessus de 20,000 francs, indéfiniment, . . . 0,05 p. 100

« Minimum : 4 francs ;

« § II. — Si l'inscription doit être prise ou renouvelée dans plusieurs bureaux, l'émolument est de 4 francs par bureau, en sus du premier.

CHAPITRE VIII

Déboursés.

« Art. 73. — Le tarif ne comprend que l'émolument net des avoués ; les déboursés sont payés en sus.

« Sont comptés comme déboursés :

« 1° Les frais des impressions autorisées par délibérations régulières des cours et tribunaux ;

« 2° Les copies ou extraits de pièces à signifier, s'il s'agit de jugements, actes notariés ou sous seing privé, procès-verbaux, expéditions de toute espèce délivrés tant par les greffiers que par tous autres fonctionnaires et tous officiers publics ;

« 3° La copie collationnée, prévue à l'art. 2194 du C. civ., et les copies de l'extrait à dénoncer aux créanciers inscrits ;

« 4° Les frais de voyage ;

« 5° Les frais de correspondance.

« Art. 74. — Les copies de pièces visées à l'article précédent, et les copies d'extrait à dénoncer aux créanciers inscrits sont taxées, pour toute signification faite par acte d'avoué ou par exploit, à 25 centimes par rôle d'expédition de vingt lignes à la page et de douze syllabes à la ligne, compensation faite entre les lignes et d'une feuille à l'autre ;

» La copie collationnée, prévue à l'art. 2194 du Code civil, est taxée de 50 centimes par rôle de vingt lignes à la page et de douze syllabes à la ligne, compensation faite entre les lignes et d'une feuille à l'autre.

« Les copies doivent être correctes, lisibles et sans abréviation, à peine de rejet de la taxe et de restitution des sommes perçues.

« Art. 75. — § 1. — Les avoués qui sont obligés de se transporter à plus de 2 kilomètres de leur résidence, lorsque leur présence est autorisée par la loi ou demandée par leurs parties, sont indemnisés de leurs frais de voyage et de séjour. Ils reçoivent à ce titre par kilomètre parcouru tant à l'aller qu'au retour :

« 1° 20 centimes, si le transport a été effectué par chemin de fer ;

« 2° 40 centimes, si le transport a eu lieu autrement.

« La première taxe est applicable de droit quand le parcours est desservi par une voie ferrée.

« § II. — Lorsque le déplacement exige plus d'une journée, il est alloué, en outre, 10 fr. par journée.

« § III. — Si le déplacement de l'avoué n'a lieu qu'à la demande de sa partie, les frais de voyage restent à la charge de celle-ci.

« Art. 76. — En toutes matières, il est alloué à l'avoué, tant demandeur que défendeur, pour frais de correspondance et d'envoi de pièces par la poste ou autrement, un droit établi à forfait, quel que soit le domicile des parties, au chiffre de 15 fr.

« Ce droit est réduit des deux tiers :

« 1° Lorsque l'intérêt en cause ne dépasse pas 1,500 fr. ;

« 2° Lorsque le tribunal statue sur un jugement rendu par un juge de paix ;

« 3° Si la décision est rendue par défaut, en référé ou sur requête ;

« 4° Dans les affaires relatives aux accidents du travail régis par la loi du 9 avril 1898 ;

« 5° Si l'affaire se termine sans jugement ;

« 6° Si la procédure suivie entre les mêmes parties est la conséquence ou l'accessoire d'une instance sur demande principale ayant donné lieu à la perception du droit entier.

TITRE II

Droits et émoluments alloués aux avoués des cours d'appel.

« Art. 77. — Les dispositions contenues dans les chapitres 1, 2, 7 et 8 du titre Iᵉʳ sont applicables aux droits et émoluments alloués aux avoués des cours d'appel, sauf les modifications résultant des articles ci-après.

« Art. 78. — Le droit de conseil est de 25 fr. ;

« Le droit de formalités de 80 fr.

« Ces deux droits sont réduits, savoir :

« Le droit de conseil à 20 fr.,

« Le droit de formalités à 30 fr.,

« 1° Lorsque l'intérêt du litige, en première instance, n'a pas dépassé 3,000 fr.,

« 2° Dans les affaires relatives aux accidents du travail régis par la loi du 9 avril 1898, quel que soit l'intérêt du litige, et avec ou sans mesure d'instruction, mais sous réserve du droit de formalités alloué par l'art. 26.

« Art. 79. — Le droit d'instruction est fixé comme suit :

« Jusqu'à 3,000 fr. 3 0/0

« Sur l'excédent jusqu'à 10,000 fr. 1 0/0

« Sur l'excédent jusqu'à 50,000 fr. 0,50 0/0

« Sur l'excédent jusqu'à 100,000 fr. 0,25 0/0

« Sur l'excédent jusqu'à 1 million 0,15 0/0

« Sur l'excédent au-dessus de 1 million, indéfiniment, ... 0,05 0/0

« Art. 80. — § I. — En toutes matières, et pour toutes procédures, l'intérêt du litige est déterminé, conformément à l'art. 8, par l'importance de l'affaire résultant des conclusions prises, y compris l'appel incident, les demandes additionnelles ou reconventionnelles lorsqu'elles sont recevables ;

« § II. — Pour les demandes mentionnées dans les articles 11 et 12 du présent décret, l'intérêt du litige est établi, suivant les cas, conformément aux dispositions desdits articles.

« Art. 81. — § I. — Dans les demandes relatives soit à la possession, soit à la propriété immobilière ou à ses démembrements, l'évaluation de l'intérêt du litige ne peut être inférieure à 2,500 francs ;

« § II. — Dans les demandes qui, par leur nature ou leur objet, ne peuvent être évaluées en argent, le droit d'instruction ne peut être inférieur à 150 fr. et supérieur à 1,500 fr., avec augmentation de moitié en cas d'appel incident.

« Art. 82. — § I. — Lorsque l'appel porte sur un jugement avant faire droit,

« Il est alloué :

« Le droit de conseil,

« Le droit de formalités,

« Le droit d'instruction :

« Si un arrêt définitif intervient ultérieurement dans la même cause entre les mêmes parties, il est alloué en outre :

« Le droit de conseil,

« Le droit de formalités,

« La moitié du droit d'instruction ;

« § II. — Les mesures d'instruction, ordonnées par la cour d'appel, sont tarifées comme il est dit aux art. 26 et 27 ; le droit de formalités est fixé à 20 fr.

« Art. 83. — § I. — Pour l'appel d'un jugement sur incident,

« Il est alloué à chacun des avoués en cause :

« Le droit de conseil,

« Le droit de formalités de 40 fr.,

« Le quart du droit d'instruction ;

« § II. — Pour les incidents de procédure, au cours d'une instance devant la cour d'appel, il est alloué :

« Dans les cas prévus par l'art. 23, § I :

« Le droit de formalités de 20 fr.,

« Le sixième du droit d'instruction ;

« Dans les cas prévus par l'art. 23, § II :

« Le droit de formalités de 40 fr.

« Art. 84. — Lorsque, sur l'appel d'un jugement avant faire droit ou sur incident, la cour statue au fond, les droits perçus sont, suivant les cas, ceux d'une instance contradictoire ou par défaut.

« Art. 85. — Lorsque l'appel porte sur :

« 1º Une ordonnance rendue en référé ou sur requête,

« 2º Un jugement relatif à une question de compétence ou de renvoi d'un tribunal à un autre,

« Il est alloué :

« Le droit de conseil,

« Le droit de formalités de 40 fr.,

« La moitié du droit d'instruction.

« Art. 86. — § I. — Lorsque l'appel porte sur :

« 1º Un jugement déclaratif de faillite,

« 2º Un jugement prononçant l'homologation, l'annulation ou la résolution d'un concordat,

« Il est alloué :

« Le droit de conseil,

« Le droit de formalités de 40 fr.,

« La moitié du droit d'instruction fixé par l'art. 81, § II ;

« § II. — Le droit d'instruction n'est pas dû à l'avoué qui, en matière de faillite ou de liquidation judiciaire, s'en rapporte à justice.

« Art. 87. — Par tout arrêt rendu sur requête,

« Il est alloué :

« § I. — Si l'affaire, par sa nature ou son objet, ne peut être évaluée en argent,

« Le droit de conseil,

« Le droit d'instruction ;

« § II. — Pour toute autre affaire,

« Le droit de conseil,

« La moitié du droit d'instruction.

TITRE III

Frais de voyage des parties. — Experts. — Dépositaires de pièces et témoins

CHAPITRE PREMIER

Frais de voyage des parties

« Art. 88. — Lorsque les parties font un voyage et qu'elles se sont présentées au greffe, assistées de leur avoué, pour y affirmer que le voyage a été fait dans la seule vue du procès,

« Il leur est alloué, quels que soient leur état et leur profession :

« Pour frais de voyage et de séjour,

« 1º Si elles sont domiciliées en France, 20 centimes par kilomètre parcouru à l'aller et au retour entre leur domicile et le tribunal ou la cour ;

« 2º Si elles sont domiciliées hors du territoire continental de la France, 20 centimes par kilomètre parcouru entre la frontière française et le tribunal ou la cour, et autant pour le retour.

« Il n'est rien dû à l'avoué pour l'assistance au greffe.

« Art. 89. — Il n'est passé en taxe qu'un seul voyage en première instance et un seul en cause d'appel ;

« Cependant, si la comparution d'une partie a été ordonnée par jugement ou arrêt et si les dépens lui sont adjugés, il lui est alloué pour cet objet une taxe égale à celle d'un témoin.

« Art. 90. — § I. — Il est alloué aux experts, par vacation de trois heures :

« A ceux de Paris . . . . 8 fr.

« A ceux des départements . . 6 fr.

§ II. — Si les experts ont reçu mission, soit

de dresser un devis détaillé, soit, à défaut de l'architecte, de diriger les travaux ou de procéder à la vérification et au règlement de mémoires d'entrepreneurs, il leur est alloué :

« 1º Pour rédaction de devis, 1 1/2 p. 100

« 2º Pour direction de travaux, 1 1/2 p. 100

« 3º Pour vérification et règlement, 2 p. 100

« Cette allocation est répartie également entre les experts ou attribuée à l'un d'eux, suivant que le travail a été fait en commun ou par un seul expert.

« Les travaux rémunérés à part, comme il est dit ci-dessus, n'entrent pas en compte dans le calcul des vacations.

« Art. 91. — Il est alloué aux experts une vacation pour la prestation de serment, et une autre pour le dépôt de leur rapport.

« S'ils sont domiciliés à moins de 2 kilomètres du lieu où siège le tribunal, il n'est pas alloué, dans ce cas, de frais de voyage soit pour la prestation de serment, soit pour le dépôt du rapport.

« Il ne leur est rien alloué, en cas de vérification d'écritures ou en cas d'inscription de faux incident civil, pour prestation de serment, ni pour dépôt de leur procès-verbal, qui doit être rédigé en présence du juge ou du greffier.

« Art. 92. — Lorsque les experts se déplacent au delà de 2 kilomètres de leur résidence, il leur est alloué, pour frais de voyage, les mêmes droits que ceux alloués aux avoués par l'article 75.

« Art. 93. — Au moyen de cette allocation, les experts ne peuvent rien réclamer, ni pour autres frais de voyage et de nourriture, ni pour s'être fait aider par des copistes, dessinateurs, toiseurs et porte-chaînes, ni sous quelque autre prétexte que ce soit, ces frais restant à leur charge.

« Le président, en procédant à la taxe de leurs vacations, en réduit le nombre, s'il lui paraît excessif.

« Art. 94. — Il est alloué aux dépositaires qui représentent les pièces de comparaison en vérification d'écritures ou arguées de faux, et en inscription de faux incident civil, par chaque vacation de trois heures, devant le juge ou le greffier :

« Aux greffiers des cours d'appel ... 12 fr.

« Aux greffiers des cours d'assises 12 fr.

« Aux greffiers des tribunaux de première instance. . . . . 10 fr.

« Aux notaires de Paris. . . . . . . 8 fr.

« Aux notaires des départements. . 6 fr.

« Aux avoués des cours d'appel. . . 8 fr.

« Aux avoués des tribunaux de première instance. . . . . 8 fr.

« Aux huissiers de Paris. . . . . . 5 fr.

« Aux huissiers des départements 5 fr.

« Aux autres fonctionnaires publics ou aux particuliers, s'ils le requièrent, .. 6 fr.

« Art. 95. — Il est alloué aux dépositaires,

pour frais de voyage, les mêmes droits que ceux alloués par l'article 75.

« Art. 96. — Dans tous les cas prévus par le présent chapitre et par le chapitre qui précède, il ne peut être taxé plus de trois vacations par jour à la résidence, et quatre hors de la résidence.

« La vacation commencée est due en entier.

« Art. 97. — Il est alloué aux témoins, pour chaque jour de comparution :

« A Paris. . . . . 4 fr.

« Dans les départements. . . . . 3 fr.

« Si les témoins ne sont pas domiciliés au lieu où se poursuit l'enquête, il leur est alloué pour frais de séjour, et par chaque journée, y compris la taxe de comparution :

« A Paris. . . . . 8 fr.

« Dans les départements. . 6 fr.

« Art. 98. — Si les témoins sont domiciliés à plus de 2 kilomètres du lieu où se poursuit l'enquête, il leur est alloué, en outre, à titre de frais de voyage, 0 fr. 15 par kilomètre tant à l'aller qu'au retour.

TITRE IV

Dispositions générales et dispositions transitoires

« Art. 99. § I. — Le montant cumulé des droits d'instruction à prélever par les avoués en cause ne doit jamais être supérieur à 10 p. 100 :

« 1º De l'évaluation de l'intérêt du litige dans les instances portant sur un intérêt pécuniaire ;

« 2º De la somme à distribuer dans les procédures d'ordre et de contribution.

« L'émolument global des avoués en cause est ramené à ce taux de 10 p. 100, s'il est dépassé, et le retranchement est supporté par lesdits avoués au prorata de leurs émoluments. Le retranchement est opéré par les soins de l'avoué le plus ancien.

« § II. — Si, à l'occasion d'une procédure déjà engagée, il s'élève une contestation qui n'ait pas le caractère d'un incident et qui doive être considérée comme une instance sur demande principale, la taxe en est faite suivant les règles établies ci-dessus pour les instances sur demandes principales, contradictoires ou par défaut.

« Il en est de même pour les cas non prévus dans les procédures particulières et autres matières spéciales.

« Art. 100. — Tous les avoués sont tenus d'avoir un registre sur lequel ils inscriront, par ordre de date et sans aucun blanc, toutes les sommes qu'ils recevront de leurs parties.

« Ils représenteront ce registre toutes les fois qu'ils en seront requis et qu'ils formeront des demandes en condamnation de frais ; et, faute de représentation ou de tenue régulière, ils seront déclarés non recevables dans leurs demandes.

« Ils ne peuvent exiger de droits plus élevés que ceux énoncés au présent tarif, sous peine de restitution, de dommages et intérêts et d'interdiction, s'il y a lieu.

« Art. 101. — Avant tout règlement, même pour des actes non tarifés, les parties peuvent réclamer le compte détaillé des sommes dont elles sont redevables.

« Les états de frais doivent faire ressortir distinctement les déboursés et les émoluments.

« Ils sont, sauf disposition contraire, formés sur trois colonnes :

« 1º La colonne spéciale exigée par l'article 21 de la loi du 26 janvier 1892 ; 2º celle des déboursés ; 3º celle des émoluments.

(On sait que cet art. 21 exige que les états de frais des avoués fassent ressortir distinctement dans une colonne spéciale et pour chaque débours, le montant des droits de toute nature payés au Trésor, sous peine, pour toute contravention, d'une amende de 10 fr. en principal, recouvrable comme en matière d'enregistrement ;

Disposition qui a pour but de permettre aux parties de se rendre exactement compte de la somme pour laquelle l'impôt figure dans leur note).

« Art. 102. — Il n'est dû à l'avoué aucun émolument autre que ceux alloués par le présent tarif.

« Toutefois, si l'avoué réclame des honoraires pour travaux, démarches et soins particuliers, en dehors des procédures rémunérées par le présent tarif, et qu'ils n'aient pas été réglés à l'amiable entre lui et son client, ils sont évalués, s'il y a lieu, à la demande des parties et après avis préalable de la chambre de discipline, par le premier président de la cour d'appel ou par le président du tribunal civil, ou, à leur défaut, par un magistrat délégué à cet effet.

« Art. 103. — Le droit de rétention appartient à l'avoué jusqu'au payement de ses frais et s'exerce, tant sur les actes qu'il a faits et les pièces à lui remises pour soutenir le procès, que sur les titres qu'il s'est procurés au moyen de ses avances.

« Toutefois, la communication de ces pièces, titres et actes de procédure peut toujours être faite provisoirement, dans un intérêt reconnu légitime par la chambre de discipline, à tout officier public ou ministériel mandataire de la partie, à charge, par celui-ci, de s'engager à les rétablir aux mains de l'avoué, lorsqu'ils ne lui seront plus nécessaires.

« Art. 104. — Il est interdit aux avoués de partager leurs émoluments ou honoraires avec un tiers ; ils ne peuvent en accorder la remise partielle à leurs clients qu'avec l'autorisation de la chambre de discipline.

« Art. 105. — Les difficultés auxquelles l'application du présent tarif pourra donner lieu entre les avoués sont réglées par la chambre de discipline.

« Art. 106. — Les dispositions du présent décret sont applicables à partir du 16 octobre 1903.

« Les procédures introduites devant les tribunaux et les cours antérieurement à cette date seront taxées d'après les tarifs anciens.

Abrogations.

« Art. 107. — Sont abrogés :

« Les articles 67 à 151 et 159 à 167 du premier décret du 16 février 1807, contenant le tarif des frais et dépens pour le ressort de la cour d'appel de Paris ;

« Le tarif des frais de taxe faisant suite au deuxième décret du 16 février 1807, relatif à la liquidation des dépens ;

« Le troisième décret du 16 février 1807, les décrets des 12 juin 1856, 30 avril et 13 décembre 1862, en tant qu'ils ont rendu communes à plusieurs cours d'appel et tribunaux les dispositions ci-dessus abrogées du tarif du 16 février 1807 pour la cour d'appel et les tribunaux du ressort de la cour de Paris et en ont fixé la réduction pour les autres ;

« Les articles 7 à 13 et 15 à 19 de l'ordonnance du 10 octobre 1841, contenant le tarif des frais et dépens relatifs aux ventes judiciaires des biens immeubles ;

« L'article 5 du décret du 9 mai 1893 portant règlement d'administration publique, en exécution de l'article 4 de la loi du 16 mars 1893 relative à la publicité à donner aux décisions prononçant une interdiction ou nommant un conseil judiciaire ;

« Et généralement toutes dispositions contraires à celles du présent décret. »

Quant au recouvrement, — V. *Recouvrement de frais et honoraires.*

V. aussi *Assistance judiciaire. Avoué. Frais de justice. Mandat. Privilège. Solidarité. Taxe.*

Circulaire du Garde des Sceaux

relative à l'application du Tarif qui précède

(5 oct. 1903)

TITRE Ier. — Droits et émoluments alloués aux avoués.

« L'article 1er résume, en peu de mots, l'économie générale du tarif. Il énumère les droits alloués dans une instance ; il les qualifie et détermine les seuls éléments dont sera composée, à l'avenir, la rémunération de l'avoué tant pour son travail intellectuel et ses frais généraux que pour les diverses formalités à remplir, et la copie de tous les actes de procédure.

Les seules exceptions admises pour le remboursement de ses débours personnels sont, en dehors des avances dûment justifiées dans l'intérêt de son client, celles nommément indiquées dans l'article 73, de telle sorte que l'énumération comprise dans les articles 1 et 73 embrasse l'ensemble des droits et allocations destinés à rétribuer l'officier ministériel dans les affaires contentieuses et dans les procédures.

Aucun autre émolument ou débours ne doit être passé en taxe.

Ces droits, d'après l'article 77, sont applicables aux avoués d'appel.

Ils sont égaux pour tous les avoués d'une même cause, qu'ils soient demandeurs ou défendeurs, appelants ou intimés.

I. — *Droit de conseil* (art. 2 et 3).

Le droit de conseil ne peut être exigé qu'une seule fois dans une même cause.

Il est dû dans les instances qui comportent une constitution d'avoué, par le fait même de cette constitution.

Dans toute autre procédure, ce droit ne peut être perçu qu'en vertu d'une disposition expresse du tarif.

II. — *Droit de formalités* (art. 4 et 5).

Le droit de formalités est alloué, suivant les cas, en totalité ou en partie.

L'allocation à l'avoué d'une fraction de ce droit, dans certaines matières ou à l'occasion de diverses phases de la procédure, est formulée de deux manières.

Si la rédaction employée est la suivante : « il est alloué le quart du droit de formalités, la moitié du droit de formalités », le droit est gradué, sujet à augmentation ou à réduction suivant le plus ou moins d'importance ou les modalités de l'affaire à laquelle il s'applique.

Si l'allocation est, au contraire, exprimée en chiffres, s'il est dit par exemple : « Il est alloué le droit de formalités de 10 francs, le droit de formalités de 20 francs », le droit accordé est soustrait aux différentes causes d'augmentation ou de réduction. Il est invariable et devient un droit fixe.

Le droit de formalités dans les instances sur demandes principales, à l'exclusion de toutes autres, est sujet à augmentation s'il y a pluralité de parties, et si les parties, en sus de la première, ont à la fois des avoués différents et des intérêts distincts. La réunion des deux conditions est nécessaire. L'existence de l'une ou de l'autre seule ne produit sur le taux du droit aucun effet.

Cette allocation profite aussi bien à l'avoué demandeur qu'à l'avoué défendeur ou intervenant. Il suffit qu'il ait été suivi ou conclu contre plus d'une partie.

Une exception toutefois doit être faite pour la demande en garantie (art. 24). L'avoué qui appelle en garantie reçoit, pour cette procédure, quel que soit le nombre des appelés, la *moitié* des droits de formalités et d'instruction. Cette rémunération ne saurait être cumulée avec l'augmentation éventuelle visée par l'article 5.

III. — *Accidents du travail* (art. 6).

L'article 6 fournit une première application de la faveur exceptionnelle accordée aux procès concernant les accidents du travail.

Les droits de conseil et de formalités ne varient pas, quelle que soit l'importance de l'intérêt engagé. Il en résulte que le chiffre de base pour le calcul du droit de formalités sera toujours de 15 francs. Ainsi, le *quart* du droit de formalités dans cette catégorie d'affaires est de 3 fr. 75, la moitié est de 7 fr. 50.

IV. — *Droit d'instruction* (art. 7 à 17).

Les articles 7 à 16 déterminent sous la rubrique « Droit d'instruction » les règles à suivre pour l'évaluation de l'intérêt du litige.

Ces règles constituent l'une des parties les plus importantes et les plus délicates du nouveau tarif. Elles méritent donc une attention particulière parce que, de leur application plus ou moins exacte et rigoureuse, dépend, en grande partie, le succès de la réforme.

C'est en effet l'intérêt du litige, la valeur de cet intérêt qui règle non seulement le droit d'instruction, mais encore les droits de conseil et de formalités, en ce qui touche les émoluments ; et, quant aux déboursés, le droit de correspondance. C'est lui qui justifie selon les cas, les réductions dont ces différents droits sont atteints en vue de dégrever les litiges de peu de valeur.

L'intérêt du litige repose sur une base différente suivant qu'il s'agit :

A. D'affaires portant sur un intérêt pécuniaire ;

B. D'affaires non susceptibles d'être évaluées en argent.

A. — *Affaires portant sur un intérêt pécuniaire.* — L'intérêt du litige, dans les affaires portant sur un intérêt pécuniaire, résulte de l'ensemble des conclusions, tant principales qu'incidentes et reconventionnelles, respectivement prises par les parties, qu'elles soient demanderesses, défenderesses ou intervenantes, qu'il s'agisse de demandes additionnelles ou reconventionnelles.

Le calcul des droits doit donc porter sur un *total* et non sur chaque demande ou chef de demande considéré isolément.

Ce mode de calcul ne saurait cependant devenir pour l'avoué la source d'un double émolument perçu à la fois sur les conclusions qui tendent à faire triompher la demande et sur celles qui tendent à la faire repousser.

Les prétentions du demandeur fixent, en principe, l'importance du litige, et, par suite, la base de rétribution des avoués de la cause. Dès lors, la demande reconventionnelle qui peut entrer en ligne de compte pour le calcul des droits d'instruction est, non pas celle qui constitue un simple moyen de défense opposé à l'action principale — car elle rentre alors dans les limites de cette action avec laquelle elle se confond — mais celle qui en est indépendante, et par laquelle le défendeur, se transformant lui-même en demandeur, réclame une condamnation à son profit.

La partie des conclusions qui n'a pas été contredite et celle qui n'a pas été soutenue, soit parce qu'elle a été abandonnée avant toute contradiction, soit parce qu'elle reposait sur une prétention que le demandeur savait manifestement excessive, sont retranchées de l'intérêt du litige.

Il est donc nécessaire, pour que les conclusions en tout ou en partie ne soient pas exclues de cet intérêt, qu'elles aient été sérieusement contredites ou soutenues ; mais il suffit qu'une discussion sérieuse ait eu lieu à un moment quelconque de la procédure. Un chef abandonné ou non contredit après discussion, au cours d'une expertise, par exemple, doit être compris dans le calcul du droit proportionnel.

Toute interprétation contraire serait pour l'officier ministériel peu scrupuleux un encouragement à compliquer les procès au lieu de faciliter leur solution.

Lorsque des conclusions sont posées par lesquelles l'avoué s'en rapporte à justice, le juge, suivant les circonstances de la cause, et en se conformant à la jurisprudence sur la matière, appréciera si ces conclusions ont le caractère d'une contestation ou si elles emportent un acquiescement.

S'il y a pluralité de défendeurs dans une même cause, l'avoué qui, sans acquiescer à la demande, s'en rapporte à justice, perçoit un émolument égal à celui qui la contredit en tout ou en partie (art. 1er) à moins que le tarif ne renferme une disposition contraire (art. 86, § 2).

Le fait de s'en rapporter à justice n'a pas la valeur d'une contestation dans les procédures où l'incapacité d'un ou de plusieurs intéressés rend ces conclusions nécessaires ; ni dans les homologations de liquidation et les demandes en délivrance de legs lorsque les conclusions s'appliquent à la demande elle-même ; les articles 29 et 62 précisent, en effet, que l'émolument ordinaire fixé pour les instances n'est exigible en ces matières que si la contestation porte sur la liquidation ou sur le legs.

L'examen de l'article 16 qui alloue à l'avoué un droit d'instruction réduit, lorsque la demande n'est pas contestée, doit être rapproché de celui de l'article 8.

Ces deux articles visent deux hypothèses distinctes.

D'après l'article 8, la partie de la demande qui reste litigieuse doit seule servir de base au calcul de l'émolument proportionnel de l'avoué. C'est ce qui fixe sa rémunération.

L'article 16 prévoit, au contraire, qu'aucune partie de la demande n'est contestée. Le débiteur, par exemple, reconnaît à son créancier le droit de requérir un jugement contre lui, et se borne à solliciter un délai de grâce ; — ou encore, les parties demandent au tribunal de consacrer, par une décision judiciaire, un contrat librement intervenu entre elles.

Dans l'un et l'autre cas, la demande n'étant pas contestée, le droit d'instruction (art. 16) et le droit de formalités (art. 5) sont réduits de *moitié.*

La détermination de l'intérêt du litige est facile :

1o Lorsque la contestation a pour objet une somme d'argent ;

2o Lorsque cette détermination repose sur les articles 9 et 10 qui fixent exceptionnellement une base d'appréciation ;

3o Enfin, en matière indéterminée, si les éléments du calcul sont fournis par la demande elle-même.

Mais il n'en sera pas toujours ainsi, et, dans de nombreuses instances, d'une nature indéterminée, portant cependant sur un intérêt pécuniaire, toute base d'appréciation fera défaut.

L'intérêt litigieux, dans cette hypothèse, fait l'objet d'une déclaration d'évaluation (art. 11).

B. *Affaires non susceptibles d'être évaluées en argent.* — C'est encore une déclaration qui fixe la base légale sur laquelle repose l'intérêt litigieux dans les affaires qui échappent, par leur nature, à toute appréciation en argent; mais, dans ce cas, l'évaluation porte sur le droit d'instruction lui-même.

Il est difficile de poser des règles fixes pour ces diverses évaluations qui doivent être faites obligatoirement *avant la mise au rôle*. On peut admettre, néanmoins, qu'il conviendra de tenir compte de l'importance du litige, de ses difficultés, de la situation de fortune du plaideur, de l'utilité ou du profit que celui-ci compte retirer de la décision qu'il sollicite, etc.

Le litige dont l'intérêt est déterminé par une évaluation, est soumis à toutes les règles applicables à celui dont le droit d'instruction est fixé au moyen d'un calcul.

Dans les instances qui donnent lieu à deux modes d'appréciation différents, la réunion des chefs déterminés et des chefs indéterminés fournit la base sur laquelle doit porter le droit d'instruction.

Certaines instances, se rattachant notamment à la propriété immobilière et dont la faible importance pécuniaire n'aurait pas procuré à l'avoué un émolument en rapport avec le service rendu, sont soustraites à la possibilité d'une base d'évaluation inférieure à un minimum déterminé (art. 10, 17, 81, § 1) avec un maximum qui ne doit pas être dépassé si l'évaluation porte sur le droit d'instruction (art. 12 et 81, § 2).

Les magistrats taxateurs ne perdront pas de vue que le principe fondamental du nouveau tarif est d'allouer aux avoués un émolument proportionnel à l'intérêt pécuniaire du procès et à l'importance de la procédure engagée; l'application du chiffre minimum ne saurait donc servir de règle pour la taxe.

Toutefois, les évaluations devront toujours être faites avec une grande modération et un soin minutieux, principalement dans les affaires rémunérées par une fraction du droit d'instruction, pour éviter la majoration des états de frais.

Afin d'assurer l'exacte observation des articles 11 et 12, il m'a paru convenable, autant dans l'intérêt des parties que pour faciliter le contrôle des magistrats chargés de la taxe, d'adopter des mesures uniformes, et d'établir les règles suivantes :

1° Dans toute affaire contradictoire ou par défaut et dans toute procédure soumises à la déclaration prescrite par l'article 11, il sera délivré à chacun des avoués de la cause, d'après un modèle que les chambres de discipline arrêteront, un bulletin signé par le président ou un membre de la chambre délégué, qui constatera la date de la déclaration, le chiffre de l'évaluation et l'avis de la chambre lorsque les circonstances auront motivé cet avis;

2° Ce bulletin sera présenté au greffier en inscrivant la cause au rôle, visé par lui et rendu à l'avoué pour être joint à l'état de frais au moment de la taxe ;

3° Le placet de toute affaire mise au rôle général mentionnera en tête de la première page :

(*a*) La nature de la demande ou de l'affaire;

(*b*) Son objet ;

(*c*) L'intérêt du litige calculé ou évalué;

« S'il s'agit d'une affaire indéterminée ne pouvant être évaluée en argent, cette dernière mention sera *remplacée* par celle-ci :

« (*c*) Droit d'instruction. »

En regard de la première énonciation, l'avoué indiquera qu'il s'agit, soit d'une affaire déterminée, soit d'une affaire indéterminée, en précisant, dans ce dernier cas, si l'affaire ne peut être évaluée en argent, ou si elle porte sur un intérêt pécuniaire.

Il fera connaître ensuite, dans des termes succincts, mais précis, l'objet du procès.

Enfin, il portera en regard de la troisième mention, suivant les cas :

Ou bien le chiffre représentant l'intérêt du litige tel qu'il aura été calculé ou évalué d'après les indications qui viennent d'être fournies;

Ou bien l'évaluation du droit d'instruction.

4° Ces mêmes dispositions sont applicables aux diverses procédures et à toutes conclusions déposées à l'audience au cours d'une instance ordinaire ou dans les incidents qui se produisent au cours d'une procédure spéciale, lorsque ces conclusions sont de nature à déterminer ou à modifier les bases sur lesquelles doit être calculé ou évalué le droit d'instruction;

5° Il est interdit aux greffiers de recevoir le dépôt de tout placet pour la mise au rôle et de toutes conclusions qui ne seraient pas revêtues des mentions prescrites par la présente circulaire et auxquels ne serait pas joint, pour le visa, le bulletin de déclaration dans les affaires qui y donneront lieu.

Mention du chiffre de l'évaluation et du visa sera portée, suivant les cas, sur le registre des mises au rôle ou sur le plumitif tenu par le greffier d'audience.

Le nouveau tarif n'atteindrait qu'imparfaitement son but s'il n'avait cherché à prévenir certains abus dont l'expérience a fourni de trop fréquents exemples.

Les articles 13 et 15 répondent à cette préoccupation.

Les demandes fondées sur une même cause, qui, introduites séparément, auraient dû être réunies dans un même exploit, déjà soumises par l'article 13 à un droit d'instruction unique, ne donnent lieu qu'à un seul droit de conseil (art. 3) et à un seul droit de formalités (art. 5).

Les mêmes dispositions restrictives se rencontrent dans deux autres articles que la même pensée a inspirés.

Dans les instances en dommages-intérêts basées sur un fait dommageable (art. 14) et celles relatives aux accidents du travail, et par extension aux pensions alimentaires (art. 9, § 3), le chiffre de la demande dépend, le plus souvent, de la fixation qui en est faite par le demandeur lui-même, à qui l'avoué ne peut enlever ses illusions, ou dont il ne peut modérer les exigences. Le tarif dispose, en conséquence, et par exception :

A. *Pour les dommages-intérêts.* — Au-dessus de 5,000 fr., le droit proportionnel a pour base, non plus le chiffre de la demande, mais celui de la condamnation.

Ainsi :

1re espèce.

Demande. . . . . . 2,000 fr.
Condamnation. . . . 500 fr.
Intérêt du litige. . .   2,000 fr.

2e espèce.

Demande. . . . . . 5,000 fr.
Condamnation. . . . 3,000 fr.
Intérêt du litige. . .   5,000 fr.

3e espèce.

Demande. . . . . . 10,000 fr.
Condamnation. . . . 3,000 fr.
Intérêt du litige. . .   5,000 fr.

4e espèce.

Demande. . . . . . 10,000 fr.
Condamnation. . . . 8,000 fr.
Intérêt du litige. . .   8,000 fr.

B. *Pour les affaires d'accidents du travail et de pension alimentaire.* — 1° l'intérêt du litige est obtenu en multipliant le chiffre de la rente annuelle demandée non plus par 10, comme pour les demandes, ordinaires en constitution de rente viagère prévues par le paragraphe 2, mais seulement par 4 ;

2° Au-dessus de 250 fr., le droit proportionnel a pour base non plus le chiffre de la rente annuelle demandée, mais celui résultant de la condamnation.

Ainsi :

1re espèce

Rente annuelle demandée 150 fr.
Condamnation. . . . . 100 fr.
L'intérêt du litige est de
150 × 4 = ...   600 fr.

2e espèce.

Rente annuelle demandée 250 fr.
Condamnation. . . . . 100 fr.
L'intérêt du litige est de
250 × 4 = . . .   1,000 fr.

3e espèce.

Rente annuelle demandée. 500 fr.
Condamnation. . . . . 200 fr.
L'intérêt du litige est de
250 × 4 = ...   1,000 fr.

4e espèce.

Rente annuelle demandée. 500 fr.
Condamnation . . . . 400 fr.
L'intérêt du litige est de
400 × 4 = ...   1,600 fr.

La procédure en revision ouverte au patron et à l'ouvrier par l'article 19 de la loi de 1898 donne lieu à la même tarification.

Je rappelle ici, pour ordre, que les articles 131 et 1031 du Code de procédure civile fournissent aux tribunaux le moyen de réprimer l'abus résultant de l'exagération des demandes et des procédures frustratoires.

V. — *Instances par défaut* (art. 18 à 21).

L'application des articles concernant les instances par défaut ne présente aucune difficulté.

Il faut observer, toutefois, sur l'article 20, que les droits à percevoir dans une instance liée sur opposition à un jugement par défaut sont des droits *complémentaires*.

L'opposition ne forme, en effet, avec l'affaire principale, qu'une seule et même cause. Elle ne peut, par suite, procurer à l'avoué un émolument supérieur aux droits entiers.

Toutefois, si les droits alloués sur le jugement contradictoire sont moins élevés que ceux dus sur le jugement par défaut, l'excédent n'est pas sujet à restitution.

L'avoué constitué du défaillant reçoit, à titre d'émolument, le droit de conseil (art. 2) et le droit de correspondance réduit des deux tiers (art. 76-5°).

VI. — *Incidents et mesures d'instruction*
(art. 23 à 27).

Quelques remarques générales suffiront à faire saisir l'économie de ce chapitre.

Les incidents et les mesures d'instruction reçoivent une rémunération qui leur est propre. En conséquence, si une affaire se termine par désistement ou pour toute autre cause, soit après l'incident (exemple : incompétence admise), soit après la mesure d'instruction, sans jugement sur le fond, la fraction des droits accordés sur l'instance principale s'ajoute à ceux de l'incident ou de la mesure d'instruction.

Je signale que les droits alloués par l'article 23 ne sont dus que si un *jugement intervient sur l'incident.* Ces droits ne peuvent donc être perçus, si la partie à laquelle est opposé l'incident retire sa demande avant de le faire juger ; ou si le demandeur à l'exception se désiste de ses conclusions incidentes.

J'ajoute que l'énumération contenue dans le paragraphe 1 de ce même article est limitative; tous les incidents non spécialement indiqués ou prévus, de quelque nature qu'ils soient, sont taxés comme il est dit dans le paragraphe 2.

Si, à l'occasion d'une procédure déjà engagée, il s'élève une contestation qui n'ait pas le caractère d'un incident et qui doive être considérée comme une instance sur demande principale, la taxe en est faite suivant les règles établies pour les instances sur demandes principales contradictoires ou par défaut (art. 99, § 2), en tenant compte des circonstances particulières de chaque cause.

Pour les mesures d'instruction, une rémunération n'est accordée que si la mesure ordonnée est de celles qui comportent l'assistance des avoués, telle qu'une enquête, une expertise, etc. (article 27, 67).

Si cette assistance n'est ni prévue ni prescrite par la loi, les frais ne peuvent être passés en taxe.

La fraction des droits de formalités dans les mesures d'instruction et les incidents, étant exprimée en chiffres, ces droits ne subissent aucune des modifications prévues et réglementées par les articles 4 et 5.

Enfin, les droits alloués sur les incidents et les mesures d'instruction sont les mêmes que la décision rendue sur le fond soit contradictoire ou par défaut (art. 23, 25, 26 et 27).

Le chiffre des allocations, dans cette matière, varie suivant les diverses hypothèses que l'article 25 détermine.

Lorsque l'affaire prend fin avant qu'un jugement sur le fond ait été rendu, l'avoué ne peut recevoir, dans aucun cas, un émolument supérieur aux trois quarts des droits de formalités et d'instruction.

VII. — *Demandes en partage et en homologation* (art. 28 à 30).

L'article 28 distingue dans l'instance en partage deux phases de la procédure, dont chacune procure à l'avoué un émolument différent.

La première partie de l'instance qui aboutit au jugement est soumise elle-même à une tarification particulière suivant que la demande est ou non contestée.

Une contestation sur le fond du droit donne lieu aux mêmes émoluments que les instances ordinaires sur demandes principales.

L'absence de contestation ou une contestation portant exclusivement sur la forme du partage ou la manière d'y procéder (art. 823, C. civ.) est considérée plutôt comme une formalité constituant un incident du partage que comme une instance ordinaire. Il n'est donc accordé aux avoués de la cause que le droit de conseil et un droit fixe de formalités.

Si, au cours de cette première phase de la procédure, une mesure d'instruction est ordonnée, l'avoué ne reçoit (art. 27) qu'un droit fixe de formalités, puisque la demande principale elle-même est exempte de tout droit proportionnel.

L'allocation du droit proportionnel est réservée à la seule procédure d'homologation du partage (art. 29, § 1er).

Un incident de contestation venant se greffer sur la demande en homologation de liquidation constitue un véritable procès rémunéré exclusivement d'après le chiffre des sommes contestées, ainsi qu'il est dit au deuxième paragraphe de ce même article.

VIII. — *Ventes judiciaires de meubles ou d'immeubles* (art. 31 à 49).

Les émoluments accordés aux avoués dans cette matière sont perçus à compter du premier acte de la procédure de vente, c'est-à-dire du procès-verbal de saisie dans les ventes sur expropriation forcée, et du cahier des charges dans les autres ventes.

Ils comprennent une remise proportionnelle qui suit une progression décroissante, et un droit gradué qui devient plus élevé à mesure que l'importance de la vente augmente. Mais, tandis que la remise proportionnelle se calcule par échelons, le droit gradué ne se cumule pas. Cette distinction résulte des termes mêmes de l'article 32, qui alloue à l'avoué poursuivant, en sus de la remise proportionnelle, « *l'un des droits gradués*, etc. » Ainsi, dans les ventes jusqu'à 5,000 fr., le droit gradué est de 60 fr. : dans celles de 5,001 fr. jusqu'à 15,000 fr., il est, non pas de 60 fr. + 70 fr., mais de 70 fr. seulement; dans les ventes de 15,001 fr. jusqu'à 100,000 fr., il est de de 80 fr. ; etc.

La procédure d'une vente dont le prix d'adjudication ne dépasse pas 500 fr., ne donne lieu à aucun émolument (art. 31). De plus, la loi du 23 octobre 1884, qui impose aux agents de la loi la réduction du quart de leurs émoluments dans les ventes inférieures à 1,000 fr., reste en vigueur.

La tarification nouvelle remplaçant les droits alloués par l'ordonnance du 10 octobre 1841, il en résulte qu'en matière de vente renvoyée devant notaire, l'avoué, pour le calcul de ses émoluments, ne subit plus l'imputation de la remise accordée au notaire; il reçoit, dans leur intégralité, les droits alloués par l'article 41. Cette imputation devient sans objet; la remise proportionnelle due à l'avoué, pour cette nature de vente, étant réduite de moitié.

Dans le cas où la fixation des droits et émoluments à percevoir dépend du prix de biens non encore adjugés, il suffira pour l'exécution de l'article 701 du Code de procédure civile, d'énoncer dans les ordonnances de taxe « que ces droits seront fixés suivant l'importance du prix d'adjudication, conformément au taux et aux règles contenues dans le chapitre IV du décret du 17 août 1903. »

Les articles 37 à 40 réglementent les droits revenant à l'avoué qui a porté des enchères ou qui s'est rendu adjudicataire pour un de ses clients. Le tarif nouveau régularise ainsi, comme il l'a fait également dans d'autres matières, la perception d'émoluments qui n'existaient pas dans les anciens tarifs, mais qu'un sentiment d'équité et de justice avait introduit et fait tolérer dans la plupart des tribunaux.

IX. — *Ordres et contributions* (art. 52 à 59).

Les articles relatifs soit à la poursuite et à la production, soit aux contestations en matière d'ordre et de contribution n'ont besoin d'aucun développement.

Il suffit de rappeler que si l'ordre amiable est assimilé à l'ordre judiciaire, le ministère des avoués n'est pas obligatoire pour représenter les créanciers en matière d'ordre amiable.

Si l'incident soulevé au cours d'une procédure d'ordre ou de contribution a le caractère d'une instance sur demande principale, la taxe en est faite suivant les règles établies par l'article 99, paragraphe 2, qu'il faut rapprocher des articles 55 et 57.

X. — *Chambre du conseil* (art. 60 à 61).

Les demandes portées devant la chambre du conseil ne comportant le plus souvent qu'une procédure et une instruction sommaires, ne donnent droit à l'avoué qu'à une fraction des droits de formalités et d'instruction.

Les requêtes tendant à la nomination d'un mandataire de justice sont même affranchies de ce dernier droit (art. 60).

Il est à peine besoin d'observer que les requêtes présentées pour l'accomplissement d'une procédure ou pour parvenir à une mesure d'instruction, par exemple : — les requêtes introductives d'une demande d'interdiction ou de conseil judiciaire; celles ordonnant un interrogatoire sur faits et articles — ne donnent pas lieu à l'application de l'article 60, puisqu'elles font partie intégrante de l'affaire à laquelle elles se rattachent.

L'article 60, paragraphe 4, par une disposition commune aux avoués de première instance et à ceux d'appel, réduit à un simple droit de formalités, sans droit de conseil ni d'instruction, la rémunération de toute procédure d'opposition à taxe relevant de la compétence de la chambre du conseil, que cette opposition soit formée par une ou plusieurs parties.

Cette disposition est applicable à tout officier public et ministériel, agent de la loi ou auxiliaire de la justice, qui peut opérer le recouvrement de ses frais par la voie de l'exécutoire ou en vertu d'une ordonnance de taxe.

Si une mesure d'instruction est ordonnée, le droit de formalités applicable à cette phase de la procédure est seul exigible.

L'appel d'un jugement qui intervient sur l'opposition à la taxe est tarifé comme toute autre affaire soumise à la compétence de la chambre du conseil de la Cour.

XI. — *Ordonnances sur référés* (art. 65 à 67).

L'émolument accordé aux avoués, lorsqu'une mesure d'instruction est ordonnée dans un référé suivi d'une instance, est celui de l'article 27, puisque, dans la plupart des cas, il deviendra inutile, au cours de cette instance, de recourir au nouveau mode d'information.

XII. — *Ordonnances sur requêtes* (art. 68 à 69)

Le droit fixe de 6 fr. ne s'applique qu'aux requêtes étrangères à toute instance et à toute procédure, par exemple : « les requêtes tendant à faire apposer les scellés, — à autoriser une saisie sans commandement préalable — à faire vendre des objets saisis dans un lieu plus avantageux que celui indiqué par la loi (art. 617, C. Pr. civ.) »; et *non* aux requêtes nécessaires à la validité d'une instance dont elles sont le préliminaire, par exemple : « les requêtes à fin d'assigner à bref délai — à fin de saisie-arrêt, etc. » ou à l'instruction d'une procédure, exemple : « les requêtes à fin d'indication de jour pour le serment des experts, pour l'audition des témoins dans une enquête — celles à fin d'insertions sommaires dans les ventes judiciaires — celles à l'effet d'obtenir le permis de sommer dans les ordres et contributions, etc. » pour lesquelles l'avoué ne reçoit aucune rétribution spéciale (art. 1er).

XIII. — *Acceptations et renonciations* (art. 79).

Les acceptations et renonciations faites le même jour par un seul acte ou par des actes distincts, à la requête d'une ou de plusieurs parties, ne donnent lieu qu'à un droit unique.

L'avoué qui, sans motif légitime, et pour réclamer plusieurs droits, remplirait les formalités à des jours différents, s'exposerait à des poursuites disciplinaires.

XIV. — *Copies de pièces* (art. 73 et 74).

Les émoluments que reçoit l'avoué par le nouveau tarif étant destinés à le couvrir de toutes causes de responsabilités, même de celles qu'il peut encourir en certifiant la copie des pièces, les frais auxquels donne lieu cette copie passent de la classe des émoluments où ils se trouvaient sous l'empire des décrets de 1807, dans celle des déboursés.

L'indemnité allouée, de ce chef, est fixée uniformément à 25 centimes par rôle pour les avoués de première instance et ceux des cours d'appel. Elle s'applique nommément à la copie des actes énumérés dans les articles 73 et 74. Par suite, la copie des requêtes suivies d'une ordonnance du juge étant comprise ou non parmi les débours, suivant qu'elle aura été faite par l'avoué ou délivrée par le greffier, je recommande aux tribunaux de tenir la main à ce que les greffiers ne conservent, au rang de leurs minutes, que les seules ordonnances soumises par la loi et la jurisprudence à la formalité du dépôt.

La copie des jugements et arrêts constituant pour l'avoué un déboursé dont il reçoit le remboursement, l'officier ministériel ne pourra plus exiger à l'avenir, sous la rubrique « bénéfice de signification » ou « vacation à terminer à l'amiable » le droit de copie d'un arrêt ou d'un jugement exécuté par la partie condamnée avant sa signification.

Ce droit n'est *pas dû* lorsque la copie n'a pas été réellement faite.

La partie finale de l'article 74 rappelle la prescription de l'ancienne législation dont le but principal a toujours été d'assurer aux copies des actes de procédure une netteté et une correction qui leur font souvent défaut.

XV. — *Droit de correspondance* (art. 76).

Le principe sur lequel repose le remboursement du droit de correspondance diffère de celui consacré par la législation ancienne, en ce sens que, d'après le tarif nouveau, ce droit, réductible dans les cas et sous les conditions déterminées par l'article 76, est alloué en toutes matières ; mais il n'est dû qu'un seul droit par instance ou par procédure, avec ou sans incident, quel que soit le nombre des parties représentées, et l'éloignement de leur domicile.

TITRE II. — Droits et émoluments alloués aux avoués des cours d'appel.

Le ministère confié par la loi aux avoués des Cours d'appel, bien que concourant au même but que celui de l'avoué de première instance, en diffère cependant à divers points de vue par la nature des affaires traitées et des procédures suivies. Il a donc été nécessaire d'établir, en leur faveur, un tarif spécial et distinct dans les matières auxquelles le tarif des avoués de première instance n'est pas rigoureusement applicable.

Les modifications sur lesquelles il convient d'insister sont les suivantes :

1º Un tarif réduit pour les droits de conseil et de formalités est appliqué aux affaires d'accidents du travail, qui sont affranchies également des droits accordés par l'article 27 dans les mesures d'instruction (art. 70-2º),

2º Les conclusions additionnelles et reconventionnelles ne sont comptées dans le calcul de l'intérêt du litige que si elles sont recevables (art. 80, § 1) ;

3º Les appels de tout jugement qui intervient sur un incident, qu'il s'agisse d'une exception contenue dans l'article 23 ou d'une décision rendue en exécution des articles 25, 47, 55, 57, etc., sont taxés comme il est dit à l'article 83, paragraphe 1, sous réserve des cas expressément prévus par les articles 85-2º, et 99, paragraphe 2 ;

4º En matière de faillite ou de liquidation judiciaire, le droit d'instruction n'est pas dû à l'avoué qui s'en rapporte à justice (art. 86).

En conséquence, toutes les dispositions qui, dans les chapitres 1er, 2, 7 et 8 du titre Ier du décret, ne sont pas modifiées, s'appliquent aux avoués d'appel, dans les mêmes conditions qu'à ceux de première instance.

Ils sont, par cela même, assujettis aux diverses réglementations imposées par la présente circulaire pour le calcul de l'intérêt du litige et l'évaluation du droit d'instruction ; pour la déclaration préalable à la mise au rôle, le dépôt des conclusions et des requêtes, pour les mentions à porter sur les placets et la confection des états de frais, etc.

Parmi les déboursés (art. 73) figurent les frais d'impression autorisés par délibérations régulières des Cours et tribunaux.

Ces frais sont, pour ainsi dire, nuls en première instance ; mais il est loin d'en être ainsi devant les Cours d'appel, où l'usage s'est répandu de remettre à chaque conseiller la copie imprimée ou autographiée du jugement frappé d'appel, et parfois des conclusions prises par l'une et l'autre partie.

Les frais de ces impressions dissimulent souvent, sous l'apparence d'un simple déboursé, un véritable émolument. Les magistrats devront, à l'avenir, ne passer ces frais en taxe que dans la mesure stricte où ils constituent un déboursé réel. Ils devront, de même, rejeter de la taxe certains droits spéciaux qui, dans un certain nombre de Cours et tribunaux, sont perçus pour le papier soit des dossiers, soit des actes de la procédure.

TITRE III. — Frais de voyage des parties. — Experts, dépositaires de pièces et témoins.

Le titre III reproduit, sauf de légères modifications, les dispositions des anciens tarifs pour certains auxiliaires de la justice, dont le concours est nécessaire dans les mesures d'instruction.

L'innovation à signaler dans le chapitre 2 est le remplacement, par un émolument proportionnel, des vacations allouées à certains experts lorsqu'ils sont chargés de diriger des travaux ou de régler des mémoires d'entrepreneurs.

TITRE IV

Le titre IV comprend un certain nombre

d'articles dont quelques-uns méritent de fixer l'attention :

I. — *Limitation du chiffre des frais* (art. 99 à 105).

L'objet de l'article 99, paragraphe 1er, est de limiter le chiffre des frais qui grèvent les instances ou les procédures.

Lorsqu'une instance ou une procédure d'ordre ou de contribution a pris fin, et que le total des droits d'instruction alloués aux avoués occupants dans l'affaire dépasse 10 0/0 de l'intérêt en cause, les droits doivent être réduits proportionnellement par les soins de l'avoué le plus ancien.

A cet effet, celui-ci, chaque fois que l'événement se produit, doit le signaler à la chambre de discipline qui règle, conformément à l'article 105, les difficultés d'application, s'il y a lieu.

L'inobservation de cette obligation pourrait entraîner contre l'avoué négligent des poursuites disciplinaires.

Les tribunaux et les cours devront veiller, de leur côté, au strict accomplissement de cette formalité.

Le paragraphe 2 du même article applique, en l'étendant à toutes les procédures, un principe déjà posé en matière de vente (art. 47). L'application de ce principe a donné lieu, sous l'ancienne législation, à des appréciations de doctrine et à des décisions de jurisprudence auxquelles il suffira de se reporter.

II. — *Registre de recettes* (art. 100).

Le nouveau tarif reproduit dans l'article 100 les dispositions de l'article 151 du décret du 16 février 1807, relatives à la tenue par les avoués du registre d'inscription des sommes qui leur sont versées par les parties.

Il supprime toutefois la formalité du visa.

Cet article constitue l'une des garanties inséparables de la postulation. L'intérêt qu'attache ma Chancellerie à la tenue de ce registre a été rappelé dans une circulaire de l'un de mes prédécesseurs en date du 30 juin 1891, à laquelle vous voudrez bien vous référer.

III. — *Honoraires* (art. 102).

La première partie de l'article 102 reproduit, en des termes différents, ceux de l'article 1er, pour bien marquer que toute rétribution supplémentaire perçue, en dehors de l'émolument tarifé, serait sans prétexte et sans excuses.

Vous veillerez donc :

1o A ce que les avoués ne s'attribuent pas, comme honoraires, les sommes versées entre leurs mains, à titre de provision, au début du procès ;

2o A ce que les demandes d'honoraires ne déguisent pas des perceptions non prévues au tarif.

On peut supposer cependant, de la part de l'avoué, une réclamation légitime d'honoraires particuliers soit pour la plaidoirie, soit même à l'occasion d'un mandat *ad litem*, ou pour des causes extra-professionnelles. Si ces honoraires n'ont pas fait l'objet d'un accord amiable, et que leur règlement donne lieu à une difficulté entre l'avoué et son client, l'article 102, en vue d'éviter un débat judiciaire, confie le soin d'en fixer le chiffre au premier président de la Cour d'appel ou au président du tribunal, ou, à leur défaut, à un magistrat par eux désigné à cet effet.

Cette évaluation a lieu sur la demande des parties et après avis préalable de la chambre de discipline.

Elle ne peut avoir d'autre caractère que celui d'un simple avis.

Il appartiendra surtout aux chambres de discipline de prévenir les difficultés de cette nature en veillant à ce que le chiffre des honoraires réclamés soit toujours modéré.

IV. — *Taxe des dépens. États de frais* (art. 108).

Il ne me reste plus maintenant qu'à vous entretenir de la liquidation des dépens et à tracer le mode suivant lequel devront être dressés les états de frais.

Taxe des dépens. — Le projet du Gouvernement, transmis au Conseil d'Etat, renfermait un certain nombre de dispositions relatives à la taxe des dépens qu'elle rendait obligatoire, en toutes matières, pour l'avoué de la partie gagnante, avec délivrance à ce dernier, par le magistrat taxateur, d'un certificat de taxe revêtu de la formule exécutoire dans des conditions déterminées.

Le Conseil d'Etat a retranché ces dispositions du texte primitif, comme faisant échec à la fois à l'article 543 du Code de procédure civile, aux termes duquel la liquidation des dépens, en matière sommaire, est faite, non par un magistrat isolément, mais par le tribunal ou la Cour qui rend la décision, et à la loi du 24 décembre 1897, qui n'oblige, en matière ordinaire, les officiers ministériels à faire taxer leurs frais que s'ils ont à en poursuivre le recouvrement, et en imposant, dans cette hypothèse, un mode de procéder qu'une loi seule pourrait modifier.

Le Gouvernement s'est rangé à cette opinion.

Le deuxième décret du 16 février 1807, concernant la liquidation des dépens, reste donc en vigueur. Le tarif des frais de taxe, qui accompagne ce décret, est seul abrogé et remplacé par l'article 60, paragraphe 4, du présent décret,

État de frais. — L'article 101 a pour but de permettre aux parties de se rendre un compte exact de la somme pour laquelle les émoluments de l'avoué figurent dans le total des frais.

Pour amener à des règles uniformes la formation des états de frais et fournir, soit aux magistrats taxateurs, soit aux parties, le moyen d'exercer un contrôle sérieux et efficace, j'ai décidé, et j'insiste sur la nécessité d'observer rigoureusement cette prescription, que les mentions à établir par les officiers ministériels en tête de tout état de frais dressé pour être soumis ou non à la taxe devront faire connaître :

1º La nature de la demande ou de l'affaire ;

2º Son objet ;

3º L'intérêt en cause ;

4º Les modalités qui peuvent influer sur l'allocation des droits ;

5º L'article du tarif qui justifie la perception de chacun des droits réclamés.

La date de la déclaration faite en exécution des articles 11 et 12, 80 et 81, dans les affaires indéterminées, devra figurer, à la suite du chiffre de l'évaluation donnée, soit à l'intérêt du litige, soit au droit d'instruction.

Le bulletin délivré par la chambre de discipline pour certifier cette déclaration sera joint au dossier de taxe.

L'usage d'un tarif nouveau, dont le mécanisme et les détails ne sont qu'imparfaitement connus, étant de nature à entraîner, au début de son application, des erreurs également préjudiciables à l'avoué et aux parties, tout état de frais présenté à la taxe du juge sera soumis à l'examen préalable de la chambre de discipline et revêtu du visa du président de cette chambre ou d'un membre délégué par lui.

V. — *Disposition transitoire* (art. 106).

L'article 106 exprime, avec clarté, que toutes les instances introduites ou les procédures engagées, soit en première instance, soit en appel, à partir du 16 octobre 1903, sont soumises au tarif nouveau.

Telles sont, expliquées dans leurs grandes lignes, les dispositions principales du décret du 15 août dernier, sur lesquelles je devais plus particulièrement appeler votre attention.

Si des difficultés de détail viennent à se produire, il faut laisser à la doctrine et à la jurisprudence le soin d'en fixer la solution.

Le succès de la réforme dépendra surtout de la manière dont les prescriptions de ce décret seront appliquées. Le Gouvernement compte sur le concours vigilant et ferme des tribunaux et des magistrats taxateurs pour assurer la sanction pratique et l'efficacité des dispositions nouvelles auxquels les officiers ministériels ont le devoir de se conformer.

Vous voudrez bien communiquer les présentes instructions, dont je vous envoie des exemplaires en nombre suffisant, à MM. les présidents de chambre près la Cour, aux présidents des tribunaux de première instance, aux procureurs de la République, aux greffiers en chef des Cours et tribunaux et à chaque compagnie d'avoués de votre ressort.

La communication aux greffiers et aux compagnies d'avoués sera faite d'urgence, à raison de la date prochaine à laquelle le nouveau tarif doit entrer en vigueur.

Je vous prie de m'accuser réception de cette circulaire et de me faire connaître ultérieurement, dans un rapport circonstancié, avant la fin d'avril 1904, les résultats de l'application qui en aura été faite. »

FRAIS ET HONORAIRES

DES

ADMINISTRATEURS JUDICIAIRES

Voici le tarif admis par le Tribunal de la Seine :

1^{ent} AFFAIRES AUTRES QUE DES SUCCESSIONS NON RÉCLAMÉES

Administration *ad hoc*

Administration ad hoc de biens de mineurs

1º Sur capitaux attribués aux mineurs, soit en toute propriété, soit en nue propriété, soit en usufruit, —le Président détermine l'honoraire suivant la nature, l'importance et les difficultés de l'affaire ;

2º Surveillance d'emploi : 1 0/0 de 1 à 10,000 fr.; 0,50 cent. 0/0 de 10,000 à 100,000 fr.; 0,25 cent. 0/0 de 100,000 à 1,000,000 de tr.; 0,10 cent. 0/0 au-dessus.

Conseils judiciaires

Honoraires à l'appréciation du Président, qui n'admet jamais de traitement annuel en dehors d'un travail justifié ;

En cas d'administration réelle des biens de la personne pourvue d'un conseil judiciaire, ou de répartition aux créanciers, —application du tarif des administrateurs ordinaires.

Réunions d'assemblées générales d'actionnaires. Rédaction de rapports. Établissements de situation. Administration provisoire de sociétés

Honoraires laissés à l'appréciation du Président, avec un minimum de 50 fr.

Séquestre

(Administration de biens d'absents ou d'aliénés ; Administration de biens et affaires de successions ; Curatelles à bénéfice d'inventaire ; Administration et liquidation de Sociétés)

I. Sur recettes

1º Sur deniers comptants :

Sur sommes en dépôt dans les établissements de crédit ou aux mains de tiers détenteurs, retirées amiablement sans procédure ni instance : 3 0/0 de 1 à 2,000 fr. ; 2 0/0 de 2,000 à 5,000 fr. : 1 0/0 de 5,000 à 100,000 fr.; 0,50 cent. 0/0 de 100,000 à 1,000,000 de fr. ; 0,25 cent. 0/0 au-dessus ;

2º Sur prix d'immeubles :

1 0/0 de 1 à 100,000 fr.; 0,50 cent. 0/0 de 100,000 à 1,000,000 de fr.; 0,25 cent. 0/0 au-dessus ;

3º Sur prix de ventes mobilières, de ventes de fonds de commerce, d'adjudication de créances :

3 0/0 de 1 à 10,000 fr.; 1 0/0 de 10,000 à 100,000 fr.; 0,50 cent. 0/0 de 100,000 à 1,000,000 de fr.; 0,25 cent. 0/0 au-dessus ;

4º Sur loyers recouvrés :

3 0/0 ; sauf honoraires exceptionnels, allouables par le Président, pour les gestions de cités ouvrières, sur justification de difficultés particulières qu'aurait présentées leur administration ;

5º Sur arrérages de valeurs, recouvrements de factures, de traites, de créances en France :

3 0/0 ;

6° *Sur recouvrement de factures, de traites, de créances à l'étranger* :

5 0/0 de 1 à 10,000 fr.; 3 0/0 au-dessus ;

7° *Sur réalisation de valeurs mobilières effectuée par ministère d'agents de change* :

2 0/0 de 1 à 10,000 fr.; 1 0/0 de 10,000 à 100,000 fr.; 0,50 cent. 0/0 de 100,000 à 1,000,000 de fr.; 0,25 cent. 0/0 au-dessus ;

8° *Sur valeurs au porteur* :

25 fr. jusqu'à 5,000 fr.; 0,50 cent. 0/0 de 5,000 à 50,000 fr.; 0.25 cent. 0/0 de 50,000 à 100,000 fr.; 0,10 cent. 0/0 au-dessus ;

9° *Sur valeurs nominatives* :

Aucun honoraire ; à moins qu'elles ne constituent le seul actif de l'administration, auquel cas le Président fixe l'honoraire en appréciant, dans chaque affaire, les difficultés et les risques qu'aura présentés l'administration ;

10° *Pour recouvrements litigieux n'ayant pu être faits qu'ensuite de décisions de justice ou sur transactions au cours du procès* :

Honoraire particulier, à la discrétion du Président du tribunal, mais qui ne peut être sollicité qu'après avis conforme du président de la Compagnie des administrateurs.

II. Sur emploi de fonds

en achat de titres ou de valeurs

1 0/0 de 1 à 100,000 fr.; 0,50 cent. 0/0 de 100,000 à 1,000,000 de fr.; 0,25 cent. 0/0 au-dessus.

Mais, lorsque les fonds employés proviennent d'une recette rémunérée de son côté par le présent tarif, un seul honoraire, soit d'emploi, soit de recette, est dû, au choix de l'administrateur, suivant son avantage.

III. Sur dépenses

2 0/0.

V., au surplus, Lacoin, *Des administrateurs nommés par justice*, p. 371.

2^{ent} SUCCESSIONS NON RÉCLAMÉES

Une instruction de la Régie, du 15 juin 1878, reconnaît le droit à un honoraire de 5 0/0 aux administrateurs provisoires nommés pour les successions non réclamées dans le département de la Seine.

ANNOTATIONS

ANNOTATIONS

ANNOTATIONS

ANNOTATIONS

Levallois-Perret. — Imp. Wellhoff et Roche, 55, rue Fromont.

(Suite. — V. au commencement du volume)

Idée première du Répertoire. — On s'est proposé de faire une Encyclopédie, un Répertoire universel, où *Notaires, Avocals, Magistrats* et *Officiers ministériels* puissent trouver instantanément la réponse à toute question, et tous les renseignements utiles en vue d'une étude approfondie s'il y a lieu ; où le *Notaire* dans la confection d'un acte et devant le client même, en causant avec lui ; le *Magistrat* dans l'instruction d'une affaire, civile, commerciale ou criminelle, dans la rédaction d'un jugement, même en référés ; l'*Avoué* et l'*Huissier* dans l'étude d'une procédure ou comme conseil ; l'*Avocat* et l'*Agréé* dans la préparation d'un dossier, d'une plaidoirie, en présence du client : le *Juge de paix* sur son siège, le *Préposé de l'enregistrement* dans l'application des droits de timbre et d'enregistrement; où tous, en un mot, qu'ils consultent ou travaillent, trouvent ce qui leur est nécessaire et utile, sans perdre un temps précieux à se plonger dans les gros Recueils autrement que pour y chercher le texte complet de l'arrêt, du jugement ou de la décision cités.

Rédaction du Répertoire par une seule personne. — Mais comment faire tenir une aussi vaste *Encyclopédie* dans une douzaine de volumes, cadre au delà duquel un dictionnaire devient encombrant, et ne peut plus guère rester sur le bureau, à portée de la main ? Il fallait pour cela éviter les longueurs, les doubles emplois, les contradictions, le manque de proportions dans l'ensemble, défauts inévitables lorsqu'on fait appel à la collaboration de nombreux rédacteurs; sans néanmoins que la durée de la publication dépassât sensiblement les délais auxquels le public est habitué. Ces exigences opposées ne pouvaient se concilier que si l'ouvrage était l'œuvre d'un seul auteur, qui établirait le projet entier du Répertoire avant d'en commencer l'impression, ce qui a demandé à M. Bertheau quinze ans d'un travail presque surhumain.

Plan de l'ouvrage. — D'abord, c'est la forme de dictionnaire qui a été choisie, parce qu'elle rend les recherches infiniment plus faciles et plus rapides que tout autre classement, même le plus méthodique.

Cet ordre adopté, les mots ont été fractionnés le plus possible, au point que l'ouvrage donne tous les mots de la langue française ayant un sens juridique (*environ* 15.000) et même tous les mots de droit étranger qu'il est utile de connaître pour la législation comparée. Chaque mot traité a été divisé en paragraphes, d'après un ordre toujours le même. par exemple : § 1er *le Droit civil, ou commercial, ou administratif, ou pénal; — § 2, la Procédure; — § 3, l'Enregistrement et le Timbre; — § 4, les Conseils et Renseignements pratiques; — § 5, les Législations étrangères et le Droit international privé.*

Dans chaque paragraphe, les divisions et les sous-divisions ont été nettement indiquées et disposées, de manière que l'œil se porte naturellement et comme d'instinct sur l'endroit cherché. La matière excède-t-elle ce qui peut être embrassé d'un coup d'œil? Alors elle est précédée d'un *sommaire alphabétique* qui renvoie aux divers numéros de l'article qui suit.

Des renvois multipliés à l'extrême, très exactement faits, complètent chaque matière en renvoyant des mots accessoires au mot principal, et réciproquement. Pour le numérotage, le principe de nos grands Codes a été suivi : une seule série de numéros, qui va de 1 à *plus de* 10.000 ! Cette méthode permet seule des renvois précis. On l'appréciera surtout pour maintenir l'ouvrage au courant de la *Législation*, de la *Doctrine* et de la *Jurisprudence*, au moyen d'une revue mensuelle, le *Répertoire périodique raisonné de la pratique des affaires.*

Facilité des recherches. — On voit comment un pareil plan a permis de condenser tout le *Droit* et la *Jurisprudence* dans un résumé fidèle et complet, exposé de manière que, *sous quelque forme que l'idée se présente à l'esprit*, la solution désirée se trouve immédiatement en *une ou deux recherches au plus*. Or, trouver sa question sans effort, en un instant, n'est-ce pas, joint à l'exactitude du renseignement, un avantage inappréciable dans la pratique des affaires?

Tables. — Pour faciliter encore le maniement du Répertoire, l'idée primitive était de publier, après son achèvement complet, une *Table des mots* qui y sont traités, car une table des mots de tout l'ouvrage, réunie en un seul fascicule, est certainement plus maniable et plus rapide à consulter que des tables particulières à chaque volume.

L'expérience a démontré, depuis, la nécessité de commencer immédiatement la publication de cette Table générale, et les souscripteurs y gagnent le double avantage d'avoir immédiatement sous les yeux la Nomenclature des mots traités dans les volumes publiés et de trouver instantanément, sans peine, à la page indiquée, le mot qu'ils cherchent.

La lecture seule de cette table, très clairement disposée, donne l'impression exacte du *caractère encyclopédique* du Répertoire, et plus d'un lecteur, y rencontrant l'indication précieuse de matières qu'il n'aurait pas soupçonné d'avoir été traitées, sera étonné des services multiples, universels que doit lui rendre le Répertoire.

Les *Tables* paraissent en *fascicules* (un pour chaque volume), groupés sous une seule couverture destinée à les contenir tous.

Conseils et renseignements pratiques. — Mais, parmi les côtés neufs, si l'on peut ainsi dire, de l'ouvrage, nous appelons spécialement l'attention sur les *Conseils et Renseignements pratiques*, innovation des plus heureuses sur tous les ouvrages similaires, que, seul, un praticien expérimenté pouvait concevoir et exécuter. Sur chaque sujet qui le comporte, M. Bertheau, s'inspirant de sa longue expérience, donne par milliers, soit dans le corps du mot, soit sous un paragraphe distinct, des renseignements, des conseils sur les difficultés particulières à l'exercice du *Notariat* et à la pratique du *Droit*, indiquant la meilleure marche à suivre, le meilleur procédé à employer dans les diverses situations qui peuvent s'offrir et suivant les circonstances : signalant les écueils, avec la manière la plus habile, la plus efficace de s'en préserver, et aussi la moins coûteuse, par les moyens juridiques d'éviter les droits d'enregistrement inutiles, chaque fois qu'on peut le faire loyalement, honnêtement, sans dénaturer les conventions des parties, ni compromettre les résultats qu'elles en attendent. De sorte que, grâce à ces observations pratiques, les suprêmes connaissances, celles qui ne s'acquièrent que par l'exercice prolongé de la fonction et que le meilleur livre de *Droit* ne saurait donner, deviennent l'apanage de tous. Notre traité ne constitue plus seulement une vaste *Encyclopédie* pouvant, à la rigueur, tenir lieu de toute bibliothèque juridique, il est l'*outil* de l'homme d'affaires et il offre au débutant, au jeune clerc, une véritable école professionnelle qui le met à même, par un enseignement à la fois théorique et d'application, de s'assimiler les résultats de la pratique de ses anciens et de s'acquérir ainsi une expérience anticipée des affaires.

Formulaire général. — L'ouvrage sera complété par un Formulaire général à l'usage des *Notaires, Avoués, Huissiers, Magistrats, Juges de paix, Officiers de l'état civil.* Pour chaque formule, les diverses dispositions se trouveront expliquées par un renvoi au numéro du Répertoire sous lequel est traitée la question qui s'y rapporte, et les formalités inhérentes à chaque acte y seront soigneusement indiquées.

Administration et Rédaction, 88, Boulevard Saint-Michel — PARIS (VIᵉ Arrondᵗ)

DICTIONNAIRE GÉNÉRAL DE DROIT ET DE JURISPRUDENCE

RÉPERTOIRE RAISONNÉ

DE LA

PRATIQUE DES AFFAIRES

Par Hippolyte BERTHEAU

Expédition *franco* en gare pour la France ; quant à l'Algérie, à la Corse et à la Tunisie, **0 fr. 75** de supplément de port par volume ; **1 fr. 25** pour les Colonies et l'Étranger.

BULLETIN DE SOUSCRIPTION

Je soussigné (NOM ET PRÉNOMS)

(QUALITÉ)

DEMEURANT A —— DÉPARTEMENT D

DESSERVI PAR LA GARE DE

Déclare souscrire à un exemplaire du **Répertoire raisonné de la pratique des affaires,** *par* H. BERTHEAU, *ouvrage en cours de publication, devant former environ quatorze volumes, plus un* **Formulaire général,** *dont je m'oblige à payer le prix total au fur et à mesure de la publication, à raison de :* **15 francs** *par volume broché ou* **18 francs** *par volume relié, aussitôt après réception de chaque volume, soit en un mandat poste ou mandat-carte à l'ordre de M. Bertheau, soit, à défaut, sur quittance ou traite de pareille somme, augmentée des frais de recouvrement.*

Le prix des volumes parus sera recouvrable dans les mêmes conditions et payable, savoir : un quart immédiatement, un quart à trois mois, un quart à six mois et le dernier quart à neuf mois.

(DATE)

SIGNATURE :

Prière d'indiquer si c'est broché ou relié que l'ouvrage doit être livré, en rayant ci-dessus la sorte dont on ne veut pas ;
Et d'adresser le présent Bulletin, après l'avoir rempli, daté et signé, à Mʳ H. BERTHEAU, 88, boulevard Saint-Michel, Paris (VIᵉ arrondᵗ)

Administration et Rédaction, 88, Boulevard Saint-Michel — PARIS (VIe Arrondt)

DICTIONNAIRE GÉNÉRAL DE DROIT ET DE JURISPRUDENCE

RÉPERTOIRE RAISONNÉ

DE LA

PRATIQUE DES AFFAIRES

Par Hippolyte BERTHEAU

Expédition *franco* en gare pour la France ; quant à l'Algérie, à la Corse et à la Tunisie, **0 fr. 75** de supplément de port par volume ; **1 fr. 25** pour les Colonies et l'Étranger.

BULLETIN DE SOUSCRIPTION

Je soussigné (NOM ET PRÉNOMS) ....

(QUALITÉ) ....

DEMEURANT A .... DÉPARTEMENT D ....

DESSERVI PAR LA GARE DE ....

Déclare souscrire à un exemplaire du **Répertoire raisonné de la pratique des affaires,** *par* H. BERTHEAU, *ouvrage en cours de publication, devant former environ quatorze volumes, plus un Formulaire général, dont je m'oblige à payer le prix qui est de :* **15 francs** *par volume broché ou* **18 francs** *par volume relié, à raison de* **5 francs** *par mois, soit en un mandat-poste ou mandat-carte à l'ordre de* Mr H. BERTHEAU, *soit, à défaut, sur quittance ou traite de pareille somme, augmentée des frais de recouvrement.*

(DATE) ....

SIGNATURE :

Prière d'indiquer si c'est broché ou relié que
l'ouvrage doit être livré, en rayant ci-dessus
la sorte dont on ne veut pas;
Et d'adresser le présent Bulletin, après l'avoir
rempli, daté et signé, à Mr **H. BERTHEAU,**
88, boulevard Saint-Michel, Paris (VI' arrond')

MODE DE SOUSCRIPTION

au *RÉPERTOIRE RAISONNÉ DE LA PRATIQUE DES AFFAIRES*

Prix du volume: **broché 15 fr., relié 18 fr.,** *payables, aussitôt après réception de chaque volume, en un mandat-poste à l'ordre de Mr H. Bertheau, ou, à défaut, sur quittance ou traite de pareille somme augmentée des frais de recouvrement.*

Le prix des volumes parus est recouvrable de la même manière et payable, soit : 1/5 comptant, 1/5 à 3 mois, 1/5 à 6 mois, 1/5 à 9 mois, et 1/5 à un an, — soit cinq francs par mois, afin de mettre l'ouvrage à la portée de tous.

Expédition franco en gare pour la France; quant à l'Algérie, à la Corse et à la Tunisie : 0 fr. 75 de supplément de port par volume; 1 fr. 25 pour les Colonies & l'Étranger.

RELIURE

L'ouvrage étant d'un maniement continuel, il vaut mieux l'avoir relié que broché

La reliure en demi-chagrin noir, soignée et très résistante, est garantie uniforme pour tous les volumes parus et à paraître.

IL N'EST ACCEPTÉ AUCUNE SOUSCRIPTION A DES VOLUMES SÉPARÉS

L'ouvrage sera tenu au courant de la législation, de la doctrine & de la jurisprudence par une revue mensuelle, le RÉPERTOIRE PÉRIODIQUE RAISONNÉ DE LA PRATIQUE DES AFFAIRES

Il est répondu à toute demande de plus amples renseignements

ADRESSER LA CORRESPONDANCE & TOUTES LES COMMUNICATIONS A Mr H. BERTHEAU
88, BOULEVARD SAINT-MICHEL, **PARIS**

www.ingramcontent.com/pod-product-compliance
Ingram Content Group UK Ltd.
Pitfield, Milton Keynes, MK11 3LW, UK
UKHW022340090726
13658UKWH00001B/380